Hoffmann
Betriebliche Informationswirtschaft und Datenverarbeitungsorganisation

Betriebliche Informationswirtschaft und Datenverarbeitungsorganisation

Analyse und Konzeption von Organisationssystemen

von

Michael J. A. Hoffmann

Walter de Gruyter · Berlin · New York 1976

Der Verfasser ist Leiter der Zentraleinrichtung für Datenverarbeitung (ZEDAT) Abt. 2 an der Freien Universität Berlin, Lehrbeauftragter am Fachbereich Wirtschaftswissenschaft der Freien Universität Berlin, Lehrbeauftragter an der Technischen Fachhochschule Berlin

Mit 66 Abbildungen

CIP-Kurztitelaufnahme der Deutschen Bibliothek

Hoffmann , Michael J. A.
Betriebliche Informationswirtschaft und Datenverarbeitungsorganisation: Analyse u. Konzeption von Organisationssystemen.
ISBN 3-11-006564-9

Satz und Druck: Georg Wagner, Nördlingen.
Bindearbeiten: Lüderitz & Bauer Buchgewerbe GmbH, Berlin.

Vorwort

Gewinnung, Auswahl, Verarbeitung und Weiterleitung von Daten und Informationen sind ein zentrales Organisations- und Gestaltungsproblem der modernen Betriebswirtschaft. Die Güte unternehmerischer Entscheidungen wird bestimmt durch Anzahl, Genauigkeit sowie zeitliche und adäquate Bereitstellung von Informationen über Handlungsalternativen und deren Konsequenzen. Um den Entscheidungsträgern die Fülle an internen und externen Informationen nutzbar zu machen, bedarf es der Gestaltung entsprechender Informations- und Steuerungssysteme.

Im Stadium einer fortgeschrittenen Technik automatisierter Formen betrieblicher Datenverarbeitung liegen derzeit die entscheidenden Aufgaben beim Einsatz von EDV-Systemen auf dem Gebiet der Einsatzplanung und der schöpferischen Konzeption neuartiger Organisations- und Anwendungsformen. Als Zielvorstellung dient die Automatisierung des betrieblichen Verwaltungskomplexes. Ihr geht die informationelle und organisatorische Integration von Teilsystemen voraus. Hieraus leitet sich der Aufgabenkomplex der Datenverarbeitungsorganisation (Systemanalyse und -synthese) der betrieblichen Informationswirtschaft ab.

Über Hard- und Software von EDV-Systemen ist bislang gut und reichlich publiziert worden. Gleiches gilt für den Bereich der theoretischen Kybernetik. Dagegen besteht in der Fachliteratur eine Lücke auf dem Gebiet der betrieblichen Informationswirtschaft unter dem Gesichtspunkt der Datenverarbeitungsorganisation.

Das Hauptanliegen dieses Buches ist die geschlossene Darstellung der Datenverarbeitungsorganisation betrieblicher Informationswirtschaft unter Berücksichtigung der Auswirkungen komplexer EDV-gestützter Informations- und Steuerungssysteme auf die Betriebsorganisation. Dabei werden drei Ziele verfolgt: (1) die theoretische Fundierung der Datenverarbeitungsorganisation, (2) das Aufzeigen der Vorgehensweise bei der Planung und Realisierung von Systemkonzeptionen und (3) die praxisbezogene Modellierung komplexer EDV-Systeme unter Zugrundelegung konzernverbundener Industriebetriebe.

Die Darstellung gibt eine konkrete Anleitung zum systematischen Vorgehen bei der Datenverarbeitungsorganisation. Sie geht dabei auf die Veränderungen der Kommunikationsbeziehungen, der Datenverarbeitungs- und Steuerungsprozesse und auf die Stellen- und Abteilungsbildung ein, die der Einsatz komplexer EDV-Systeme mit sich bringt. Es werden aus der Praxis abgeleitete Modelle und Systemkonzepte für die Realisierung umfassender betrieblicher Informations- und Steuerungssysteme vorgestellt. Dabei kommen für große konzernverbundene Betriebe die komplexen EDV-Verbundsysteme in Betracht, wobei gleichzeitig die dort erwähnten Teilsysteme modellhaften Charakter für die weitgehende Integration zur Automatisierung des betrieblichen Verwaltungskomplexes kleinerer Betriebe haben.

Zugleich will das Buch zur Entwicklung der datenverarbeitungsorientierten Betriebswirtschaftslehre beitragen und eine Lücke in der Literatur über die Datenverarbeitungsorganisation schließen.

Wesentlichen Anteil am Gelingen meiner Arbeit verdanke ich der Unterstützung der Firma *Siemens AG* sowie der bereitwilligen Überlassung von Informationsunterlagen durch die Firma *IBM Deutschland GmbH.*

Berlin, im Januar 1976 Michael J. A. Hoffmann

Inhalt

Verzeichnis der Abbildungen

1. Einführung

1.1. Hypothese, Ziel und Methode

Datenverarbeitungsaufgaben in Unternehmungen[1] werden zunehmend komplexer. Die *Komplexität* drückt sich in der Vielfalt der möglichen und tatsächlichen Beziehungen zwischen den Elementen oder Teilen des Systems „Unternehmung" aus. Die Ursachen dieser Vielfalt können aus dem Umsystem, in dem die Unternehmung steht, stammen sowie aus dem System „Unternehmung" selbst; sie sind unternehmensexterner wie unternehmensinterner Natur. Dabei soll die Unternehmung als sozioökonomisch-technisches System verstanden werden, das aus den Teilsystemen

- *Operationsvollzugssystem,*
- *Informationssystem* und
- *Steuerungssystem* besteht.

Folgt man der traditionellen Einteilung der betrieblichen Leistungsprozesse in den Prozeß zur Hervorbringung marktfähiger Leistungen („primärer Leistungsprozeß") und in den Prozeß, der die Summe der Vorkehrungen umfaßt, mit denen der primäre Leistungsprozeß verwaltet[2] wird („sekundärer Leistungsprozeß"), so erfolgt der primäre Leistungsprozeß im Operationsvollzugssystem, der sekundäre Leistungsprozeß im Informations- und im Steuerungssystem[3]. Ausgehend von einer weiten Begriffsfassung beinhaltet das Informationssystem auch die *Kommunikationsprozesse,* während das Steuerungssystem die Gesamtheit aller *Entscheidungsprozesse* der Unternehmung zusammenführt.

Die traditionelle Abgrenzung zwischen primärem und sekundärem Leistungsprozeß bereitet insbesondere dort Schwierigkeiten, wo „eine direkte Verbindung zwischen administrativer Datenverarbeitung und primären Leistungsprozessen" [107, S. 116] besteht, z. B. bei numerischer Steuerung von Produktionsprozessen [96, S. 14]. Die Gliederung des Systems „Unternehmung" in Operationsvollzugssystem, Informationssystem und Steuerungssystem versucht eine tiefere und eindeutigere Abgrenzung zu erzielen, indem alle Ausführungsprozesse (Operationsvollzug)

[1] Auf eine begriffliche Abgrenzung von „Unternehmung", „Unternehmen" und „Betrieb" soll an dieser Stelle nicht eingegangen werden; vielmehr erfolgt eine synonyme Begriffsverwendung.

[2] Dabei wird von einem äußerst umfassenden Begriff „Verwaltung" ausgegangen, der die Ausübung der Leitungsfunktionen und u. a. alle betrieblichen Vorkehrungen und/oder Erfordernisse zu Operationen mit Daten bzw. Informationen als Voraussetzung für Entscheidungsprozesse und deren Durchführung einschließt. Vgl. im einzelnen *Hartmann* und *Hellfors* [96, S. 14], [107, S. 45 f.].

[3] Vgl. *Kalscheuer* und *Gsell,* die das Unternehmen als „Informations- und Entscheidungssystem" [136, S. 10] auffassen.

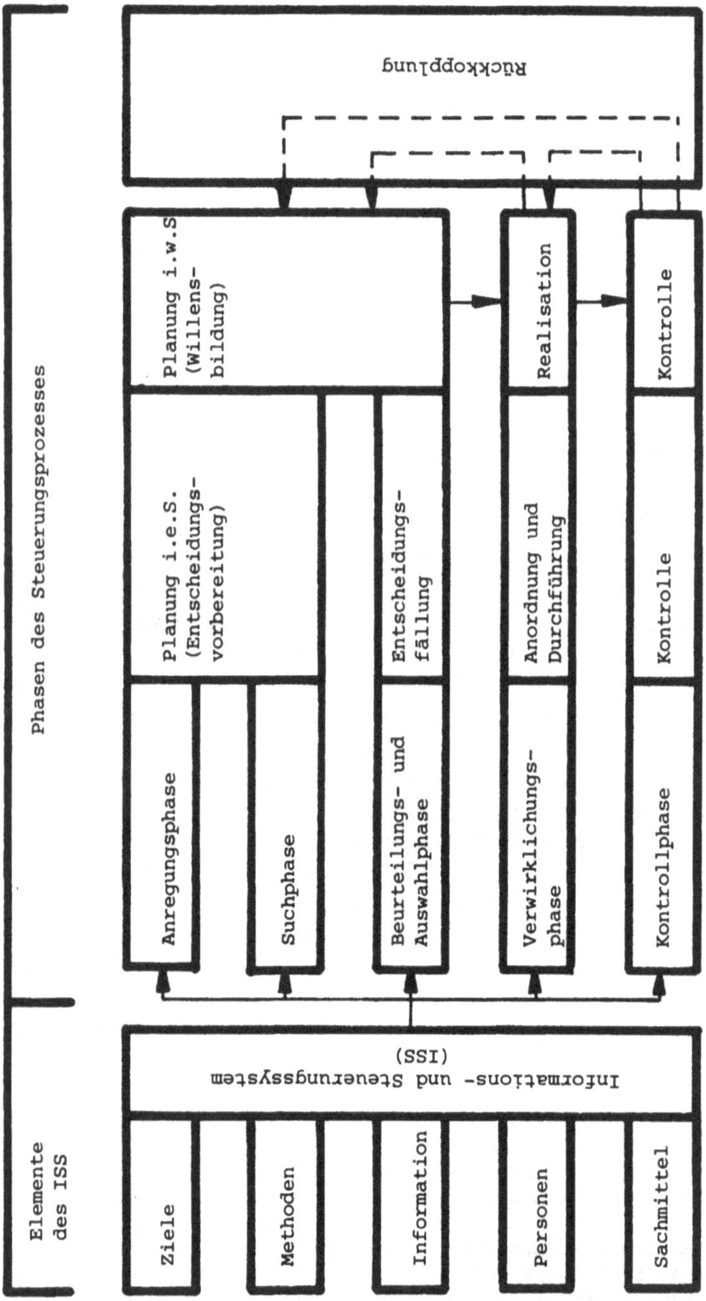

Abb. 1. Ablauf des unternehmerischen Steuerungsprozesses

dem Operationsvollzugssystem, alle Informationsbearbeitungs- und Kommunikationsprozesse dem Informationssystem und alle Entscheidungsprozesse einschließlich der vorgelagerten Planungsprozesse und der nachfolgenden Prozesse der Entscheidungs- bzw. Realisierungskontrolle, die Gesamtheit der Steuerungsprozesse also, dem Steuerungssystem zugeordnet werden (Abb. 1). Als grundlegende Hypothese wird hierbei unterstellt, daß das Nutzenniveau einer Unternehmung vom Grad der *Rationalität* der in diesem System von Entscheidungsträgern getroffenen Entscheidungen abhängig ist. Dieser Grad hängt seinerseits von der „Beschaffenheit und potentiellen Wirksamkeit des Informationssystems“ [251, S. 11] ab, da es die Informationen für die Planung, Entscheidung und Kontrolle bereitzustellen hat.

Von einer bestimmten Unternehmensgröße an kann eine Einzelperson nicht mehr alle Entscheidungen fällen, zumindest nicht mehr mit einem hohen Grad an Rationalität. Dies ist hauptsächlich auf den Anstieg des anfallenden Volumens und des erforderlichen Bedarfs an internen wie externen Daten bzw. Informationen zurückzuführen, im einzelnen bedingt durch die quantitative und/oder qualitative Zunahme

(1) der Daten bzw. Informationen infolge der Spezialisierung durch interne und externe Arbeitsteilung,
(2) der Kommunikationsprozesse und Kommunikationswege,
(3) der Daten bzw. Informationen aus dem Operationsvollzug infolge komplizierterer Produktionsverfahren und Technologien sowie komplexerer Steuerungstechniken im Rahmen fortschreitender Mechanisierung und Automatisierung,
(4) der Daten bzw. Informationen zur Planung, Steuerung und Kontrolle des Operationsvollzuges infolge verbesserter Planungs- und Entscheidungstechniken sowie zur Verringerung von Unsicherheit und Risiko,
(5) der Daten bzw. Informationen der vielgestaltigen und verflochtenen Beziehungen zu den Märkten.

Allerdings ist es nicht das Wesentliche bei der Verarbeitung[4] von Daten[5], daß man möglichst viele Daten zusammenträgt oder produziert. Viel wichtiger und schwieriger ist es, aus der Fülle der Daten diejenigen herauszufinden, die für die Unternehmung relevant sind. Somit bedeutet das Produzieren und Sammeln von Daten in erster Linie ein *quantitatives* Problem, während die Auswahl relevanter Daten eine *qualitative* Problemstellung beinhaltet.

Sowohl die quantitative wie die qualitative Zunahme von Datenvolumen und

[4] Eine Unterscheidung von „Verarbeitung“ und „Bearbeitung“ im Zusammenhang mit Daten bzw. Informationen wird nicht vorgenommen. Der Begriff „Verarbeitung“ soll als der umfassendere auch den Begriff „Bearbeitung“ einschließen.

[5] Unbeschadet einer ausführlichen Differenzierung der Begriffe „Daten“ und „Informationen“ erfolgt zunächst eine Gleichsetzung in Anlehnung an die Definition nach DIN 44 300, wonach Daten die „durch Zeichen oder kontinuierliche Funktionen aufgrund bekannter oder unterstellter Abmachungen zum Zweck der Verarbeitung dargestellte Informationen“ [57, S. 3] sind.

Datenbedarf führt zu *komplexen* Formen der betrieblichen Datenverarbeitung (Informationswirtschaft). Dabei spielt der Einsatz von sachlichen Hilfsmitteln, z. B. von EDV-Anlagen, eine wesentliche Rolle, obwohl komplexe Formen der Datenverarbeitung auch ohne die elektronische Datenverarbeitung (EDV) möglich und denkbar sind.

Die Komplexität ist ein qualitatives Kennzeichen eines Systems. Allgemein läßt sich die *Komplexität* so definieren, daß ein System um so komplexer ist, je mehr Elemente in vielfältigen Beziehungen zueinander stehen. Dabei beruht die Komplexität weniger auf der Anzahl der strukturbildenden Elemente (Varietät) als auf dem Beziehungsreichtum (Konnektivität) zwischen den Elementen.[6]

Die komplexe betriebliche Datenverarbeitung unter Einschluß von EDV-Anlagen soll hier in den Mittelpunkt der Betrachtung gestellt werden. Sie geht davon aus, daß EDV-Systeme im Rahmen einer weitgehenden Automatisierung betrieblicher Datenverarbeitungsaufgaben den Menschen zunehmend von Verwaltungstätigkeiten entlasten; zudem ermöglichen EDV-Systeme die Lösung bislang nicht oder nur schwer lösbarer, komplexer Entscheidungsaufgaben durch die Bereitstellung hochwertiger Planungs- und Entscheidungsinformationen. Bei der Planung und Realisierung von komplexen EDV-Systemen bedarf es daher einer eingehenden Analyse der Bestimmungsfaktoren, die im Rahmen der betrieblichen Datenverarbeitung wirksam sind. Diese Faktoren hängen nicht nur von den maschinen- und programmtechnischen Voraussetzungen der EDV-Systeme ab, sondern ebenso von den organisatorischen (einschließlich der informationellen) Gegebenheiten eines Betriebes.

Die Problematik bei der Gestaltung von Systemen EDV-gestützter betrieblicher Datenverarbeitung liegt vor allem in der Vielfalt der *Gestaltungsparameter.* Daher sind diese Parameter (System Parameters) komplexer Systeme in geordneter Weise abzugrenzen und zu systematisieren, auf ihre parametrischen Interdependenzen sowie auf die Auswirkungen in bezug auf andere Elemente zu untersuchen, und es ist ihr Gestaltungspotential aufzuzeigen.

Ziel der Untersuchung ist es, die Wesensmerkmale und Zusammenhänge der Aktivitäten zur Gestaltung komplexer betrieblicher Datenverarbeitung unter Beachtung der *Organisationswirkungen* zu erfassen und zu analysieren. Wegen ihrer großen Bedeutung bildet die Behandlung der Parameter einschließlich der Konzeption von EDV-Systemen einen Schwerpunkt. Daraus lassen sich als Unterziele ableiten:

(1) die Darstellung datenverarbeitungsbezogener Gestaltungsmaßnahmen und -prinzipien (Organisationsparameter);
(2) die Diskussion über Systemmodelle als Grundlage der Systemkonzeption (Modellparameter);

[6] Vgl. hierzu *Fuchs* [61, Sp. 1621]. Bei einer mehr pragmatischen Betrachtung kann die Komplexität als Maß für die Schwierigkeit aufgefaßt werden, die der Betrachter eines Systems bei dessen Analyse und Synthese zu meistern hat [200, S. 84].

(3) die Modellierung eines Systems komplexer, möglichst weit integrierter Datenverarbeitung auf der Basis derzeitiger EDV-Systeme als praktische Orientierungshilfe bei der Realisierung betrieblicher Informations- und Steuerungssysteme (Datenverarbeitungssystemparameter).

Die Untersuchung soll im Bereich der betrieblichen Informationswirtschaft einen wissenschaftlichen Beitrag zur Systematisierung der wesentlichen Teile der *Datenverarbeitungsorganisation* sowie zur Bewältigung bestimmter Entscheidungssituationen bei der Planung und Realisierung betrieblicher Datenverarbeitungssysteme liefern.

Den genannten Zielsetzungen entsprechend ist die Untersuchung aufgebaut. Der Abschnitt der Teileziffer 1 führt in die Thematik ein, indem dort besonders die systembezogenen Zusammenhänge zwischen Daten bzw. Informationen und der betrieblichen Informationswirtschaft aufgezeigt werden. Aus der Folge dieser Zusammenhänge ergibt sich, daß die Informationen Ausgangspunkt für die Schaffung betrieblicher Datenverarbeitungssysteme sind. Im Rahmen der begrifflichen Grundlegung wird ferner geprüft, welche organisatorischen Prinzipien für die Schaffung von betrieblichen Datenverarbeitungssystemen maßgeblich sein können.

Der Abschnitt der Teileziffer 2 befaßt sich als der erste der drei Hauptteile vornehmlich mit dem Problembereich der Datenverarbeitungsorganisation (Systemschaffung). Im Anfang der Darstellung findet sich die Methodik der Datenverarbeitungsorganisation mit dem Hinweis auf die Notwendigkeit zur Bildung von Systemmodellen. Bevor eingehend die Einflüsse EDV-gestützter Informations- und Steuerungssysteme auf die betriebliche Organisation aufgezeigt werden können, sind die Kriterien und Gestaltungskonsequenzen der Datenverarbeitungsorganisation zu erörtern. Im Zusammenhang mit einem Informations- und Steuerungssystem kommt der Auswirkung der Integration auf die Steuerung betrieblicher Prozesse eine zentrale Bedeutung zu.

Auf der Grundlage dieser theoretischen wie methodologischen Erörterung der Datenverarbeitungsorganisation folgt im zweiten Hauptteil (Teileziffer 3) die Erörterung von Vorgehensweise und Problemen bei der Erstellung von Systemmodellen sowie die praxisorientierte Modellierung betrieblicher (Teil-)Informations- und Steuerungssysteme.

Im dritten Hauptteil (Teileziffer 4) werden dann, ausgehend vom Modell eines integrierten betrieblichen Informations- und Steuerungssystems für einen größeren Industriebetrieb (Konzernverbund), die Parameter zur Gestaltung eines entsprechenden EDV-Verbundsystems aufgezeigt. Wenngleich das Problem der Wirtschaftlichkeit in der vorliegenden Untersuchung nicht im Mittelpunkt steht, so ergibt sich aus der Anerkennung des Rationalprinzips, daß dieses auch bei der Datenverarbeitungsorganisation exakte Anwendung finden muß.

Abstraktionsgrad und *Methodik* der Untersuchung sind auf problemspezifische und richtungsweisende Aussagen abgestimmt. Dabei besteht die Schwierigkeit, eine angemessene Abstraktion zu finden, die aus einer verallgemeinernden Typisierung vielfältiger Erscheinungen Erklärungen sowie Aussagen in Form von Gesetzmäßigkeiten und Theorien erlaubt.[7]

Als vorrangige Methode[8] findet die Induktion Verwendung, unterstützt durch die deskriptive und analytische Methode[9]. Dies gilt besonders für den ersten Hauptteil, der die Methodik der Datenverarbeitungsorganisation behandelt. Ergänzende Ergebnisse im Zusammenhang mit der Anwendung von EDV-Systemen bei Entscheidungsprozessen, bei der Erörterung von Systemmodellen sowie hinsichtlich der Auswirkungen der EDV auf die Stellen- und Abteilungsbildung sind teils mit der Deduktion [151, S. 318 ff.] teils mit der Synthese gewonnen.

Aufbau und Zusammenhang des zweiten und dritten Hauptteiles folgen dem klassischen Konzept organisatorischer Gestaltung mit Analyse (als Bestandteil der Induktion) und Synthese.[10] Die hohe Praxisnähe dieser Teile erfordert zur Systematisierung und im Rahmen der Analyse die Unterstützung durch die deskriptive Methode. Die Synthese ist ebenfalls praxisorientiert, verfolgt aber zudem noch einen überindividuellen *Ganzheitsaspekt*.

Für alle Hauptteile, insbesondere bei der Teileziffer 4, kommt als Untersuchungsmethode noch die Simulation in Betracht. Sie wird nur in Ansätzen bei der Behandlung einfacher Modelle angesprochen, denn sie bedarf bei komplexen Systemuntersuchungen der Unterstützung durch EDV-Anlagen mit entsprechenden Programmen.[11] „Anhand eines in einem Computerprogramm nachgebildeten Organisationssystems können die Auswirkungen unterschiedlicher Einflußfaktoren, . . ., untersucht werden" [76, S. 32]. Zwar liefert die Simulation anstelle der Optima nur Suboptima, jedoch läßt sich mit ihr eine hohe Annäherung zwischen Modell und Realität erreichen, besonders bei der EDV-bezogenen Systemkonzeption. Wenngleich der derzeitige Stand der Simulationstechniken noch keine ganzheitlichen Betrachtungen der Unternehmensorganisation in einem Modell ermöglicht, so lassen sich aber bereits spezielle Aussagen für Teilbereiche mit Hilfe der Simulation erarbeiten [76, S. 32], [34], [139].

Die Beachtung außerökonomischer Gesichtspunkte führt auch zur Behandlung

[7] Vgl. zu diesem Problem die grundlegenden Ausführungen von *Giersch* [71, S. 31 ff.], *Mellerowicz* [186, S. 66 ff.] und *Philipp* [211, S. 35 ff.].

[8] Eine ausführliche Darstellung der Methoden der Organisationsforschung findet sich bei *Kosiol* [154].

[9] Hierzu *Heinen:* „Die Betriebswirtschaftslehre kann das reale Phänomen der Unternehmung nur dann im Wege der Analyse erklären, begründen und – was nicht vergessen werden darf – beeinflussen, wenn sie die Daten der betriebswirtschaftlichen Realität bei ihren Analysen hinreichend berücksichtigt" [101, S. 12]. Dies bedeutet neben der Einbeziehung ökonomischer Daten auch die Berücksichtigung außerökonomischer, hier besonders realtechnischer Sachverhalte. Vgl. [201, S. 20, insbes. Fußnote 16].

[10] Hierzu *Kosiol:* „Erst wenn das Gefüge der Einzelaufgaben durch eingehende Analyse restlos aufgehellt worden ist, kann eine Gestaltung ihrer Erfüllung vorgenommen, d. h. an die eigentliche synthetisch-konstruktive Arbeit des Organisierens herangegangen werden" [152, S. 46].

[11] Vgl. hierzu [73, S. 125 f.] sowie die Simulationsansätze in [34].

von Grenzbereichen zu anderen Disziplinen (Soziologie, Psychologie)[12], wobei allerdings stets das Problemfeld der komplexen Datenverarbeitungssysteme den Ausgangspunkt bildet.

1.2. Der Systembegriff in der Betriebswirtschaftslehre

Eine Gesamtheit funktional miteinander in wechselseitiger, erkennbarer Verbindung stehender Elemente versteht man als *System* [4, S. 12], [3]. Dieses ist das Erkenntnisobjekt der allgemeinen Systemwissenschaften, die sich grob in die Systemforschung und -theorie sowie die Systemtechnik einteilen lassen. Die *Systemforschung*[13] und *-theorie* untersucht strukturelle Gemeinsamkeiten der betrachteten Systemobjekte. Demgegenüber beinhaltet die *Systemtechnik* die Anwendung wissenschaftlich fundierter Methoden zur Analyse und Gestaltung von Systemen.

Bezogen auf die Betriebswirtschaftslehre fördert der *Systemansatz* (Systems Approach) die Erkenntnis quantitativer Strukturen im System „Betrieb". Zugleich will der Systemansatz, ausgehend von methodisch verwandten Bereichen, isomorphe Strukturen aufzeigen und im Zusammenwirken mit der Systemtheorie allgemeine Beschreibungs- und Erklärungsmodelle bereitstellen [251, S. 15]. Die Systemwissenschaften ermöglichen auch, die Dynamik betriebswirtschaftlicher Systeme, die bislang weitgehend statisch gesehen wurden, zu berücksichtigen.[14] Damit kann sich der Betrieb stärker nach dem Kriterium der *Flexibilität* ausrichten, um sich so veränderten Umweltbedingungen schneller und reibungsloser anzupassen. Das Konzept der allgemeinen Systemwissenschaften erweist sich als Grundlage für die Entwicklung einer umfassenden und interdisziplinär orientierten Betriebswirtschaftslehre. Seinen Niederschlag hat der Systemansatz hier besonders in der *Unternehmensforschung* (Operations Research)[15] gefunden, die bei der Behandlung von Problemen die ganzheitliche Durchdringung der Elemente und Relationen des betrachteten Gesamtsystems zur Zielsetzung hat [40, S. 12].

1.2.1. Ausgangspunkte der allgemeinen Systemwissenschaften

Im Rahmen der allgemeinen *Systemwissenschaften* werden Systeme analysiert, um für diese Systeme eine allgemein gültige Theorie über ihre Elemente und Zusammenhänge aufzustellen; für die erarbeiteten Theorien strebt man eine Formalisierung, meist mathematischer Art, an. Damit sei angedeutet, daß der Gegenstand der Systemwissenschaften nicht so sehr die Konzipierung einer Gestaltungslehre (Morphologie) ist, sondern primär die Beschreibung und Erklärung der Austauschvor-

[12] Vgl. hierzu auch Fußnote 16 in [201, S. 20].

[13] *Kosiol* und Mitarbeiter wollen den Begriff „Systemforschung" als Sammelbezeichnung für alle Möglichkeiten realwissenschaftlicher Interdisziplinarforschung verwendet sehen. Vgl. [157].

[14] Die folgende Darstellung ist angelehnt an [251, S. 15 f.].

[15] Vgl. hierzu die umfassende Darstellung in [197].

gänge sowohl zwischen den Elementen innerhalb eines Systems (Intraaktion) als auch zwischen Systemen untereinander (Interaktion) [4, S. 13].

Ein jeweils zu untersuchendes System[16] ist das *Systemobjekt*, das mengentheoretisch auch als *Teilmenge* anzusehen ist. Das Systemobjekt ist von unendlich vielen Super-, Ober- bzw. Umsystemen umgeben und setzt sich selbst aus unendlich vielen Sub-, Unter- bzw. Insystemen (= Teilsystemen) zusammen [19, S. 25], [157, S. 339]. „Unter der Hypothese, daß es unendlich viele Systeme gibt (. . .) bedeuten System, Teilsystem (Insystem) und Element lediglich abgestufte . . . Strukturen des gleichen Systemobjekts. Damit verbindet sich die wesentliche Vorstellung von relativ offenen Systemen. Angewandt auf betriebswirtschaftliche Probleme könnte damit eine Abstufung der Relevanz zum Ausdruck kommen. Ohne diese Abstufung wäre eine Gleichsetzung von Insystem und Element möglich" [251, S. 15 f.]. Der systemtheoretische Ansatz kennt diese Abstufung nicht, da es für ihn keine Elemente, sondern nur Insysteme gibt. Dies findet seine Begründung darin, daß es nicht sicher ist, ob die letzten innerhalb einer Hierarchie ineinandergeschachtelten Einheiten tatsächlich unteilbare Elemente sind oder ob diese Einheiten nicht selbst noch Teilsysteme mit noch nicht erkannten Unterteilungsmöglichkeiten sind.[17] Somit ist nach *Wacker* in betriebswirtschaftlichen Untersuchungen nur dann von Elementen zu sprechen, „wenn es sich, von der Führung der Untersuchung aus gesehen, um Teile in sachlicher und zeitlicher Sicht handelt, die nicht im Systemzusammenhang untersucht zu werden brauchen; Elemente sind somit die aus ökonomischer Sicht vernachlässigbaren Insysteme" [251, S. 16]. Für den konkreten Fall, daß eine Unternehmung als Systemobjekt betrachtet wird, ergibt sich z. B. als Umsystem der Unternehmung die Wirtschaft und die Gesellschaft. Insysteme der Unternehmung können das Operationsvollzugssystem, das Informationssystem und das Steuerungssystem sein.

Will man die Beziehungen von Insystemen wiedergeben (Abb. 2), so lassen sich diese anschaulich als Mengen darstellen [251, S. 17]. Am Beispiel des Systemobjekts „Unternehmung" sollen I_1, I_2 und I_3 das Operationsvollzugssystem, das Informationssystem und das Steuerungssystem darstellen, wobei das gemeinsame Element E das EDV-System sei.

1.2.2. Die Unternehmung als kybernetisches System

Für die *Kybernetik* als Wissenschaft von den Steuerungs- und Regelungsvorgängen hat der Systembegriff eine zentrale Stellung. Die Kybernetik beschäftigt sich mit

[16] „Die systemtheoretischen Erkenntnisse von Statik und Dynamik sind für die betriebswirtschaftliche Untersuchung von besonderem Wert. Sie fordern ein Überdenken der statischen und dynamischen Betrachtungsweise in der Betriebswirtschaftslehre. Der dynamische Aspekt bezog sich in der Betriebswirtschaftslehre vorwiegend auf die von Standpunkt zu Standpunkt sich verändernden sachlichen Interdependenzen, weniger auf die empirisch relevanten zeitlichen Interdependenzen" [251, S. 16].

[17] Vgl. hierzu [19, S. 24], [135, S. 5].

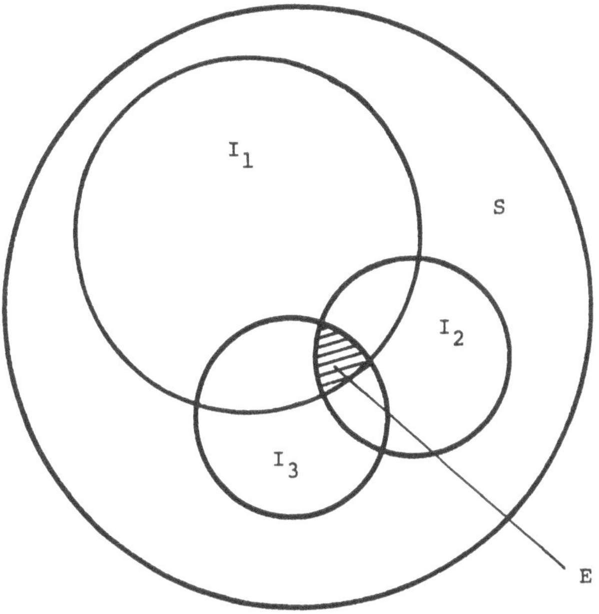

S : Systemobjekt
I_1, I_2, I_3 : Insysteme von S
E : gemeinsames Element von I_1, I_2, I_3

für E gilt: $(I_1 \cap I_2) \cap I_3$
$= I_1 \cap (I_2 \cap I_3)$
$= I_2 \cap (I_1 \cap I_3)$

Abb. 2 Beziehungen von Insystemen [251, S. 17]

äußerst komplexen stabilen Systemen, die durch eine (selbsttätige) Regelung, in Form der sogenannten Rückkopplung, wieder in den Gleichgewichtszustand zurückgebracht werden, wenn der Einfluß einer Störgröße sie aus dem Gleichgewicht gebracht hat. Diese selbsttätige Regelung stabiler Systeme erfolgt durch (Rück-)Informationen[18]. Kybernetische Systeme sind Spezialfälle der Systemtheorie, da sie stets Kommunikationsbeziehungen voraussetzen. Daher gilt die mathematisch-sta-

[18] Informationen sollen hier zunächst in einer weiten Begriffsauslegung als relevante Nachrichten verstanden werden. Wegen ihres Gutscharakters spricht *Adam* von „Informationsgütern" [4, S. 12]; dieser Meinung schließt sich auch *Kosiol* an [155, S. 172].

tistische Informations- und Kommunikationstheorie neben der Regeltheorie als Voraussetzung für die Kybernetik als einer allgemeinen Theorie [251, S. 24].

Die Kybernetik behandelt zwei Hauptprobleme: den Kontrollaspekt im Wege der Rückkopplung sowie die Berücksichtigung der Informationsbeziehungen in einem System. *Wacker* meint hierzu: „Die Ausdehnung im Sinne der Organisation ist unverkennbar" [251, S. 30]. Und *Schwarz:* „Die enge Verknüpfung zwischen Kybernetik und Organisationslehre ist offensichtlich, denn die Gebildestruktur der Unternehmung läßt sich als ein System ineinander geschachtelter Regelkreise interpretieren, in denen der Regler durch den Leiter der jeweiligen Organisationseinheit, die Regelstrecke durch ihren Aufgabenbereich, die Führungsgröße durch ihre Zielsetzung, die Rückkopplung durch die Kontrollberichte an den Leiter und die Stellgrößen durch dessen Anordnungen an die seine Organisationseinheit umfassenden Untergebenen gebildet werden" [229, S. 29 f.]. Dabei sei die Organisation hier als Gebilde und Objekt bewußter menschlicher Gestaltungshandlungen im Hinblick auf rationale Ziele verstanden und ferner dadurch begrifflich eingeengt, daß es sich um ökonomische Ziele eines Unternehmens handeln soll [76, S. 15].

In einem Regelsystem[19] (Abb. 3) sorgt der Regler R dafür, daß die Führungsgröße w (gewünschter Soll-Zustand) realisiert wird. Dazu bedarf es an einer Vergleichsstelle V des laufenden Abgleichens von Regelgröße x, die den Ist-Zustand des zu regelnden Prozesses bzw. der Situation (Regelstrecke S) mißt, und der Führungsgröße. Wirken nun Störgrößen z auf die Regelstrecke ein, so tritt in der Regelstrecke ein Ungleichgewicht auf, das sich in Form einer Differenz zwischen Führungsgröße und Regelgröße niederschlägt. Aus dieser Differenz ergibt sich für den Regler die Aufgabe, über die Stellgröße y entsprechend auf die Regelstrecke einzuwirken, um dort das Ungleichgewicht zu beseitigen.

Bezogen auf die Unternehmung stellen die Unternehmensziele die Führungsgrößen dar, die von der Unternehmensleitung (Management) in der Funktion des Reglers durchzusetzen sind. Dazu ergreift die Unternehmensleitung Maßnahmen (Stellgröße), die den Operationsvollzug bzw. Kombinationsprozeß (in der Regelstrecke) im Sinn der Zielvorgabe beeinflussen sollen. Ferner verfügt sie zur Messung des Ist-Zustandes des Unternehmensgeschehens (Regelgröße) über Kontrollinstrumente, um so bei Zielabweichungen mit entsprechenden Aktionen reagieren zu können.[20] „Bei der Betrachtung der zentralen Prozesse, die innerhalb des Reglers stattfinden, zeigt sich, daß es sich nur um Entscheidungsvorgänge handeln kann" [102, S. 35]. Die formallogische Übertragung des kybernetischen Prinzips auf die Unternehmung, insbesondere zur Verdeutlichung unternehmerischer Leitungsprozesse[21], gibt das hierzu schematisierte Beispiel (Abb. 4) von *Blohm* [27, S. 365], [28, S. 15], [29, S. 10] wieder, in dem die Unternehmung als ein System ineinandergeschachtelter Regelkreise dargestellt wird.[22]

[19] Vgl. im folgenden hierzu [102, S. 34 f.] sowie die ausführliche Darstellung in [6] und [62].

[20] Dieses Prinzip liegt auch dem Konzept des Management by exception zugrunde.

[21] Hierzu [251, S. 31] und die dort angegebene Literatur, insbesondere [5], [97], [204].

[22] Vgl. auch [251, S. 31], [142, S. 15 f.].

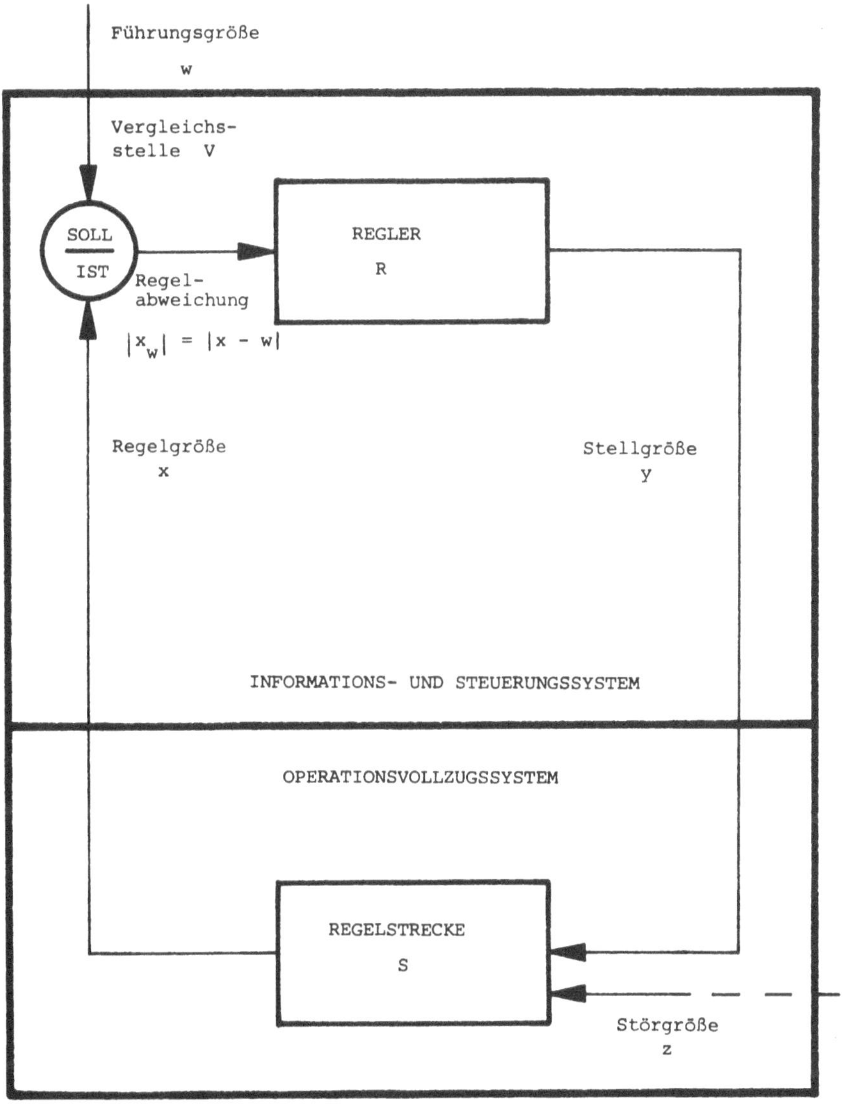

Abb. 3. Grundmodell des Regelkreises

1.2.3. Prozeßorganisation und Zusammenhang der betrieblichen Teilsysteme

Der Prozeß betrieblicher Leistungserstellung als arbeitsteiliges, zielgerichtetes und sich wiederholendes Geschehen bedarf der Abstimmung seiner Arbeitsabläufe. Dies

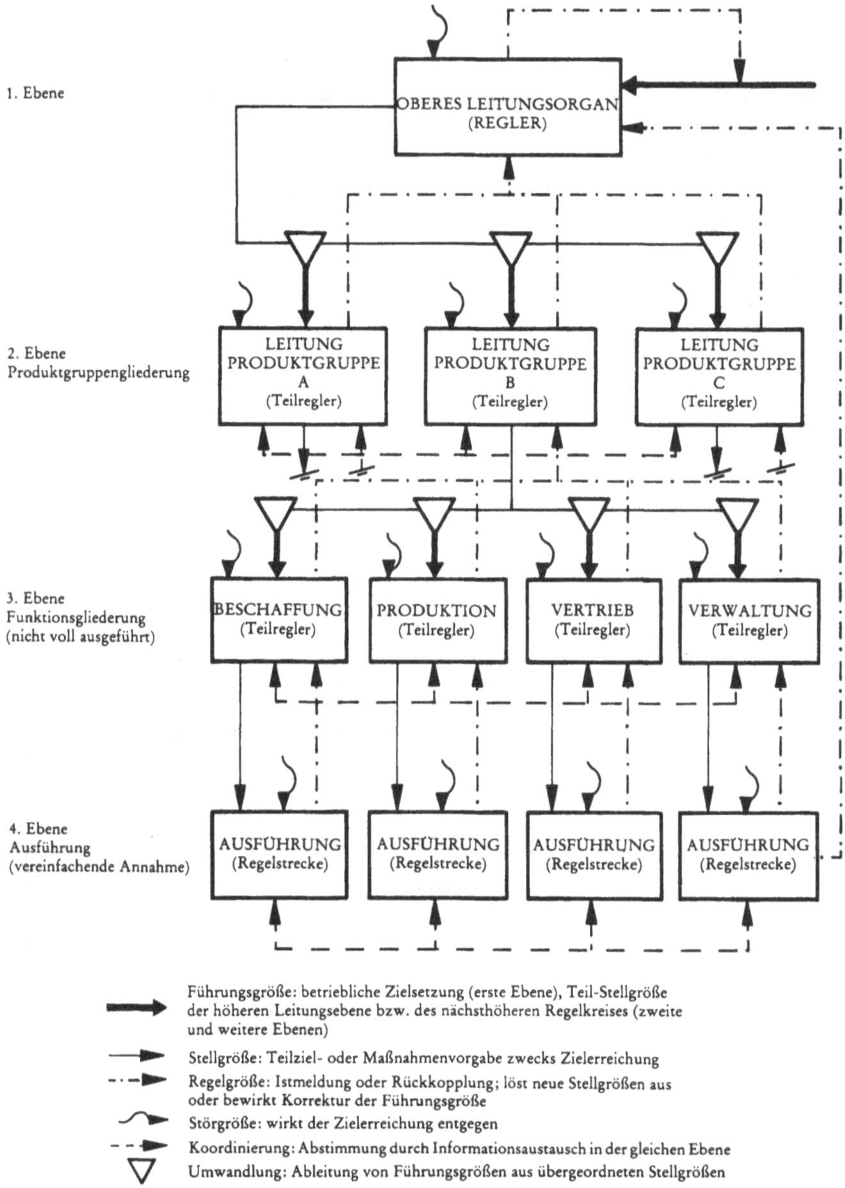

Abb. 4. Die Unternehmung als ein System von Regelkreisen [27, S. 365]

kennzeichnet vor allem der Begriff „Ablauforganisation" mit der schwerpunktmäßigen Betonung von Rhythmisierung und Terminisierung (raumzeitliche Ordnung) der Arbeitsvorgänge[23], der eng mit der Arbeitstechnik der physischen Produktionsprozesse verbunden ist. Andererseits fixiert die Aufbauorganisation den Beitrag jedes Aufgabenträgers zur Erreichung des übergeordneten Unternehmensziels sowie die Verhaltenserwartungen gegenüber anderen Aufgabenträgern [229, S. 23].

Die *systemorientierte* Organisationstheorie – gleichgültig ob man die Organisation dabei als Subsystem der Unternehmung oder als Supersystem der Prozeßorganisation ansieht – faßt die Organisation der betrieblichen Leistungsprozesse als ein nach kybernetischen Gesichtspunkten aufgebautes, zielgerichtetes soziotechnisches System auf [195, S. 199]. Das Prinzip der kybernetischen Modellvorstellung eines sich selbst korrigierenden Regelkreises ist eines der möglichen formalen Denkschemata zur Erklärung und Gestaltung des Unternehmensgeschehens.[24] Unter diesen Gesichtspunkten entspricht z. B. in einem Industriebetrieb in vereinfachter Darstellung (Abb. 5) die Regelstrecke dem Operationsvollzugssystem [96, S. 30 f.]. Die Informationsflußbahnen von Stell- und Regelgröße sowie von Stör- und Führungsgröße einschließlich der Vergleichsstelle von Führungs- und Regelgröße bilden das Informationssystem und der Regler das Steuerungssystem.

Die Systemeinteilung in Operationsvollzugssystem, Informationssystem und Steuerungssystem stellt zunächst allein eine funktionale Differenzierung dar. Sie ist unabhängig von der einzelbetrieblichen Organisationsstruktur, in der im Rahmen einer Gesamtkonzeption und hierarchischen Struktur der Teilsysteme eine mehr oder weniger starke Integration erfolgt. Die Differenzierung beruht auf der analytischen Zerlegung der Unternehmensaufgaben in operative (ausführende bzw. geleitete), informative bzw. informationelle (im weitesten Sinne datenverarbeitende) und dispositive (leitende bzw. steuernde) Prozesse[25].

[23] Hierzu [152, S. 187], [229, S. 141 f.], [147, S. 35].

[24] Dabei macht *Riesenkampf* zu recht auf den Unterschied zwischen technischen und betrieblichen Regelkreisen aufmerksam. Der technische Regelkreis vermag nämlich jeder beliebigen Störgröße in bestimmter Weise entgegenzuwirken, während beim betrieblichen Regelkreis der Mensch als probabilistisches Element hinzutritt. Vgl. [213, S. 43 ff.].

[25] Ähnlich auch *Hartmann* und *Hellfors* in [96, S. 29]. *Kosiol* trifft die Unterscheidung in materielle Prozesse (Realgüter- und Nominalgüterprozeß) und informationelle Prozesse (Informationsprozeß) [155, S. 167]. Dabei geht er von der Vorstellung eines die Realgüter- und Nominalgüterprozesse überlagernden Informationsnetzes aus, dessen Verbindungen zwischen den Knotenpunkten die Informationswege darstellen. Die Knotenpunkte selbst sind entweder Speicherungs-, Relais- oder Transformationsstationen; einige von ihnen sind jedenfalls Entscheidungszentren [155, S. 195]. Auf dieser Basis, das Unternehmen als offenes aktives Wirksystem zu verstehen, in dem materielle und informationelle Prozesse miteinander (integrativ) verflochten sind, kommt *Grochla* im System der Unternehmungsorganisation zur Unterscheidung von drei Ebenen [76, S. 17]: Auf der untersten Ebene befindet sich das Basissystem der physischen Produktionsprozesse, die zweite Ebene beinhaltet die laufenden Entscheidungsprozesse zur Regelung der Routineabläufe im Basissystem, und auf der dritten Ebene vollziehen sich alle nicht programmierbaren Entscheidungs- bzw. Zielbildungsprozesse für die gesamte Unternehmung.

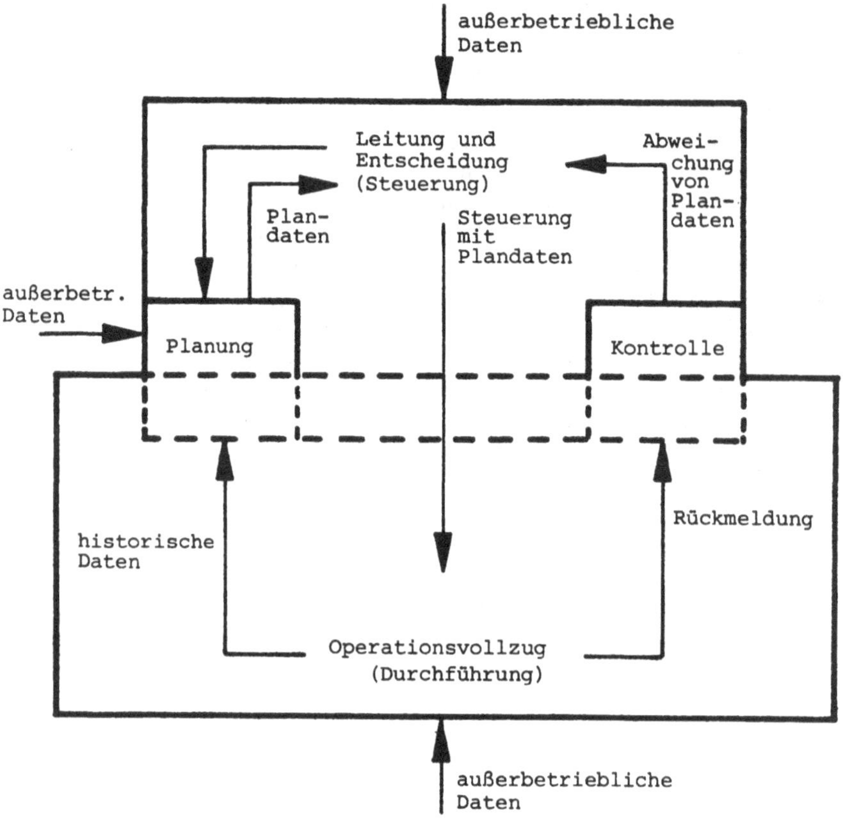

Abb. 5. Der kybernetische Systemzusammenhang

Zwar ist eine Isolierung der einzelnen Prozesse in der Praxis nicht möglich, denn die dispositiven Prozesse (unter Ausschluß emotionaler Entscheidungen) beruhen auf informationellen Prozessen, die ihrerseits wiederum die Vorgänge der materiellen (güter- und geldwirtschaftlichen) Sphäre planend, steuernd und kontrollierend überlagern und die Aktionsträger innerhalb der Unternehmung und die Unternehmung selbst mit der Außenwelt kommunikativ verbinden [229, S. 167]. Doch erlaubt eine *isolative Modellbetrachtung* Rückschlüsse auf die Verhaltensweisen der Teilsysteme bzw. des untersuchten Gesamtsystems bei Variation der Gestaltungsparameter. Die Kenntnis der Auswirkungen der Gestaltungsparameter ist hauptsächlich dann wichtig, wenn für eine Systemkonzeption nach effektiven Gestaltungsmöglichkeiten gesucht wird. Dabei kann es dann im Rahmen der Schaffung bzw. Gestaltung von Systemen zu einer Überlagerung der zuvor isolierten Teilsysteme bzw. zu einer Verknüpfung (Integration) von Aufgaben verschiedener Teilsysteme kommen, die die vorgenommene Abgrenzung weitgehend aufhebt.[26] Dies wird bei der Darstellung der operativen, informationellen und dispositiven Zusammenhänge in einem Unternehmen, insbesondere bei den administrativen Funktionen sichtbar. Da sich jede Leitungstätigkeit im Rahmen der Steuerung des Operationsvollzuges der datenverarbeitungsintensiven Funktionen Planung und Kontrolle bedienen muß, ist hier deutlich die Überlagerung von Informationssystem und Steuerungssystem zu erkennen[27]. Dies kommt auch in dem engen Zusammenwirken der Funktionskomplexe Planung, Steuerung und Kontrolle mit dem Operationsvollzug zum Ausdruck. Letztlich liegen auch der Ausführung von Datenverarbeitungsaufgaben operative Tätigkeiten zugrunde, die beispielsweise ihre Ausgangspunkte in den primär dispositiven Funktionen Planung, Steuerung und Kontrolle haben [96, S. 30 f.].

Somit ergibt sich folgender *Zusammenhang* der einzelnen Teilsysteme[28]: Die operationellen Prozesse dienen im System der Arbeitsobjekte (Operationsvollzugssystem) dem Materialaustausch und der Materialbearbeitung bzw. der Dienstleistungserstellung, d. h. der direkten Erfüllung des Betriebszweckes; sie bestehen demnach aus materiellen Prozessen und den sie begleitenden operationellen Informationen. Alle informationellen Prozesse sind im System informationeller Objekte und Prozesse einschließlich der Kommunikation als System des Informationsaustausches (Informationssystem) zusammengefaßt, wobei sich die Entscheidungsträger im Steuerungssystem insbesondere der Planungs-, Entscheidungs- und Kontrollinformationen zur Leitung der operationellen Prozesse[29] bedienen [195, S. 199].

1.2.3.1. Operationsvollzugssystem

Das Operationsvollzugssystem umfaßt die Gesamtheit aller operativen Prozesse und deren Aktionsträger in einer Unternehmung. Es beinhaltet die betrieblichen Grundfunktionen Beschaffung, Produktion (bzw. Leistungserstellung im weitesten

[26] Hierzu *Hartmann* und *Hellfors,* die bei einer Verknüpfung von Verwaltungs- und Herstellungsaufgaben durch EDV-Anlagen meinen: „Der Einsatz moderner Datenverarbeitungstechniken führt dazu, traditionelle Abgrenzungen auch zwischen dem sekundären und dem primären Leistungsprozeß in den Betrieben aufzuheben" [96, S. 141]. Vgl. auch die dort angegebene Literatur.

[27] Daher wird in der Literatur vielfach dem Informationssystem auch die Steuerungsfunktion zugeschlagen und somit eine sehr weite Definition des Begriffs „Informationssystem" oder ähnlicher Bezeichnungen wie MIS, CIS, IMIS usw. verwendet. Vgl. hierzu [54], [148], [174], [177, S. 367 ff.], [252, S. 582 ff.], [253, S. 914 ff.]. *Hartmann* spricht in diesem Zusammenhang von einem Total Business System (TBS), das als vollautomatisches betriebliches Verwaltungssystem die gesamten Datenverarbeitungs- und Informationsbedürfnisse eines Betriebes gestaltet und wiedergibt. Vgl. [86, S. 168], [96, S. 22 u. S. 28 f.].

[28] *Kirsch* unterscheidet ähnlich in politische, administrative und operative Subsysteme [142, S. 19 ff.].

[29] In Anlehnung an die von *Wild* durch simultane Anwendung des Phasen- und Rangprinzips getroffene Unterscheidung formaler Informationen in der Unternehmung. Vgl. [260, S. 93 ff.].

Sinne) und Vertrieb. Aus diesen Grundfunktionen bzw. Einzelwirtschaften ergeben sich abgeleitete Funktionen der Administration in Form des operativen Vollzugs betrieblicher Verwaltungstätigkeit (wie z. B. Buchführung, Lohn- und Gehaltsabrechnung, Führen von Statistiken) [96, S. 29]. Um im Wege der Isolation die einzelnen Teilsysteme neutral und zunächst ohne ihre Auswirkung auf andere Teilsysteme zu erkennen, ist das Operationsvollzugssystem vom Informationssystem und Steuerungssystem abzugrenzen. Dazu wird der Begriffsinhalt des Operationsvollzuges sich im wesentlichen auf die Grundfunktionen beschränken und soll sich nicht auf die informationellen Prozesse im Rahmen der Administrationsfunktion beziehen, auch wenn diese operativen Charakter tragen. Die operativen Tätigkeiten, die bei den informationellen Tätigkeiten anfallen, sollen als Hilfsfunktionen dem Informationssystem zugerechnet werden. Damit wird erreicht, daß die Informationszusammenhänge und Datenverarbeitungstechniken unabhängig von Operationsvollzug sowie den einzelbetrieblichen Organisationsstrukturen untersucht werden können.

1.2.3.2. Informationssystem

Das Informationssystem umfaßt die Gesamtheit der Faktoren und Prozesse zur Bearbeitung und Weitergabe von Informationen bzw. Daten. Das Informationssystem verbindet die einzelnen Aktionsträger innerhalb der Unternehmung kommunikativ miteinander, aber auch die Unternehmung mit der Außenwelt. Unabhängig von der Art der Aktionsträger (Menschen oder Maschinen) beinhaltet das betriebliche Informationssystem alle informationellen Prozesse, um Ausgangsinformationen für Entscheidungsträger zu liefern. Um diesen Zweck erfüllen zu können, durchlaufen die Daten bestimmte Manipulationsprozesse (Aktionsphasen der Datenverarbeitungsprozesse)[30]: Datenaufnahme, Datenabgabe, Datentransport, Datenspeicherung, Datentransformation. Die ersten drei Aktionsphasen faßt man unter Einbeziehung der datensendenden bzw. datenempfangenden Aktionsträger unter dem Begriff „Kommunikation" zusammen [201, S. 27], [23, S. 31]. Die Träger von Kommunikationsprozessen und die Verbindungen zwischen ihnen stellen somit das Kommunikationssystem[31] dar, das als Insystem des Informationssystems angesehen werden soll.[32] Ebenso bilden auch die Datenspeicherung und die eigentliche Datenverarbeitung (Datentransformation) Insysteme des Informationssystems. Aufgrund

[30] *Hellfors* spricht in diesem Zusammenhang von Funktionen der Datenverarbeitung und nennt: Datenaufzeichnung, Datenweiterleitung, Datenbearbeitung und Datenauswertung/ Informationsabgabe. Vgl. [106, S. 85 ff.], [108, S. 12 f.], [109, S. 12], [96, S. 26]; ähnlich auch in [155, S. 175 ff.], [231, S. 79 ff.].

[31] Vgl. im einzelnen [158, S. 107].

[32] So auch *Wacker* [251, S. 133 ff., insbes. S. 135]sowie die Definition von *Koreimann* [148, S. 21] im Gegensatz zu der Auffassung von *Crusen* [44, S. 38 ff.], *Flechtner* [60, S. 2 ff.] und *Lutz* [174, S. 7 f.], die das Informationssystem als ein auf formalen Beziehungen ruhendes, spezielles Kommunikationssystem („formalisiertes Kommunikationssystem") auffassen.

dieser Eigenschaften vermag es dem Steuerungssystem Planungs-, Entscheidungs- und Kontrollinformationen zu liefern sowie die Durchführungsinformationen (Steuerungsinformationen) in Form von Anordnungen, Vorschlägen und Erläuterungen an das Operationsvollzugssystem weiterzuleiten. Das Informationssystem hat neben seiner passiven Funktion, Daten bei Nachfrage abzugeben, auch eine aktive Funktion (Anstoßfunktion), indem es sich dem Benutzer gleichermaßen „aufdrängt" und ihm den Gebrauch des Informationspotentials nahelegt.[33]

Systeme der Aufnahme, Weiterleitung, Speicherung, Verarbeitung und Abgabe von Daten sind unabhängig von technischen Hilfsmitteln denkbar und existent. Der Fortschritt der Informationstechnologie, das wachsende Datenvolumen sowie der verstärkte Einsatz komplexer EDV-Systeme bedingen und ermöglichen Systemverbesserungen im Bereich informationeller und dispositiver Prozesse [125, S. 210]. Dabei bringt der Einsatz der EDV die Probleme der Informationsphasen noch besonders zum Tragen [155, S. 176]. Diese Problematik, die insbesondere bei der Realisierung komplexer betrieblicher EDV-Systeme zu bewältigen ist, bedarf daher eingehender Erörterungen.

1.2.3.3. Steuerungssystem

Das Steuerungssystem umfaßt alle dispositiven, steuernden und regelnden Prozesse, die sich vor allem in den Hauptphasen Willensbildung und Willensdurchsetzung äußern. Zur Steuerung gehört im weitesten Sinne auch die Zielsetzung (Bildung des Zielsystems) und die Zielvereinbarung (Auswahl von Handlungsalternativen) zum Zweck der Zielerreichung. In einer Unternehmung besteht das Steuerungssystem aus mehreren Subsystemen, wobei die oberste Unternehmensleitung das höchste Subsystem darstellt. Sofern der obersten Unternehmensleitung die Ziele (Führungsgrößen) nicht imperativ vorgegeben werden, kann sie nicht nur allein über die Handlungsalternativen zur Zielerreichung entscheiden, sondern sogar den Zielbildungsprozeß selbst aktiv ausüben.[34] Alle der obersten Unternehmensleitung nachgeordneten Steuerungssubsysteme haben für die Realisierung von Teilzielen, die aus dem Unternehmensziel (Zielsystem) abgeleitet werden, mit eigenen Steuerungsmaßnahmen zu sorgen. Die Steuerungsmaßnahmen können Entscheidungen sein (*dispositive* Steuerung) oder aus Entscheidungen abgeleitete, anordnende Maßnahmen (*operative* Steuerung). Für die Steuerung der betrieblichen Grundfunktionen benötigt das Steuerungssystem die Funktionen des Informationssystems. Geht man von der Einteilung der Entscheidungen[35] in nicht programmierbare bzw. dispositive

[33] Vgl. hierzu im einzelnen die Darstellung von *Kirsch* und *Kieser* in [144, insbes. S. 391 f.].

[34] So auch *Gutenberg*, der folgende fünf Arten der Führungsentscheidungen nennt: 1. Festlegen der Unternehmenspolitik auf lange Sicht, 2. Koordinierung der großen betrieblichen Teilbereiche, 3. Beseitigung von Störungen außergewöhnlicher Art im laufenden Betriebsprozeß, 4. Geschäftliche Maßnahmen von außergewöhnlicher betrieblicher Bedeutung, 5. Besetzen der Führungsstellen im Unternehmen [80, S. 139].

[35] Vgl. hierzu [137], [165].

(sogenannte echte) und in programmierbare bzw. automatisierbare Entscheidungen aus, so ergibt sich daraus innerhalb des Steuerungssystems eine rangmäßige Abstufung[36] der Steuerungs- bzw. Entscheidungsprozesse:

1. Rangebene: Oberste Leitung für die nicht programmierbaren Entscheidungsprozesse der gesamten Unternehmung;
2. Rangebene: Verwaltungsorgane zur Regelung von Routineabläufen im Operationsvollzugssystem bzw. für die Durchführung von abgeleiteten, programmierbaren Entscheidungen.[37]

Vom Informationssystem[38] ausgehend und es als notwendige Basis für Steuerungs- bzw. Entscheidungsprozesse betrachtend, gelangt man durch Einschaltung von Entscheidungsmodellen zur 2. Rangebene des Steuerungssystems.[39] Für diese Ebene ist die Existenz von Modellen und Programmen kennzeichnend, die z. B. optimale Losgrößen, Durchlaufzeiten oder Investitionsalternativen ermitteln. Dabei ist es prinzipiell unerheblich, ob die Auswertung der Modelle durch Menschen oder mit Maschinen vorgenommen wird. Jedoch sind für die praktische Durchführung von programmierbaren Entscheidungsprozessen meist EDV-Systeme erforderlich, insbesondere wenn es sich um Modelle mit komplexen Algorithmen und vielen zu verarbeitenden Entscheidungsdaten handelt.

Der enge Zusammenhang von Informationssystem und Steuerungssystem wird besonders bei der Planung und Kontrolle sichtbar. Eine wirkungsvolle Steuerung ist verknüpft mit einer genauen Planung und Kontrolle. Das Informationssystem muß daher dem Steuerungssystem die erforderlichen Daten bzw. Informationen aufbereiten und zur Verfügung stellen.

1.2.4. Auswirkungen von Systemmodellen und Systemtheorie auf die Organisationstheorie

In der traditionellen Organisationslehre steht die Frage im Mittelpunkt, wie sich durch Vorgabe genereller Soll-Regelungen über die Aufgabenverteilung und den Vollzug der Aufgabenerfüllungshandlungen das Betriebsziel in wirtschaftlichster Weise erreichen läßt. Wesentliche Impulse zur Weiterentwicklung hat die Organisationslehre durch den sozialpsychologischen (behavioristischen) Ansatz und insbesondere durch den Systemansatz erhalten. Während schon die sozialpsychologische

[36] So auch *Hartmann* und *Hellfors* [96, S. 42] sowie *Grochla* [76, S. 17].

[37] „Automatisierter Steuerungskreis" [96, S. 42].

[38] *Heinen*, *Fahn* und *Wegenast* sprechen hier vom „reinen Informationssystem" [103, S. 763].

[39] *Heinen*, *Fahn* und *Wegenast* bezeichnen ein solches System als „Informations-Entscheidungssystem" [103, S. 763]. Ähnlich auch *Szyperski:* „Informationssysteme können nur im Rahmen der sie umgebenden Entscheidungssysteme ihren Erfolg finden. Informationssysteme können damit auch nicht isoliert beurteilt und bewertet werden. Sie sind Teil des zielgerichteten organisierten Sozialsystems" [241, S. 474].

Richtung von den vielen strukturell-formalistischen Prämissen traditioneller Organisationskonzepte wie z. B. Identität von Kompetenz- und Kommunikationssystemen, Vorhandensein vollkommener Information, einheitliche Willensbildung und Willensdurchsetzung abging und den Menschen durch die Übertragung von Aufgaben samt aller informalen Erscheinungen im Vordergrund sieht, wendet sich die Organisationslehre nun weitgehend der systemtheoretischen Sicht zu. In diesem Zusammenhang spielt der Aufbau und die Betrachtung von Modellen eine wesentliche Rolle. Dabei haben die Aussagen über die Modelle nicht nur einen operativen, sondern auch einen eidetischen Sinn.[40] Der operative kommt im Rahmen der Modellanwendung mehr der Praxis zugute, während der eidetische Sinn die Organisationsforschung in ihrem Bemühen unterstützt, die inhaltliche Deutung der untersuchten Gebilde vorzunehmen.

Der wesentliche Beitrag der Systemtheorie für die Organisationslehre liegt zunächst einmal darin, daß sie eine einheitliche Terminologie zur Beschreibung von in verschiedenen Realitätsbereichen auftretenden, systembezogenen Sachverhalten zur Verfügung stellt.[41] Diese Terminologie und die in der Systemtheorie entwickelten Modelle lassen sich u. a. auch zur Beschreibung und Erklärung organisatorischer Probleme heranziehen. Außer der Bedeutung „der Systemtheorie zur Vereinheitlichung der organisationstheoretischen Terminologie und ihrer heuristischen Funktion im Rahmen des Entdeckungszusammenhanges sind schließlich auch von der systemtheoretischen Ausrichtung der Forschung generell wichtige Anhaltspunkte für die Organisationsforschung und die Bestrebungen zu einer Integration der verschiedenen organisationstheoretischen Ansätze zu erwarten“ [76, S. 37]. Hier könnte vor allem der entscheidungstheoretisch orientierte Akzent Impulse geben, da man nicht mehr allein versucht, für einen gegebenen Zweck geeignete Organisationsformen zu erstellen, sondern ebenso die Informations- und Entscheidungszusammenhänge berücksichtigen will [63, S. 198]. Dies bedeutet, daß die Informationstheorie stärker als bisher die betriebswirtschaftliche Organisationstheorie beeinflussen wird, wobei sich gleichzeitig die methodischen Unterschiede zwischen Organisationstheorie und Systemtheorie verwischen.[42]

Ausgehend vom Systemansatz sind allerdings schon vor dem Aufkommen der neuzeitlichen EDV-Techniken geschlossene Informations- und Entscheidungssysteme konzipiert und bei einigen industriellen Großunternehmen mit traditionellen Datenverarbeitungstechniken erfolgreich eingesetzt worden [96, S. 42 f.]. Eins der ersten geschlossenen Modelle auf der Basis komplexer EDV-Systeme stellt das von *Hartmann* entwickelte „Total Business System“ dar.[43] Es soll mit seiner entscheidungs- und systemorientierten Konzeption die gesamten Datenverarbeitungs- und Informationsbedürfnisse eines Betriebes als ein einheitliches, allumfassendes System

[40] Vgl. zur Begriffsdefinition [32, S. 45 ff.].
[41] Vgl. hierzu und im folgenden [76, S. 37].
[42] Vgl. hierzu [251, S. 36 f.] und die dort umfangreich angegebene Literatur.
[43] Vgl. auch im folgenden [86, S. 167 ff.] sowie zum neuesten Stand [94].

gestalten und wiedergeben. Dabei kommt der *Integration* besondere Bedeutung zu, die in ihrer Auswirkung so zu verstehen ist, daß grundlegende Eingabedaten bei minimaler Vervielfachung für die Deckung der Informationsbedürfnisse jeder Leitungsebene zeit- und sachgerecht aufbereitet werden können.

In ähnlicher Form sind in letzter Zeit eine ganze Anzahl von Modellen mit unterschiedlichen Akzenten entwickelt worden.[44] Allerdings sind die meisten Autoren hinsichtlich einer schnellen und weitgehenden Verwirklichung ihrer Modelle skeptisch und verweisen auf die leichter zu realisierenden Teilmodelle oder praxisnähere Modelle mit verringertem Abstraktionsgrad. Den vorwiegend integralen entscheidungs- und systemorientierten sowie informations- und kommunikationsbezogenen Ansätzen und Modellen steht *Kirsch* [143, S. 565], gestützt insbesondere auf *Argyris* [11], kritisch gegenüber und fordert unter dem Kriterium der Benutzerfreundlichkeit von „Management-Informationssystemen" den Einbau motivationstheoretischer Elemente des sozioökonomischen Ansatzes.

Es ist festzuhalten, daß die mit der Informationsverarbeitung zusammenhängenden Probleme zunehmend in den Vordergrund wissenschaftlicher Untersuchungen rücken [155, S. 162]. Dabei richtet sich ein großer Teil der Betrachtungen auf die stark technisch orientierten Fragen der optimalen Strukturierung von Maschinensystemen und Programmsystemen. „Das Problem der Anwendungskonzeption, d. h. die Gestaltung organisatorischer Informationssysteme beim Einsatz automatisierter Datenverarbeitungsanlagen, findet demgegenüber erst in den letzten Jahren verstärktes organisationstheoretisches Interesse" [76, S. 26]. Die neueste Entwicklung zielt derzeit darauf ab, bei der Systemschaffung neben der informationstechnischen Funktionsfähigkeit auch das individuelle, nicht notwendigerweise immer rationale Entscheidungsverhalten der Benutzer zu berücksichtigen. Dieser Aspekt sowie die stärkere Beteiligung der Systembenutzer an der Systemschaffung und -gestaltung haben daher die Forderung nach verstärkter Erforschung „psychologischer Implikationen" unterschiedlicher Anwendungsformen von Informations- und Steuerungssystemen zur Folge.[45]

[44] Erwähnt sei hier beispielhaft das stark informationstechnologisch ausgerichtete „Kölner Integrationsmodell" von *Grochla* und Mitarbeitern [77] sowie das informations- und kommunikationsbezogene „Integrierte Management-Planungs-Informations- und Control-System" von *Wild* [262, S. 86].

[45] Vgl. zu dieser Entwicklung z. B. *Hedberg* [98, insbes. S. 80 u. S. 222 f.], *Kirsch* und *Kieser* [144] sowie *Witte* [264].

1.3. Die Information als Ausgangspunkt bei der Planung und Organisation betrieblicher Datenverarbeitungssysteme

Die betriebliche Leistungserstellung ist ohne die Vielfalt unternehmensexterner wie unternehmensinterner Informationen nicht denkbar. Sie dienen der Planung, Steuerung und Kontrolle des Betriebsprozesses sowie zur Erarbeitung und Vereinbarung von Betriebszielen. Daraus allein läßt sich bereits ersehen, daß den Informationen eine zentrale Bedeutung zukommt, zumal sie die Voraussetzung aller rationalen Entscheidungsprozesse sind. Informationen bilden die Grundlage des betrieblichen Führungsprozesses sowohl im Rahmen direktiver (hierarchisch-autoritärer) als auch bei nicht direktiven (kooperativen, partizipativen bzw. integrativen) Führungskonzeptionen.[46]

Die Komplexität des wirtschaftlichen Geschehens, die wachsende Arbeits- bzw. Aufgabenteilung, die Verlängerung der Produktionswege und die Zunahme unternehmensinterner wie unternehmensexterner Informationsströme lassen den Informationsbedarf und das zu verarbeitende Informationsvolumen stark steigen [155, S. 169 ff.]. Diese stetig wachsenden Aufgaben der Informationsverarbeitung können nicht mehr allein durch eine größere Anzahl von Menschen bewältigt werden, vor allem wenn es darum geht, den Entscheidungsträgern die Fülle an Informationen nutzbar zu machen. Hier bedarf es einer „Produktivitätssteigerung" durch die wissenschaftliche Organisation der Informationsverarbeitung auf der Grundlage automatisierter Datenverarbeitungstechniken, damit die einzelnen Mitglieder in der Unternehmung die jeweils für sie relevanten Informationen zeitgerecht und mit hinreichender Genauigkeit erhalten. Die Information ist ein im Mittelpunkt stehendes Objekt jedes betrieblichen Informationssystems und stellt den Ausgangspunkt für die Planung und Organisation von Systemen ihrer Verarbeitung dar.

Bevor näher auf die betriebswirtschaftliche Informationsproblematik eingegangen wird, seien einige Anmerkungen zur Verwendung der vielschichtigen Begriffe „Information" und „Daten" gemacht. In der Literatur sind bislang etliche Merkmale für diese Erscheinungen erfaßt worden, jedoch mit unterschiedlichen Resultaten in bezug auf Erklärung und Inhalt des Begriffs „Information" und insbesondere bei der Abgrenzung von „Informationen" und „Daten".[47] Weitgehende Übereinstimmung herrscht darin, daß Informationen und Daten immaterielle Güter darstellen;[48]

[46] Vgl. hierzu im einzelnen [79, S. 130].

[47] Vgl. hierzu auch [251, S. 37 ff.].

[48] So *Adam:* „Es ist durchaus angebracht, auch von ‚Informationsgütern' zu sprechen. Nachrichten können beschafft, gelagert, umgewandelt, abgesetzt, gebraucht, verbraucht und entwertet werden; der Informationsbeschaffungsbetrieb und der Informationsveredlungsbetrieb (Statistisches Amt, Betriebsrechenzentrum) verfügen über die wesentlichen technischen und administrativen Attribute eines stoffverarbeitenden Industriebetriebes" [4, S. 12 f.]. (Nachrichten sollen als durch Zeichen abgebildete reale Sachverhalte verstanden

dabei haben sie eine statische und dynamische Erscheinungsform. Faßt man die Information unter den Oberbegriff „Wissen", so ist das Wissen selbst statischer Natur, die Weitergabe bzw. Weiterleitung sowie die Zeitbezogenheit des Wissens dynamischer Natur.

Die vorherrschende Auffassung meint derzeit, daß Informationen spezielles, „zweckorientiertes Wissen"[49] über Vergangenheit, Gegenwart oder Zukunft darstellen, das an die Stelle des Nichtwissens tritt oder bestehendes Wissen vergrößert. *Schulz* folgt dem nicht, da für ihn die Zweckbezogenheit der Informationen nur potentiell ist und erst im Bearbeitungsprozeß der Informationen erkennbar wird [227, S. 26]. Er sieht die Information als im allgemeinen unverbindlichere, redundante Mitteilung, als Rohstoff, aus dem durch Verdichtung und Entkleidung der Weitschweifigkeit zweckbezogene Daten werden.[50] Der Unterschied von *Informationen* zu *Daten* ist aber weniger in der *Zweckbezogenheit* zu sehen als in der *Wissenserhöhung*.[51] Von diesem Standpunkt aus sollen Daten als neutrale Erscheinungen geistiger Objekte verstanden werden, d. h. als Merkmalsausprägungen, die mögliche Situationen und Umweltbedingungen beschreiben und Ausgangsgrößen für Entscheidungen (entscheidungsrelevante Daten) darstellen können. Daten sind somit „potentielle Informationen", die nach mutmaßlich multivariablen Zwecksetzungen aus einem Wissensrahmen herausgefiltert sind [251, S. 39].

Daten werden erst dann zu Informationen, wenn ihr Empfänger die aufgenommenen Daten in einen Sinnzusammenhang bringen kann und damit bei ihm eine Wissenserhöhung hervorgerufen wird. Dies mag folgendes Beispiel verdeutlichen: Die EDV-Abteilung eines Unternehmens führt Berechnungen im Rahmen der

werden.) An *Adam* anlehnend schreibt *Kosiol* den Informationen „Gutscharakter" zu [155, S. 167 u. S. 172], was auf den spezifisch wirtschaftlichen Charakter betrieblicher Informationen hinweist. Die Merkmale für den Gutsbegriff sind: (1) reales Vorhandensein, (2) Zweckeignung, (3) Verfügbarkeit, (4) Übertragbarkeit, (5) relative Knappheit, (6) ökonomische Eignung. Diese Merkmale treffen gleichermaßen auf Real- und Nominalgüter wie auf Informationen zu [155, S. 102 ff.], [227, S. 17]. In neueren Ausführungen präzisiert *Kosiol* die Termini „Nominalgüterstrom" und „Realgüterstrom" wobei er den Realgüterstrom in einen konfektorischen und informatorischen unterscheidet [156, S. 180].

[49] Vgl. *Wittmann* [265, S. 14 u. S. 17] sowie in Anlehnung daran u. a. *Kramer* [158, S. 22], *Berthel* [23, S. 28] und *Kosiol* [155, S. 162].

[50] Dagegen läßt sich mit *Dworatschek* argumentieren, daß die Vorstellung, Daten seien der Input, das Rohmaterial, während Informationen der Output, also das Ergebnis eines Bearbeitungsprozesses seien, insbesondere unter dem Gesichtspunkt der Integration der Datenverarbeitung nicht schlüssig ist, da die Integration u. a. anstrebt, daß ein Output für einen folgenden Bearbeitungsgang als Input verwendet werden kann. „Informationen sind dann gleichzeitig Daten und umgekehrt – die Unterscheidung wird hinfällig" [54, S. 54].

[51] Da bei *Schulz* zur Unterscheidung der Daten von Informationen vornehmlich auf die Zweckbezogenheit und Redundanz abgestellt wird [227, S. 26 f.], vermag diese Ansicht wenig zu überzeugen. Geht man nämlich von der Wissenserhöhung als charakterisierendes Unterscheidungsmerkmal aus und definiert Information als „zweckbezogenes Wissen", so ist hier die Information stets mit einem Wissensempfänger verbunden. Dies bedeutet, daß Zweckorientierung (wenn auch nur potentielle) und Wissenserhöhung ergänzende Merkmale der Information sind.

Qualitätskontrolle durch. Die Zahlen, die bei stichprobenartigen Produktionskontrollen gewonnen werden, bedeuten bereits eine Wissenserhöhung für den Mitarbeiter, der die Qualitätskontrolle durchführt. Die Wissenserhöhung ist allerdings noch gering, kann aber durch die Anwendung mathematisch-statistischer Methoden erheblich gesteigert werden. Für die Mitarbeiter der EDV-Abteilung, die nach entsprechenden Vorschriften die Auswertung des Zahlenmaterials vorzunehmen haben, sind sowohl das ursprüngliche Zahlenmaterial wie auch die Auswertungsergebnisse Daten. Eine Wissenserhöhung bringen in diesem Beispiel die Daten der Qualitätskontrolle für die EDV-Mitarbeiter nicht mit sich, da ihnen der Wissensrahmen, der Sinnzusammenhang und letztlich auch die Beurteilungsfähigkeit für die Daten fehlen. Für die Mitarbeiter der Qualitätskontrolle stellen die selben Daten Informationen dar, durch die ihr Wissen hinsichtlich der durchgeführten Stichprobe bzw. des gesamten Produktionsloses erweitert wird. Selbst wenn die Auswertungsergebnisse zweifelhaft sein sollten oder sich nicht interpretieren ließen, liegt eine zweckbezogene Wissenserhöhung vor. Denn zum einen existiert der Wissensrahmen für die Aufnahme der Informationen, zum anderen ist eine unsichere und zweifelhafte Information gemessen an der totalen Nicht-Information immerhin eine Wissenserhöhung.

Im Zusammenhang mit Informationen bzw. Daten bilden die Zeichen, verkörpert in der materiellen Form der Signale, die Voraussetzung für die Darstellung von Informationen bzw. Daten und deren Übermittlung *(Kommunikation)*. Betrachtet man das Zeichen unter semiotischen Gesichtspunkten in seinem Verhältnis zu anderen Zeichen, zum Gehalt (Inhalt bzw. Bedeutung) des Zeichens und zum Empfänger von Zeichen (Mensch oder Maschine), so lassen sich diese Beziehungen syntaktisch, semantisch und pragmatisch beschreiben. Bei der semiotischen Analyse der Grundbegriffe Information, Daten, Nachricht, Zeichen usw. kommen die hier mit Vorrang betrachteten betriebswirtschaftlich orientierten Autoren zu unterschiedlichsten Ergebnissen.[52] Diese sind aber weniger durch eine legitime wissenschaftliche Einengung mittels abgrenzender Definitionen entstanden, sondern vielmehr auf die jeweiligen Betrachtungsstandpunkte zurückzuführen.

Hier soll nun versucht werden, den Beziehungszusammenhang der informationellen Begriffe „Nachrichten", „Informationen" und „Daten" in einem Definitons-

[52] *Kramer* folgert insbesondere wegen der Zweckorientierung der Information als notwendige Kopplung: Information – Pragmatik, Nachricht – Semantik, Signal – Syntaktik [158, S. 30]. Für *Coenenberg* ist die Zweckorientierung für eine Untersuchung der Kommunikation auf der Ebene der Pragmatik nicht logisch zwingend, und somit folgt er nicht der obigen begrifflichen Zuordnung [42, S. 23 f.]. *Dworatschek* hingegen meint, daß der Informationsbegriff möglichst weit zu fassen sei und er auf allen drei Ebenen der Semiotik zugelassen sein sollte [54, S. 51]. *Schulz* [227, S. 23] sieht nach *Cherry* [39, S. 258] die Ebene der Zeichen und ihrer Darstellung als syntaktische Form der Information und findet in der Bedeutung der Zeichen die semantische Informationskomponente. In einer neuerlichen Veröffentlichung meint *Schulz* in Anlehnung an *Klar* [145, S. 22], daß die Information im weitesten Sinn beide Erscheinungsformen umfaßt. „Man kann sie als eine Einheit aus Syntaktik und Semantik bezeichnen (. . .)" [228, S. 35].

raum darzulegen. Dabei wird vom Zeichen als materielle Grundlage für Nachrichten, Informationen und Daten ausgegangen. Die Beziehungen zwischen Zeichen und Zeichen (Zeichenfolge, Zeichenkombination) sind *syntaktisch*, zwischen Zeichen und seiner Bedeutung (Charakterisierung von Denkinhalten) *semantisch* und zwischen Zeichen und Mensch bzw. Maschine (Zeichenempfänger) *pragmatisch*. Informationelle Grundbegriffe können nun in dem so aufgespannten Raum (Abb. 6) je nach Zwecksetzung und individueller Betrachtung Einordnung finden. Dieser Definitionsraum läßt von seiner Konstruktion her als Grenzfall eine Gleichsetzung der Begriffe „Nachrichten", „Informationen" und „Daten" zu. Das bedeutet, daß diese Darstellung sowohl der eindimensionalen Erklärung bzw. Definition (z. B. Daten liegen auf der syntaktischen Koordinate) gerecht wird wie der zweidimensionalen oder dreidimensionalen (z. B. Daten haben syntaktische, semantische und pragmatische Bedeutung).

In der vorliegenden Betrachtung soll von folgendem ausgegangen werden: Da die Daten aus Zeichenfolgen bzw. Zeichenkombinationen bestehen, basieren sie auf der syntaktischen Koordinate. Sie sind zweckgerichtet auf den Menschen bzw. auf die Maschine, um von ihnen aufgenommen, interpretiert, verarbeitet, gespeichert oder abgegeben zu werden. Somit findet man die Daten vorwiegend auf der syntaktisch-

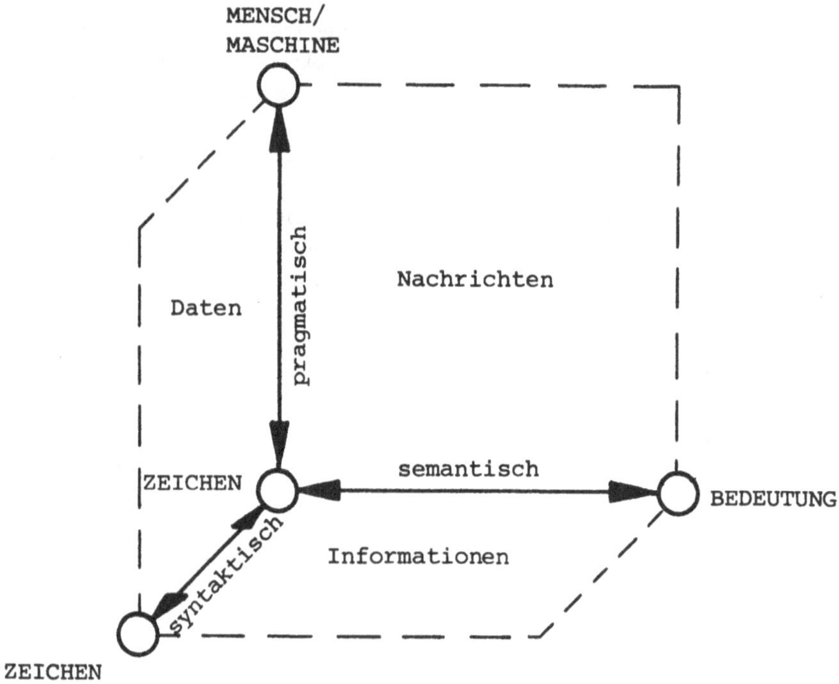

Abb. 6. Beziehungszusammenhang informationeller Begriffe im Definitionsraum

pragmatischen Ebene. Als „potentielle Informationen" lösen sich die Daten bereits von dieser Ebene und ragen in den Definitionsraum hinein. Die Ebene aus semantischer und syntaktischer Koordinate kennzeichnet die Informationen, wobei sie ihren Ausgang von der Semantik, d. h. vom Bedeutungsinhalt der Zeichen nehmen. Nachrichten haben pragmatisch-semantischen Charakter, da sie reale Sachverhalte an Empfänger vermitteln, wobei der Empfänger nicht zu einer Handlungsweise veranlaßt zu werden braucht.

Unter Zugrundelegung des dargestellten Beziehungszusammenhangs der informationellen Begriffe „Nachrichten", „Informationen", „Daten" ist nun zu untersuchen, welches Verhältnis zwischen diesen Elementen unter Hervorhebung der Daten und der betrieblichen Datenverarbeitung besteht. Diese Fragestellung zielt darauf ab, die aktiven und passiven Organisationswirkungen der Daten und der datenverarbeitenden Prozesse auf den Betrieb zu klären. Da die betriebliche Datenverarbeitung zum Ziel hat, die Entscheidungsträger im Betrieb über Sachverhalte zu informieren, um sie zu Entscheidungen veranlassen zu können, hat die Information als informationelles Gut wie als Tätigkeit eine wichtige Funktion bei der Unternehmensführung und -politik.[53] „Insbesondere ist die unternehmerische Entscheidungsbildung ein Prozeß der Informationsverarbeitung" [227, S. 19], der letztlich immer noch dem Menschen obliegt. Somit haben die Informationen in der Unternehmung eine zentrale Stellung. In ihrer abstrakten Form, als Daten mit der Eigenschaft potentieller Wissenserhöhung, unterliegen sie mannigfaltigen Manipulationen. Diese Manipulationen mit Informationen bzw. Daten einschließlich ihrer Weiterleitung und Übermittlung (Kommunikation) sind zu planen und organisatorischen Regelungen zu unterwerfen, soll die Informationswirtschaft ein effektives Instrument der „Koordinationsinstanz" *Unternehmensleitung* [102, S. 65] sein. Ausgangspunkte der Planung und Organisation datenverarbeitender Systeme sind somit die Informationen und die mit ihnen verflochtenen Daten. Dies bedeutet Planung und Festlegung

- der Informationsempfänger,
- des Informationsgehalts,
- des Informationsumfangs,
- der Informationswege sowie
- der Informationsbearbeitung im weitesten Sinn, also durch Menschen und Maschinen.

Vorrangig wird im folgenden die Be- bzw. Verarbeitung[54] der Daten („potentielle Informationen") behandelt, wobei der *Datenverarbeitungsorganisation* im Zusammenhang mit *automatisierten Datenverarbeitungssystemen* breiter Raum eingeräumt wird.

[53] So *Mellerowicz:* „Wer führen will, muß informiert sein und seine Mitarbeiter informieren" [185, S. 61].

[54] Sofern es zwischen Be- und Verarbeitung zu keiner begrifflichen Verwechslung führt, werden die Begriffe synonym verwendet. Vgl. zur begrifflichen Klärung [227, S. 19], [228, S. 41].

1.3.1. Information, Kommunikation und Entscheidung[55]

Analyse und dynamische Gestaltung von Systemen bzw. Teilsystemen betrieblicher Datenverarbeitung setzen entsprechendes Wissen voraus über die ökonomisch sinnvolle Verknüpfung der personalen Entscheidungsträger mit den ihnen zur Verfügung stehenden maschinellen Hilfsmitteln durch Information und Kommunikation. Information, Kommunikation[56] und Entscheidung hängen eng zusammen und beziehen sich auf Aufgaben, die in unterschiedlichem Maß einer Änderung unterliegen. Das Ausmaß dieser Änderungen (Dynamik) bestimmt die Dauerhaftigkeit der Systemstruktur.

Informationen sollen zur Durchführung von Unternehmensaufgaben zu den einzelnen Stellen gelangen. Kommunikationskanäle verknüpfen die Stellen so, daß ein Austausch von Informationen bzw. Daten möglich ist. Dabei sind Inanspruchnahme und Verknüpfungen der Stellen durch Informationen und Daten Ausdruck für die Integration betrieblicher Teilaufgaben bzw. Teilsysteme.

Objekte der Kommunikation und Grundlage von Entscheidungen sind Informationen bzw. Daten, die sich für *Kosiol* [155, S. 187 ff.] unter dynamischem Aspekt in drei Aktionsströmen darstellen:

(1) Phasen-Informationsstrom,
(2) Rang-Informationsstrom und
(3) Ausführungs-Informationsstrom.

Darauf aufbauend unterscheidet *Wild* [260, S. 93 ff.] die Aktions- und Kommunikationsphasen, indem er zur Aufgliederung des betrieblichen Handlungsgefüges das Rang- und Phasenprinzip simultan anwendet. Dies führt zu der Einteilung der formalen Informationen in die folgenden Kategorien [16, S. 83 ff.]:

(1) Planungsinformationen,
(2) Entscheidungsinformationen,
(3) Durchführungsinformationen,
(4) Kontrollinformationen.

Diese Kategorisierung kann der vorgenommenen Einteilung des Systems „Unternehmung" in Operationsvollzugssystem, Informationssystem und Steuerungssystem zugrunde gelegt werden.

Dworatschek teilt die Informationen für den Entscheidungsprozeß (Entscheidungsfindung und Entscheidungsdurchsetzung) in deskriptive Größen passiver Natur ein, das sind die Ordnungs- und Mengeninformationen oder auch Daten, sowie in aktive Größen normativer Natur in Form von Steuerungsinformationen bzw. Anweisungen [54, S. 53 ff.]. Diese kybernetisch geprägte Systematisierung ist

[55] Vgl. im folgenden [250].
[56] Hier und im folgenden ist die formale, strukturierbare Erscheinungsform von Information und Kommunikation gemeint.

besonders bei der Behandlung von Datenverarbeitungsvorgängen in Zusammenwirken mit EDV-Systemen von Bedeutung, wo den Programmen der aktive und den Verarbeitungsdaten der passive Charakter zuzuschreiben ist.

Da die Handlungen bzw. Entscheidungsprozesse über Handlungen in arbeitsteiligen Unternehmensorganisationen aus Teilprozessen bestehen, die auf verschiedene Aufgabenträger verteilt sind, ergibt sich das Erfordernis der Übermittlung von betrieblichen Nachrichten. Nicht zuletzt ist davon auszugehen, daß Entscheidungsaufgaben mehr oder weniger stark dezentralisiert und somit voneinander nicht unabhängig sind. Der Informationsaustausch dient daher auch der Koordination der Teilentscheidungen [103, S. 698]. Ein derartiger Informationsstrom bzw. Datenaustausch setzt sich aus einer Vielzahl einzelner Kommunikationsakte zusammen. Sie lassen sich nach dem Verrichtungsprinzip aufgliedern in die Phasen [42, S. 35 f.]:

- Datenabgabe durch den Sender,
- Datentransport vom Sender zum Empfänger und
- Datenaufnahme durch den Empfänger.

Information – auch in ihrer abstrakten Erscheinung als Daten – und Kommunikation bedingen sich gegenseitg.[57] Die Kommunikation wird aber erst sinnvoll über die Information. Denn die Information ist die Grundlage für die Vorbereitung und Durchsetzung von Entscheidungen. Informationsverarbeitung, Kommunikation und Entscheidungsprozeß bilden eines der Kernprobleme moderner Unternehmensführung [8, S. 357].

Folgt man der von *Lersch* und *Katona* vorgenommenen Typisierung des menschlichen bzw. unternehmerischen Verhaltens [137], [165], so ergeben sich drei Arten von Entscheidungen:

(1) echte (dispositive) Entscheidungen,
(2) abgeleitete (derivative) Entscheidungen und
(3) emotionale Entscheidungen.

Läßt man die emotionalen Entscheidungen außer Betracht, da diese sich einer Formalstrukturierung weitgehend entziehen, so steht die Frage im Mittelpunkt, wie Informationen und Kommunikation beschaffen sein müssen, um möglichst hochwertige dispositive und derivative Entscheidungen wirtschaftlich treffen zu können. Die Qualität rationaler Entscheidungen hängt aber nicht ausschließlich von den zur Verfügung stehenden Informationen und der Kommunikation zu anderen Organisationsmitgliedern ab, sondern auch davon, in welchem Zeitraum bzw. zu welchem Zeitpunkt eine Entscheidung gefällt wird. Information, Kommunikation und Entscheidung sind dynamischer Natur und müssen daher im Zeitbezug gesehen werden.

[57] *Wacker* spricht daher auch von der Kommunikation als „Korrelat der Information" [251, S. 44].

1.3.2. Informationswirtschaft und Datenverarbeitung

Bei der vertiefenden Betrachtung betriebswirtschaftlicher Probleme verwendet man vorwiegend die Institutionen und die Funktionen des Betriebes als Gliederungskriterien. Für den *Industriebetrieb* ergeben sich gemäß seinem Güterfluß zunächst die Grundfunktionen Beschaffung, Fertigung und Absatz.[58] Diese werden von übergreifenden Funktionen bzw. Wirtschaftsbereichen überlagert wie der Kapitalwirtschaft, Personalwirtschaft und Informationswirtschaft. Diese auf *Heinen* basierende Einteilung macht unmißverständlich deutlich, wie sehr die Informationswirtschaft für alle übrigen betrieblichen Teilbereiche eine dienende Funktion hat, wie sehr sie aber auch zugleich mit allen Teilen eines Betriebes verwoben ist.

Da dem Rechnungswesen die wertmäßige Erfassung des betrieblichen Güterkreislaufs obliegt, steht es als bedeutendes Instrument im Vordergrund der Informationswirtschaft. Zur Durchführung bzw. Unterstützung bei den vielfältigen Aufgaben des Rechnungswesens, wie Buchhaltung und Bilanz, Kostenrechnung, Planungsrechnung, Kennzahlenrechnung und Statistik, werden datenverarbeitende Maschinen hinzugezogen. Wenngleich das Rechnungswesen bislang stark die Informationswirtschaft einer Unternehmung geprägt hat und somit die meisten Techniken und maschinellen Hilfsmittel auf das Rechnungswesen ausgerichtet waren, so hat heute die Informationswirtschaft bedeutende Aufgaben auch in anderen betrieblichen Bereichen (z. B. Personalwesen, Marktforschung usw.). Dabei spielt in der Situation eines starken Wachstums von Daten und Informationsbedarf *die automatisierte Datenverarbeitung* (ADV) mit dem Hilfsmittel elektronisches Datenverarbeitungssystem (EDV-System) eine wesentliche Rolle im Rahmen des Betriebsgeschehens.

Da aus den verschiedenen Funktionsbereichen eines Unternehmens unterschiedliche Informationsaufgaben anfallen und diese nicht isoliert nebeneinander stehen, sondern sich überschneiden und ergänzen, ergibt sich als Folgerung eine systematische Konstituierung des betrieblichen Informationswesens. Die Zusammenfassung interdependenter Informationsaufgaben ist das Ziel eines jeden Informationssystems.[59] „Das Informationssystem der Unternehmung ist das sich aus relativ konsistenten Insystemen und Elementen zusammensetzende, sich ständig wandelnde Ordnungsgefüge der Unternehmung, das die Befriedigung des Informationsbedarfs aller am Entscheidungssystem der Unternehmung unmittelbar oder mittelbar beteiligten Einheiten sicherstellt oder zum Ziel hat“ [251, S. 49]. Es umschließt den gesamten Bereich des Verarbeitens und Mitteilens von Informationen bzw. Daten in einer Unternehmung [234, S. 175]. In diesem Sinn beinhaltet es (Abb. 7) auch das Kommunikationssystem, das das Informationserschließungssystem (System der

[58] *Heinen* spricht hier jeweils von „Wirtschaften“, also von Beschaffungs- und Lagerwirtschaft, Fertigungswirtschaft und Absatzwirtschaft [102, S. 64].

[59] Der Klarheit wegen sei nochmals darauf hingewiesen, daß ein Informationssystem auch ohne die Techniken der Datenverarbeitungsautomatisierung existent ist.

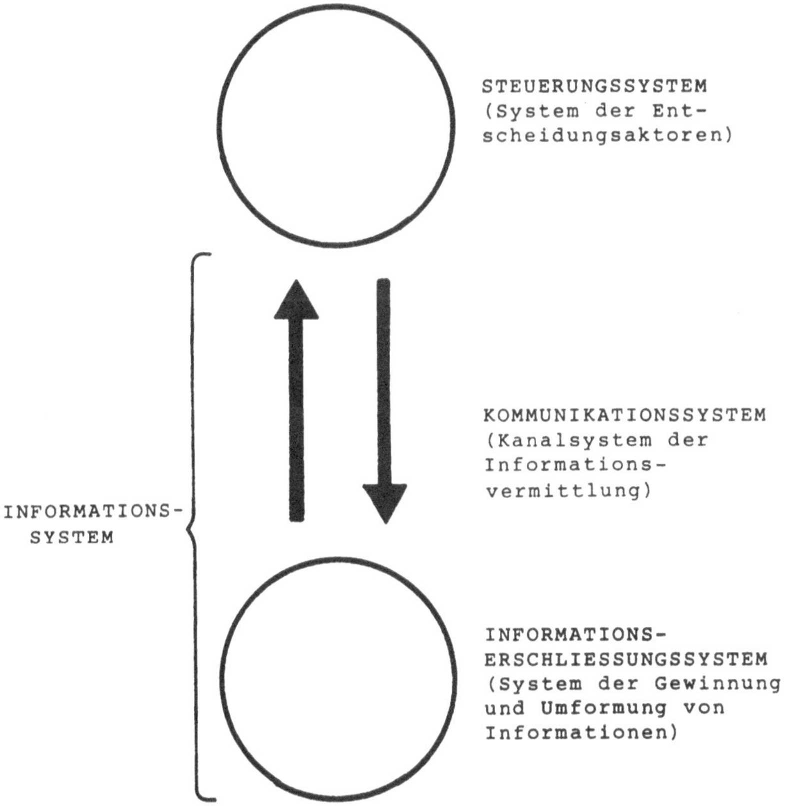

Abb. 7. Interdependenzen zwischen Informationssystem, Kommunikationssystem und Steuerungssystem [vgl. 251, S. 134 f.]

Gewinnung und Umformung von Informationen) mit dem Entscheidungssystem (Steuerungssystem) der Unternehmung verbindet.[60]
Das Informationssystem darf weder als reines Maschinensystem oder als „Nachfolgeterminus für das betriebliche Rechnungswesen" [251, S. 49] gesehen werden, noch darf es als umfassendes Totalsystem gedeutet werden, das eine automatische Steuerung des Betriebsgeschehens ermöglicht. Vielmehr ist das *Informationssystem* als System von Systemen zu verstehen, sozusagen als *Servicesystem* für das *Steuerungssystem* in der Unternehmung [241, S. 473]. Es dient der Unternehmensführung zur Verdeutlichung, Realisierung und Kontrolle ihres Planwillens und ihrer Entscheidungen. Gleichzeitig ist ein komplexes Informationssystem Voraussetzung für die Anwendung aktueller Führungs- und Organisationsprinzipien.

Für die Informationswirtschaft bedeutet die Gestaltung integrierender und weit-

[60] In Anlehnung an *Wacker* [251, S. 45 u. insbes. S. 133 ff.].

gehend integrierter Informationssysteme, daß am Ausgangspunkt die umfassende Systembetrachtung auf der Metaebene steht, damit in der Unternehmung keine voneinander isolierte Einzelsysteme entstehen [241, S. 474]. Daraus ist jedoch nicht abzuleiten, daß das Informationssystem als *Totalsystem* zu fordern ist. Nach dem derzeitigen Stand der Erkenntnis haben sich Totalsysteme als nicht realisierbar und praxisfern erwiesen. Andererseits leisten die Konzeptionen von Totalsystemen nützliche Dienste, um einen „Übergang von wildwachsenden Informationsproduktionen zu einer etwas planvolleren, effizienteren Gestaltung der Informationssysteme" [241, S. 474] zu finden. Totalsysteme mit ihrer prinzipiellen Bedeutung einer Idealkonzeption dienen somit als Ausgangsbasis für die Schaffung integrierter Informations- und Datenverarbeitungssysteme [96, S. 28 f. u. S. 40 ff.]. Sie sind ferner nützliche Idealvorstellungen bei der Ausrichtung von Teilsystemen, z. B. dem Informationssystem, auf ein gemeinsames Ziel [251, S. 47].

„Die Funktionsfähigkeit der betriebswirtschaftlichen Teilbereiche und ihr zielorientiertes Zusammenwirken stehen in unmittelbarem Zusammenhang mit der Qualität der Informationswirtschaft" [103, S. 761]. Dabei hat sich die elektronische Datenverarbeitung bei der Entwicklung und Realisierung betriebsindividueller integrierter Informationssysteme[61] als unentbehrliches Hilfsmittel erwiesen. Die Fortschritte bei der Entwicklung von EDV-Systemen haben ihrerseits auch Struktur und Funktionen in den Unternehmungen beeinflußt. Anfangs wurden EDV-Systeme vornehmlich in klar abgegrenzten Gebieten wie Buchhaltung, Lohnabrechnung usw. eingesetzt. Es folgte der EDV-Einsatz im Bereich von partiellen Steuerungsaufgaben (z. B. Fertigungssteuerung). Derzeit ist man auf der Suche nach einem Zusammenwirken und einer wechselseitigen Ergänzung der betrieblichen Teilsysteme (Abb. 8). Die Vorstellungen über integrierte Systeme klaffen noch weit auseinander, zumal die Teilsysteme meist isoliert behandelt werden [251, S. 45] und informations- und organisationstheoretische Gesamtbetrachtungen[62] weithin fehlen.

In Anerkennung der Bedeutung und der besonderen Probleme moderner Datenverarbeitungstechniken, insbesondere der EDV, könnten Gestaltungsüberlegungen für integrierte Informations- und Steuerungssysteme von der Gerätetechnik (Hardware) oder von den Programmierungsvoraussetzungen (Software) ausgehen.[63] Da aber der Zusammenhang von Information, Kommunikation und Entscheidung sowie die Interdependenz der Teilsysteme und die Auswirkungen des Einsatzes von EDV-Systemen auf die Struktur- und Ablauforganisation ein ganz bestimmtes Zusammenwirken der datenverarbeitungstechnischen Elemente Hardware und Software erfordert, sollten die „echt betriebswirtschaftlich-organisatorischen Integrationsaufgaben" [96, S. 26] auch die Ausgangspunkte bei der praktischen Organisationsarbeit sein.[64]

[61] Vgl. auch im folgenden [103, S. 761].
[62] Ansätze hierzu liefern *Hartmann* und *Hellfors* [86], [96]; vgl. auch *Grochla* und Mitarbeiter [77].
[63] Vgl. hierzu im einzelnen [96, S. 24 ff.] und die dort angegebene Literatur.
[64] In diesem Sinne auch *Szyperski* [241, S. 474].

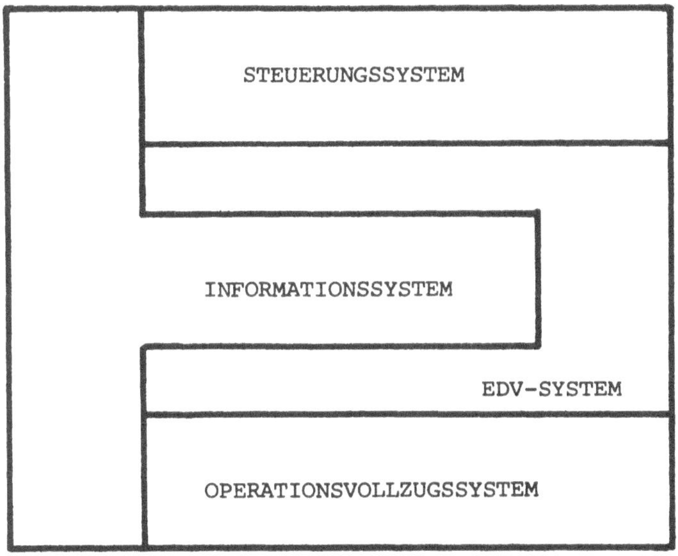

a) EDV-System ohne Übernahme von automatisierbaren Aufgaben

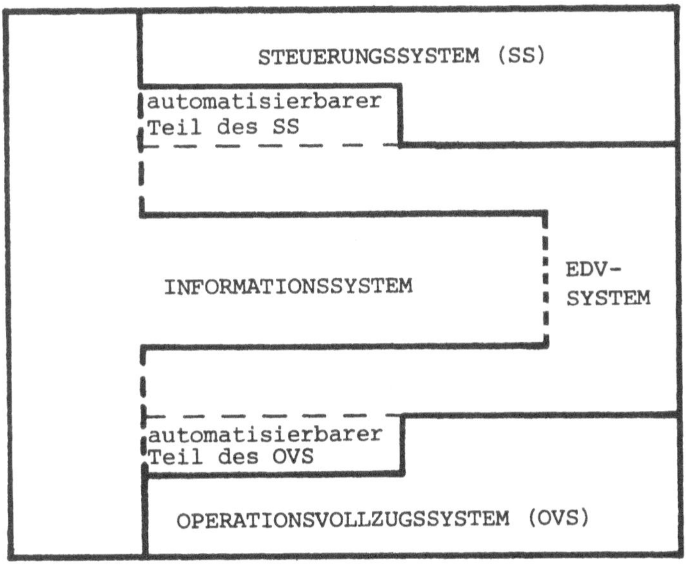

b) EDV-System mit Übernahme von automatisierbaren Aufgaben in den Bereichen Steuerung und Operationsvollzug

Abb. 8. Entwicklung der Einsatzbereiche eines EDV-Systems

1.3.3. Grundbegriffe und Elemente der automatisierten elektronischen Datenverarbeitung

Im folgenden wird eingehend die Planung und Schaffung von Systemen der automatisierten betrieblichen Informationsverarbeitung behandelt. Dabei soll unter betrieblicher Informationsverarbeitung der gesamte Komplex der zweckbezogenen[65] Prozesse verstanden werden, die planend, steuernd und kontrollierend die Vorgänge in der materiellen Ebene eines Betriebes überlagern [155, S. 167] und die den Betrieb kommunikativ mit der Außenwelt verbinden. Wenngleich die Begriffe „Informationsverarbeitung" und „Datenverarbeitung" weitgehend synonym gebraucht werden, so soll doch die Betonung zweier Aspekte unterschieden werden. „Während der Ausdruck Informationsverarbeitung mehr die Gewinnung und Bereitstellung von Wissen in den Vordergrund stellt, wobei die Zweckorientiertheit im Hinblick auf Entscheidungsprozesse besonders hervorgehoben wird, liegt im Terminus Datenverarbeitung das Gewicht mehr auf der objektivierten und formalisierten Transformation von Zeichenfolgen und Denkinhalten, also auf dem Verarbeitungsprozeß selbst" [201, S. 24 f.]. .Denn Informationen haben als an Menschen gerichtetes „zweckorientiertes Wissen" zum Ziel, die Kenntnisse des die Information Empfangenden zu erweitern, während Daten als neutrale Erscheinungen geistiger Objekte lediglich eine geeignete und konkretisierte Form zur Präsentation von Sachverhalten und Gedanken darstellen.[66] Der Begriff „Informationsverarbeitung" ist somit weiter gefaßt als der Begriff „Datenverarbeitung". Ausgehend von einer weiten Definition umfaßt die Datenverarbeitung[67] im Rahmen der organisatorischen Gebildestruktur „Betrieb" alle betrieblichen Datenverarbeitungsprozesse, die sich darstellen lassen als Kombination bzw. Folge der Aktionsphasen [155, S. 175 ff.]:

- Datenaufnahme,
- Datenausgabe,
- Datenweiterleitung,
- Datenspeicherung,
- Datentransformation.

In der Praxis betrieblicher Informationsverarbeitung und betrieblicher Informationssysteme sind für einen ganzheitlichen, an den konkreten Betriebsaufgaben ausgerichteten Systementwurf sowie seiner Realisierung neben den realtechnischen auch die organisatorischen Aspekte zu berücksichtigen. Im weiteren soll nun vornehmlich der Ausdruck „Datenverarbeitung" bevorzugt werden, da Datenverar-

[65] Zum Begriff „Zweckbezogenheit" sowie „zweckorientiertes Wissen" im Zusammenhang mit der Abgrenzung des Informationsbegriffs vgl. [265, S. 14 u. S. 17].

[66] Hierzu im einzelnen [67, S. 5], [229, S. 44], [265, S. 14].

[67] Diese weite Begriffsauffassung ist grundsätzlich nicht vom Einsatz von EDV-Anlagen abhängig. Da hier von Systemen komplexer betrieblicher Datenverarbeitung unter Einschluß von EDV-Systemen ausgegangen wird, ist im folgenden mit „Datenverarbeitung" normalerweise der automatisierte bzw. automatisierbare Bereich der betrieblichen Datenverarbeitung gemeint.

beitungsanlagen[68] im Mittelpunkt des zu analysierenden Objektbereichs stehen. „Informale Informations- und Kommunikationsbeziehungen werden vom Begriff der Datenverarbeitung nicht erfaßt" [201, S. 26]. Auf eine gesonderte Unterscheidung von automatisierter Datenverarbeitung (ADV) und elektronischer Datenverarbeitung (EDV) soll hier verzichtet werden, wobei allgemein davon ausgegangen wird, daß die automatisierte Datenverarbeitung beim Einsatz von maschinellen Hilfsmitteln zur Datenverarbeitung (ganz gleich ob elektronische oder nicht) als übergeordneter Begriff zu sehen ist.

Das betriebliche Datenverarbeitungssystem (Abb. 9) besteht aus der Gesamtheit aller menschlichen, maschinellen, materialen und ablaufregelnden Bestandteile eines organisatorischen Ganzen, das der Lösung einer oder mehrerer, meist komplexer Datenverarbeitungsaufgaben bzw. Datenverarbeitungskomplexe dient.[69] Es ist in

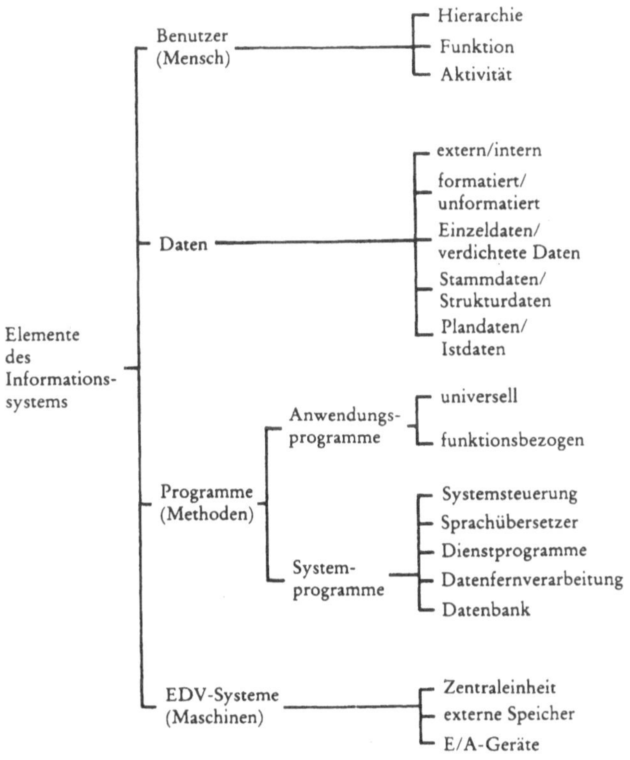

Abb. 9. Elemente eines Informationssystems [78, S. A 2]

[68] Die Begriffe „Datenverarbeitungsanlage", „Rechenanlage", „EDV-Anlage", „EDV-System" und „Computer" sollen synonym verwendet werden. Zum Problem der Bezeichnung vgl. [226, S. 56 ff. u. insbes. S. 63 f.] sowie [239, S. 275 ff. u. S. 349 ff.].

[69] Vgl. zur Begriffsdefinition im einzelnen [108, S. 20].

das System „Unternehmung"[70] eingebettet und umfaßt selbst wiederum zahlreiche Teilsysteme. Im Rahmen einer Gesamtanalyse für Systemkonzeptionen betrieblicher Datenverarbeitung sind Partialanalysen mit entsprechender Abgrenzung der Teilsysteme erforderlich [201, S. 30]. Wenngleich die betriebswirtschaftlich-organisatorischen Intergrationsbemühungen oberste Zielsetzung für die gesamte Informationsverarbeitung bleiben, stehen bei der Konzeption von EDV-Systemen neben den Informationen bzw. neben ihrem Bedarf und Wert die Handhabung der Daten und ihrer materiellen Träger im Vordergrund. Hier kommen vor allem die organisatorischen Gestaltungsaktivitäten zum Zuge, die in der Ausprägung als Aufbau-(Struktur-) und Ablauforganisation die Beziehungen der einzelnen Arbeitsprozesse zueinander sowie der Strukturelemente untereinander regeln.

Da die informationellen Verarbeitungsprozesse eng mit den materiellen Arbeitsprozessen verknüpft sind, ist eine eindeutige Abgrenzung des Datenverarbeitungssystems innerhalb der Gesamtorganisation eines Betriebes kaum möglich. Dies hindert jedoch nicht daran, mit realtechnischen und organisatorischen Maßnahmen die Elemente eines Datenverarbeitungssystems möglichst integrativ zu einer funktionsfähigen Gesamtheit zu verknüpfen. Dabei besteht zwischen Realtechnik und Organisation eine enge Wechselbeziehung [73, S. 77 ff.]. Einerseits erfordern die organisatorischen Zielsetzungen bestimmte Eigenschaften der Sachmittel, andererseits kennzeichnet das organisatorische Beziehungsgefüge die realtechnische Struktur der Sachmittel (z. B. bei der Konfiguration eines Datenfernverarbeitungssystems mit zentraler EDV-Anlage und dezentralen Datenstationen). Daher sind bei der Systemschaffung realtechnische und organisatorische Aspekte gleichermaßen zu berücksichtigen [229, S. 173]. Ohne näher darauf einzugehen, soll in diesem Zusammenhang lediglich auf die möglichen Veränderungen in der Entscheidungsstruktur[71] durch die Einführung oder Umgestaltung von Datenverarbeitungssystemen sowie auf die Bildung von Datenverarbeitungsabteilungen[72] hingewiesen werden.

Ein EDV-System läßt sich von drei Betrachtungsebenen aus untersuchen:

(1) Technische Ebene,
(2) Anwenderebene und
(3) Kommunikationsebene.

Die Betrachtung auf der technischen Ebene richtet sich auf die einzelnen EDV-Maschinen (Hardware): wie sie arbeiten und welche technischen Möglichkeiten ihnen gegeben sind. Die Perspektive des Anwenders richtet sich auf die Frage, welche

[70] Eine Differenzierung zwischen „Betrieb", „Unternehmen" und „Unternehmung" soll nicht vorgenommen werden und die Begriffe „Betrieb" sowie „Unternehmen" bzw. „Unternehmung" alle wirtschaftlich geführten, nicht haushaltswirtschaftlichen Einzelwirtschaften umfassen.

[71] Zu diesem unter „Rezentralisationstendenz" bekannten und erörterten Problem vgl. u. a. [25, S. 268 ff.], [116, S. 451 ff.], [160, S. 405 ff.], [229, S. 113 ff.].

[72] Vgl. hierzu [88, S. 122], [109], [184, S. 90 ff.].

Aufgaben ein EDV-System bearbeiten und lösen kann und welche programmtechnischen und organisatorischen Voraussetzungen (Software, Orgware, Brainware) dafür zu schaffen sind. Vom Standpunkt der Kommunikation hat zwar die Programmierung eine wesentliche Bedeutung, doch interessiert auf der Kommunikationsebene vielmehr, wie in einem soziotechnischen System eine störungsfreie Kommunikation zwischen Mensch und Maschine aufrecht zu erhalten ist und welche Auswirkungen eine solche Kommunikation auf das System „Betrieb" hat.

Als wesentliche Systemelemente auf den genannten Betrachtungsebenen sind zu nennen:

(1) Fachpersonal für Systemanalyse, Systemgestaltung, Programmierung, Datenerfassung, Datenaufbereitung und Maschinenbedienung,
(2) Datenverarbeitungsmaschinen (Hardware),
(3) Programme (Software),
(4) Datenträger und sonstige Hilfsmittel,
(5) Organisatorische Regelungen (Orgware, Brainware).

Diese Systemelemente haben zugleich den Charakter von Gestaltungs- bzw. Aktionsparametern bei der Konzeption von EDV-Systemen für die betriebliche Datenverarbeitung.

1.3.3.1. Maschinelle Grundeinheiten eines EDV-Systems und seiner Peripherie

Die bestehenden EDV-Systeme[73] können nach ihrer Arbeitstechnik bzw. ihrem Rechenprinzip[74] in

- Digitalrechenanlagen und
- Analogrechenanlagen eingeteilt werden.

Im Gegensatz zu den Analogrechnern, die mit stetigen physikalischen Variablen arbeiten, beruht die digitale Datenverarbeitung auf dem Zählen diskreter Einzelgrößen, wie sie Zahlen darstellen.

Ein Digitalrechner ist viel genauer und flexibler als ein analog arbeitender Rechner. Der Grundtyp eines digitalen EDV-Systems besteht aus folgenden Einheiten:

- Eingabewerk,
- Ausgabewerk,

[73] Vgl. im folgenden [117, S. 11 ff.] sowie die grundlegenden Darstellungen in [55], [112], [227], [228], [245].

[74] In der weiteren Rechnerentwicklung gibt es noch die Hybridrechenanlage. Hier sind Analog- und Digitaltechnik miteinander gekoppelt. Ein Hybridrechner besitzt sowohl analoge als auch digitale Bauelemente, wobei je nach Konzeption der analoge oder digitale Charakter vorherrschend sein kann.

- Leitwerk,
- Rechenwerk,
- Speicher[75].

Betrachtet man bei einem *Datenverarbeitungssystem* (Abb. 10) vornehmlich die Vorgänge der Verarbeitung und Speicherung, so ist folgende Aufteilung und vereinfachte Darstellung des EDV-Systems sinnvoll: Alle Verarbeitungsvorgänge einschließlich der Steuerungsvorgänge für das EDV-System selbst erledigt der *Prozessor*[76], die Speicherung erfolgt im *Speicher*, die Eingabe über Eingabegeräte, die Ausgabe über Ausgabegeräte. Prozessor und Speicher bilden die *Zentraleinheit*, an die ihrerseits *periphere Einheiten*[77] der Ein/Ausgabe und der Speicherung angeschlossen sein können. Bei den peripheren Einheiten ist zu unterscheiden, welche Funktion sie erfüllen sollen. Als Ein- bzw. Ausgabegeräte können sie nur eine der beiden Funktionen Dateneingabe bzw. Datenausgabe haben. Sind sie dialogfähig, so erlauben sie eine wechselseitige Verbindung mit der Zentraleinheit. Die Hauptfunktion kann aber auch lediglich in der Speicherung von Daten bzw. Programmen liegen, die zu gegebener Gelegenheit der Zentraleinheit zuzuführen sind, bzw. die die Zentraleinheit auf diese externen Speichereinheiten auslagert, um interne Speicherkapazität für die laufenden Verarbeitungsvorgänge frei zu bekommen. Somit läßt sich die *Peripherie* hinsichtlich der Funktion unterteilen in:

- Eingabegeräte,
- Ausgabegeräte,
- Dialoggeräte,
- Speichergeräte.

Sind periphere Einheiten der Datenein- und -ausgabe nicht an das zentrale System unmittelbar angeschlossen, so spricht man von einer *Off-line-Verbindung*. Bei unmittelbarem und direktem Anschluß von Ein/Ausgabeeinheiten an das zentrale System liegt eine *On-line-Verbindung* vor.[78]

Nach der Leistungsfähigkeit teilt man EDV-Systeme ein in:

(1) Systeme der kleinen Datentechnik,
(2) Systeme der mittleren Datentechnik,
(3) Systeme der großen Datentechnik.

Die Abgrenzung der einzelnen Datentechniken ist recht fließend. Als Systeme der *kleinen* Datentechnik sollen teilautomatisierte Datenverarbeitungsgeräte im Bereich

[75] Nach DIN 44 300 nur Speicher, nicht Speicherwerk genannt [57, S. 11]; siehe auch [228, S. 186].

[76] Der Prozessor stellt somit die funktionale Zusammenfassung von Leitwerk und Rechenwerk dar.

[77] Peripherie ist der Oberbegriff für alle nicht zur Zentraleinheit gehörenden Funktionseinheiten [57, S. 11].

[78] Zur On-line-Verbindung in Zusammenhang mit der Datenfernverarbeitung vgl. [115].

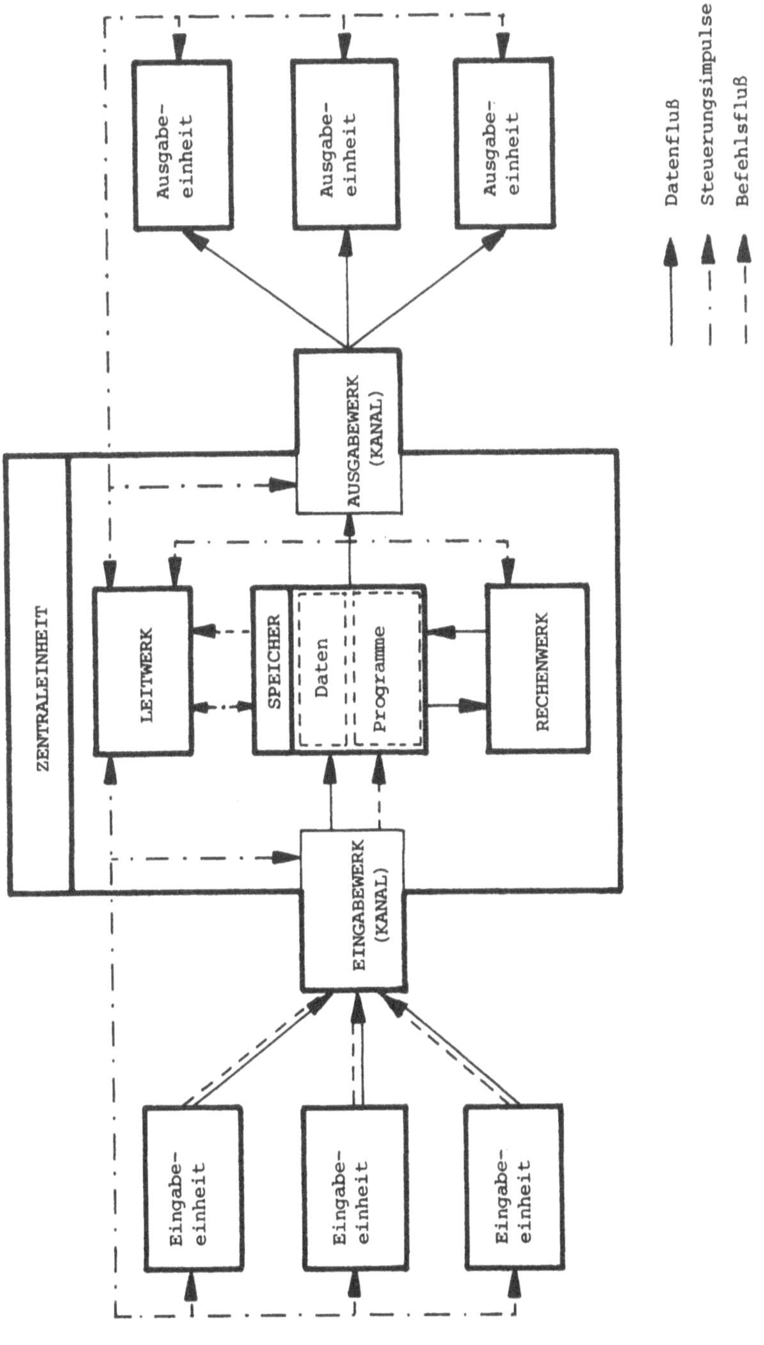

Abb. 10. Funktioneller Aufbau eines Datenverarbeitungssystems [vgl. 228, S. 185]

der Buchungs- und Abrechnungstechnik verstanden werden, bei denen im Gegensatz zur mittleren und großen Datentechnik keine freie Speicherprogrammierung möglich ist. Die kleine Datentechnik ist für Informations- und Steuerungssysteme von untergeordneter Bedeutung und wird im folgenden nur geringe Beachtung finden. Wegen ihrer zunehmenden Leistungsfähigkeit bei relativ niedrigen Kosten findet die kleine Datentechnik *(Minicomputer)* derzeit verstärkt Eingang in die technische Prozeßsteuerung. Sie dient hier hauptsächlich der unmittelbaren Überwachung maschineller Anlagen sowie der Aufbereitung daraus resultierender Daten zur weiteren Verarbeitung in umfassenderen Systemen.

Der *mittleren* und *großen* Datentechnik ist gemeinsam, daß sie prinzipiell den gleichen Aufbau ihrer Zentraleinheit aufweisen [120, S. 406]. Wesentliche Unterscheidungskriterien sind die Arbeitsspeicherkapazität, die Anschlußmöglichkeiten peripherer Großspeicher und einer umfangreichen Ein/Ausgabe-Peripherie sowie die Verarbeitungsgeschwindigkeit. Im Zusammenhang mit komplexen EDV-Verbundsystemen zeigen die EDV-Systeme der mittleren Datentechnik einen doppelten Charakter. Für eng begrenzte Aufgaben arbeiten sie als abgeschlossene autonome Systeme. Sonst haben sie hauptsächlich die typische Terminalfunktion der Ein- und Ausgabe von Daten sowie Verdichtung eingegebener Daten vor der Übermittlung an ein zentralisierendes System. Als *Kenngröße* zur Unterscheidung der mittleren von der großen Datentechnik wird die Arbeitsspeichergröße von 16 bis 32 KBytes genannt. EDV-Systeme mit einem Arbeitsspeicher über 32 KBytes werden im allgemeinen zur großen Datentechnik gezählt. EDV-Systeme der großen Datentechnik lassen sich wiederum in drei Klassen einteilen, wobei *Speichergröße* und *Speicherzykluszeit* die charakterisierenden Merkmale sind:

(1) Große Datentechnik: EDV-Systeme der unteren Leistungsklasse
Arbeitsspeicherkapazität 32 bis 160 KBytes
Speicherzykluszeit ca. 750 ns/4 Bytes

(2) Große Datentechnik: EDV-Systeme der mittleren Leistungsklasse
Arbeitsspeicherkapazität 96 bis 512 KBytes
Speicherzykluszeit ca. 620 ns/8 Bytes

(3) Große Datentechnik: EDV-Systeme der großen Leistungsklasse
Arbeitsspeicherkapazität über 256 bis ca. 5 Mio. KBytes
Speicherzykluszeit unter 620 ns/8 Bytes

1.3.3.2. Programmierung und Programmsysteme

Die maschinelle, weitgehend automatisierte Datenverarbeitung setzt neben den maschinellen Einrichtungen ein für den Betrieb des EDV-Systems entsprechendes *Programmsystem* (Software) voraus. Das Programmsystem umfaßt die „logische Substanz" eines EDV-Systems, d. h. die Gesamtheit der Programme, die zum Betreiben des EDV-Systems zwecks Erfüllung vorgegebener Datenverarbeitungsaufgaben erforderlich sind. Ein Programm besteht aus einer Folge von Ausführungsanweisungen, wobei die Programmiersprache (z. B. *ASSEMBLER, FORTRAN, COBOL, RPG, PL/I* usw.) ein Mittel ist, um einer EDV-Anlage einen Ausführungsplan verständlich zu machen, nach dem der Ablauf der durchzuführenden Verarbeitung zu erfolgen hat. Dies bedeutet die logische Durchdringung und Formulierung der Verarbeitungsaufgaben, was eine klare Erkenntnis des betrieblichen Geschehens bedingt [136, S. 34].

Das *Programmsystem*[79] läßt sich hinsichtlich seiner Funktion in Systemsoftware und Anwendungssoftware einteilen (Abb. 11). Dabei beinhaltet die *Systemsoftware* die Gesamtheit der maschinenorientierten Programme zur Steuerung, Verwaltung und Unterstützung des EDV-Systems. Die Systemsoftware wird als sogenanntes Betriebssystem (Operating System) im allgemeinen bereits vom Hersteller des EDV-Systems mitgeliefert. Die *Anwendungssoftware* ist benutzerorientiert und löst mit ihren Programmen die dem EDV-System gestellten individuellen Verarbeitungsaufgaben.

Der Prozeß zur Erstellung eines Programms durchläuft mehrere Phasen:

(1) Aufgabenstellung,
(2) Problemanalyse,
(3) Programmentwurf,
(4) Programmcodierung,
(5) Programmtest,
(6) Programmdokumentation.

In der Aufgabenstellung wird das Problem formuliert und das erwartete Ergebnis in Form der Programmvorgabe festgelegt. Die Problemanalyse klärt den näheren Inhalt des Programms und untersucht vor allem die zu verarbeitenden Daten. Der Programmentwurf legt Struktur und Datenfluß des künftigen Programms fest und macht dies im Programmablaufplan und im Datenflußplan sichtbar. Bei der Programmcodierung durch den Programmierer erfolgt die Transformierung der im Programmablaufplan logisch systematisierten Anordnung der Ausführungsanweisungen in eine für das EDV-System interpretierbare Programmiersprache. Der Programmtest soll überprüfen, ob das nun in codierter Form vorliegende Programm die in der Aufgabenstellung definierten Vorgaben realisiert. Die Arbeiten der Phasen Aufgabenstellung bis Programmtest sind zu dokumentieren und bilden einen Teil der Programmdokumentation. Vervollständigt wird die Programmdokumentation durch die Hantierungsvorschriften zur Benutzung des Programms sowie durch die Beschreibung der Einordnung des erstellten Programms in das laufende Programmsystem [76, S. 107 f.].

Für die Effizienz eines EDV-Systems ist das Programmsystem von großer Bedeutung. „Die Resultate einer elektronischen Datenverarbeitungsanlage sind daher nie besser als die Qualität ihrer Software“ [136, S. 34]. Wird nämlich die Kluft

[79] Vgl. hierzu die ausführliche Darstellung in [232].

<table>
<tr><th colspan="6">P R O G R A M M S Y S T E M</th></tr>
<tr><th colspan="3">Anwendungssoftware</th><th colspan="3">Systemsoftware</th></tr>
<tr><td rowspan="2">Benutzerindividuelle Anwendungsprogramme</td><td colspan="2">Anwendungs-Standardprogramme (Software-Packages)</td><td rowspan="2">Dienstprogramme
- Sortieren/ Mischen,
- Linkage Editor,
- Hilfsprogramme</td><td rowspan="2">Steuer- und Überwachungsprogramme
- Job-,
- Task- und
- Data-Management</td><td rowspan="2">Übersetzerprogramme
- Assembler,
- Fortran,
- Cobol,
- RPG,
- PL/I usw.</td></tr>
<tr><td>Benutzerinduzierte Anwendungsprogramme</td><td>Herstellerinduzierte Anwendungsprogramme</td></tr>
</table>

Abb. 11. Gliederung des Programmsystems

zwischen der technischen Leistungsfähigkeit neuzeitlicher EDV-Systeme und ihrer Begrenztheit bei der Lösung von Anwendungsproblemen beklagt, so ist zu erkennen, daß EDV-Systeme nur *Hilfsmittel* sind und „die eigentliche Problemlösung in der Software verankert liegt" [136, S. 34]. Auf die Schwierigkeit und Problematik, qualitativ hochwertige Programmsysteme zu erstellen, lassen vor allem die relativ hohen Kosten für die Software schließen, die nicht selten die Kosten für die reinen EDV-Anlagen übersteigen. Daher bieten EDV-Hersteller und spezialisierte Software-Firmen insbesondere für stets wiederkehrende Verarbeitungsaufgaben, die bei möglichst vielen EDV-Anwendern auftreten, z. B. für Lohnabrechnung, Kostenrechnung, Fertigungssteuerung, Projektplanung usw., mehr oder weniger standardisierte Programmbausteine (Module) an. Diese Programmbausteine lassen sich meist noch in gewissem Umfang den spezifischen Bedürfnissen des Benutzers anpassen und nach den Benutzerwünschen entsprechend zu einem Paket (Software-Package) zusammenstellen.

Abschließend sei noch kurz auf die Schwierigkeiten bei der Abgrenzung von Hardware und Software eingegangen. Zwar wird die Software als die Gesamtheit der Programme eines EDV-Systems definiert, wobei damit die nicht materielle, logische Substanz gemeint ist, selbst wenn diese zu ihrer Aktivierung materieller Träger (Datenträger) bedarf [76, S. 107]. Doch können die übrigen materiellen Maschinenteile eines EDV-Systems nicht immer zweifelsfrei und ohne Einschränkung als Hardware bezeichnet werden.[80] Dies gilt insbesondere für solche Programmsysteme, die sowohl in nicht materieller Form der Speicherprogrammierung als auch in materieller Form einer Festverdrahtung vorliegen können. Führt man diese Betrachtung weiter, so ließe sich zuletzt beispielsweise auch ein integrierter Schaltkreis als Programm oder Teil eines Programms auffassen.

1.3.3.3. Einsatzformen von EDV-Systemen im Rahmen der Anwendungskonzeption

Die Gestaltung eines konkreten EDV-Systems muß die individuellen Informations- und Datenverarbeitungsaufgaben sowie die spezifischen Bedingungen und Abhängigkeiten von Maschinen- und Programmsystem berücksichtigen. Will man für die informationsverarbeitenden Aufgaben einer Unternehmung ein organisatorisches Konzept entwickeln, so ergeben sich je nach Ausgangspunkt und Fragestellung unterschiedliche EDV-Einsatzformen[81]. „Einsatzform" soll relativ weit aufgefaßt werden. Es wären beispielsweise hierunter auch die Datenverarbeitung außer Haus, die Datenfernverarbeitung oder der Einsatz von Anlagen der sogenannten mittleren Datentechnik zu zählen. Etwas enger, nämlich bezogen auf ein konkretes EDV-Sy-

[80] Diese Unterscheidung hat nicht zuletzt auch bilanztechnische und steuerrechtliche Folgen.

[81] Der Begriff „Form" soll in diesem Zusammenhang synonym zu den Begriffen „Art" und „Weise" gesehen werden.

stem, sei der Begriff „Organisationstypen" betrieblicher Datenverarbeitung gefaßt. Die Organisationstypen stellen die Palette des möglichen EDV-Einsatzes dar und zwar je nach der Elementekombination von Personen (Benutzer), maschinellen Einrichtungen (EDV-Systeme) und Anwendungsproblemen (Datenverarbeitungsaufgaben).

Die *Organisationstypen* lassen sich nach verschiedenen Formen unterteilen und klassifizieren:

(1) Die *Systemform* betrachtet die technische Seite (Hardware) der Konfiguration bzw. Nutzung eines EDV-Systems.
(2) Die *Betriebsform* stellt ab auf die Art der Lösungswege und Lösungstechniken, die bei der Lösung einer Datenverarbeitungsaufgabe an das gesamte EDV-System (Systemsoftware) gestellt werden.
(3) Die *Nutzungsform* unterscheidet nach dem Verhalten (aktiv oder inaktiv) der Benutzer zum EDV-System. Sie ist eng verknüpft mit der Anwendungskonzeption.
(4) Die *Anwendungsform* (Anwendungskonzeption) gibt Auskunft über die Anforderungen, die der Benutzer mit seinen Anwendungsaufgaben an das EDV-System stellt bzw. welche Stellung das EDV-System im betrieblichen Informations- und Steuerungssystem inne hat.

Nach dieser vorläufigen und groben Einteilung ist das *Betriebssystem* eines EDV-Systems als Realisierung bestimmter Zielsetzungen für die Nutzungs- und Anwendungsformen bei gegebener Systemform und bei einer gewählten oder festgelegten Betriebsform anzusehen. Die konkrete Ausgestaltung der Anwendungskonzeption sind die *Anwendungsprogramme*. Diese werden gemäß dem vorgezeichneten Modell für das System der betrieblichen Informations- und Steuerungsprozesse und der damit zusammenhängenden Kommunikationsbeziehungen und Informationsverarbeitungs- und Entscheidungsaufgaben weitgehend benutzerindividuell entwickelt. Mit den systematisiert in einer *Datenbank* gespeicherten Datenelementen, dem Steuerprogrammsystem und den programmierten und in Programmbibliotheken zusammengefaßten Ermittlungs- und Entscheidungsmodellen (Methodenbank, Kriterienbank, Modellbank) der Anwendungskonzeption sind die wesentlichen benutzerorientierten Gestaltungsparameter genannt.

Die Organisionstypen der Datenverarbeitung sind einerseits Strukturgebilde, d. h. Einsatzformen, derer man sich bei der Anwendung von EDV-Systemen bedienen kann, zum anderen stellen sie strukturbildende Gestaltungsparameter für die Schaffung komplexer EDV-Systeme im Rahmen der betrieblichen Informationswirtschaft dar.

1.3.3.4. Entwicklungstendenzen in der Datenverarbeitung

Der derzeitige Stand bei den angebotenen EDV-Systemen läßt sich als „fortgeschrittenes Stadium . . . der dritten Computer-Generation" [96, S. 15] bezeichnen.[82] Das Angebot an Hardware und Software ist im gegenwärtigen Entwicklungsstand so umfangreich, daß der Umfang organisatorischer Lösungen sehr weit ist. Somit fällt es im Einzelfall nicht immer leicht, aus den vielen Variationsmöglichkeiten ein geeignetes Systemkonzept für anstehende Datenverarbeitungsaufgaben zu konzipieren und einzuführen. Die rein technische Verfügbarkeit von EDV-Anlagen bedeutet noch nicht, daß die Probleme ihres praktischen Einsatzes und ihrer Verknüpfung im Rahmen größerer EDV-Systeme bereits generell gelöst sind. Die Zielsetzung der Systemkonzeption betrieblicher Datenverarbeitung darf sich nicht mit dem gegenwärtigen technologischen Entwicklungsstand begnügen. Will eine komplexe Konzeption betrieblicher Datenverarbeitung nicht bereits bei ihrer System-Realisierung veraltet sein, so bedarf es der Berücksichtigung der weiteren Möglichkeiten in der EDV-Entwicklung. Dies bedeutet, daß die Global-Konzeption für ein künftiges betriebliches Datenverarbeitungssystem schon im Ansatz die späteren wahrscheinlichen Entwicklungs- und Ausbaustufen[83] berücksichtigt [96, S. 15]. Anderenfalls wären zu oft grundlegende und störende Umgestaltungen der entworfenen informationswirtschaftlichen Systeme sowie der Verwaltungsorganisation insgesamt erforderlich.

Bei den sich abzeichnenden *Entwicklungstendenzen* fällt es immer schwerer, Fortschritte in der Hardware von Fortschritten in der Software zu trennen, da sie vielfach einander bedingen und isoliert voneinander weitgehend bedeutungslos sind. Zweifelsfrei werden Computer der nächsten Generation infolge einer weiteren Steigerung der Packungsdichte elektronischer Bauelemente sowie neuer Speichermedien und neuer Ein/Ausgabetechniken (Holographie, Lasertechnik) eine größere Leistungsfähigkeit besitzen, d. h. vor allem eine größere Rechengeschwindigkeit und Speicherkapazität. Diese technischen Verbesserungen sind aber nur Voraussetzungen für die Entwicklung benutzerfreundlicherer EDV-Systeme. Diese Benutzerfreundlichkeit[84] ist durch eine möglichst unmittelbare Kommunikation zwischen Mensch und Maschine gekennzeichnet. Hierzu gehören neben der Erkennung von hand- und maschinengeschriebenen Zeichen und der Sprachverarbeitung vor allem die „Automatisierung" von EDV-Organisation und Programmierung. Der Schlüs-

[82] Manche Autoren sehen in den gegenwärtig mit sogenannten virtuellen Speicherkonzeptionen versehenen EDV-Systemen bereits eine vierte Computer-Generation. Dies scheint jedoch verfrüht, da das virtuelle Speicherkonzept keine für die Bezeichnung „Generationswechsel" fundamentale Neuerung darstellt, zumal dieses Konzept bereits vor mehreren Jahren vorgestellt wurde, damals aber keinen Erfolg auf dem Markt hatte.

[83] Ein ähnliches Vorgehen wird auch bei der Realisierung komplexer Datenverarbeitungsprojekte im Bereich der Justiz und Medizin vorgeschlagen. Vgl. hierzu im einzelnen [37, S. 201 f.], [117, S. 183 ff.].

[84] Vgl. im folgenden [215, S. 44 ff.].

sel für die „Software-Automation" sind extrem problemorientierte Programmiersprachen mit sogenannten *Human-Compilern*, die eine der menschlichen Umgangssprache ähnliche Formulierung von Anwendungsprogrammen gestatten. Damit wären gleichzeitig auch im Bereich der heuristischen Programmierung[85] entscheidende Fortschritte zu erwarten, insbesondere was ihre Anwendung auf bislang nicht programmierbare Entscheidungsprozesse anbelangt. In diesem Zusammenhang ist auch die verstärkte Anwendung des computerunterstützten Software-Designs zu nennen, die eine „automatische" Erstellung von problemorientierten Programmen und Betriebssystemen zum Ziel hat.

Letztlich gehört zu den künftig stärker kommunikationsorientierten EDV-Anlagen ihr Verbund in über Datenfernverarbeitung [115, S. 130 f.] zusammengeschlossenen EDV-Verbundsystemen. Fernziel solcher Konzepte ist die Schaffung von „Informationszentren". Hier hat man über aktive Benutzerstationen (Terminals)[86] Zugang zu einem zentralen EDV-System, wobei jeder Teilnehmer individuelle Aufgaben bearbeiten kann (Teilnehmerbetrieb).[87] Eine Anpassung insbesondere im Bereich der Daten- und Dateistrukturen läßt ferner eine zunehmend zwischenbetriebliche, d. h. *externe Integration* der Datenverarbeitung erwarten. Vorbedingung hierfür ist eine starke zwischenbetriebliche Abstimmung der betriebsindividuellen Informationssysteme und Datenbanken, so daß sich der zwischenbetriebliche Datenaustausch soweit wie möglich ohne Einflußnahme eines menschlichen Aktionsträgers vollziehen kann. Ziel ist das „checkless business", bei dem sich viele Verwaltungsarbeiten weitgehend erübrigen, z. B. der Versand von Rechnungen oder Lieferscheinen, weil da die Datenfernverarbeitung eingreift. Dies trägt besonders dem Organisationsgrundsatz des „Weg-vom-Beleg" Rechnung [120, S. 409].

[85] Vgl. zum Begriff und zur weiteren Entwicklung der heuristischen Programmierung [198], [236, S. 25 ff. u. S. 35].

[86] Auch „intelligente" Terminals genannt; dies sind meist Anlagen der sogenannten mittleren Datentechnik.

[87] Vgl. zu den Anwendungsarten der Datenverarbeitung [115, S. 26 ff.].

2. Organisatorische Bestimmungsfaktoren der Planung und Realisierung komplexer Datenverarbeitungssysteme (Organisationsparameter)

Die Planung und Realisierung komplexer Datenverarbeitungssysteme unter Verwendung der EDV ist mit zahlreichen Problemen verbunden. Zur Entwicklung derartiger Systeme sind in einer umfassenden Systembetrachtung (Systems Approach) die Spezialkenntnisse und Ergebnisse aus verschiedensten Wissenschaftsgebieten, wie der angewandten Betriebswirtschaftslehre (vor allem mit den Gebieten Organisation, Operations Research und Entscheidungstheorie) sowie der Informatik (Computer Science) usw., derart zusammenzuführen, daß aufgrund einer umfassenden und präzisen Systemanalyse ein methodisch und formallogisch einwandfreies Realisierungskonzept entsteht. Dazu ist im einzelnen erforderlich:

(1) Kenntnis von sowie Erfahrung im Umgang mit Methoden und Maßnahmen der Datenverarbeitungsorganisation,
(2) Erarbeitung von Systemmodellen als Grundlage zur Detaillierung von Datenverarbeitungsprojekten,
(3) Beachtung der Auswirkungen automatisierter Informations- und Steuerungssysteme auf die Benutzer sowie auf die gesamte Unternehmensorganisation,
(4) Erkenntnis der Probleme bei der Anwendung der EDV auf Leitungs- und Entscheidungsprozesse.

Zur Realisierung der gesamten Aufgaben ist es erforderlich, EDV-Systeme für das hochgradig komplexe System „Unternehmung" so einzusetzen, daß eine möglichst hohe Stufe der Datenverarbeitungsintegration erreicht wird. Denn nur eine fortgeschrittene Integration gewährleistet die Effizienz einer weitgehend automatisierten und funktionsbereichsübergreifenden Datenverarbeitung.

2.1. Umfang und Methodik der Datenverarbeitungsorganisation

„Die Fortschritte in der Informationstechnologie, wie sie vor allem in der Entwicklung und im zunehmenden Einsatz automatischer Datenverarbeitungsanlagen zum Ausdruck kommen, haben zu einer verstärkten organisationstheoretischen Auseinandersetzung mit den Bedingungen informationstechnologischer Gestaltungsmaßnahmen und mit ihrem Einfluß auf die Struktur organisatorischer Systeme geführt" [76, S. 26]. Besonders der Aufbau komplexer, integrierter Datenverarbeitungssysteme führt meist zu *Änderungen* bestehender *Organisationsformen*. Ursachen solcher organisatorischer Änderungen können die informationellen Aktionsphasen selbst bieten, z. B. infolge automatisierter Datenerfassung, durch Umgestaltung der Kommunikationswege bei der Errichtung eines Datenfernverarbeitungssystems, durch Datenfilterung und Datenverdichtung usw. Des weiteren fallen bei der Errichtung von komplexen Datenverarbeitungssystemen verschiedenste systembedingte Zusatzaufgaben an. Andererseits haben komplexe Datenverarbeitungssysteme auch Auswirkungen auf das Stellengefüge mit den Bestrebungen, möglichst viele Routinearbeiten zu übernehmen und eine *Vereinigung* des *Aufgabenvollzuges* auf einen *einheitlichen Funktionsträger* zu erreichen. Unterstützen oder übernehmen Datenverarbeitungssysteme Entscheidungsprozesse, so ist neben der direkten Auswirkung auf die Leitungsaufgaben ein grundlegender Wandel der betrieblichen Organisation eingeleitet, da dann betriebliche Funktionen teils oder vollständig durch vollautomatisch gesteuerte Regelkreise erfüllt würden. All diese Änderungen setzen jedoch eine genaue Kenntnis des Ist-Zustandes in einem Betrieb voraus. Nur auf dieser Grundlage kann eine so umfassende Maßnahme wie der Aufbau eines komplexen Datenverarbeitungssystems durchgeführt werden [136, S. 51].

Die inneren Zusammenhänge und Wechselbeziehungen der operativen, informationellen und dispositiven Prozesse bilden die Basis, auf der die einzelnen betrieblichen Datenverarbeitungsprozesse ablaufen und auf der sie auch organisiert werden müssen. Somit ist bei weitgehender Ausstattung des betrieblichen Informations- und Steuerungssystems mit komplexen EDV-Anlagen ein Datenverarbeitungssystem zu schaffen, das

(1) die notwendigen Beziehungen zwischen der Datenverarbeitung, dem Operationsvollzug, den Informations- und Steuerungsaufgaben sachlich (qualitativ und quantitativ), örtlich und zeitlich organisiert;
(2) die einzelnen maschinell realisierbaren Funktionen und Prozesse datenverarbeitungsmäßig integriert;
(3) die für den Einsatz der Datenverarbeitung erforderlichen personalen Aufgabenträger, maschinellen Einrichtungen und sonstigen Hilfsmittel mit höchster Rationalität miteinander kombiniert [167, S. 41].

2.1.1. Begriffliche Abgrenzung der Datenverarbeitungsorganisation

Ziel der Organisation eines Datenverarbeitungssystems (Ziel der *Datenverarbeitungsorganisation*) ist die bewußte, planmäßig rationale Gestaltung des informationellen Zusammenwirkens der in den arbeitsteiligen Operationsvollzugs-, Informations- und Steuerungsprozessen tätigen personalen Aufgabenträger untereinander sowie zwischen den personalen Aufgabenträgern und den sachlichen Hilfsmitteln der Datenverarbeitung.[1] Die Datenverarbeitungsorganisation schafft als gestaltende

[1] Vgl. hierzu im einzelnen [167, S. 55].

Tätigkeit für die Menschen und Sachmittel ein System von Regelungen (Organisationsgebilde als Ergebnis der gestaltenden Tätigkeit), das Stellung, Funktion und Beziehungen der einzelnen Elemente bzw. Teilsysteme im Gesamtsystem der betrieblichen Informationswirtschaft festlegt. Dabei reichen die traditionellen Organisationstechniken zur Bewältigung der mit der Errichtung komplexer Datenverarbeitungssysteme anfallenden Probleme nicht mehr aus. Zusammen mit kybernetischen Methoden und dem Operations Research sind Modelle der betrieblichen Datenverarbeitung aufzustellen, die eine Integration der informationellen Prozesse im Sachleistungs- und Steuerungsbereich vornehmen. Die dabei entstehenden grundsätzlichen Optimalmodelle können in ihrem Abstraktionsgrad verringert werden und in Abhängigkeit zum vorgesehenen Automatisierungsgrad der Datenverarbeitung durch iteratives Angleichen an die betriebsspezifischen Gegebenheiten zu einem praxisorientierten Realisierungskonzept abgewandelt werden. *Szyperski* betont in diesem Zusammenhang die Wichtigkeit der betrieblichen Restriktionen, die bereits am Anfang systemgestaltender Tätigkeit bekannt sein sollten [240, S. 54 ff.].

Aus systemtheoretischer Sicht bilden Elemente bestimmter Eigenschaften, die durch Beziehungszusammenhänge miteinander verknüpft sind, in ihrer Gesamtheit und Abhängigkeit ein System. Dieser Systembegriff kann entsprechend seiner Aufbau- oder Ablaufstrukturierung[2] strukturell oder funktional verstanden werden [44, S. 10]. Wesentliche Aktivitäten organisatorischer Tätigkeit liegen in der Analyse und Synthese von Systemelementen bzw. Systemen. Diese organisatorische Tätigkeit bezeichnet man in einer weiten Begriffsauffassung auch als Systemorganisation[3]. Erfährt das System eine nähere Bezeichnung oder Erklärung, so spricht man z. B. von Unternehmens- bzw. Unternehmungsorganisation, Datenverarbeitungsorganisation usw.

Im folgenden wird von einer weiten Fassung des Begriffs „Datenverarbeitungsorganisation" ausgegangen. Die *Datenverarbeitungsorganisation* als Prozeß umfaßt alle analytischen und synthetischen Tätigkeiten sowie Methodik und Vorgehensweise zur Lösung der beim Aufbau bzw. bei der Um- oder Neugestaltung von Datenverarbeitungssystemen auftretenden Probleme in allen Phasen, angefangen von der Projektauslösung bis hin zur Projektkontrolle. Ähnlich wie „Datenverarbeitungsorganisation" sind auch die Begriffe „Systemschaffung"[4] und „Systemge-

[2] Der Strukturbegriff soll hier wie im folgenden nicht nur wie in der traditionellen Betriebswirtschaftslehre z. B. wie bei *Mellerowicz* aufgliedernd bzw. differenzierend verstanden werden, sondern in Anlehnung an die moderne Systemtheorie ebenfalls auch verbindend bzw. zusammenfassend.

[3] Vielfach wird der Begriff „Systemorganisation" nur auf die Organisation eines neuen Datenverarbeitungssystems bezogen, wenn der Begriff „System" explizit für Datenverarbeitungssystem steht. Vgl. hierzu im einzelnen [68, S. 51], [108, S. 21], [109, S. 12 u. S. 48 ff.]. So auch im folgenden, wo sich der Begriff „System" hauptsächlich auf ein Datenverarbeitungssystem bezieht.

[4] Vgl. *Hellfors* [108, S. 21] in seiner weiten Begriffsdefinition, während er im engen Sinn „Systemschaffung" als die materielle Konkretisierungsphase auffaßt.

staltung" zu verstehen. Will man eine Unterscheidung zwischen „Systemschaffung" und „Systemgestaltung" vornehmen, so liegt bei der Systemschaffung der Akzent auf dem Originären dieser Tätigkeit, nämlich dem Schaffen, d. h. dem Planen und Organisieren einschließlich der technischen Realisation eines (im übergeordneten System „Betrieb") noch nicht vorhandenen, *neuen* Datenverarbeitungssystems. Demgegenüber beschränkt sich die Systemgestaltung auf organisatorische Maßnahmen, insbesondere der Verbesserung bzw. Weiterentwicklung (Systementwicklung) eines bereits geschaffenen und *bestehenden* Systems. Eine strenge Trennung beider Begriffe ist nicht immer möglich, da in der Praxis nicht eindeutig abzugrenzen ist, wann eine (Neu-)Schaffung eines neuen Systems oder lediglich eine (Um-)Gestaltung eines bestehenden Systems vorliegt. Wird allerdings eine solche Unterscheidung vorgenommen, so ordnen sich die Begriffe „Systemschaffung" und „Systemgestaltung" dem hier umfassender definierten Begriff „Datenverarbeitungsorganisation" unter.

Die Datenverarbeitungsorganisation stellt sich innovativ, modifikativ und adaptiv dar. Sie ist *innovativ*, wenn durch sie grundlegend neue Systeme geschaffen werden und neue Anwendungskonzeptionen antizipiert werden. Werden bereits bestehende Systemkonzeptionen auf andere Anwendungsbereiche transferiert und reaktiviert, oder werden sie im selben Anwendungsbereich wesentlich verändert, erweitert und umgestaltet, so hat die Datenverarbeitungsorganisation *modifikativen* Charakter. Sie ist schließlich *adaptiv*, wenn sie bestehende Systemkonzeptionen innerhalb desselben Anwendungsgebietes überträgt bzw. so anpaßt, daß das System auch für andere Anwender gleichermaßen gilt.

2.1.2. Analyse und Synthese als Aktivitäten der Datenverarbeitungsorganisation

Als *Prozeß* umfaßt die Datenverarbeitungsorganisation alle Aktivitäten, die geeignet sind,

(1) ein Informationssystem (System der Informationserschließung und -vermittlung) im Rahmen eines Informations- und Steuerungssystems einzurichten, zu verändern oder grundlegend neu zu konzipieren und
(2) ein für das konzipierte Informations- und Steuerungssystem erforderliches Datenverarbeitungssystem (EDV-System) auszuwählen und in Betrieb zu setzen.

Dazu bedient sich die Datenverarbeitungsorganisation der *Analyse* und *Synthese*[5]. Die Analyse bildet die Ausgangsbasis beim Aufbau von Datenverarbeitungssystemen, indem sie den jeweiligen Zustand des bestehenden Systems erfaßt und mit der Zielsetzung durchleuchtet, die systembestimmenden Parameter für die Veränderung

[5] Vgl. hier und im folgenden [116, S. 449].

bzw. die Neuschaffung eines Datenverarbeitungssystems zu gewinnen [108, S. 20]. Ein derartig differenziertes und entsprechend auf die informationellen Prozesse ausgerichtetes Analysengesamt bezeichnet man auch als *Systemanalyse.*[6]

„Die spezifische Betrachtungsweise der Systemanalyse berücksichtigt die systemtheoretische Aussage, daß jedes Element eines Systems als ein Teilsystem zu betrachten ist, das seinerseits aus Elementen und Relationen besteht" [196, S. 55]. Dies macht es somit nahezu unmöglich, alle Elemente in ihren Eigenschaften vollständig zu beschreiben. Daher verwendet die Systemanalyse das in der Kybernetik entwickelte „Prinzip des Schwarzen Kastens" (black box).[7] Diesem Prinzip liegt die Überlegung zugrunde, daß reale probabilistische Systeme normalerweise so komplex sind, daß sich die Zusammenhänge ihrer Elemente kaum vollständig klären lassen. Daraus folgt für die Systemanalyse, daß Problemstellung und Untersuchungsziel so gehalten werden, daß nicht die unlösbare Aufgabe gestellt wird, alle Elemente mit ihren Beziehungen zu beschreiben. Vielmehr soll versucht werden, aufgrund bestimmter Inputs Aussagen über die zu erwartenden Outputs[8] des Elements bzw. Systems zu machen [196, S. 55]. Folgende prinzipielle Teilaufgaben bilden die Grundlage bei empirischen Untersuchungen im Rahmen einer Systemanalyse [35, S. 487 ff.]:

(1) Eindeutige und operationale Formulierung der Systemziele,
(2) Auswahl der Betrachtungsebene,
(3) Bestimmung der relevanten Systemelemente,
(4) Beschreibung der (Kommunikations-)Beziehungen und des Informationsflusses zwischen den Elementen,
(5) Identifizierung der Beziehungen zwischen System und Umwelt,
(6) Erkenntnis und Formulierung einer Transformationsfunktion zur Präzisierung der Aussagen über durch Informationsinputs ausgelöste Informationsoutputs.

Zur Organisation eines Datenverarbeitungssystems ist der Informationsprozeß zu untersuchen. Je nach Zielsetzung und Umfang des künftigen Systems werden die Datenverarbeitungsaufgaben betrieblicher Teilbereiche oder des gesamten Betriebes

[6] In der EDV-Praxis wird eine begriffliche Trennung von Systemanalyse und Systemsynthese vielfach nicht vorgenommen. So liegen beispielsweise die Aufgaben eines Systemanalytikers nicht allein darin, Probleme in Datenverarbeitungsprojekten zu untersuchen, sondern er hat gleichfalls Vorschläge für eine Um- bzw. Neugestaltung zu machen. So spricht *Koreimann* von der Systemanalyse als Erkenntnismethode, deren Aufgabe in einer methodisch abgesicherten Erarbeitung von Lösungsvorschlägen für komplexe Aufgaben der Planung, Entscheidung und Kontrolle, insbesondere des durch die Datenverarbeitung gegebenen Aktionspotentials besteht [149, S. 10]. Dieser theoretisch nicht exakten Auffassung der Systemanalyse wird nicht gefolgt, da sie bereits die Synthese („Erarbeiten von Lösungsvorschlägen") beinhaltet. Vgl. hierzu auch die Kritik sowie die eindeutige Trennung von Analyse und Synthese u. a. bei *Hellfors* [108, S. 20 f.], *Kalscheuer* und *Gsell* [136, S. 48 ff.], *Noack* [201, S. 207 ff.], *Schulz* [228, S. 304 ff.], *Wedekind* [256, S. 6].

[7] Vgl. zum „Prinzip des Schwarzen Kastens" im einzelnen [12, S. 86 ff.], [19].

[8] Vgl. hierzu auch das von *Wild* vorgestellte Konzept der Input-Outputanalyse [261].

untersucht. Nach erfolgter Bestandsaufnahme des Ist-Zustandes[9] sind die Datenverarbeitungsaufgaben detailliert aufzugliedern und analytisch zu zerlegen, um für die Synthese (Schaffung des neuen Datenverarbeitungssystems) eine zweckmäßige Zusammenfassung und Verteilung der Aufgaben zu erzielen.

Die von *Kosiol* entwickelte Konzeption einer von synthetischen Elementen freien Aufgabenanalyse nach den Gliederungsmerkmalen Verrichtung, Objekt, Rang, Phase und Zweckbeziehung kann auch bei der Datenverarbeitungsorganisation Verwendung finden. Zu beachten ist jedoch, daß es sich bei der Schaffung komplexer Datenverarbeitungssysteme um Organisationsaufgaben handelt, die sich meist nicht allein auf eine partielle (Re-)Organisation überschaubarer, isolierter Unternehmens(teil-)bereiche beziehen, sondern deren Auswirkungen auf alle Sektoren einer Unternehmung ausstrahlen [229, S. 59]. Wenngleich die einzelnen Arbeiten der Datenverarbeitungsorganisation rein inhaltlich in analytische und synthetische differenziert werden können, ist diese Trennung bei der Festlegung der Gliederungstiefe einer Systemanalyse nicht ohne weiteres aufrecht zu erhalten. Vielmehr sind hier synthetische Überlegungen gedanklich vorwegzunehmen, damit Teilbereiche bzw. Teilaufgaben nachträglich nicht wieder so zusammengefaßt werden, wie sie zuvor zerlegt wurden [17, S. 39]. Dies spiegelt sich auch in dem Phasenschema der Datenverarbeitungsorganisation wider, in dem sich Analyse und Synthese inhaltlich teilweise ineinander verzahnen und zeitlich überlappen. Es können bereits einzelne synthetisch-konstruktive Prozesse einsetzen, bevor die Gesamtheit aller Teilanalysen abgeschlossen ist.

Die konstruktive Determinierung eines Datenverarbeitungssystems erfolgt in der Synthese, der die aus der Analyse hervorgegangenen Parameter zugrunde liegen. Die Aufgabe der Synthese liegt nun darin, die angestrebten Ziele zu erreichen. Bei der Synthese kommt somit nur eine systematische Vorgehensweise in Betracht. Dabei ist anzumerken, daß sich die optimale Alternative bzw. Konfiguration der Teilelemente erst dann auswählen läßt, wenn alle Möglichkeiten der Systemgestaltung bzw. Systementwicklung ermittelt und bekannt sind. Während ein intuitives Vorgehen im allgemeinen ausscheidet, da es nur zufällig ein annehmbares Ergebnis brächte, besteht als weitere Möglichkeit der Systemgestaltung bzw. Systementwicklung noch das Experiment.[10] Diese Methode in Form der *Simulation* findet gerade bei der Auslegung von komplexen EDV-Systemen verstärkt Anwendung.

Alle Maßnahmen und Aktivitäten der Datenverarbeitungsorganisation haben die Dynamik zu berücksichtigen, die der betrieblichen Organisation innewohnt. Somit liegen die Schwerpunkte[11] der Datenverarbeitungsorganisation:

(1) in der Erfassung und Analyse aller Faktoren, die die rationelle Organisation eines Informations- und Steuerungssystems unter sich dynamisch entwickelnden Bedingungen bestimmen;

[9] Zu Methoden der Erfassung des Ist-Zustandes und einer entsprechenden Formulartechnik vgl. z. B. im einzelnen [18], [132].

[10] Vgl. im einzelnen [196, S. 57].

[11] Vgl. im folgenden [116, S. 449], [167, S. 97].

(2) in der Systemsynthese unter Berücksichtigung der in der Analyse gewonnenen Systemparameter;
(3) in der Abschätzung und Beachtung der künftigen Entwicklung des Informations- und Steuerungssystems, der betrieblichen Datenverarbeitungsaufgaben sowie der allgemeinen Entwicklung auf dem Sektor der EDV-Systeme, um eine langfristig hohe wirtschaftliche Nutzung des geschaffenen Datenverarbeitungssystems zu sichern.

2.1.3. Planungsstruktur und Strategie der Datenverarbeitungsorganisation

Die *Vorgehensweise*[12] bei der Einführung eines komplexen Datenverarbeitungssystems ist durch das Zusammenspiel vieler Elemente gekennzeichnet. Sie bedarf einer sorgfältigen und abgestuften Planung. Diese Planung bezieht sich auf die personellen, sachlichen und finanziellen Mittel sowie auf die zeitliche Abstimmung der einzelnen Organisationsphasen. Dabei bilden Ziele und Struktur des jeweiligen Unternehmens einen Rahmen, innerhalb dessen sich die Planung bewegen kann. Die Planung hat zum Ziel, der Unternehmensleitung bzw. anderen Entscheidungsträgern fundierte Entscheidungsalternativen für den Aufbau eines betrieblichen Datenverarbeitungssystems vorzulegen. Gleichzeitig hat die Planung die Wege zur Realisierung eines solchen Projekts aufzuzeigen. Bezogen auf die Planungsinhalte ist zu unterteilen in:

(1) Vorbereitete Planung,
(2) Strategieplanung,
(3) Ausführungsplanung (projektbegleitende Planung).

Die vorbereitete Planung befaßt sich lediglich mit den Aktivitäten zur Bildung der Projektgruppe und zur Auslösung des Organisationsauftrages.

Die Strategieplanung zielt ab auf die generelle Vorgehensweise bei der Realisierung eines Projektes. Hierbei geht es nicht in erster Linie bereits um die Erarbeitung und Planung detaillierter Größen, sondern um die Bestimmung strategisch wichtiger Faktoren [209, S. 17]:

- *Allgemeine Strategie*
  Aufgaben und Ziele der einzelnen Unternehmensbereiche,
  Aufgaben und Ziele des Datenverarbeitungssystems im Rahmen des betrieblichen Informations- und Steuerungssystems,
  organisatorische Grundsätze (Zentralisierung – Dezentralisierung) und Struktur des Datenverarbeitungsbereichs;
- *Personalstrategie*
  Führungsprinzipien,
  Personalentwicklung und Personalschulung;

[12] Vgl. hierzu im einzelnen auch [149, S. 110], [209, S. 17 ff.].

- *Systemstrategie*
  Systemmodelle,
  Hard- und Software,
  Datenerfassung und -verarbeitung,
  Datenbankkonzepte,
  Datenfernverarbeitung;
- *Arbeitsmethodenstrategie*
  Methoden der Planung, Entwicklung, Kontrolle und Leitung,
  Kosten/Nutzen-Analyse.

Bei der Entwicklung komplexer Datenverarbeitungssysteme für betriebliche Informations- und Steuerungsaufgaben sind prinzipiell drei Strategien (Abb. 12) zu diskutieren [149, S. 111 ff.]:

(1) Bottom-Up-Strategie,
(2) Top-Down-Strategie,
(3) Development-Strategie.

2.1.3.1. Bottom-Up-Strategie

Von der pyramidenförmigen Struktur ausgehend, strebt die *Bottom-Up-Strategie* eine Vorgehensweise an, bei der das komplexe Gesamtsystem auf der Basis sich evolutionär entwickelnder Teilsysteme realisiert werden soll. Ein solches Gesamtsystem baut sich demnach hierarchisch auf, wobei mit der Errichtung von *Basissystemen* der operativen Ebene begonnen und über eine *sukzessive* Erweiterung ein umfassendes Informations- und Steuerungssystem angestrebt wird [149, S. 111]. Diese Erweiterung ist in erster Linie „in der Vergrößerung der Datenbestände, insbesondere in quantitativer Hinsicht, aus den verschiedenen Funktionsbereichen der Unternehmung zu sehen. Diese Vergrößerung der Datenbestände und ihre Speicherung mittels automatisierter Datenverarbeitungssysteme erfolgt primär zur besseren Bewältigung von Mengenarbeiten für die verschiedenen Arbeitsgebiete, wie z. B. Buchführung, Lohn- und Gehaltsabrechnung usw." [199, S. 715]. Vielfach wünscht das Management eine weiterführende Aufarbeitung der weitgehend operativen Daten, um die eigenen Entscheidungsprozesse besser zu fundieren. Nachteilig an der Bottom-Up-Strategie ist die Tatsache, daß zunächst nicht darauf abgestellt wird, wie die operativen Dateien für die unternehmerischen Entscheidungen aufgebaut sein müßten, sondern allenfalls welche Teile des Datenbestandes für die wichtigen Unternehmensentscheidungen hinzugezogen werden könnten. Einem umfassenden integrierten Informations- und Steuerungssystem räumt die Bottom-Up-Strategie geringe Priorität ein. In bezug auf den Aufbau eines komplexen, betrieblichen Informations- und Steuerungssystems kann die Bottom-Up-Strategie nicht als eine „bewußte Strategie" [199, S. 715] bezeichnet werden, wenngleich auch mit dieser schrittweise vorwärtstastenden Vorgehensweise ein komplexes Informations- und Steuerungssystem erreicht werden kann. Schließlich basiert ein solches

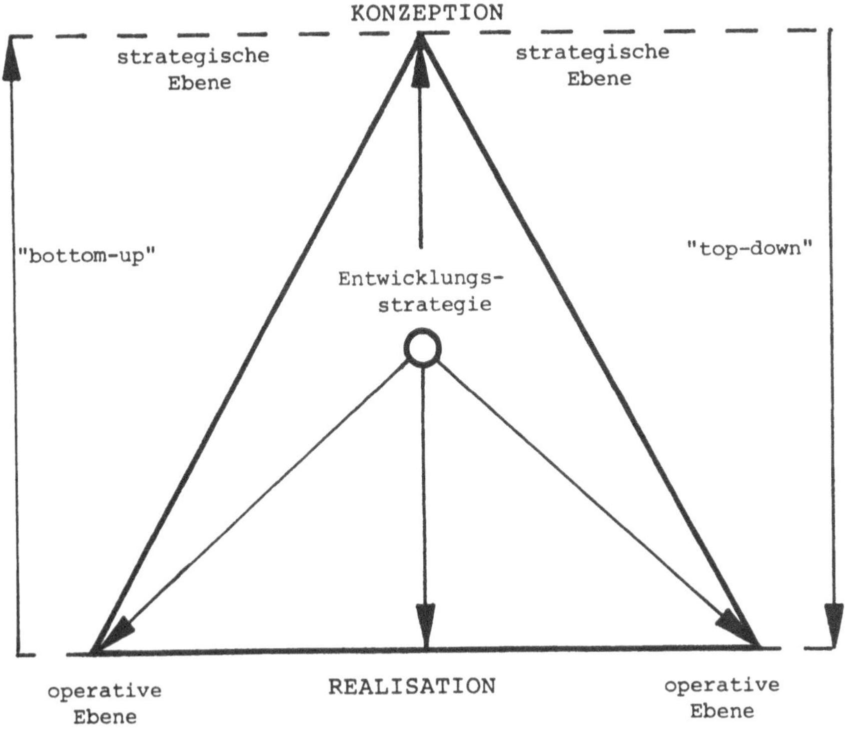

Abb. 12. Ansätze zur Strategie der Systementwicklung

umfassendes System weitgehend auf den Daten der operativen Ebene. Die Bottom-Up-Strategie ist daher gerade dann anzuwenden, wenn man zunächst in Teilsystemen weitgehend unorganisierte, schwer integrierbare Einzeldaten auf der operativen Ebene einer systematisierten Verarbeitung unterziehen möchte [149, S. 112].

2.1.3.2. Top-Down-Strategie

Die *Top-Down-Strategie* stellt eine Umkehrung der Bottom-Up-Strategie dar. Bei der Top-Down-Strategie steht das Informationsbedürfnis und die Unterstützung der Entscheidungsprozesse der Unternehmensleitung im Mittelpunkt. Dazu muß die Unternehmensleitung materielle Zielvorgaben für das zu schaffende System erarbeiten. Wenngleich die Top-Down-Strategie zumindest aus theoretischer Sicht eine zielsichere und bewußt *ganzheitliche* Vorgehensweise darstellt, so ist zu bedenken, daß die notwendigen Informations- und Steuerungsaktivitäten für unternehmerische Entscheidungen keineswegs objektiv definierbar sind, sondern nur individuell formuliert werden können. Diese Individualität gefährdet durch die permanente Möglichkeit der Änderung von Zielvorgaben, z. B. durch eine geänderte Einstellung und Gewichtung einzelner Funktionen des zu realisierenden Informations- und Steuerungssystems oder durch personelle Veränderungen in der Unternehmensleitung, die Einheitlichkeit und den Ganzheitscharakter der Top-Down-Strategie. Bei veränderten Zielvorgaben führt diese Strategie dann in vielen Fällen zum Verwerfen aller bis dahin erarbeiteten Analysen und Lösungen. Daher ist die Top-Down-Strategie nur anwendbar, wenn eine relativ hohe *Zielkonstanz* in Hinblick auf das zu realisierende System sichergestellt ist und eine weitgehende Integration der Datenverarbeitung vorliegt.

2.1.3.3. Development-Strategie

Die Erfahrungen der Praxis haben entscheidende Mängel und Nachteile von Bottom-Up- und Top-Down-Strategie aufgedeckt. Hauptsächlich werden folgende Gründe genannt[13]:

(1) bei der Bottom-Up-Strategie:
- Begrenzung des EDV-gestützten Teils des Informations- und Steuerungssystems auf die operative Ebene,
- Speicherung zu großer und zu redundanter Datenbestände,
- mangelnde Qualität des Informationsstandes,
- Gefahr isolierter Teillösungen infolge fehlender Gesamtkonzeption;

(2) bei der Top-Down-Strategie:
- zu geringe Berücksichtigung der informationellen Bedürfnisse auf operativer Ebene,
- Gefahr fehlerhafter Konzeptionen für Teilsysteme,
- schlechte Korrekturmöglichkeiten bei Mängeln in der Konzeption,
- individuelle, schwer übertragbare Systemkonzeption,
- relativ lange Realisierungsdauer, daraus Gefahr der Veralterung der Konzeption.

Beiden Strategien haftet außerdem der Nachteil an, daß bei der Analyse und Synthese eines Systems von horizontal getrennten, hierarchisch abgrenzbaren Teilsystemen ausgegangen wird. Diese Vorstellung hat aber lediglich Modellcharakter, da in der Praxis die Teilsysteme eines integrierten Informations- und Steuerungssystems keine eindeutigen Abgrenzungen aufweisen.

Diesen Mängeln versucht die *Development-Strategie* (Entwicklungsstrategie) zu begegnen. In ihren Ausprägungen einer funktional orientierten oder objektorientierten Strategie selektiert sie eine unternehmensspezifische Funktion bzw. ein unternehmensspezifisches Objekt und entwickelt dafür ein möglichst „totales" Teilsystem.

[13] Vgl. hierzu im folgenden [199, S. 711 ff., insbes. S. 718], [149, S. 111 ff.].

Den Regelprozeß als Ansatz einer Entwicklungsstrategie schlägt *Niessen* [199, S. 719 ff.] vor. Diese Strategie ist als ein revolvierendes, sich selbst regelndes System aufzufassen, wobei die Realisierung von Teilzielen permanent von dem sogenannten *Teilziel-Management* überwacht wird. Um auch die sich ändernden Aufgabenstellungen an das Informations- und Steuerungssystem laufend zu berücksichtigen und die Teilziele entsprechend zu revidieren, bedarf diese stufenweise sich regelnde Strategie einer periodischen Revision der Gesamtzielsetzung.

2.1.3.4. Projektbegleitende Realisierungsplanung und -kontrolle

Zur Strategie der Einführung eines EDV-Systems gehört eine *projektbegleitende* Planung und Kontrolle aller datenverarbeitungsorganisatorischen Aktivitäten. Die Arbeiten an der Realisierungsplanung nimmt die nach der Initiierung des Organisationsauftrages gebildete Projektgruppe unmittelbar nach der Auftragserteilung zur Errichtung bzw. Neukonzeption der betrieblichen Datenverarbeitung auf. Im Rahmen der Datenverarbeitungsorganisation sind nicht die Planungs- und Kontrolltechniken, sondern die Planungsobjekte datenverarbeitungsspezifisch. Inhaltlich entspricht die Planung von Datenverarbeitungssystemen in ihren Methoden, Verfahren und Hilfsmitteln der allgemeinen Realisierungsplanung komplexer Projekte, wie z. B. Bau eines Kraftwerkes, Entwicklung neuer Produkte usw. Daher soll eine ausführliche Darstellung der Planungstechniken hier unterbleiben.

Als hauptsächliche *Aktivitäten* der *Planung* von EDV-Projekten sind zu nennen:

- Aufgabenplanung,
- Personalplanung,
- Maschinenplanung,
- Bauplanung,
- Terminplanung,
- Kostenplanung,
- Investitionsplanung.

Als Planungs- und Kontrollinstrument bei der Realisierung von EDV-Projekten hat sich zunehmend die *Netzplantechnik* bewährt. Sie eignet sich aufgrund ihrer spezifischen Eigenheiten besonders für die Planung und Überwachung beim Aufbau bzw. bei der Umstellung komplexer Systeme [117, S. 191 f.]. Die projektbegleitende Realisierungsplanung bedient sich ferner weiterer Hilfsmittel, wie z. B. mathematische Optimierungsverfahren, Entscheidungstechniken usw. Hauptziel der Planung ist die Koordination der systemtechnischen und projektablaufbezogenen Organisationsmaßnahmen mit der betrieblichen Gesamtorganisation.

Das *Projektmanagement* hat den Planfortschritt an bestimmten Zeitpunkten oder auch kontinuierlich zu messen (Kontrolle). Dabei sind Anzahl und Art dieser Kontrollpunkte von großer Bedeutung für die Beurteilung der Zielerreichung bzw. der Erfüllung einer jeden Projektphase. Das Projektmanagement sollte sich bei der

Frage, wo Kontrollpunkte einzubauen sind, davon leiten lassen, daß besonders an Schnittstellen von Komponenten eines Systems bzw. von Teilsystemen größere Projektschwierigkeiten zu erwarten sind. Genau hier sind dann Kontrollpunkte einzurichten, die ebenfalls in einem Plan festgelegt werden.[14]

2.1.4. Phasengliederung und Teilaufgaben der Datenverarbeitungsorganisation

Die erfolgreiche Realisierung von komplexen Datenverarbeitungssystemen hängt neben den fachlichen, systembezogenen Qualitäten der beteiligten Organisatoren und der Auswahl der richtigen Hilfsmittel zu einem wesentlichen Teil von der Vorgehensweise ab [136, S. 48]. Die Vorgehensweise der Datenverarbeitungsorganisation spiegelt sich in der logischen und reibungsfreien Abfolge der Projektphasen wider. Dabei bilden zusammengehörende Teilaufgaben jeweils eine Projektphase. Innerhalb jeder Projektphase und je nach Aufgliederung auch in den Teilaufgaben werden die Prozeßphasen Planung, Realisierung und Kontrolle unter Einbeziehung von Abbruchentscheidungen [240, S. 55] durchlaufen.

Im einzelnen kennzeichnen folgende *Projektphasen* (Verlaufsphasen) planender und organisierender Tätigkeiten die Datenverarbeitungsorganisation bzw. Systemschaffung[15]:

Projektphase I: Projektauslösung
Beim Aufbau einer weitgehend integrierten und automatisierten Datenverarbeitung im Rahmen eines Informations- und Steuerungssystems hat in der *Auslösungsphase* die Zielbildung und Projektdefinition, Initiierung des Organisationsauftrages und Bildung einer EDV-Projektgruppe mit anschließender Erteilung des Organisationsauftrages zu erfolgen.

Projektphase II: Vorstudie (Vorplanung)
In der *Vorstudie* (Organisationsstudie) zeichnen sich auf der Basis der angestrebten Ziele und der groben Systemanalyse in der *ersten Realisierungsstufe* Lösungen für den Entwurf des System-Soll-Zustandes ab. Diese Realisierungsmöglichkeiten faßt die Soll-Rahmenkonzeption zusammen, die weitgehend von einem Idealzustand des künftigen Systems ausgeht[16] und endet mit der Entscheidung über die weitere Projektfortführung.

Projektphase III: Detaillierung
Die *Detaillierung*[17] gleicht die Idealplanung der Vorstudie in Form der Realplanung

[14] Vgl. im einzelnen hierzu [256, S. 29 ff.].
[15] Hier unter der Verwendung eines weit gefaßten Begriffs „Systemschaffung“, der neben der Synthese auch die analytischen Prozesse beinhaltet, aufgrund deren Ergebnisse erst die konkrete Schaffung eines neuen Systems möglich wird. Vgl. zu den einzelnen Phasen [91, Sp. 411 ff.], [108, S. 35 f.], [109, S. 49 f.].
[16] Vgl. hierzu im einzelnen [103, S. 768], [136, S. 64 f.].
[17] Vgl. hierzu auch [136, S. 65 ff.].

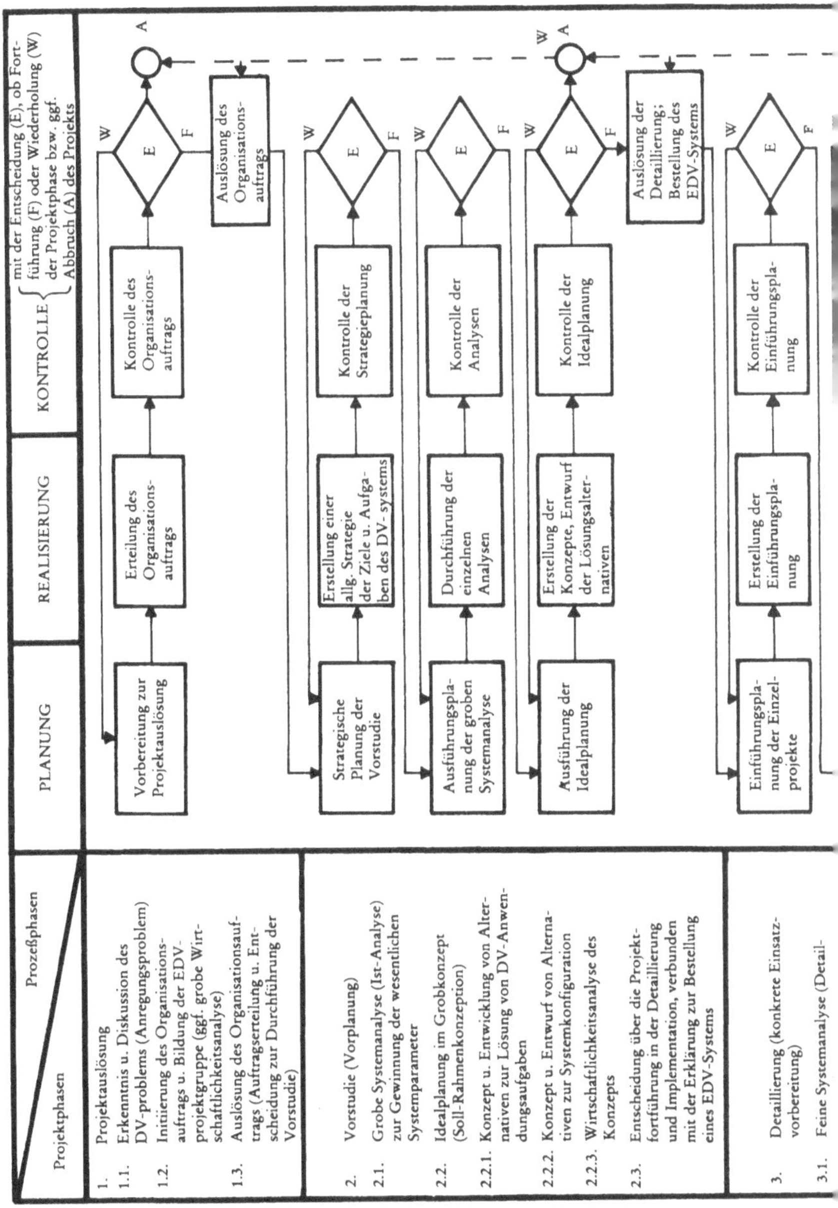

Abb. 13. Vorgehensweise der Datenverarbeitungsorganisation im Phasenschema

3.2. Detaillierung des Systems (Systemorganisation i.e.S.)

3.2.1. Detaillierung der Systementwicklung (Feinkonzept)

3.2.2. Programmdetaillierung (Programmablaufplanung, Programmierung, Programmtest, Programmdokumentation)

3.3. Entscheidung über den genauen Installationszeitpunkt; grobe Installationsplanung

4. Systemumstellung bzw. -installation (Planung des RZ-Betriebs einschl. Umstellungsplanung)

4.1. Probelauf

4.2. Feldtest (Parallellauf)

4.3. Routinelauf (Operating)

5. Systemrevision

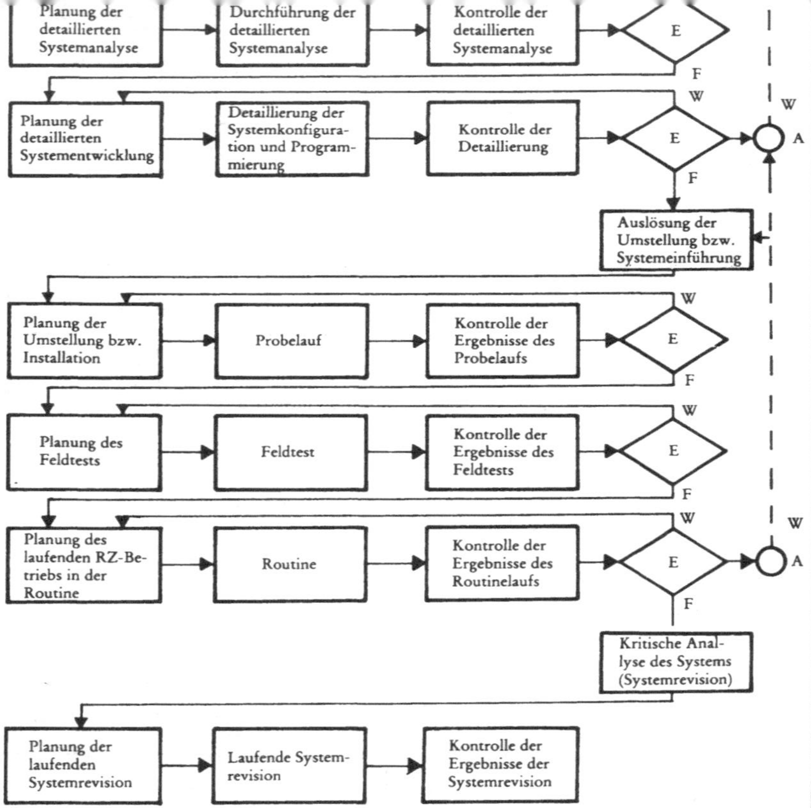

unter Berücksichtigung gegebener Beschränkungen weitgehend an die im Betrieb vorliegenden Verhältnisse und seiner informationellen Bedürfnisse an. Die in der Detaillierung erfolgende Realplanung des Systems *(zweite Realisierungsstufe)* wird von feinen, systemspezifischen Analysen sowie zweckmäßigerweise bereits von der Systemsimulation unterstützt. Kern der zweiten Realisierungsstufe ist vor allem die Schaffung der Voraussetzung für die Implementation des Gesamtsystems. Inhalt dieser Projektphase ist somit die Festlegung der detaillierten Systemkonfiguration (Hardware/Software-Design), die Programmierung und Dokumentation (Programmimplementation). Dazu gehört u. a. auch die Erstellung eines sogenannten Pflichtenheftes (für die Angebotsabgabe der EDV-Hersteller und für die Projektziele) sowie die Systemvorbereitung und -auswahl im Rahmen der Entwicklung des Gesamtsystems.

Projektphase IV: Systeminstallation bzw. -umstellung
Die *Systeminstallation* bzw. -umstellung als *dritte Realisierungsstufe* beinhaltet einschließlich der vorangehenden Einführungs- und Umstellungsplanung die tatsächliche Einführung des neuen Systems (Systemimplementation), also vom ersten Probelauf über den unter Alltagsbedingungen ablaufenden Feldtest bis zur Übergabe in die Routine (Systembetrieb).

Projektphase V: Systemrevision
An die dritte Realisierungsstufe schließt sich sofort eine erste kritische *Revision* an, die die Vorzüge und Mängel des neuen Datenverarbeitungssystems aufnimmt und insbesondere unter Wirtschaftlichkeitsaspekten auswertet. Neben der Aufdeckung von Fehlern und Mängeln des realisierten Systems gehört zur Systemrevision je nach Konzeption auch die Anregung zu einer weiteren Entwicklung (Systems Development) bzw. zum Ausbau des Systems [109, S. 50].

Überlagert man die Projektphasen der Organisation EDV-gestützter Informations- und Steuerungssysteme in jeder Ebene mit den Prozeßphasen, so wird deutlich, wieviel unterschiedliche Planungs-, Realisierungs-, Kontroll- und Entscheidungsaufgaben erforderlich sind, um den reibungslosen und effizienten Prozeß der Datenverarbeitungsorganisation zu ermöglichen. Das Schema[18] (Abb. 13) greift in erster Linie nicht die zeitliche Abfolge auf, sondern will die sachlich-inhaltlichen Abhängigkeiten in einer Hierarchie von Regelkreisen transparent machen.

2.2. Das Instrumentarium der Datenverarbeitungsorganisation

Wie in jedem anderen Organisationsprozeß lassen sich auch die *Aktivitäten* der Datenverarbeitungsorganisation in *Analyse* und *Synthese* einteilen. Überlagert wer-

[18] In Anlehnung an die Regelkreisdarstellung der Systemgestaltungsphasen nach *Szyperski* und *Marock* [240], [243].

den Analyse und Synthese von einer projektbegleitenden Planung, die für eine Koordinierung aller organisatorischen Aktivitäten sorgt. Innerhalb der datenverarbeitungsorganisatorischen Aktivitäten ist eine Abstufung in Abhängigkeit mit dem Projektfortschritt erkennbar:

(1) Projektvorbereitung,
(2) Grobanalyse und Grobprojektierung,
(3) Feinanalyse und Feinprojektierung.

In der Projektvorbereitung ist Klarheit über Inhalt und Zielsetzung des Gesamtprojekts zu schaffen. Dazu bedarf es zumeist bereits in diesem Stadium der Auflösung des Gesamtprojekts in *Teilprojekte* und der *Definition* ihrer *Schnittstellen.* Der im Rahmen der Zielsetzung zu erfolgenden und wünschenswerten Formalisierung der Ziele sind wegen des damit verbundenen Aufwands meist Grenzen gesetzt. Jedoch läßt sich im allgemeinen ohne allzu große Schwierigkeiten aus den bereits bekannten und noch zu erarbeitenden Teilzielen ein *Zielkatalog* erstellen und in einer *Zielhierarchie* (Zielbaum) gruppieren. Die nächste Stufe des *Zielfindungsprozesses* im Rahmen der Projektvorbereitung prüft, wieweit die Ziele miteinander verträglich (kompatibel) sind. In der anschließenden Bewertung der Ziele entsteht eine Rangordnung der Ziele, die dann zu einem endgültigen Zielsystem (z. B. Relevanzzielbaum) führt. Ein so formuliertes *Zielsystem* darf nicht statisch gesehen werden; es erfordert die Anpassung an die sich verändernden Umwelt- und Zielbedingungen. Diese Anpassungsvorgänge erfolgen nicht ständig, sondern in vorbestimmten längeren Abständen, um den Gesamtprozeß nicht laufend zu stören.

Die *Grobanalyse* untersucht unter Abgrenzung der künftig vom Datenverarbeitungssystem zu übernehmenden Aufgaben vor allem die Problemlösungsbedingungen. Dazu sind alle Daten (Datenprofil, Verarbeitungsanforderungen usw.) zu gewinnen, die eine rationale Soll-Rahmenkonzeption ermöglichen. In der Grobprojektierung der Soll-Rahmenkonzeption erfolgt eine Präzisierung der Ziele und Leistungsanforderungen an das Datenverarbeitungssystem sowie eine erste Verfahrensselektion, z. B. ob man sich der internen (betriebseigenes Rechenzentrum) oder externen Datenverarbeitung (Datenverarbeitung außer Haus) bedienen will. Die Grobprojektierung hat einen umfassenden systemtechnischen und organisatorischen Lösungsvorschlag für die Datenverarbeitungsprobleme bzw. den Problemkomplex zu liefern und die hierauf basierenden Entscheidungen vorzubereiten [108, S. 36].

Die *Feinanalyse* untersucht in detaillierter Form alle noch offenen Fragen in bezug auf die endgültige maschinelle Konfiguration und insbesondere in Hinblick auf die Erstellung betriebsfertiger Programme. Die Feinprojektierung dient dem konkreten Systemeinsatz und reicht mit der detaillierten Systemplanung bis zur Programmieranweisung sowie mit der Programmierung bis zum Abschluß der Programmtests [108, S. 36]. Die Feinplanung schafft alle organisatorischen und softwaremäßigen Voraussetzungen für den praktischen Einsatz eines Datenverarbeitungssystems.

2.2.1. Systemanalyse

Die Systemanalyse bzw. Organisationsanalyse[19] dient dazu, ein repräsentatives Abbild einer gesamten Unternehmung oder einzelner ihrer Teile zu gewinnen. Eine solche Untersuchung ist je nach Umfang, Breite und Tiefe ihrer Durchführung zu unterscheiden.

Der *Analysenumfang* beschreibt den Gesamtrahmen der Organisationsanalyse und beinhaltet die Aufnahme und Darstellung aller für die Planung und Durchführung der Systemsynthese erforderlichen Parameter, Fakten und Elemente. Im einzelnen gliedert sich der Analysenumfang mit seinen Teilarbeiten auf in:

(1) Analyse des Ist-Zustandes (Ist-Aufnahme)
 a) Ermittlung des Ist-Zustandes
 b) Dokumentation des Ist-Zustandes

(2) Fakten- und Problemanalyse
 a) Schwachstellenanalyse mit Diskussion der Ist-Aufnahme
 b) Konfigurationsanalyse
 c) Wirtschaftlichkeitsanalyse (Kosten/Nutzen-Analyse)

Die *Analysenbreite* ist im wesentlichen durch die bestehenden Funktionsbereiche und deren organisatorische Abgrenzung vorgezeichnet. Bei der Ist-Aufnahme wie bei der Soll-Konzeption ist die Verknüpfung der einzelnen betrieblichen Funktionsbereiche innerhalb des untersuchten Systems (Betrieb oder Teilbetrieb) sowie mit übergeordneten Systemen (Außenwelt, Markt) zu beachten.

Bei der *Analysentiefe* wird davon ausgegangen, daß ein zu untersuchendes System aus Elementen und interaktiven Beziehungen besteht. Die wichtigsten Elemente im System „Unternehmung" bzw. in seinen Funktionsbereichen als Teilsystemen sind die darin tätigen Menschen und Hilfsmittel. Die Stärke der Aufgliederung des Systems bzw. der Teilsysteme in Elemente sowie die Untersuchung der verschiedenen Beziehungen zwischen den Elementen geben ein Maß für die Analysentiefe. Diese Beziehungen sind in einem Betrieb charakterisiert durch:

(1) technisch-materielle Prozesse
 (materiale Transformationsprozesse, Güterbewegungen usw.),
(2) informationelle Prozesse
 (informationelle Transformationsprozesse, Informationsfluß, Regelung von Befugnissen und Arbeitsabläufen usw.),
(3) ökonomische Prozesse
 (Geld- und Vermögensbewegungen usw.),
(4) soziale Prozesse
 (Einzel- und Gruppenbeziehungen usw.).

[19] Vgl. im folgenden aus der Vielzahl der hierzu existierenden Literatur [1], [115, S. 74 ff.], [117, S. 19 ff.], [149], [208], [209], [221, S. 291], [237], [256].

Die Analyse des Ist-Zustandes betrieblicher Datenverarbeitung, die der organisatorischen Gestaltung automatisierter Datenverarbeitungssysteme vorausgeht, ist vorrangig unter dem Gesichtspunkt der automatisierten Aufgabenerfüllung zu sehen. Dies führt zu folgender Zielsetzung[20]:

(1) Die *Automatisierungsfähigkeit* der Datenverarbeitungsaufgaben ist festzustellen; ferner sind Ausgangspunkte für die Systemschaffung bzw. Systemgestaltung sowie entsprechende alternative Systemkonzeptionen unter Einsatz automatisierter Sachmittel zu finden.
(2) Die *Automatisierungswürdigkeit* ist zu beurteilen, um bei der Organisation des Systems das Prinzip der Wirtschaftlichkeit berücksichtigen zu können.

Datenverarbeitungsaufgaben sind automatisierungsfähig, wenn der Vorgang der Aufgabenerfüllung programmierbar ist. Die Programmierbarkeit bedingt Vorhersehbarkeit und ausreichende Determinierbarkeit der Aufgabenerfüllung. Sind diese Bedingungen erfüllt, läßt sich der Verarbeitungsvorgang einer Datenverarbeitungsaufgabe als eine eindeutige Folge von Befehlen und sodann in abstrahierter Form in formalisierten Maschineninstruktionen darstellen, deren automatisierter Vollzug ein Datenverarbeitungssystem übernehmen kann [229, S. 185], [231, S. 94].

Dem Entscheidungsproblem, ob eine Datenverarbeitungsaufgabe automatisiert werden soll, liegt nicht nur die Frage nach der Automatisierungsfähigkeit, sondern auch das Kriterium der Wirtschaftlichkeit zugrunde. Daher hat die Analyse unter dem Aspekt der Automatisierungswürdigkeit von Datenverarbeitungsaufgaben folgende Merkmale[21] zu untersuchen:

(1) *Verarbeitungsumfang*
Wegen des relativ hohen Programmierungs- und Umstellungsaufwandes ist eine automatisierte Aufgabenbearbeitung nur dann zu rechtfertigen, wenn sich das Lösungsschema (Datenverarbeitungsprogramm) auf eine relativ große Zahl von gleichartigen Verarbeitungsfällen weitgehend unverändert[22] anwenden läßt [93, S. 75 f.]. Vorteilhaft ist ferner die Ansammlung von Datenmengen (Stapelbildung), die in einem Programmlauf verarbeitet werden, sofern dem nicht eine hohe Verarbeitungsdringlichkeit einzelner Daten gegenübersteht. Stapelweise Datenverarbeitung hält den Umfang der Rüstarbeiten an einem EDV-System im Sinne einer Auflagendegression vergleichsweise gering.

(2) *Verarbeitungsdringlichkeit*
Die Zeitspanne, die maximal zwischen dem Entstehen von Datenverarbeitungsaufgaben bzw. dem Anfall ihrer Daten und deren Ausführung bzw. Verarbei-

[20] Vgl. hierzu im einzelnen [257, S. 21 ff.], [201, S. 207 ff.].
[21] Vgl. im folgenden [68, S. 62 ff.], [229, S. 186 ff.].
[22] Der Zwang zur Standardisierung von Programmen bzw. Programmsystemen, um sie somit für möglichst viele Verarbeitungsfälle anwendbar zu machen, zeigt sich am deutlichsten im steigenden Angebot von sogenannten Software-Packages, bei denen in bestimmten Grenzen eine betriebsindividuelle Anpassung der Programme möglich ist.

tung liegen darf, ist ein Maß für die Verarbeitungsdringlichkeit. Dieses Kriterium hat für dispositive Aufgaben besondere Bedeutung, da in vielen Fällen die Wirksamkeit von Entscheidungen ein sofortiges Handeln bedingt. Es können aber auch routinemäßige Abrechnungsaufgaben der Buchhaltung und Bilanzierung aus zu beachtenden Termingründen von hoher Dringlichkeit sein. Der Grad der Verarbeitungsdringlichkeit aller in einer Unternehmung anfallenden Datenverarbeitungsaufgaben determiniert seinerseits die Verarbeitungshäufigkeit der Datenverarbeitungsprozesse.

(3) *Verarbeitungshäufigkeit*
Die Anzahl der Durchführung gleichartiger Datenverarbeitungsaufgaben (Programmläufe) in einem bestimmten Zeitraum ist ein Maß für die Verarbeitungshäufigkeit (Periodizität). Die Frequenz der Verarbeitung kann zwischen sofortiger (real-time) Verarbeitung entstandener Daten bis hin zur langfristigen Stapelbildung, z. B. jährliche Verarbeitung, reichen. Die Verfahrenshäufigkeit gibt Aufschluß über den Organisationstyp der automatisierten Datenverarbeitung und trägt damit zur Bestimmung der realtechnischen Ausstattung des Datenverarbeitungssystems bei. Verarbeitungsaufgaben von geringer Periodizität wie z. B. Lohnabrechnung oder Jahresstatistiken eignen sich für eine stapelweise sequentielle Verarbeitung. Für Aufgaben mit hoher Periodizität wie z. B. Auskunftsbearbeitung im Dialogbetrieb ist eine simultane Datenverarbeitung auf Real-time-Basis erforderlich [100, S. 30 ff.].

(4) *Verarbeitungsbreite*
Die Verarbeitungsbreite kann als ein Maß für die Häufigkeit des Auftretens von Daten bzw. Datensätzen in unterschiedlichen Aufgabengebieten angesehen werden. Sie wird durch die Zahl der verschiedenartigen Auswertungen ausgedrückt, die sich auf dieselben Ausgangsdaten stützen. Die Integration von verschiedenen Sachaufgaben in einem Programm- und Verarbeitungskomplex erhöht im allgemeinen die Wirtschaftlichkeit des Verarbeitungsprozesses, da insbesondere die Zahl an Ein/Ausgabeoperationen aufgrund der integrativen Verflechtung[23] der Datenverarbeitungsaufgaben reduziert wird. Dabei ist jedoch zu beachten, daß eine Ausweitung der Verarbeitungsbreite hard- und softwaremäßige Auswirkungen, wie z. B. Großraumspeicher mit Direktzugriff, Datenbanksysteme usw., hat.

(5) *Verarbeitungstiefe*
Die Anzahl der Arbeits- und Programmschritte, die zur Lösung einer Datenverarbeitungsaufgabe erforderlich sind, kennzeichnet die Verarbeitungstiefe. Abrechnungsaufgaben zeichnen sich hauptsächlich durch eine geringe Verarbei-

[23] *Riesenkampf* spricht daher in diesem Zusammenhang von der Verarbeitungsbreite als „ein Maß für die informationelle Verbundenheit" [213, S. 70].

tungstiefe aus. Dispositive Aufgaben erfordern einen höheren Aufwand bei der Aufgabenerfüllung, besonders wenn sie unter Anwendung von Methoden des Operations Research zu lösen sind.

2.2.1.1. Analyse des Ist-Zustandes[24]

Die *Analyse* des *Ist-Zustandes* beginnt mit einer Aufnahme von Art, Inhalt und Durchführungsweise der betrieblichen Sachaufgaben [208, S. 34]. Zudem ist der Ist-Zustand der betreffenden Organisations- und Kommunikationsstruktur aufzunehmen und in einer Form zu dokumentieren, die einen ausreichend detaillierten und zugleich sinnvoll vereinfachten, zusammenfassenden Überblick über den Stand der Gesamtorganisation zuläßt [96, S. 71]. Die Analyse des Ist-Zustandes untersucht im Rahmen der Datenverarbeitungsorganisation das Teilsystem „betriebliche Datenverarbeitung" des Systems „Unternehmung" mit dem Ziel, die technisch-materiellen und die sie begleitenden informationellen Prozesse sowie die organisatorischen Strukturen darzulegen. Wenngleich man sich in erster Linie auf diejenigen Prozesse und Strukturen konzentriert, die durch den Einsatz automatisierter Datenverarbeitungssysteme tangiert werden, sind andere Prozesse und Strukturen insoweit zu beachten, als sie Aussagen über die künftigen personellen und materiellen Auswirkungen des zu organisierenden Bereichs ermöglichen.

Die Analyse des Ist-Zustandes stützt sich wesentlich auf die Ermittlung der Organisationsstrukturen, der Datenerfassung, des Datenverkehrs und die Formen der Datenverarbeitung. Dazu gehören insbesondere die Untersuchungen über die Belegflüsse sowie die Input-Output-Analyse. Dies bedeutet, daß sämtliche Belege, Formulare, Datensätze und Dateien zu erfassen sind, derer man sich zur Bewältigung der untersuchten Arbeitsaufgaben bedient; ähnliches gilt für das an der Bearbeitung der Datenverarbeitungsaufgaben beteiligte Personal, die verwendeten Maschinen und sonstigen Einrichtungen. Für eine solche Bestandsaufnahme mit anschließender Fakten- und Problemanalyse ist es unerheblich, ob in einem Betrieb bereits EDV-Systeme eingesetzt sind oder welcher Grad der Datenverarbeitungsintegration bereits erreicht ist.

Zur Lösung dieser komplexen Aufgaben ist ein Team von Mitarbeitern (Analytikern, Organisatoren, Programmierern usw.) erforderlich, das sowohl mit den betriebsspezifischen Gegebenheiten vertraut ist als auch fundierte Kenntnisse auf dem Gebiet der Datenverarbeitung besitzt. Gewöhnlich bedient man sich daher eines multidisziplinären Teams, zu dem im Bedarfsfall externe Mitarbeiter von EDV-Herstellern oder System-Beratungsunternehmen hinzugezogen werden können. Betriebe, meist kleinere, die kein eigenes Rechenzentrum besitzen oder aufbauen, sondern Datenverarbeitung außer Haus betreiben wollen, z. B. im Wege der Datenfernverarbeitung, überlassen die organisatorischen, programm- und system-

[24] Vgl. im folgenden auch [115, S. 83 f.], [117, S. 188].

technischen Aufgaben meist den Spezialisten des Teilnehmer-Rechenzentrums [115, S. 84], [118, S. 40].

Im einzelnen bedient sich die Analyse des Ist-Zustandes eines Analysenkombinats, das vorwiegend aus folgenden *Partialanalysen* der Untersuchungsschwerpunkte besteht[25]:

(1) Grundstrukturanalyse,
(2) Datenflußorientierte Arbeitsablaufanalyse,
(3) Arbeitsplatzorientierte Tätigkeitsanalyse,
(4) Bedarfsorientierte und entscheidungsorientierte Daten- und Informationsanalyse,
(5) Entwicklungstendenzanalyse.

Die Techniken der Ist-Aufnahme basieren auf Beobachtungen, Befragungen, Akteneinsicht, Statistiken usw. Aus Sicherheitsgründen sind die erhobenen Angaben später noch einmal stichprobenartig zu überprüfen und gegebenenfalls zu ergänzen. Zum Erfolg einer Analyse trägt wesentlich die Art der *Dokumentation* des Ist-Zustandes bei. Ist die Dokumentation unübersichtlich, unvollständig oder unlogisch im Aufbau, so müssen fast zwangsläufig die der Ist-Aufnahme anschließenden und auf sie aufbauenden Arbeiten fehlerhaft werden. Andererseits darf eine Dokumentation nicht zu aufwendig gestaltet werden. Denn neben dem Streben der Ist-Aufnahme nach Übersichtlichkeit der Darstellung erhobener Fakten sind auch die zeitlichen und finanziellen Auswirkungen der Dokumentationstätigkeit zu berücksichtigen.

2.2.1.1.1. Grundstrukturanalyse

Die *Grundstrukturanalyse* zeigt die rechtliche, technisch-wirtschaftliche und organisatorische Basis des zu untersuchenden Unternehmens auf, um den an den Organisationsaufgaben beteiligten Mitarbeitern eine Gesamtdarstellung des Unternehmens in seinen Grundzügen und Eigenheiten zu vermitteln [92, S. 23]. Die Grundstrukturanalyse zielt besonders darauf ab, Ansätze und Anwendungsschwerpunkte für den Einsatz automatisierter Datenverarbeitungssysteme aufzuzeigen. Sie erstreckt sich auf folgende Bereiche[26]:

(1) *Vermögens- und Kapitalstruktur*
Die Vermögensstruktur wird aus den Aktivposten der Handelsbilanz ermittelt und läßt erkennen, ob infolge der Automatisierung der Datenverarbeitung eine geringere Kapitalbindung erwartet werden kann. Als Beispiel seien automatisierte Systeme im Bereich der Beschaffungs- und Lagerwirtschaft (Beschaffungsprogrammplanung mit der „optimalen Bestellmenge", Lagerhaltungssy-

[25] Vgl. hierzu die Darstellung in [201, S. 208 ff.].

[26] Vgl. hierzu im einzelnen [68, S. 56 ff.], [100, S. 13 ff.], [201, S. 208] sowie zur Formulartechnik [18, S. 628 ff.], [21, S. 50 ff.], [132], [269].

steme) sowie der Fertigungssteuerung genannt, die eine relevante Lagerbestandssenkung ermöglichen. Bei hohen Debitorenposten ist beispielsweise eine Automatisierung des Mahnwesens zu erwägen. Aus den Passivposten der Bilanz kann die Kapitalstruktur abgeleitet werden, die z. B. Rückschlüsse auf die Höhe einer möglichen Investition zur Einrichtung, Verbesserung oder grundsätzlichen Erneuerung des Datenverarbeitungssystems erlaubt.

(2) *Kostenstruktur*
Die Kostenstruktur ist aus den Unterlagen der GuV-Rechnung sowie der Kostenrechnung zu entnehmen. Die Offenlegung und Analyse der Kostenstruktur in den untersuchten Aufgabenbereichen läßt die Kostenschwerpunkte im Ist-Zustand erkennen und ermöglicht nachfolgende Vergleiche mit den Kosten des künftigen Systems im Soll-Zustand. Wichtig ist dabei zunächst die grobe Aufgliederung nach Kostenarten:
- Personalkosten,
- Kosten für Maschinen und Einrichtungen,
- Raumkosten,
- Materialkosten.

Diese Einteilung und Erfassung der Kosten gibt darüber Auskunft, ob es sich um einen lohn-, kapital- oder materialintensiven Betrieb bzw. Betriebsteil handelt. Zur weiteren Analyse kann eine Kostenstellen- und Kostenträgerbetrachtung hinzugezogen werden. Auf diese Weise lassen sich Ansatzpunkte zur Rationalisierung finden.

(3) *Personalstruktur*
Die Personalstruktur gibt Aufschluß über die Möglichkeit, Einsparungen durch Freisetzung von Arbeitskräften im Verwaltungsbereich zu erzielen. Eine zusätzliche Altersstrukturanalyse kann Aussagen über den natürlichen Personalabgang und die Fristigkeit möglicher Freisetzungen ohne Kündigungen machen. Der Altersaufbau läßt außerdem erkennen, in welchem Maß und für welche Mitarbeiter eine gegebenenfalls zu erfolgende Umschulung zweckmäßig erscheint und wo bei derartigen Maßnahmen etwa mit nennenswerten psychologischen Widerständen zu rechnen ist.

(4) *Organisationsstruktur*
Ausgehend von der Aufbauorganisation läßt sich in der Organisationsstrukturanalyse der hierarchische Aufbau des Betriebes erkennen. Zu dieser Analyse gehört eine Darstellung der ausgewiesenen Stellen sowie der Funktion und Kompetenz der Stelleninhaber. Da hieraus die betriebliche Aufgabenverteilung nur insoweit hervorgeht, als sie sich in der Stellenbildung niederschlägt, eignet sich ein zusätzliches Funktionendiagramm[27] für die Feinaufgliederung einzelner Aufgaben besonders gut. Die Zusammenstellung der organisatorischen Hilfs-

[27] Das Funktionendiagramm ordnet in Matrixdarstellung die Funktionen bzw. Aktivitäten den in der Organisationseinheit der einzelnen Funktionsbereiche Tätigen zu.

mittel (Datenträger, Dateien, Nummernschlüssel usw.), der maschinellen Einrichtungen, der Verbrauchsgüter und der zur Verfügung stehenden Räumlichkeiten erfolgt in der Organisationsmittelstrukturanalyse. Sie gibt den Analytikern und Organisatoren einen Überblick über Zahl, Art und Restwerte der in der Unternehmung verfügbaren Sachmittel. Vor allem sind bereits vorhandene Einrichtungen maschineller Datenverarbeitung detailliert mit ihren Eigenschaften, Anschlußmöglichkeiten und ihrem Leistungsvermögen aufzunehmen (Maschinenanalyse). Dies gilt besonders für den Fall, wenn in einem Unternehmen ein bestehendes EDV-System erweitert oder durch ein anderes ersetzt werden soll. Wie wichtig in diesem Zusammenhang auch die Analyse der Räumlichkeiten ist, geht aus den teils erheblichen Anforderungen an die Deckentragfähigkeit oder die Klimatisierung von Räumen hervor, die die EDV-Systeme aufnehmen sollen.

Die Aufnahme von Vermögens- und Kapitalstruktur, Kostenstruktur, Personalstruktur und Organisationsstruktur zielt darauf ab, Schwerpunkte für eine Kostensenkung und/oder eine Verbesserung des betrieblichen Informations- und Steuerungssystems unter Anwendung eines automatisierten Datenverarbeitungssystems erkennen zu lassen [68, S. 58].

2.2.1.1.2. *Arbeitsablaufanalyse*

Die *Arbeitsablaufanalyse* geht zunächst von den einzelnen Hauptarbeitsabläufen aus. Es liegt dabei nahe, parallel zum physischen Durchlauf eines Objektes die an ihm vorgenommenen Arbeiten und die dabei angewandten Verfahren zu dokumentieren. Damit läßt sich gleichzeitig der Weg der Daten bzw. der Datenträger ohne Rücksicht auf Abteilungsgrenzen von der Entstehung bzw. der Datenaufnahme bis hin zur Verwertung der Verarbeitungsergebnisse verfolgen (datenflußorientierte Arbeitsablaufanalyse) [18, S. 629]. Arbeitsverrichtungen, ausführende Stellen und Datenfluß werden in einem Datenflußplan festgehalten. In diesem Stadium kann bereits zur Unterstützung der Informationsanalyse gleichzeitig mit der Untersuchung der Arbeitsabläufe die anfallende Datenmenge je Zeiteinheit sowie die Häufigkeit und Regelmäßigkeit ihrer Verarbeitung durch Auszählen von Datenträgern oder durch Schätzen ermittelt werden. Die Aufnahme des Arbeitsablaufs ergänzen Angaben der verwendeten Formulare und sonstigen Hilfsmittel wie z. B. Kundenkarteien, Preislisten, Stücklisten, Büromaschinen usw. Zu beachten hat die Arbeitsablaufanalyse vor allem Verarbeitungsvorgänge, die vom Normalverlauf abweichen, da die Automatisierungswürdigkeit wesentlich von der Gleichartigkeit der Arbeitsprozesse abhängt.[28]

2.2.1.1.3. *Tätigkeitsanalyse*

Im Gegensatz zur datenflußorientierten Arbeitsablaufanalyse ist die *Tätigkeitsanalyse* arbeitsplatzorientiert. Die Erfassung der Tätigkeiten an den einzelnen Arbeits-

[28] Vgl. hierzu im einzelnen [201, S. 209], [100, S. 18] sowie die dort angegebene Literatur.

plätzen ermöglicht es, die bestehende Kapazitätsauslastung[29] der Arbeitsplätze zu ermitteln, Veränderungen in der Aufgabenverteilung vorzubereiten und zu prüfen, wie groß der Anteil der Tätigkeiten an einem Arbeitsplatz ist, der einem EDV-System mit dem Ziel weitreichendster Automatisierung übertragen werden kann, und wie groß dann der verbleibende nicht automatisierbare Anteil ausfällt.

Zur Bestimmung des Zeitbedarfs je Tätigkeit und je Mitarbeiter können exakte Zeitaufnahmen, Multimomentaufnahmen, Auswertungen von Arbeitstagebüchern und Tätigkeitsberichten usw. verwendet werden. Diese Verfahren sind jedoch recht aufwendig und lassen sich in vielen Fällen durch einfachere Schätzungsverfahren ersetzen.

Der in der Tätigkeitsanalyse aufgenommene Tätigkeitskatalog läßt sich nach drei Kriterien auswerten [100, S. 25]:

- Tätigkeiten,
- Abteilungen und
- Zeitbedarf.

Bei der Auswertung nach *Tätigkeiten* sollen vor allem Doppelarbeiten und andere organisatorische Mängel, z. B. fehlende Zentralisierung gleichartiger Aufgaben, erkannt werden. Die Auswertung nach *Abteilungen* weist auf automatisierungs- und ausgliederungsfähige Aufgaben in den einzelnen Abteilungen hin. Die Auswertung nach dem *Zeitbedarf* zielt ab auf die Frage nach der Wirtschaftlichkeit bzw. Automatisierungswürdigkeit von Datenverarbeitungsaufgaben. Sie kann zeigen, daß zwar viele Datenverarbeitungsaufgaben in einem Unternehmen automatisierungsfähig, nicht aber automatisierungswürdig sind.

2.2.1.1.4. Informationsanalyse

Die *Informationsanalyse* hat zur Aufgabe, die in einer Unternehmung bestehende Informationswirtschaft kritisch zu durchleuchten, um vor allem die vorhandenen und notwendigen Informationen, ihre Quellen, Übertragungswege und Empfänger nach Art, Menge, Form und Häufigkeit ihres Auftretens zu ermitteln [201, S. 209 f.]. Die Informationsanalyse ist hauptsächlich bedarfsorientiert und/oder speziell entscheidungsorientiert.[30] Während die *entscheidungsorientierte* Informationsanalyse dazu dient, die für Entscheidungsprozesse erforderlichen Informationen zu untersuchen, ist die *bedarfsorientierte* Informationsanalyse weiter gefaßt. Sie umfaßt [117, S. 96]:

(1) Art, Ort und Zeitpunkt des Informationsbedarfs,
(2) Art, Ort und Zeitpunkt der Daten- und Informationsentstehung,

[29] Bei Bedarf nach den einzelnen unterschiedlichen Tätigkeiten am Arbeitsplatz aufgeschlüsselt.
[30] Vgl. hierzu auch die Darstellung bei *Koreimann* [148, S. 43 ff. u. S. 54 f.].

(3) Art, Ort und Zeitpunkt der Daten- und Informationsaufbereitung, -verdichtung und -weiterleitung,
(4) Zweck der Daten- und Informationsaufzeichnung,
(5) Art, Ort und Zeitpunkt der Daten- und Informationsverwendung,
(6) Art, Ort und Zeitraum der Archivierung bzw. Speicherung von Daten und Informationen.

Zur Durchführung dieser umfassenden Aufgabe bedient sich die Informationsanalyse mehrerer Detailanalysen:

(1) Informationsbedarfsanalyse,
(2) Entscheidungsanalyse,
(3) Kommunikationsanalyse,
(4) Datenanalyse.

Zu (1) Informationsbedarfsanalyse:
Während Grundstruktur-, Ablauf- und Tätigkeitsanalyse hauptsächlich den Bedarf an Daten und Informationen für den Organisationsvollzug aufnehmen und beschreiben, zielt die Informationsbedarfsanalyse darauf ab, das Informationsbedürfnis der ausführenden und dispositiv tätigen Mitarbeiter festzustellen. Dazu ist das betriebliche *Berichtswesen* auf Lücken und Probleme in der *Informationsversorgung* zu überprüfen. Im Zusammenwirken mit der Grundstrukturanalyse kann eine Informationstabelle alle Informationen zusammenstellen und den betrieblichen Funktionen zuordnen, in denen sie auftreten bzw. benötigt werden. Die Untersuchungen im Rahmen der Informationsbedarfsanalyse liefern mit der Informationstabelle das Mengengerüst für den Aufbau und die Entwicklung von Dateien. Ferner gibt die Informationsbedarfsanalyse Anhaltspunkte für die Neu- bzw. Umgestaltung der betrieblichen Informationswirtschaft. Dies betrifft zum einen die Datenverarbeitungsprozesse selbst (Verdichtung von Daten zu entscheidungsrelevanten Informationen) zum anderen die maschinelle Ausstattung des Datenverarbeitungssystems.

Zu (2) Entscheidungsanalyse:
In engem Zusammenwirken mit der Informationsbedarfsanalyse hat die Entscheidungsanalyse zu untersuchen, in welchem Umfang Routineentscheidungen zur *Entlastung* der *Entscheidungsträger* automatisiert werden sollen und in welchem Maß *Entscheidungshilfen* zu geben sind.

Zu (3) Kommunikationsanalyse:
Die Kommunikationsanalyse betrachtet die informationellen Beziehungen (formale und informale) in der Unternehmung. Als Kriterien für die Kommunikationsanalyse gelten insbesondere die Art der Kommunikationswege und die Kommunikationsleistung. Die *Kommunikationsleistung* ist von der Schnelligkeit des Daten- bzw. Informationsflusses, der Kommunikationskapazität, der Anzahl der Kommunikationswege sowie von der Art der Kommunikationswege abhängig. Die Art der

Kommunikationswege kann sich unterscheiden nach direkter und indirekter sowie einseitiger und zweiseitiger Kommunikation. Im Hinblick auf die Automatisierung betrieblicher Prozesse nach dem Prinzip des Regelkreises ist stets eine zweiseitige Kommunikation wegen der erforderlichen Rückmeldung der Ist-Werte vorzusehen.

Zu (4) Datenanalyse:
Die Datenanalyse untersucht alle für die betriebliche Datenverarbeitung erforderlichen Daten hinsichtlich ihrer Art, ihres Umfangs und der Häufigkeit ihres Anfalls und der Häufigkeit des Zugriffs auf sie. Dabei wird gleichzeitig festgehalten, welche Daten auf welchen Datenträgern erfaßt werden. Für die programm- und systemtechnischen Überlegungen ist eine Einteilung der Daten in *Stammdaten* und *Bewegungsdaten* (Eingabedaten/Ausgabedaten) unerläßlich. Ein Analyse der Bewegungsdaten liefert einen Überblick über Art, Umfang und Gleichartigkeit der Geschäftsvorfälle sowie über das damit verbundene *Datenvolumen* und die *Verarbeitungsdringlichkeit.* Die Eingabedaten richten sich in erster Linie nach den Informationen, die man nach vollzogenem Datenverarbeitungsprozeß zur Entscheidungsfindung benötigt. Die Ausgabedaten resultieren aus der Verarbeitung der Eingabedaten sowie der Stammdaten. Um Ausgabedaten zu erhalten, bedarf es einer problemadäquaten Programmierung. Die Ausgabedaten schließen nach erfolgter Dateneingabe und Datenverarbeitung den *Informationskreislauf* zwischen dem Datenverarbeitungssystem und seinem Benutzer. Im Gegensatz zu den Bewegungsdaten unterliegen die *Stamm-* bzw. *Bestandsdaten* keinen oder nur seltenen Änderungen und besitzen weitgehend gemeinsame Merkmale hinsichtlich ihrer Speicherungsform, ihres Inhalts und ihres Verwendungszwecks. Stammdaten müssen zwar ebenso wie die Bewegungsdaten in irgendeiner Form (unmittelbar oder mittelbar) eingegeben, abgeleitet oder errechnet werden, verbleiben aber dann meist längere Zeit unverändert für viele Verarbeitungsprozesse im Datenverarbeitungssystem. Die Analyse der Stammdaten ist eine zentrale Aufgabe, weil durch sie Rückschlüsse auf Größenordnung und Aufbau der Dateien und Datenbestände und damit besonders auf den *Speicherbedarf* des künftigen Datenverarbeitungssystems erfolgen [68, S. 57 f.].

2.2.1.1.5. Entwicklungstendenzanalyse[31]

Die bisher erläuterten Analysen der Ist-Aufnahme vermögen ein Bild des Augenblickszustandes einer Unternehmung mit ihren informationellen Prozessen zu geben. Da die Analysen vergangenheits-, allenfalls gegenwartsorientiert sind, haben sie statischen Charakter. Da der Aufbau eines betrieblichen Datenverarbeitungssystems erhebliche Zeit in Anspruch nimmt, und das System selbst eine bestimmte Lebensdauer aufweisen soll, um den Investitionsaufwand zu rechtfertigen, ist die Unternehmensentwicklung (Wachstum oder Schrumpfung) im allgemeinen, insbesondere aber sind mögliche künftige Veränderungen im Bereich der betrieblichen Informationswirtschaft zu berücksichtigen. Gleiches gilt für die Entwicklung der

[31] Vgl. im einzelnen hierzu [68, S. 60 f.].

internen Unternehmensorganisation *(Organization Development)*. Unter diesem dynamischen Aspekt wirken grundsätzlich zwei Faktoren auf die Kapazitätsauslegung eines Datenverarbeitungssystems ein:

(1) quantitative Veränderungen der Datenverarbeitungsaufgaben und -prozesse sowie
(2) qualitative Veränderungen der Datenverarbeitungsaufgaben selbst.

Beide Faktoren sind hinsichtlich ihrer weiteren Entwicklung abzuschätzen, damit das Datenverarbeitungssystem nicht bereits bei oder kurz nach seiner Einführung in der quantitativen wie qualitativen Leistungsfähigkeit als über- oder unterdimensioniert angesehen werden muß und damit aufwendige Änderungen (Erweiterungs- bzw. Anpassungsinvestitionen) vermieden werden.

Kennzeichnend für dynamische Analysen ist ihr mehrfaches Auftreten, um zeitlich bedingte Veränderungen erkennen zu können. Diese Eigenschaft ist der Grund, weshalb die dynamischen Analysen auch in der Phase der Systemsynthese auftreten und diese begleiten. Dies gilt besonders für die Stabilitätsanalyse, die bei der Modellierung von Datenverarbeitungssystemen die Stabilität dieses dynamischen Systems sichern will. Dazu untersucht sie, aufbauend auf den Ergebnissen der Schwachstellenanalyse, Art und Wirkungen der potentiell auftretenden Störungen, um entsprechende Reaktionsmöglichkeiten aufzuzeigen [167, S. 143 ff.].

2.2.1.2. Fakten- und Problemanalyse

Die Fakten- und Problemanalyse[32] ist eine kritische Überprüfung des in der Ist-Aufnahme erhobenen und dokumentierten Materials in Hinblick auf Richtigkeit, Vollständigkeit und Überflüssigkeit. Der Gefahr einer unkritischen und voreiligen Hinwendung von der Analyse zur Systemkonzeption soll vor allem durch die Analyse der bestehenden Datenverarbeitungsprobleme begegnet werden [216, S. 19]. Als Eingabe für die Fakten- und Problemanalyse ist das erhobene Material und eine Aufstellung anzusehen, die den Bedarf nach Datenverarbeitungsfunktionen eines neuen bzw. verbesserten Anwendungssystems *(Systems Innovation)* enthält. Die abgeschlossene *Fakten-* und *Problemanalyse* beinhaltet:

(1) das bereinigte und ergänzte Erhebungsmaterial,
(2) die erkannten und diskutierten Datenverarbeitungsprobleme und Schwachstellen sowie eine vorläufige Prioritätenfolge der daraus resultierenden datenverarbeitungsorganisatorischen Aufgaben,
(3) die Analyse der gegebenenfalls bereits bestehenden EDV-Systemkonfiguration sowie der auf dem EDV-Markt befindlichen Anlagen und Programmsysteme mit Vorschlägen für eine Verbesserung des bestehenden Systems und
(4) die Kalkulationswerte für das System im Ist-Zustand als Grundlage einer Wirtschaftlichkeitsbetrachtung bzw. Kosten/Nutzen-Analyse.

[32] Vgl. hierzu im einzelnen [256, S. 80 ff.].

Die Fakten- und Problemanalyse bildet die *Nahtstelle* zwischen dem *Analysengesamt* der Systemanalyse und dem in der *Systemsynthese* zu erfolgenden *Rahmenvorschlag* für ein neues System. Dies wird besonders darin deutlich, daß die Fakten- und Problemanalyse sich bereits mit Vorschlägen zur Verbesserung des bestehenden Systems beschäftigen soll. Im einzelnen bedient sich auch die Fakten- und Problemanalyse spezifischer Partialanalysen.

2.2.1.2.1. Schwachstellenanalyse

Während die Analyse des Ist-Zustandes die Zerlegung und Untersuchung des bestehenden Systems und eine Beschreibung (Dokumentation) der für das Arbeitsziel der Unternehmung wichtigen Erkenntnisse zum Ziel hat, erfolgt im Rahmen der kritischen Schwachstellenanalyse eine Bewertung der bestehenden Verhältnisse. Die Vorgehensweise der Schwachstellenanalyse orientiert sich im wesentlichen an der Gliederung der Ist-Aufnahme, wobei die Diskussion des Ist-Zustandes weitere zu analysierende Probleme aufwerfen und Ergänzungen zum Erhebungsmaterial auslösen kann.

Die Kritik der Aufbauorganisation befaßt sich hauptsächlich mit den Teilen der Aufbauorganisation und den Funktionsbereichen, die sich im Zuge einer Automatisierung mittels EDV-Einsatzes verbessern lassen. In diesen Bereichen sind Schwachstellen und Engpässe sowie Möglichkeiten der Verbesserung herauszuarbeiten.

Bei der *Schwachstellenanalyse* der Ablauforganisation erleichtert die Aufteilung in *materielle* und *informationelle* Tätigkeitskomplexe die kritische Beurteilung der einzelnen Prozesse. Dazu sollten die Tätigkeiten an den einzelnen Arbeitsplätzen eindeutig beschrieben und klar abzugrenzen sein. Schwerpunkt der Schwachstellenanalyse ist die *Kritik* der *Informationsstruktur.* Hier soll sie offenlegen, ob die in den einzelnen Funktionsbereichen anfallenden und anschließend zu verarbeitenden Informationen präzise, vollständig und rechtzeitig anfallen. Die informationsbezogene Schwachstellenanalyse hat zur Verbesserung des bestehenden Zustands beizutragen. Dabei geht es nicht darum, bestehende Abläufe nur möglichst weitgehend zu automatisieren, sondern Arbeitsabläufe und Organisationsstrukturen im Sinne einer durchgreifenden Rationalisierung zu verändern bzw. neu zu gestalten, gegebenenfalls auch ohne weitere Mechanisierung bzw. Automatisierung. Die Ergebnisse der Schwachstellenanalyse führen zur Diskussion von Automatisierungsfähigkeit und Automatisierungswürdigkeit einzelner Prozesse und Teilbereiche sowie des gesamten Systems der betrieblichen Informationswirtschaft. Nach der Konfigurationsanalyse ist dann herauszuarbeiten, welcher Nutzen bei welchen Kosten aus dem Einsatz eines EDV-Systems, verglichen mit dem Ist-Zustand, gezogen werden kann und wie groß der Umfang der Automatisierung in der betrieblichen Informationswirtschaft sinnvollerweise sein sollte.

2.2.1.2.2. Konfigurationsanalyse

Die Konfigurationsanalyse gibt Anhaltspunkte für die hard- und softwaremäßige Zusammenstellung des Datenverarbeitungssystems. Sie enthält gegebenenfalls eine Aufstellung aller im Betrieb bereits installierten EDV-Anlagen mit deren Leistungs- und Kenndaten. Auf der Grundlage der vorangegangenen Analysen erstellt die Konfigurationsanalyse einen Überblick über relevante EDV-Systeme und deren Elemente, die zum Aufbau bzw. zur Verbesserung der betrieblichen Datenverarbeitung Verwendung finden könnten.

Um möglichst umfassend Auskunft über die Bestimmungsfaktoren und Forderungen an das zu gestaltende EDV-System geben zu können, sollte die *Konfigurationsanalyse* aufgabenorientiert, anlagenorientiert und programmorientiert ausgerichtet sein. Die Bestimmungsfaktoren und Forderungen an das EDV-System sind abhängig von den *allgemeinen Merkmalen* [129]:

- Wachstumsfähigkeit,
- Sicherheit,
- Systemumstellung und
- Spitzenbelastung

sowie den *speziellen Merkmalen* (Systemkomponenten):

- Prozessor,
- interne Speicherkapazität,
- Kanäle,
- E/A-Einheiten,
- externe Speichermedien,
- Betriebssystem (Systemsoftware),
- Anwendungssoftware und Softwareunterstützung.

2.2.1.2.3. Wirtschaftlichkeitsanalyse

Es fehlt in der Literatur nicht an Ansätzen zur Berechnung der Wirtschaftlichkeit.[33] Besonders empfohlen werden *Wirtschaftlichkeitsanalysen* und -berechnungen beim Einsatz von EDV-Systemen.[34] Denn ein solcher Einsatz verursacht hohe Kosten bei relativ fester Bindung an das einmal gewählte System [87, S. 56 ff.]. Investitionsentscheidungen im Bereich der betrieblichen Informationswirtschaft sind sowohl vom finanziellen Ausmaß als auch wegen ihrer Bedeutung für die betriebliche Organisation nicht auf vage Vermutungen hin zu treffen. Bereits nach der Ist-Aufnahme kann eine vorläufige Wirtschaftlichkeitsanalyse feststellen, ob der Einsatz einer EDV-Anlage wirtschaftlich sein könnte und welche Aufgabengebiete dabei am lohnendsten

[33] Vgl. hierzu die Zusammenstellung über Wirtschaftlichkeit und Wirtschaftlichkeitsrechnungen in [38].

[34] Vgl. hierzu auch die Darstellung in [56], [115, S. 99 ff.].

sind. Grundsätzlich ist sie bei folgenden Entscheidungsproblemen hinzuzuziehen [54, S. 179]:

- bei der Grundsatzentscheidung über EDV-Einsatz,
- bei der Festlegung der Soll-Konzeption,
- als Kontrolle der Systemauswahl,
- bei Systemwechsel bzw. -umgestaltung,
- bei Systemerweiterungen.

Aus der Tatsache, daß die Informationswirtschaft ein unabdingbarer Bestandteil einer Unternehmung ist, ergeben sich für die Wirtschaftlichkeitsanalyse dieses Bereiches zwei wesentliche *Einschränkungen* [56, S. 28 f.]:

(1) Im allgemeinen steht nicht die Existenz eines Informations- und Steuerungssystems als Ganzes zur Diskussion, sondern seine Gestaltung bzw. seine EDV-Konfiguration.
(2) Wegen der Verbundenheit von Leistungserstellungsprozessen mit den Informations- und Steuerungsprozessen kann es keine vom übrigen Betriebsgeschehen isolierte Kenngröße für die Wirtschaftlichkeit eines Informations- und Steuerungssystems bzw. dessen maschinellen EDV-Systemen geben.

Trotz dieser Einschränkungen ist es sinnvoll, die Aktivitäten in der betrieblichen Informationswirtschaft und die damit verbundenen Investitionen unter dem Gesichtspunkt der Wirtschaftlichkeit zu analysieren, da sie mit Investitionen anderer betrieblicher Funktionsbereiche konkurrieren [56, S. 29]. Allerdings können für die Bestimmung der Wirtschaftlichkeit die klassischen Modelle der Investitionsrechnung[35] nur bedingt Verwendung finden, da sich in der Praxis nur in wenigen Fällen alle Prämissen erfüllen lassen. Auch sind die Modelle vielfach stark abstrahiert, so daß sie einerseits von homogenen Zukunftsvorstellungen ausgehen (z. B. die statischen Modelle) oder nicht alle Interdependenzen beachten, andererseits meist nur einen geringen Teil aller Einflußvariablen berücksichtigen können (z. B. die Simultanansätze der linearen Programmierung). Unabhängig vom jeweiligen Modell und methodischen Verfahren ergeben sich besondere Schwierigkeiten, die Wirtschaftlichkeit automatisierter Datenverarbeitungssysteme als Relation von Ertrag zu Aufwand oder Leistung zu Kosten auszudrücken [123, S. 9 ff.]. Sie liegen hauptsächlich darin, eine Quantifizierung der vom Datenverarbeitungssystem produzierten „Informationsleistung" vorzunehmen. Zwar lassen sich die Einflußfaktoren auf Leistung und Kosten aufzeigen. Auch eine Ermittlung der durch den Einsatz von EDV-Systemen verursachten Kosten kann im allgemeinen über das Rechnungswesen erfolgen. Die Leistung bzw. der Ertrag der Information ist jedoch kaum wertmäßig exakt darzustellen.[36]

[35] Vgl. hierzu die ausführliche Darstellung von *Blohm* und *Lüder* in [31, S. 47 ff.] sowie von *Schmidt* und *Berthel* in [222]. Im folgenden [115, S. 101 ff.].

[36] Dies wird häufig damit begründet, daß die Verarbeitungsoperationen bzw. -ergebnisse der EDV-Systeme als innerbetriebliche Leistung und Hilfsmittel zur eigentlichen Leistungser-

In der Praxis beschränkt man sich wegen der aufgezeigten Probleme und Schwierigkeiten hauptsächlich auf den Verfahrensvergleich unter Kostengesichtspunkten, wobei man den Kosten in einer weiteren Betrachtung anstelle des Begriffs „Leistung“ den umfassenderen Begriff „Nutzen“ gegenüberstellt (sogenannte Kosten/Nutzen-Analyse).[37] Dies setzt voraus, daß Systeme und Datenverarbeitungsverfahren in Leistung und Qualität bzw. Nutzen *vergleichbar* sind. Bei unterschiedlichen Nutzenbeträgen sind diese gleichnamig zu machen.[38] Dann kann einer Wirtschaftlichkeitsanalyse für EDV-Systeme eine Investitionsrechnung zugrunde gelegt werden, „die die Investition plus zukünftige Betriebskosten den zukünftigen Einsparungen gegenüberstellt“ [87, S. 57].

Eine solche Analyse läuft auf den Vergleich von Leistungs- und Kostenänderungen zwischen zwei (z. B. „altem" und „neuem“) Verfahren hinaus. Demnach ist Wirtschaftlichkeit gegeben, wenn folgende Ungleichung gilt:

$$\frac{\text{Barwert der Einsparungen}}{\text{Barwert der Mehrkosten} + \text{Anschaffungswertdifferenz}} > 1$$

Wirtschaftlichkeitsberechnungen nach dieser Investitionsformel geben Entscheidungshilfen für den Einsatz und die Auswahl von EDV-Systemen. Dabei ist es gleichgültig, ob in einer Unternehmung ein EDV-System erstmalig in Betrieb genommen wird oder ob eine Umstellung auf ein neues System erfolgen soll.

Geht man bei einer Wirtschaftlichkeitsanalyse für EDV-Systeme in erster Linie von Kostengesichtspunkten im Bereich einzelner betrieblicher Teilfunktionen aus, und sieht man die Leistungen, die durch EDV-Systeme erreicht werden können, vor allem in folgenden Zielen:

stellung keinen eigentlichen Marktwert besitzen [72, S. 48], [87, S. 57], [201, S. 84]. Dem läßt sich zumindest theoretisch das von *Schwarze* vorgeschlagene Modell eines „innerbetrieblichen Informationsmarktes“ [230, S. 498] entgegenhalten. Die Beispiele der Datenverarbeitung außer Haus bzw. die Beteiligung an Teilnehmer-Rechenzentren (vgl. hierzu im einzelnen z. B. [105], [108], [115], [118]) zeigen deutlich den Marktcharakter erstellter EDV-Verarbeitungsergebnisse, obgleich sie, bezogen auf den Prozeß der betrieblichen Leistungserstellung, ihren instrumentalen Charakter beibehalten [115, S. 102]. Man kann somit die Nutzenbeurteilung der durch Datenverarbeitungssysteme produzierten Informationen als Kernproblem der Wirtschaftlichkeitsanalysen von EDV-Systemen ansehen. Da der Nutzen einer Information nur aus einer Zweck-Mittel-Beziehung abzuleiten ist, denn er wird an den voraussichtlichen, personengebundenen Verwendungswirkungen gemessen, handelt es sich um eine weitgehend subjektive Größe. Berücksichtigt man ferner noch Spätwirkungen wie Lerneffekte der Informationsverwendung, so müßte der Informationsnutzen als Summe der diskontierten Nutzenbeträge definiert werden, die durch Verwendung der Information voraussichtlich über jenen bereits bestehenden Informationsstand erreichten Nutzen hinaus erzielbar ist [263, S. 324 f.].

[37] So auch *Dworatschek* und *Donike* in [56, S. 29].

[38] Zu den Schwierigkeiten des Verfahrensvergleichs bei der Wirtschaftlichkeitsanalyse von EDV-Systemen vgl. [115, S. 103 ff.].

- Steigerung der Produktivität von Produktionsanlagen,
- Verkürzung der Zeitspannen zwischen der Datenentstehung und der Verfügbarkeit von Ergebnissen,
- Qualitätssteigerung der Ergebnisdaten,
- Einsparung in der betrieblichen Verwaltungstätigkeit und in der Datenverarbeitung,

so läßt sich *diese* Form der Wirtschaftlichkeit oft recht gut nachweisen.[39] Die Lagerhaltungssimulation gibt z. B. exakte Auskünfte darüber, in welchem Umfang die „Kostenwirtschaftlichkeit" der Lagerbestände in einem bestimmten Zeitraum der Vergangenheit durch eine EDV-gestützte Lagerhaltung gegenüber dem tatsächlichen Zustand gesteigert worden wäre. *Kosteneinsparungen* in der betrieblichen Datenverarbeitung können im allgemeinen überzeugend durch Gegenüberstellung mit den Kosten von gegenwärtigem und künftigem Verfahren dargestellt werden. Eine derartige vereinfachte Wirtschaftlichkeitsanalyse umfaßt drei Schritte:

(1) Die direkten Kosten des alten Systems werden auf einen zu bestimmenden Zeitpunkt projeziert und mit den Kosten des neuen Systems verglichen, um die Nettodifferenz der Verbesserung zu ermitteln.
(2) Die sogenannten Imponderabilien (Qualitätsverbesserungen) sind in quantitativen Größen, z. B. in Geldeinheiten auszudrücken.
(3) Ermittlung der Umstellungskosten.

2.2.2. Systemsynthese

Auf der Grundlage der Ergebnisse der Systemanalyse kann der *kombinative Vorgang einer Strukturbildung* (Systemsynthese) einsetzen. Die *Systemsynthese* stellt den eigentlichen *Gestaltungsakt* dar, der sich dann in Strukturen widerspiegelt [44, S. 18]. Neben dem auf die Vereinigung analytisch gewonnener Elementaraufgaben, also auf die Aufbauorganisation gerichteten Aspekt, sind bei der Systemsynthese gleichermaßen Aufgabenträger, realtechnische Hilfsmittel (hier vor allem die EDV-Anlagen) sowie die raum-zeitliche Strukturierung (Ablauforganisation) zu berücksichtigen. Beim Aufbau oder der Umgestaltung komplexer Datenverarbeitungssysteme, wie z. B. bei Datenfernverarbeitungssystemen auf der Basis des Real-time-Betriebes, rücken die Gestaltungskriterien der Datenverarbeitungsorganisation, insbesondere *Automatisierung* und *Rationalisierung, Zentralisation* bzw. *Dezentralisation* sowie *Integration* in den Vordergrund. Denn umfassend eingesetzte EDV-Systeme geben verstärkt die Möglichkeit,

- routinemäßige Verwaltungsaufgaben zu automatisieren und damit zu einer rationelleren Betriebsführung beizutragen,
- Datenverarbeitungsaufgaben aus allen Unternehmensbereichen auszugliedern und zentral verarbeiten zu lassen,

[39] Vgl. hierzu und im folgenden [130], [131].

- EDV-Kapazität über Terminals überall und auf allen Ebenen einer Unternehmung verfügbar zu machen und
- Datenverarbeitungsaufgaben umfassend miteinander zu verknüpfen.

Zur Systemsynthese gehören die schöpferisch-gestaltenden Arbeiten der Zielsetzung, der Entwicklung einer Gesamt-Systemkonzeption, seiner Detaillierung in Form der Ableitung konkreter Systemalternativen (Verfahrenswahl) sowie die Implementation (Einführung bzw. Umstellung) des erarbeiteten Systems. Die Strukturierungshandlungen der Systemsynthese betreffen bei der Errichtung computergestützter, betrieblicher Informations- und Steuerungssysteme

(1) das Organisationssystem,
(2) das Maschinensystem und
(3) das Programmsystem.

Das Organisationssystem stellt den umfassenden Rahmen dar, in dem sich die Maschinenkonfiguration und die Ausgestaltung und Entwicklung des Programmsystems bewegen kann. Dabei ist zu berücksichtigen, daß im Verhältnis zu den traditionellen Organisationsprinzipien der Arbeitsteilung und der Spezialisierung [187, S. 410 f.] die neuzeitlichen Techniken der Datenverarbeitung Aufbau und Art der Arbeitsdurchführung stark verändern. Dies gilt auch für die Verwaltungsorganisation, wo gleiche Funktionen gewissermaßen körperlich zusammengefaßt und in dafür bestimmten Abteilungen getrennt durchgeführt wurden, wie z. B. die Funktionen Hauptbuchhaltung, Lohnbuchhaltung, Einkauf, Materialverwaltung, Verkaufsabwicklung. Die künftige Entwicklung der betrieblichen Datenverarbeitungsprozesse ist infolge der Verwendung komplexer EDV-Systeme durch eine weitgehende Neuorganisation gekennzeichnet, die vor allem integrierte Prozesse der Arbeitsdurchführung voraussetzt [94, S. 9]. Dies bedeutet für die datenverarbeitungstechnische Konzeption, daß die Gestaltungsparameter und die EDV-Systemkonzeption unter enger Beachtung der Zielsetzungen des Organisationssystems zu erfolgen hat. Dazu ist in einem Zielbildungsprozeß ein organisatorisches *Basismodell*, das Funktionsart, Organisationsstruktur und Informationsfluß des Systems aufzeigt, zu entwickeln, ehe man sich dem datenverarbeitungstechnischen Kern der *Systemauswahl* (Maschinenkonfiguration, Datenorganisation, Programmorganisation) zuwendet [148, S. 56 ff.]. In vielen Fällen werden dabei infolge des Integrations- und Automatisierungsprozesses der Datenverarbeitung bestehende Abteilungs- und Entscheidungsstrukturen verändert oder gar völlig aufgehoben [94, S. 10].

Ziel der Systemsynthese ist die *Optimalgestaltung*[40], hier insbesondere der betrieblichen Informationswirtschaft unter Einbeziehung von EDV-Systemen, zum Zweck einer möglichst rationalen Unternehmensführung. Zur Lösung der anstehenden Probleme bedient man sich quantitativer Verfahren (Optimierungsverfahren) und nicht-quantitativer Verfahren (Optimalisierungsverfahren). Die datenverarbei-

[40] Vgl. zum Begriff „Optimalgestaltung" und seiner Abgrenzung im einzelnen [206, S. 61 ff.].

tungstechnischen Probleme der Hard- und Software sowie der Installationsplanung oder die Investitionsrechnung für EDV-Anlagen können von den quantitativen Verfahren (z. B. lineare Programmierung, Netzplantechnik usw.) unterstützt werden, wenn sich quantitative Größen erheben und algorithmisch fixierbare Verknüpfungen definieren lassen. Nicht-quantitative Verfahren unterstützen die Systemsynthese in den vorwiegend wirtschaftlich-organisatorischen Problemen, wie z. B. bei Veränderungen in der betrieblichen Organisationsstruktur, bei der Ausgliederung von Unternehmensfunktionen oder bei der Formalisierung von auf EDV-Systeme zu übertragende Routineentscheidungen [206, S. 62 f.].

2.2.2.1. Das Organisationssystem als Basismodell der Systemsynthese

Bei der Erstellung eines *Basismodells* geht es darum, in einem Organisationssystem die Beziehungen zwischen den Rangebenen in einem Unternehmen (Funktionsebenen), den Phasen des Betriebsprozesses (Aktivitätsphasen) und dem betrieblichen Regelkreis herzustellen. In einem solchen Organisationssystem sind die Rangebenen genau zu beschreiben und voneinander abzugrenzen; die einzelnen Phasen (Planung, Realisierung und Kontrolle) haben ein detailliertes, repräsentatives und bewertbares Tätigkeitsbild der jeweiligen betrieblichen Rangebene abzugeben (Abb. 14). Das Informations- und Steuerungssystem ist ebenfalls in das Organisationssystem mit einzubeziehen, wobei es darauf ankommt, Steuerungs- bzw. Entscheidungstätigkeiten weitgehend zu automatisieren (Rationalisierung des betrieblichen Verwaltungsbereichs) und/oder zum Zweck einer höheren Rationalität dispositiver Entscheidungen die Qualität von Informationen, insbesondere von Führungsinformationen, zu verbessern.[41] Dazu ist ein Kommunikationsnetz aufzubauen, das sich an den Phasen Planung, Realisierung und Kontrolle in den einzelnen Rangebenen orientiert. „Ein solches nach ablauforganisatorischen Gesichtspunkten aufgestelltes Basismodell muß de facto für jede Art von Führungsgröße erstellt werden, um über eine Verdichtung der Einzelabläufe zu einer quantitativen Aussage über den realen Informationsablauf im Unternehmen zu gelangen" [148, S. 56].

Voraussetzung für die Arbeiten der Systemsynthese ist die eindeutige *Zieldefinition* des zu erarbeitenden Systems auf der Grundlage der Erkenntnisse aus der Systemanalyse und des von der Unternehmensleitung abgesteckten Rahmens.[42] Die sich im Basismodell niederschlagende Zieldefinition hat auf die unternehmensindividuellen Gegebenheiten abzustellen und geht somit weit über die Entscheidung hinaus, die die Unternehmensleitung bei der Projektauslösung mit der Vergabe eines Organisationsauftrages gefällt hat. Zur Aufstellung des Basismodells ist eine Grundsatzentscheidung der Unternehmensleitung einzuholen, ob ein *integriertes* Datenverarbeitungssystem aufgebaut und *wie weit* das betriebliche Verwaltungssystem unter Verwendung von EDV-Systemen *automatisiert* werden soll. Diese Entschei-

[41] Vgl. hierzu im einzelnen die Ausführungen in [78], [150], [225].
[42] Vgl. hier und im folgenden auch [16, S. 61 ff.].

Aktivitätsphasen → Funktionsebenen ↓	PLANUNG	REALISIERUNG	KONTROLLE
STRATEGISCHE EBENE	1 Unternehmenspolitik - Grundsätze, - Zielsetzungen, - Strategie	2 Anweisungen an Leitungen	Soll-Ist-Vergleich 1 mit 6
TAKTISCHE EBENE	3 Planvorgaben der Funktionspläne - Produktion, - Vertrieb, - Finanzen usw.	4 Anweisungen an Sachabteilungen	Soll-Ist-Vergleich 3 mit 6
OPERIERENDE EBENE	5 Detailplanung (Zuordnung von Produktionsmitteln, Material u. Arbeitskräften) - Termine, - Mittel, - Kosten usw.	6 Ausführung (Entwickeln, Produzieren, Absetzen, Verwalten)	Soll-Ist-Vergleich 5 mit 6

Abb. 14. Strukturschema für ein nach Phasen und nach Rangebenen gegliedertes Basismodell [vgl. 148, S. 57]

dung wird die Unternehmensleitung im allgemeinen erst nach einer Grobabschätzung des Kosten- und Zeitaufwandes für den Aufbau eines integrierten Systems bzw. für Teillösungen aus einer Gesamtkonzeption treffen. Nach diesen Angaben kann sich die Unternehmensleitung, deren Entscheidungen in praxi vor allem finanziellen und personellen Beschränkungen unterliegen, für die Art des einzuschlagenden Lösungsweges entschließen [136, S. 61]. In Anlehnung an die Strategien der Datenverarbeitungsorganisation (Bottom-Up, Top-Down, Development) lassen sich bei der datenverarbeitungsorientierten Neugestaltung oder Veränderung von Organisationssystemen der betrieblichen Datenverarbeitung unter Verwendung automatisierter Sachmittel grundsächlich zwei Wege einschlagen [96, S. 17 f.]:

(1) *Stufenweiser Aufbau* eines automatisierten Datenverarbeitungssystems mit der Zielrichtung einer integrativen Zusammenfassung bereits automatisierter oder noch zu automatisierender (d. h. automatisierbarer) Teilkomplexe zu einem Gesamtsystem unter Berücksichtigung des Sachzusammenhangs der betrieblichen Datenverarbeitungsaufgaben (stufenweise Datenverarbeitungsintegration).

(2) *Entwicklung* eines *Idealmodells* für ein betriebliches Informations- und Steuerungssystem, an dem das Realmodell ausgerichtet und entsprechend den unternehmensspezifischen Gegebenheiten stufenweise konkretisiert werden kann (Idealkonzeption).

Beide Lösungswege unterscheiden sich vor allem in der Richtung ihrer Vorgehensweise. *Die stufenweise* Datenverarbeitungsintegration orientiert sich primär an den EDV-technischen Möglichkeiten (z. B. maschinelle Datenverarbeitungskapazität), die die jeweilige Entwicklungsstufe bieten kann. Beim *retrograden* Vorgehen vom Ausgangspunkt einer Idealkonzeption richtet man sich nicht an der technischen Entwicklung aus, sondern man stellt ein Systemmodell mit hohem Abstraktionsgrad an den Anfang der Systemkonzeption, das einen extrem entwickelten Stand der EDV-Technik und ihrer Anwendungsformen unterstellt. Gemeinsam ist beiden Lösungswegen, daß sie in der höchsten Entwicklungsstufe zu einer *Automatisierung betrieblicher Verwaltungstätigkeit* einschließlich der gesamten Informationsverarbeitung führen (Abb. 15).

Eine weitere Gemeinsamkeit der Systemkonzeption bei Zunahme der Systemkomplexität liegt in der Technik, *Teilsysteme* (Funktionsbereiche, Sektoren) zu bilden. Meist ist es nicht möglich, ein neues Organisationssystem so in einem Zuge aufzubauen, daß es vollständig alle Funktionen und Aktivitäten des gesamten Unternehmens umfaßt. Daher empfiehlt sich ein Vorgehen in Schritten (Abb. 16). „Bevor jedoch die Aufteilung des Systems in verschiedene Teilsysteme vorgenommen wird, muß eine Gesamtkonzeption vorliegen, die eine spätere Eingliederung der Teilsysteme in das integrierte System ermöglicht" [136, S. 61]. Dies spricht für ein Ausrichten der Systemkonzeption an einem Idealmodell und somit für den Weg der „Idealkonzeption", um dann, selbst bei der in der Praxis meist stufenweise erfolgenden Reorganisation von EDV-Systemen, in den langen Zeiträumen zwischen Systemkonzeption und Systemrealisierung „das organische Zusammenpassen der einzelnen Systemteile" unter Berücksichtigung einer *ganzheitlichen* Betrachtungsweise zu gewährleisten [96, S. 18].

Einen wesentlichen Einfluß auf das Vorgehen bei der Gestaltung eines integrierten Systems haben die verfügbaren finanziellen Mittel für den Einsatz der technischen Hilfsmittel. Kommt z. B. aus diesen Gründen die Schaffung zahlreicher Sofort-Ein/Ausgaben für Daten („on-line-real-time-processing-system") mit zahlreichen automatisierten Interdependenzen [168, S. 581 ff.], wie z. B. Multiprogramming, Multiprocessing, Datenbanken, Datenfernverarbeitung, nicht in Frage, so sind z. B. die Möglichkeiten der Steuerung technischer Prozesse oder der Automatisierung betrieblicher Verwaltungstätigkeit nach dem Regelkreisprinzip stark eingeengt [136, S. 61 f.], [251, S. 213].

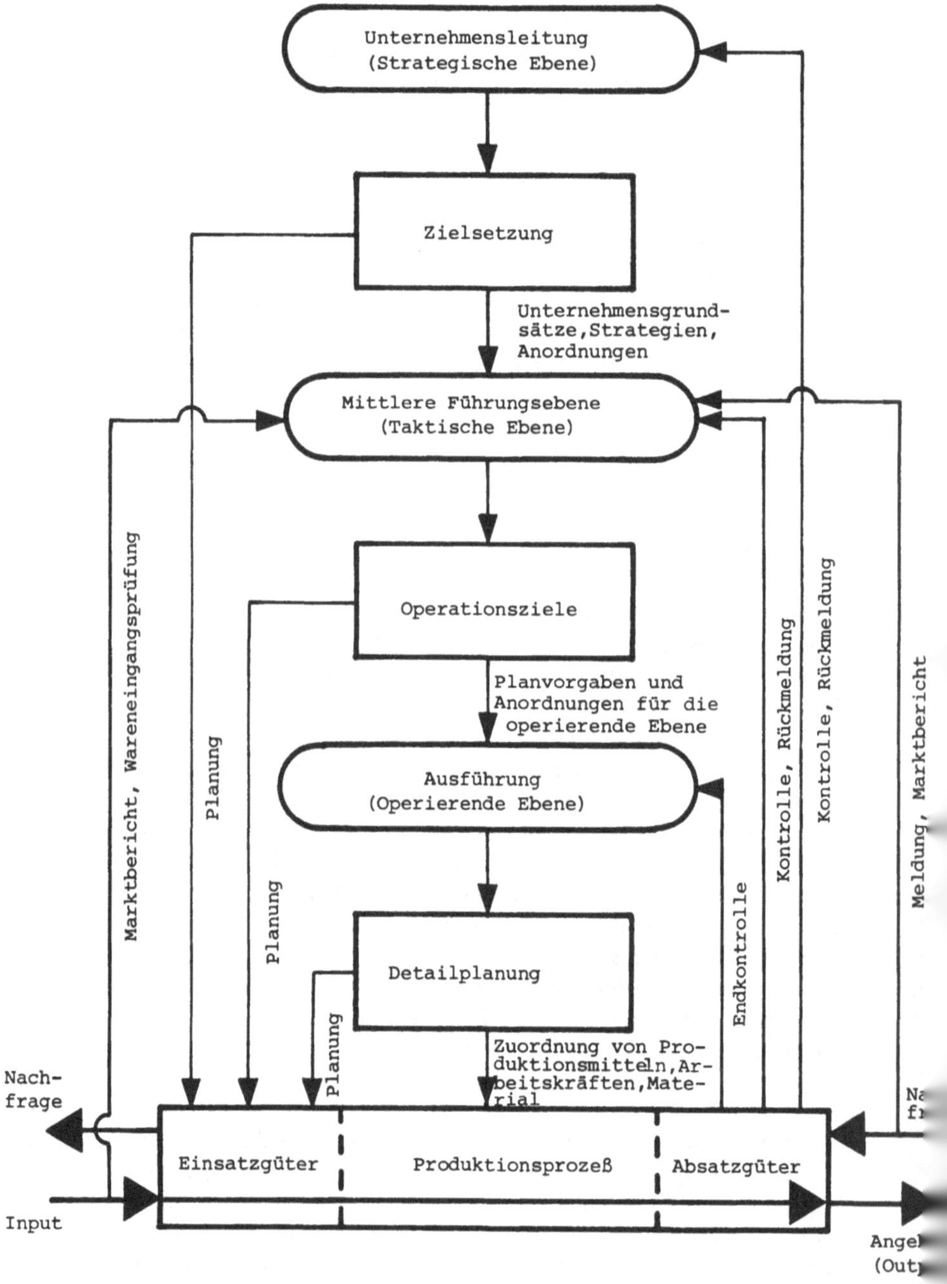

Abb. 15. Struktur eines Basismodells im kybernetischen Funktionszusammenhang [vgl. 225, Abb. 2]

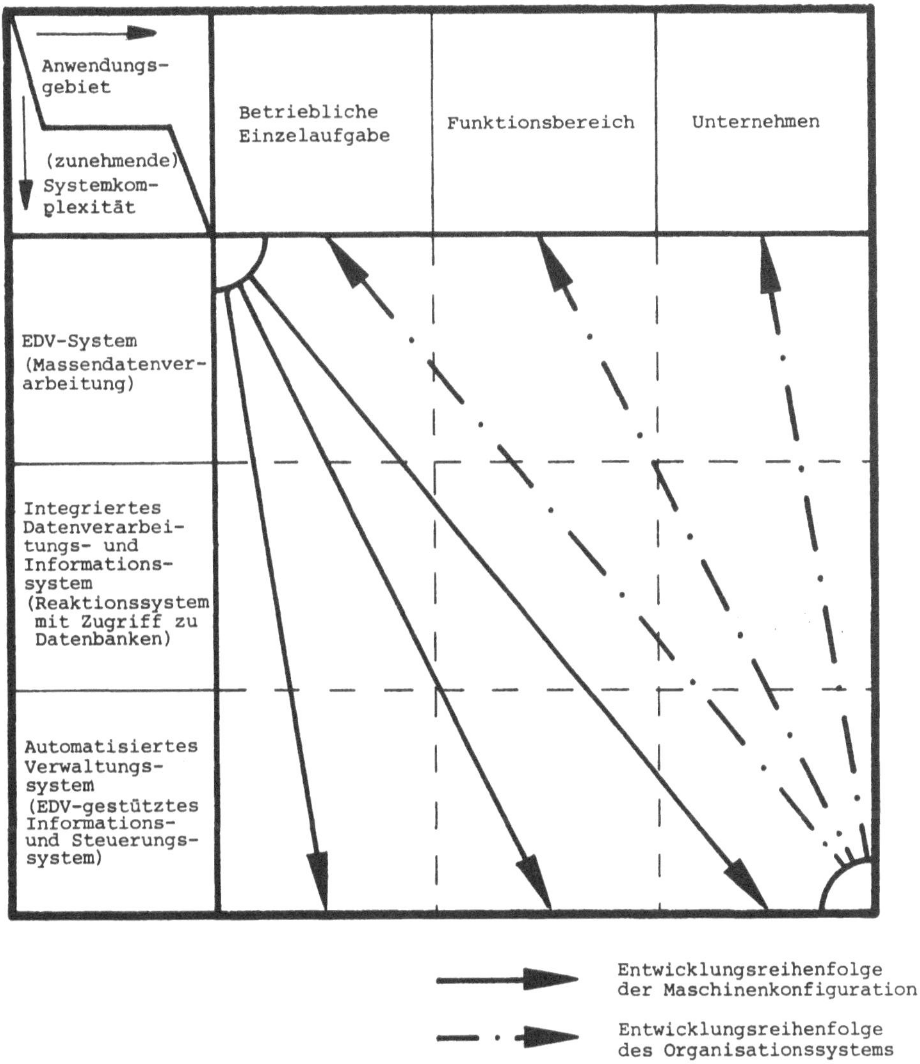

Abb. 16. Vorgehensweise bei der Systemsynthese [vgl. 209, S. 14]

2.2.2.2. Entwicklung und Realisierung der Systemkonzeption

Die Fakten- und Problemanalyse kann zu dem Ergebnis führen, daß das vorhandene System betrieblicher Verwaltungs- und Informationstätigkeit keine weitergehende Automatisierung erlaubt. Bei der Erstellung der Systemkonzeption sind die gewünschten Eigenschaften und Ziele des neuen Organisationssystems festzulegen, wobei im Soll-Zustand eine möglichst hohe Integrationsstufe der Daten- und Informationsverarbeitung erreicht werden soll. Die Einbeziehung von EDV-Systemen in die betrieblichen Verwaltungsaufgaben, d. h. in die Informations- und Steuerungsprozesse besteht und bestand vor allem in der Vergangenheit vielfach nur darin, spezielle, manuell durchgeführte Arbeiten maschinellen Hilfsmitteln zu übertragen, besonders wenn das Datenvolumen mit konventionellen Techniken kaum mehr zu bewältigen ist. Diese Zielsetzung sollte bei der Entwicklung einer Systemkonzeption für komplexe, auf die Integration gerichtete Systeme in ihrer Bedeutung nicht dominieren, sie ist vielmehr eine obligatorische „Begleiterscheinung" jedes integrierten Systems [136, S. 62]. Neben der Entlastung aller Ebenen von routinemäßiger Verwaltungsarbeit gehört zu den bedeutsamen Zielsetzungen einer Systemkonzeption eines umfassenden betrieblichen Informations- und Steuerungssystems die Reduzierung der Arbeiten im Zusammenhang mit der Entscheidungstätigkeit der Führungsebenen:

(1) durch die Beschränkung auf echte Entscheidungsaufgaben (Routineaufgaben können automatisiert werden) und
(2) durch die Bereitstellung verdichteter und zielgerichteter Informationen mit hohem Informationsnutzen.[43]

Die Entwicklung einer Systemkonzeption läßt sich in drei Stufen einteilen:

- Entwurf,
- Rahmenkonzeption und
- Detaillierung.

Bei der Konzeption und im Aufbau integrierter Systeme ergeben sich weniger Probleme der elektronischen Datenverarbeitung (z. B. Hardware oder Programmierung) oder der mathematischen Formulierung von Entscheidungsproblemen; Schwierigkeiten treten vor allem in der Vorgehensweise durch das Fehlen oder die Nichtbeachtung organisatorischer Grundsätze für den Aufbau integrierter Systeme auf. „Die Schaffung einer Organisation, die die Möglichkeiten dieser neuen Hilfsmittel der Unternehmensführung ausnützt, ist die eigentliche Problematik für den Entwurf eines integrierten Systems" [136, S. 64].

Die Entwicklung eines organisatorischen Gesamtsystems zwingt nicht zur „simultanen Realisation".[44] Vielmehr wird in der Praxis meist eine sukzessive Entwick-

[43] Der Informationsnutzen kann in der Wissenserhöhung durch die Aufnahme der Informationen liegen, aber auch – was gerade datenverarbeitungstechnisch von Interesse ist – im Streben nach der Bereitstellung schnell verfügbarer Entscheidungsinformationen. „Der Nutzen schnellerer Informationen, z. B. mit Daten der Marktanalyse, die eine schnellere Reaktion auf Trendänderungen ermöglichen, oder mit Lager- bzw. Produktionsabweichungen, die eine Korrektur noch zulassen, läßt sich kaum in exakten Werten ausdrücken" [136, S. 63].

[44] Vgl. *Dworatschek*, der als Subsysteme die Bereiche (1) Vertrieb, (2) Forschung, Entwick-

lung und Einführung vor allem aus Gründen der Risikobegrenzung sowie mangelnder Erfahrung und Personalkapazität anzutreffen sein. Dabei besteht die Gefahr, daß während des Integrationsprozesses aufgrund der zahlreichen Detailprobleme komplexe Datenverarbeitungsaufgaben aus ihrem logischen Zusammenhang gerissen, und bisher manuell oder teilautomatisiert gelöste Aufgaben ohne Reorganisation der Aufgabenlösung automatisiert werden.[45]

Bevor mit der eigentlichen Systementwicklung begonnen werden kann, sind die folgenden Voraussetzungen zu überprüfen [136, S. 64]:

(1) Die Arbeiten der Systemkonzeption setzen exakt durchgeführte Analysen sowie genaue Kenntnis des Ist-Zustandes voraus.

(2) Aufgabenstellung und Ziele des künftigen Systems müssen zu Beginn der Konzeptionsphase eindeutig festgelegt sein.

(3) Die Mitarbeiter, die mit der Entwicklung der Systemkonzeption beauftragt werden, müssen über gute innerbetriebliche Kenntnisse sowie über Kenntnisse der Einsatzmöglichkeiten der elektronischen Datenverarbeitung und des Operations Research verfügen.

2.2.2.2.1. *Entwurf*

Der erste *Entwurf* für die Konzeption eines (neuen) Systems betrieblicher Informations- und Steuerungsprozesse basiert auf der Analysenkritik des Ist-Zustandes. Dieser Kritik kann das Ergebnis zugrunde liegen, daß die vorhandene Organisation weder hinreichend die an sie gestellten Forderungen erfüllen kann noch eine weitgehend automatisierte, integrierte Datenverarbeitung erlaubt. Inhalt des Entwurfs ist daher in erster Linie die Konkretisierung der Systemeigenschaften sowie die Festlegung des Systemumfangs. Bereits im Entwurf ist als Zielsetzung eine möglichst hohe Integrationsstufe der betrieblichen Informations- und Datenverarbeitungsprozesse anzustreben. Ausgehend von der gerätetechnischen Seite als Ansatzpunkt für eine Integration läßt sich ein hoher Integrationsgrad besonders dann erzielen, wenn EDV-Anlagen im Wege der Datenfernverarbeitung direkt miteinander verbunden sind.[46]

lung und Konstruktion, (3) Materialversorgung, (4) Fertigung und (5) Informationsversorgung ansieht [54, S. 142 f.]. Zur Schnittstellenproblematik und den Teilzielen der Optimalgestaltung vgl. im einzelnen [50, S. 824 ff.], [206, S. 64 ff.].

[45] Vgl. im einzelnen [68, S. 65 f.]. Zur Sicherung des Zusammenhalts schlagen *Dearden* und *McFarlan* ein Konzept von Insystemen in zweifacher Abstufung (Kern- und Randsysteme) vor, vgl. [47, S. 69 ff.], [48, S. 7 ff.]. Zu den Kernsystemen gehören das finanzielle, logistische und personelle System; als Randsysteme werden u. a. genannt: Marktforschung, Forschung und Entwicklung, Strategische Planung. Vgl. im einzelnen auch die Darstellung in [251, S. 231 ff.] und die dort angegebene Literatur.

[46] Dabei ist der Integrationsgrad im Prinzip von der Größe der EDV-Anlagen unabhängig. Der Einsatz mehrerer kleiner EDV-Anlagen (Anlagen der mittleren Datentechnik) hat somit nicht notwendigerweise eine desintegrierende Wirkung. Besteht nur eine indirekte

Der Entwurf hat bereits die Erarbeitung von Lösungsvorschlägen für konkurrierende Systemkonzepte und alternative Formen der Datenverarbeitung einzuleiten bzw. vorzubereiten. Dabei ist die Maschinenausstattung noch weitgehend außer acht zu lassen, da sonst die organisatorische Lösung zu früh von maschinentechnischen Überlegungen beeinträchtigt wird. Ergebnis des Entwurfs ist die Darstellung eines groben Funktionsaufbaus und -ablaufs des neuen Systems, die den sachlogischen Zusammenhang wiedergibt. Hier haben bereits Nahtstellen (Interfaces) der *Subsysteme* sichtbar zu werden, um bei der Detaillierung von eindeutigen Abhängigkeiten und Beziehungen der Subsysteme ausgehen zu können.

2.2.2.2.2. Rahmenkonzeption

Auf den Grundlagen des Entwurfs eines Gesamtsystems sind in der *Rahmenkonzeption* die sich bereits abzeichnenden Lösungsrichtungen und -vorschläge zu präzisieren. Die Rahmenkonzeption (Entwicklung der Gesamtkonzeption) ist als Basis für die Ableitung konkreter Systemalternativen sowie für den Grobentwurf und die Detaillierung des unternehmensspezifischen Datenverarbeitungssystems anzusehen. Ausgangspunkt für die Rahmenkonzeption ist das Zielsystem der Unternehmung, insbesondere welche Informationsbedürfnisse zur Erreichung der Unternehmensziele gedeckt werden müssen. Dazu gehört auch die Auflösung in Teilsysteme sowie die Definition der Schnittstellen von Subsystemen bzw. von einzelnen Arbeitsgebieten untereinander. Aus der Rahmenkonzeption geht hervor, wie sich das neue System im einzelnen aufbaut und wie künftig die administrativen Arbeitsabläufe geregelt sind. Hier ist besonders darauf zu achten, daß für die eigenständigen Subsysteme möglichst *pretiale Lenkungsgrößen* erarbeitet und vorgegeben werden können. Dies bedeutet, daß bereits in der Rahmenkonzeption der datenverarbeitungstechnische *Integrationsprozeß* berücksichtigt wird, und zwar *horizontal,* d. h. Integrierung auf ranggleichen Verwaltungsstufen sowie *vertikal,* d. h. Integrierung auf verschiedenen Verwaltungsebenen [94, S. 25 f.]. Dabei erweisen sich Kenntnisse im kybernetischen Verhalten, insbesondere der Anpassungsprozesse einzelner Funktionskreise als unumgänglich, da das Gesamtsystem „Unternehmung" über rückgekoppelte Regelkreise ein möglichst stabiles Verhalten zeigen soll.[47]

Ferner ist bei der Entwicklung einer unternehmensspezifischen Idealkonzeption von einem allgemeinen Modell auszugehen. Die Verwendung von Modellen hat zum Vorteil, daß schon im Stadium der Systementwicklung das Verhalten des künftigen Systems, wenngleich in abstrahierter Form, simuliert werden kann. Mit dem *Modell* steht ein *reales Anschauungsobjekt* zur Verfügung, wodurch verhindert

Systemverbindung, so kann ein weniger hoher Integrationsgrad angenommen werden. Vgl. im einzelnen [96, S. 24 ff., S. 139 u. S. 141], [115, S. 84 f.] sowie hierzu die Darstellung der Kennzeichen, Einsatzformen und Entwicklung der mittleren Datentechnik als Element informationsverarbeitender Systeme in [120, S. 404 ff.].

[47] Vgl. im einzelnen [94, S. 30 ff.], [136, S. 65].

werden soll, daß wegen der Komplexität von Sachzusammenhängen Beziehungen zwischen betrieblichen Informations- und Datenverarbeitungsprozessen übersehen werden und dadurch „automatisierte Tätigkeitsinseln" [100, S. 77] geschaffen werden. Eine fehlende Integration des Datenverarbeitungsprozesses wirkt sich negativ auf die Wirtschaftlichkeit der Datenverarbeitung aus, wenn dadurch Mehrfacharbeiten bei Ein- und Ausgabe sowie Speicherung von Daten und im Bereich der Programmierung erforderlich werden.

Im Gegensatz zum Entwurf werden im Rahmenkonzept mit der grundsätzlichen Behandlung der einzelnen Arbeitsabläufe bereits die Anforderungen an die Hard- und Software einschließlich der Organisation des Datenflusses und der Datenverknüpfung berücksichtigt. Kernstück der *Rahmenkonzeption* ist der sogenannte Grobentwurf[48] mit

- der endgültigen Aufgabendefinition,
- der Formulierung der aufzunehmenden bzw. abzugebenden Informationen sowie der Speicherungsbedingungen und
- der Festlegung der grundsätzlichen Beziehungen zwischen den Datenverarbeitungsaufgaben (Integrationsgrad, überschlägige Darstellung von Datenflüssen und Grob-Ablaufdiagrammen, Erarbeitung von Datenbankkonzepten usw.).

Die Rahmenkonzeption geht von der Idealvorstellung der gesamten betrieblichen Informationswirtschaft aus. Innerhalb der Rahmenkonzeption befaßt sich der Grobentwurf hauptsächlich mit den Teilen des Gesamtsystems, die die zu automatisierenden Verwaltungsaufgaben und deren Verarbeitungsoperationen betreffen.

Strategie und Planung der Datenverarbeitungsorganisation haben sicherzustellen, daß der Grobentwurf in etappenweiser oder kontinuierlicher Detaillierung unter Berücksichtigung von Wirtschaftlichkeitskriterien der Idealvorstellung angenähert wird. Somit ist der Grobentwurf durch eine adäquate Wirtschaftlichkeitsanalyse abzusichern, z. B. in Form einer Kosten/Nutzen-Analyse.[49] Da in der Rahmenkonzeption *Grundsatzentscheidungen* über alternative Lösungsmöglichkeiten für das künftige System zu fällen sind, sollten entsprechende Entscheidungsregeln und -techniken zur Auswahl unter den Systemalternativen *vorher* fixiert sein. Die wesentlichen Entscheidungsdaten für eine grobe Systemkonzeption[50] in organisatorischer Sicht liefert das sogenannte Datengrobprofil.[51] Das Datengrobprofil basiert

[48] Vgl. im folgenden auch [68, S. 67 ff.].

[49] Auf die Problematik der Wirtschaftlichkeit sei an dieser Stelle nur hingewiesen, insbesondere auf die Nutzenbewertung, da dabei qualitative wie quantitative Größen einfließen. Ebenso wäre die Wahrscheinlichkeit einzubeziehen, mit der der Nutzen erwartet wird, wobei dann eine Nutzenbestimmung unter Sicherheit nicht mehr gegeben ist.

[50] Die Systemkonzeption ist nicht mit der Anlagenauswahl bzw. -konfiguration zu verwechseln. In der Systemkonzeption werden die grundsätzlichen Lösungswege aus datenverarbeitungstechnischer und -organisatorischer Sicht erarbeitet, unabhängig von den maschinellen Datenverarbeitungsanlagen. Die Anlagenauswahl ist die auf die Systemkonzeption folgende hardwaremäßige (maschinelle) Konkretisierung des entwickelten Systems.

[51] Vgl. im einzelnen [100, S. 85].

auf den Erhebungen der einzelnen Ist-Analysen (Grundstruktur-, Arbeitsablauf-, Tätigkeits-, Informations- und Entwicklungstendenzanalyse) und ist zweckmäßigerweise in einer tabellarischen Übersicht zusammenzustellen, die folgende Angaben enthält:

(1) Zahl der Eingabedaten bzw. -sätze je Aufgabenkomplex und Verarbeitungsperiode,
(2) Zahl der Ausgabedaten bzw. -sätze je Aufgabenkomplex und Verarbeitungsperiode,
(3) Größenordnung des Speicherplatzes der Stamm- bzw. Bestandsdaten,
(4) Zugriffshäufigkeit auf die Stamm- bzw. Bestandsdaten,
(5) Größenordnung der Datenverarbeitungsprogramme,
(6) Häufigkeit der Programmläufe.

2.2.2.2.3. Detaillierung

Die *Detaillierung* hat die Aufgabe, die in der Rahmenkonzeption vorgegebenen Ziele und Bedingungen zu erfüllen, wobei eine genaue Festlegung der Datenflüsse und Verarbeitungsprozesse erfolgt. Voraussetzungen für den Beginn der Detaillierung sind:

(1) abgeschlossene Soll-Rahmenkonzeption,
(2) Genehmigung der Rahmenkonzeption und
(3) Auftrag über die Projektfortführung.

Das Hauptgewicht der inhaltlichen Detaillierung[52] liegt zunächst auf den *laufenden* Verwaltungsarbeiten, der laufenden Planung, Steuerung und Kontrolle des Unternehmens bzw. einzelner Unternehmensbereiche. Anschließend werden die *periodischen* Verwaltungsarbeiten berücksichtigt, für die das Datenmaterial teilweise schon von den laufenden Arbeiten her im System gespeichert ist.

Von besonderer Bedeutung sind in diesem Zusammenhang[53] die Funktionskomplexe Datenerfassung und Dateneingabe, Datenweiterleitung, Datenspeicherung, Datenbearbeitung sowie Datenausgabe.

Zwar sichert nur eine *Direkteingabe* eine ständige direkte Steuerung des Betriebsgeschehens, doch ist die Direkteingabe von Daten vielfach zu kostspielig, so daß eine *stapelweise Eingabe* gesammelter Daten angebracht ist. Erfolgt die Erfassung und Eingabe gesammelter Daten täglich, so ist dies für den überwiegenden Teil der betrieblichen Informations- und Steuerungsaufgaben genügend. Das bedeutet, daß neben der Organisation der Datenerfassung und -eingabe (z. B. Formulargestaltung, Plausibilitätskontrollen usw.) auch eine entsprechende Organisation der Datenverarbeitung selbst vorliegt. Besonders bei weitgehend integrierten Systemen ist eine

[52] Vgl. im folgenden [136, S. 65 ff.].
[53] Vgl. im folgenden auch die Darstellung in [136, S. 66 ff.].

genaue Abstimmung der Funktionskomplexe der Datenverarbeitung erforderlich, da während des Verarbeitungsprozesses im zentralen EDV-System die gesamte Ablauflogik der Verarbeitung enthalten sein muß. In der Detaillierungsphase ist somit neben der Auswahl der Datenträger und der Dateneingabe die Frage nach der Zentralisierung bzw. Dezentralisierung der Datenerfassung und -eingabe zu klären. Parallel ist festzulegen, in welchem Umfang eine Vorverdichtung im Sinn einer dezentralen Vorverarbeitung der Daten erfolgen kann.

Die *Datentransformation*, die die Programme veranlassen, ist als Kernstück der Datenverarbeitung eng mit der *Datenspeicherung* verknüpft. Daher hat hier die Detaillierung die exakte Dateiorganisation vorzunehmen. Neben der genauen Bestimmung des notwendigen Speicherbedarfs ist vor allem festzulegen:

- welche Dateien als *zentrale* Dateien Kernstück eines Datenbanksystems sind,
- welche Dateien unabhängig davon *dezentral* geführt werden,
- welche *Verkettungen* unter den Dateien bestehen sollen und
- welche *Sicherungsmaßnahmen* gegen unbefugten Datenzugriff und bei Zerstörung von Dateien vorzusehen sind.

Wie im einzelnen die *Eingabedaten* unter Einbeziehung gespeicherter Stammdaten zu informationserzeugenden Ausgabedaten verarbeitet werden, ist den Ergebnissen der Informationsanalyse, insbesondere der Informationsbedarfs-, Entscheidungs- und Kommunikationsanalyse zu entnehmen. Einfache Datenverarbeitungsaufgaben (z. B. Abrechnungen, Statistiken usw.) sind in der Detaillierung in ihren Abläufen programmier- und codiergerecht aufzuzeigen, wobei sich hier der Verarbeitungsprozeß meist auf einfache Transformationen und Soll-Ist-Vergleiche beschränkt.[54]

Fallen im Rahmen der Verarbeitungsaufgaben betriebliche *Entscheidungen* an, so muß nun endgültig entschieden werden, welche Entscheidungen im integrierten System programmierbar und automatisierbar sind. Für die *programmierfähigen Routineentscheidungen* sind die Einflußfaktoren der Entscheidung in Anweisungen oder Entscheidungstabellen festzulegen. Für die *Entscheidungen*, die sich *nicht programmieren* lassen, werden Art und Umfang der Informationen festgelegt, die man bei rationalem Handeln für erforderlich hält. Besonderer Behandlung bedürfen die betrieblichen Optimierungsaufgaben, die sowohl bei programmierbaren wie nicht-programmierbaren Problemen auftreten können. Hier ist die Verknüpfung verwendeter Modelle zu beachten, wenn Ergebnisse eines Modells (z. B. optimales Produktionsprogramm) Eingabedaten für andere Modelle (z. B. optimale Bestellmenge und optimale Kapazitätsauslastung) darstellen.

Form und Inhalt der *Datenausgabe* entscheiden darüber, ob die Entscheidungsträger tatsächlich nur die notwendigen, aber auch alle erforderlichen Daten erhalten. Neben den Daten, die zur Durchführung nicht-programmierbarer Entscheidungen gebraucht werden, sind Weiterleitung bzw. Ausgabe und Inhalt der Auslösungsdaten für automatisierte Entscheidungen und Verwaltungsaufgaben sowie deren

[54] Vgl. hier und im folgenden [136, S. 69 f.].

Durchführungsstellen festzulegen. Zusätzlich sind besonders für das Management periodische Kontrollberichte, ständige Trendberechnungen über Unternehmens- und Marktentwicklung vorzusehen, wobei die sich abzeichnenden Ausnahmefälle nach dem Prinzip des „management by exception and importance" weiter analysiert und bearbeitet werden [94, S. 31], [136, S. 69]. Bei umfassenden Informations- und Steuerungssystemen kommt der Möglichkeit einer *direkten Datenabfrage* besondere Bedeutung zu. Als technisches Hilfsmittel dienen hierzu die Datenstationen (Terminals), die im Wege der Datenfernverarbeitung die Kommunikation zwischen Mensch und EDV-System vereinfachen.

Formal gesehen umfaßt die *Detaillierung* die Ableitung *konkreter Systemalternativen* und die spezifizierte Auswahl der Systemelemente sowie die Programmierung einschließlich der Dokumentation bis zur Planung der Systemumstellung. Schwerpunkte der Detaillierung sind somit die maschinelle Konfiguration und die Programmauswahl bzw. Programmierung des Systems (Hardware/Software-Design). In diesem Stadium müssen gegebenenfalls Änderungen oder Abstriche an der Soll-Konzeption gemacht werden, wenn sich z. B. keine geeignete Konfiguration finden läßt. Die Programmierung wird ebenfalls gemäß der Vorgaben aus der Soll-Konzeption veranlaßt, ist aber auch in enger Anlehnung an die Hardware-Konfiguration vorzunehmen. Hier wird die im Einzelfall optimale Programmiersprache festgelegt. Folgende Punkte geben einen Überblick über die wesentlichen *Aktivitäten* der *Detaillierung:*

(1) Beleg- und Datenfluß
dargestellt durch detaillierte Systemdiagramme (Datenflußpläne, Programmablaufpläne);
(2) Entwurf der Eingaben und Ausgaben von Daten (E/A-Matrix);
(3) Zeit-, Mengen-, Kapazitäts- und Kostendarstellung zur Festlegung der Anforderungen an die maschinelle Systemkonfiguration;
(4) Anlagenauswahl (Hardware-Design)
mit Pflichtenheft für die Angebotseinholung, anschließendem Angebotsvergleich (Systemvergleich) und daraus resultierendem System-Installationsvorschlag;
(5) Systemumstellungsplanung
mit Beschreibung der neuen organisatorischen Abläufe,
Entwicklung der Organisationsmittel,
Festlegung von Arbeitsanweisungen,
problemspezifische Schulung der Programmierer;

(6) Dateiorganisation
mit Festlegung von Dateien, Satzarten, Wertebereichen usw.,
Speicherbelegung,
Druckbildern,
Aufbau von Datenträgern,
Erstellung von Nummernkreisen;

(7) Programmvorgaben
mit Datenflußplänen,
E/A-Matrix,
Verarbeitungslogik, Entscheidungstabellen, Modellauswahl,
Programmierstandard;

(8) Programmierung, Programmtest und Dokumentation
mit Festlegung der zu verwendeten Programmiersprachen,
Codierung,
Programmaufbau,
Testdatenaufbau,
Datenverknüpfung, -reduktion bzw. -filterung,
Programmprüfung und -freigabe,
Hantierungsvorschriften,
Programmdokumentation.

2.2.2.3. Einführung des Systems

Die Einführung des EDV-gestützten Informations- und Steuerungssystems ist die Phase, in der das System den Benutzern zugänglich gemacht wird. Die *Einführung* (Installation bzw. Umstellung) eines Systems läßt sich im Prinzip durch verschiedene *Vorgehensweisen* erreichen.[55] Hinsichtlich des Zeitpunkts bzw. Zeitraumes der Einführung unterscheidet man

- *Direkteinführung* des neuen Systems und
- Einführung des neuen Systems mit *Parallellauf* des alten Systems.

Bei der Direkteinführung stellt man an einem festgesetzten Stichtag auf das neue System und seine Organisation um. Bei der Einführung mit Parallellauf des alten Systems läuft das alte System für einen Kontrollzeitraum weiter, während gleichzeitig das neue System die Richtigkeit, Zuverlässigkeit und Vorteilhaftigkeit seiner Arbeitsleistung nachzuweisen hat.

Bezüglich des *Umfangs* der Einführung unterscheidet man

- *Gesamteinführung* und
- *Partialeinführung* des neuen Systems.

Die Gesamteinführung ändert das vorhandene System auf einmal, während die Partialeinführung schrittweise vorgeht. Ob man eine Gesamteinführung oder Partialeinführung vornimmt, hängt im allgemeinen von der Systemgröße und Komplexität des Systems ab. Je größer und komplexer ein System konzipiert ist, um so eher tendiert man zur Partialeinführung. Die Entscheidung hierüber fällt aber bereits meist in der Entwurfsphase des Systems.

[55] Vgl. hierzu [113, S. 143 ff.] und im folgenden [136, S. 83 f.].

Rein ablaufmäßig beginnt die Einführung mit dem *Probelauf*, bei dem die künftigen Benutzer noch weitgehend ausgeschlossen sind. Hier geht es in erster Linie darum, daß die entwickelten Programmsysteme auf dem bereitstehenden, meist neu konfigurierten EDV-System mit fiktiven Daten letztmalig „getestet" werden.

An diese Probe schließt sich der *Feldtest* an, der als Kernstück der Einführung die Erprobung des Gesamtsystems unter „Alltagsbedingungen" bedeutet. Dieser Feldtest wird daher unter Einbeziehung der künftigen Systembenutzer mit echten Betriebsdaten vorgenommen. Da infolge der Komplexität integrierter Systeme in den meisten Fällen die Einführung des neuen Systems nur mit Parallellauf des alten in Frage kommt, sind die „Feldtest-Ergebnisse" sorgfältig mit den auf herkömmliche Weise ermittelten Ergebnissen zu vergleichen. Durch diesen Vegleich des im Feldtest-Stadium befindlichen Systems mit den zuvor erarbeiteten Zielvorstellungen kann unter Berücksichtigung der Kosten/Nutzen-Relation der die Planung und Realisierung begleitende *iterative Kontrollprozeß* eine Revision einzelner Systemteile (z. B. Programme) oder im Extremfall sogar der ganzen Systemkonzeption erzwingen [117, S. 191].

Arbeitet das entwickelte System mit all seinen Komponenten fehlerfrei, so mündet der Feldtest in die *Routine*. Damit ist die Einführung abgeschlossen, und es wird nun ausschließlich mit dem neu entwickelten System gearbeitet (Operating). Da bis zur routinemäßigen Übernahme eines Informations- und Steuerungssystems ein längerer Zeitraum vergehen wird, können bereits in der Einführungsphase ausgetestete Teilsysteme, die sich im Feldtest bewährt haben, in die Routine übernommen werden. Die Partialeinführung bei Parallellauf des alten Systems ist in der Praxis bei umfassenden Systemen recht verbreitet. Diese Vorgehensweise ist mit einem geringen Risiko verbunden und ermöglicht es infolge der sukzessiven Umstellung, das Projektteam vergleichsweise klein zu halten.

2.3. Kriterien und Gestaltungskonsequenzen der Unternehmens- und Datenverarbeitungsorganisation

Will die Datenverarbeitungsorganisation die an sie zu stellende Forderung erfüllen, die Funktionsfähigkeit von Führungssystemen zu verbessern, so bedarf es einer Untersuchung der Kriterien, nach denen die Ergebnisse datenverarbeitungsorganisatorischer Aktivitäten zu beurteilen sind bzw. nach denen die Datenverarbeitungsorganisation selbst auszurichten ist. Eng mit den *Kriterien* der Datenverarbeitung verbunden sind ihre *Auswirkungen* auf die Unternehmung, speziell auf ihre *Organisation*. Sind z. B. Datenverarbeitungsaufgaben zu rationalisieren (Kriterium: Kosten/Nutzen-Relation), so kann dies für die Datenverarbeitungsorganisation etwa als *Gestaltungskonsequenz* eine zunehmende Automatisierung und/oder eine stärkere Zentralisierung der Datenverarbeitungsaufgaben bedeuten. Kriterien und Gestaltungskonsequenzen der Datenverarbeitungsorganisation sind interdependent.

In der Literatur wird eine Vielzahl von Kriterien für die Konzeption umfassender betrieblicher Informations- und Steuerungssysteme genannt. Unter dem schwer quantifizierbaren Oberziel „Wirtschaftlichkeit von Informationssystemen" werden vornehmlich Aspekte der Informationserschließung und -versorgung genannt, z. B. Rechtzeitigkeit und Aktualität der Daten, Neutralität, Flexibilität und Integration des Informationssystems [148, S. 23 ff.]. Ausgehend von einem als vorhanden und feststellbar unterstellten Informationsbedarf sollen die Aktivitäten der Datenverarbeitungsorganisation darauf gerichtet sein, die Deckung dieses Bedarfs durch die Einrichtung entsprechender Informations- und Steuerungssysteme umfassend zu sichern. Das Problem der Entwicklung und Einführung derartiger Systeme steht aber in enger Wechselwirkung mit der Systembenutzung.[56] Zweifelsohne haftet all den genannten Anforderungen, auch der von *Kirsch* und *Kieser* postulierten Benutzeradäquanz, der Mangel zu allgemeiner Formulierung und zu geringer Aussagekraft an.[57]

Subsummiert man die am häufigsten genannten Kriterien, so ergeben sich folgende Forderungen an die Systemgestaltung:

(1) *Problemadäquates Verhalten von System und Benutzer*
Die Lösung betrieblicher Verwaltungsaufgaben unter Benutzung von Informations- und Steuerungssystemen muß problemangemessen sein. Die *Problemangemessenheit* ist eine *subjektive Größe* und im Rahmen des Systementwurfs bzw. der Systemkonzeption meist Gegenstand betrieblicher Interessenkonflikte. Die Diskussion um die *Problemadäquanz* kann z. B. durch Wirtschaftlichkeitsüberlegungen ausgelöst werden, ob etwa die Aktualität von Informationen entscheidend leidet, wenn anstatt einer Echtzeit-Verarbeitung von Einzeldaten eine tägliche Stapelverarbeitung von Daten für ein bestimmtes Problem erfolgt. Problemadäquanz bedeutet aber auch, daß das System die an es gestellten Aufgaben angemessen löst. Ein statisches System vermag lediglich für bestimmte Aufgaben vorprogrammierte Lösungen anzubieten. Ändert sich das Umfeld der Aufgaben, die an das Informations- und Steuerungssystem gestellt werden, ohne daß das System entsprechend verändert wird, würde es *dysfunktionale*

[56] Vgl. hierzu und im folgenden [144, S. 383 ff. u. S. 527 ff., insbes. S. 387 f.]. *Kirsch* und *Kieser* sehen als zentralen Aspekt bezogen auf die Anforderungen, die an umfassende Informations- und Steuerungssysteme, z. B. als Management Informationssystem (MIS), gestellt werden müssen, die Benutzerfreundlichkeit. „Ob es gelingt, tatsächlich funktionierende MIS im Rahmen der durch die Hardware- und Software-Entwicklung immer größer werdenden Möglichkeiten zu konstruieren, hängt davon ab, ob diese Systeme benutzeradäquat sind" [144, S. 387].

[57] Gleiches gilt für die Ausführungen von *Lutz* und *Klimesch* [179, S. 15] sowie von *Lutz* für die Kriterien seiner „imperativen Definition der Datenbank" [174, S. 58 ff.]. Erste positive Ansätze, den Benutzer bereits vor der Programmierung einzubeziehen, sind im „Interactive Training System (ITS)" zu sehen, das in einer Art Simulation mit den künftigen (EDV-unkundigen) Systembenutzern die beste Form einzugebender Daten und die beste Präsentation auszugebender Daten zu ermitteln sucht [127], [128].

Wirkungen haben, selbst wenn es allen Kriterien einer Benutzer- und Systemadäquanz genügt [144, S. 532 ff.]. Bezogen auf das Verhalten des Systems liegt Problemadäquanz nur vor, wenn ein dynamisches System durch „Institutionalisierung der Informationsinnovation" [251, S. 256] die für den betrieblichen Steuerungsprozeß sich wandelnden Informations- und Entscheidungserfordernisse erfüllen kann. Dieser *totalen Problemadäquanz* muß skeptisch gegenüber gestanden werden, da der Innovationsprozeß wie der dispositive Entscheidungsprozeß als nicht programmierbar gilt [181, S. 182 ff.].

(2) *Benutzeradäquates Verhalten des Systems*
Benutzeradäquanz stellt an das Verhalten des Systems eine Reihe von Bedingungen wie Aktualität der Information, hinreichende Qualität und Quantität der Informationen, ständige Auskunftsbereitschaft des Systems usw. Diese *passive* Seite eines Systems, das nur auf Informationsnachfragen reagiert, ist durch die *aktiven* Komponenten wie Koordination der Planungsinformationen, zielgerichtete Steuerung des Operationsvollzuges durch (kybernetische) Abgleichung der Entscheidungs-, Durchführungs- und Kontrollinformationen und institutionalisierte Systemdynamik zu ergänzen. Wird das Steuerungssystem bereits von sich aus aktiv, wenn vorprogrammierte Prozesse (Routineentscheidungen) bei Vorliegen bestimmter Sachverhalte ausgelöst werden, so kann diese Eigenschaft prinzipiell auch dem Informationssystem übertragen werden in Form der Aufbereitung von Entscheidungshilfen *bei* und Anstoß *zu* dispositiven Entscheidungen. Ein solches in Informations- und Steuerungsfunktion aktives, benutzeradäquates Informations- und Steuerungssystem würde „sich dem Benutzer gewissermaßen ‚aufdrängen' und ihn zum Gebrauch des Informationspotentials animieren. ... Ein anspruchsvoller Weg könnte zweifelsohne in der Entwicklung ‚intelligenter' Computersysteme gesehen werden, die anhand interner Informationsverarbeitungsprozesse weiterführende Problemstellungen erkennen und den Entscheidungsträger hierauf aufmerksam machen. Ansätze hierzu werden gegenwärtig auf dem Gebiet der Heuristischen Programmierung diskutiert."[58]

(3) *Systemadäquates Verhalten der Benutzer*
Das *systemadäquate Verhalten* der Benutzer[59] wird durch das Erfordernis gekennzeichnet, den Systembenutzer mit den Bedingungen des Systems vertraut zu machen und ihn entsprechend auszubilden. Die Forderung nach systemadäquatem Verhalten der Benutzer wird erst in neuerer Zeit gestellt und hat vor allem die *motivationalen* Probleme sowie die Fragen der grundlegenden Bedürfnisse, wie z. B. das Bedürfnis nach Anerkennung, Belohnung, Geborgenheit usw., zum Gegenstand der Betrachtung. Da der Erfolg eines komplexen Informations- und Steuerungssystems wesentlich von der Annahme durch den

[58] So *Kirsch* und *Kieser* [144, S. 392]; vgl. auch die dort angegebene Literatur.
[59] Vgl. hier und im folgenden [144, S. 398 ff.].

Benutzer abhängt, ist die Systemkonzeption so vorzunehmen, daß bei der Anpassung des Benutzers an das System seine grundlegenden Bedürfnisse nicht angetastet werden. Diese Forderung scheint zwar unerfüllbar, sollte aber als Leitgedanke die Konzeption von Informations- und Steuerungssystemen begleiten. Anderenfalls riskiert man als Reaktion auf die „extrem rationale" Systemkonzeption und auf den Zwang, sich dem „System" unterzuordnen, innovationsfeindliche Passivität oder Auflehnung der Benutzer gegen das System.

2.3.1. Rationalisierung und Automatisierung

Bei der Gestaltung eines Informations- und Steuerungssystems sind viele Alternativen denkbar.[60] Dies liegt nicht allein an der Vielfalt der Aktionsparameter, wie Maschinenkonfiguration, Programmsystem, personelle Ausstattung usw., sondern auch an der Vielfalt der Werte, die die Aktionsparameter annehmen können. Geht man von der Frage aus, in welchem Verhältnis die manuelle Bearbeitung von Informationen zur maschinellen steht, so gelangt man zur Unterscheidung von

- nicht automatisierten (manuellen),
- teilautomatisierten (mechanisierten) und
- (voll-)automatisierten Systemen.

Bezieht man diese Unterscheidung zunächst nur auf reine Informationssysteme, die Ausgangsinformationen ohne Einschaltung von Entscheidungsmodellen liefern und keine Steuerungswirkung auf technische oder ökonomische Prozesse haben, so ist die *manuelle* Be- bzw. Verarbeitung von Informationen dadurch gekennzeichnet, daß Operationen wie Schreiben, Rechnen, Buchen, Ordnen usw. vom Menschen ohne maschinelle Hilfsmittel durchgeführt werden.

Im Bestreben, neben den zahlreichen materiellen Arbeitsabläufen auch die informationellen Be- bzw. Verarbeitungsprozesse rationell zu gestalten, bedient man sich datenverarbeitender Maschinen. Werden nicht nur einzelne und zusammenhängende informationelle Arbeitsabläufe maschinell abgewickelt (mechanisierte Informationsverarbeitung), sondern werden ganze Arbeitsgebiete nach programmierbaren Kriterien unter minimaler menschlicher Einwirkung einer maschinellen Bearbeitung unterzogen, so spricht man von *automatisierter* Daten- bzw. Informationsverarbeitung. Dabei lassen sich hinsichtlich des Automationsgrades verschiedene Stufen erkennen, deren höchste das *vollautomatisierte* integrierte Informations- und Steuerungssystem darstellt, zu dessen Verwirklichung *komplexe* EDV-Systeme erforderlich sind.

Diese Automatisierung informationeller Prozesse stellt für den Betrieb keinen Selbstzweck dar, sondern ist Ausdruck der Bestrebungen, die betrieblichen Verwaltungsarbeiten und Entscheidungsprozesse zu rationalisieren [212, S. 138]. Die *Automatisierung* betrieblicher Datenverarbeitungsaufgaben ist somit als *Gestal-*

[60] Vgl. hier und im folgenden [103, S. 763 ff.].

tungskonsequenz des *Rationalisierungsstrebens* anzusehen. Wenngleich auch ohne maschinelle Hilfsmittel informationelle Prozesse rationalisiert werden können, so bietet besonders die Zusammenfassung von Datenverarbeitungsaufgaben (Datenverarbeitungsintegration) in einheitlichen und extrem leistungsfähigen maschinellen Funktionsträgern (EDV-Systemen) Rationalisierungsmöglichkeiten, die den üblichen Effekt des Einsatzes arbeitssparender Maschinen weit übersteigen. „Dies gilt insbesondere sowohl für die Daten*erfassung* (*einmalige* Erfassung am Entstehungsort in Maschinensprache) und Daten*speicherung* (*einmalige* zentrale Speicherung aller Daten in *Datenbänken*) als auch für die *Informationsabgabe* (zeitgerechte Abgabe ohne Redundanz an die überwachenden und entscheidenden Stellen). Eine bedeutende Voraussetzung für die Verwirklichung der möglichen Rationalisierungseffekte ist die Übereinstimmung von betrieblicher Organisationsstruktur und neuartiger Systemgestaltung im Datenverarbeitungsbereich“ [96, S. 23].

Im Zusammenhang mit der Datenverarbeitungsorganisation ist die *Rationalisierung* als ein anzustrebendes Ziel anzusehen. Aus ihr leiten sich – wie aus den anderen Zielen der Unternehmung (Gewinn, Rentabilität, Umsatz usw.) – Beurteilungskriterien ab, die den Erfolg der Rationalisierungsbestrebungen erkennen lassen sollen. In diesem Zusammenhang wird stets die *Kostenwirtschaftlichkeit*[61] genannt, obgleich dieses Kriterium nur annäherungsweise oder nur in besonders abstrahierten Fällen operational ist. Dies liegt weniger daran, daß sich die Informationskosten nicht exakt, sondern allenfalls in „Bandbreiten“ angeben lassen, als in der Schwierigkeit der Bewertung des Nutzens bzw. der Leistung von Informationen sowie von Informationssystemen (Abb. 17 und 18).

Für eine *eng begrenzte Problemstellung* bietet *Wedekind* eine *Messung* der *Kostenwirtschaftlichkeit* in Abhängigkeit vom *Automatisierungsgrad* an.[62] Dabei betrachtet er die Primärkostenbestandteile Personal- und Maschinenkosten in Abhängigkeit vom Automatisierungsgrad. Die zugrundegelegte Definition des Automatisierungsgrades als Verhältnis von maschinell ablaufenden Erfassungs- bzw. Weiterbehandlungszeiten zur Gesamtzeit für die Erfassung bzw. Weiterleitung von Daten ist sehr eng. Sie beschränkt sich also auf den Automatisierungsgrad der Erfassung und Weiterbehandlung von Daten und unterstellt, daß dieser spezielle Automatisierungsgrad von den Nebengeräten Maßstab für den Automatisierungsgrad des EDV-Systems ist. Bei konstanter Datenmenge ergeben sich die dargestellten Kostenverläufe (Abb. 19):

$G(a) = P(a) + M(a)$ mit G: Gesamtkosten je Zeiteinheit
P: Personalkosten je Zeiteinheit
M: Maschinenkosten je Zeiteinheit
a: Automatisierungsgrad

[61] Kostenwirtschaftlichkeit als Interpretation des Wirtschaftlichkeitsprinzips unter Bezugnahme auf Kosten- und Leistungsgrößen. Vgl. hierzu u. a. [102, S. 44], [103, S. 765], [189], [201, S. 136], [230].

[62] Vgl. hierzu und im folgenden [256, S. 141 ff.].

Es ist somit nach *Wedekind* der Automatisierungsgrad auszuwählen, der dem Gesamtkostenminimum entspricht. Für die Gesamtkosten je Datenmenge ergibt sich in Abhängigkeit vom Automatisierungsgrad (Abb. 20):

$$\frac{G(a)}{x} = \frac{P(a)}{x} + \frac{M(a)}{x} \quad \text{bzw.}$$

$$g(a,x) = p(a,x) + m(a,x)$$

mit g: Gesamtkosten je Datenmenge und Zeiteinheit
p: Personalkosten je Datenmenge und Zeiteinheit
m: Maschinenkosten je Datenmenge und Zeiteinheit
x: Datenmenge

Die Personal- und Maschinenkosten fallen als sogenannte Betriebsbereitschaftskosten auch an, wenn keine Daten bearbeitet werden; sie sind also unabhängig von der Datenmenge. Daher wird die Maschinenkonfiguration, insbesondere der Peripherie, primär als eine Entscheidung über Fixkosten angesehen. Fixe Kosten, auf die

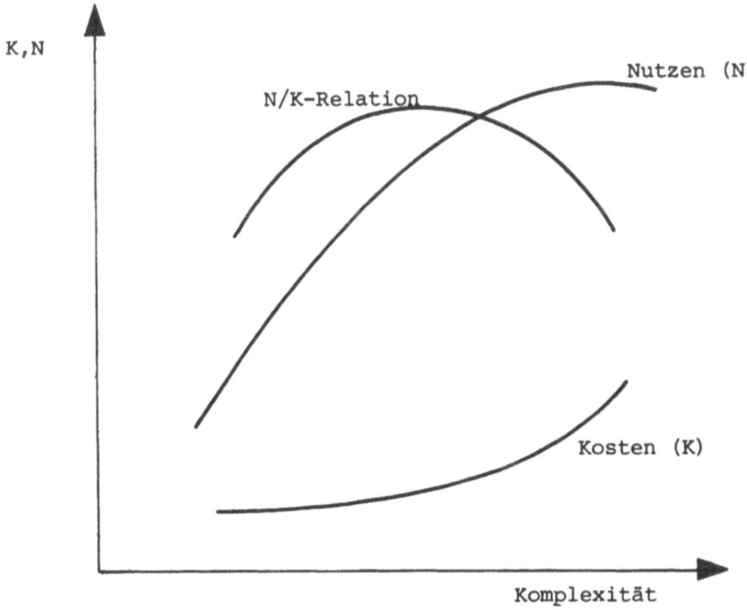

Abb. 17. Nutzen/Kosten-Relation in Abhängigkeit von Komplexität bzw. Automatisierungsgrad

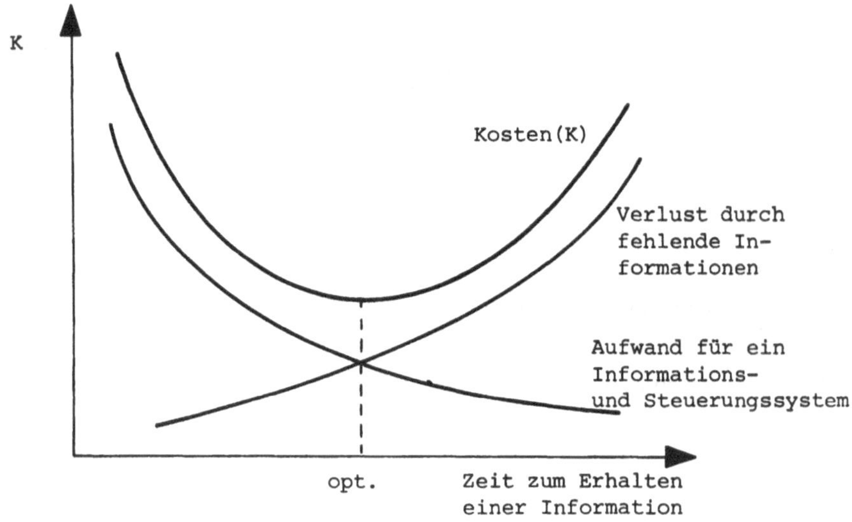

Abb. 18. Kosten und Leistung zur Bestimmung optimaler Systemkomplexität

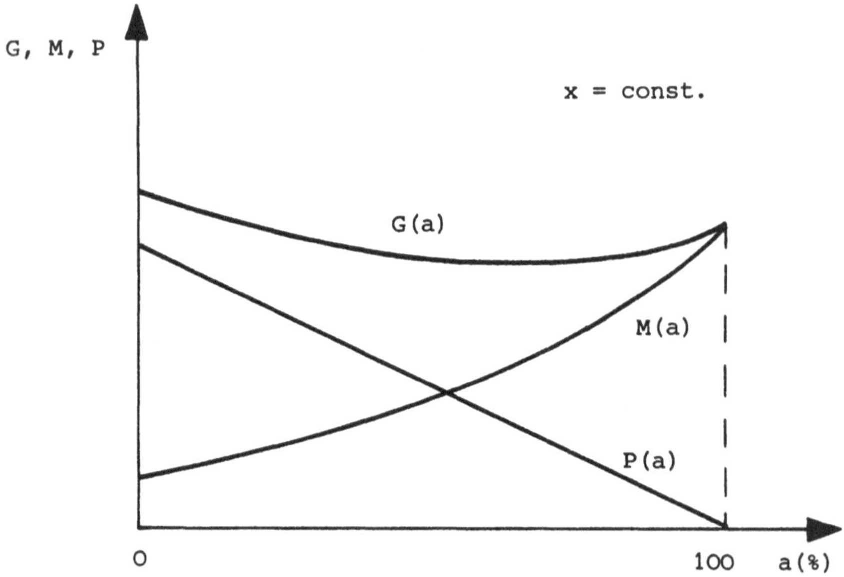

Abb. 19. Systemkosten in Abhängigkeit vom Automatisierungsgrad [256, S. 142]

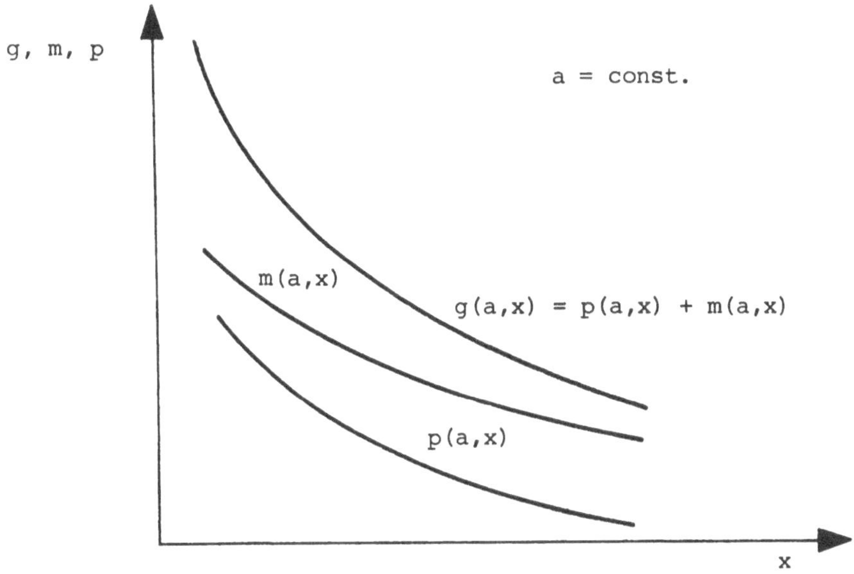

Abb. 20. Systemkosten in Abhängigkeit von der Datenmenge [256, S. 143]

Datenmenge bezogen, fallen bei konstantem Automatisierungsgrad degressiv ab. Dies bedeutet bei zunehmenden Datenmengen eine Verschiebung des Kostenminimums zu höheren Automatisierungsgraden. In der quantitativen Darstellung (Abb. 21) kann der kostenoptimale Automatisierungsgrad bestimmt werden, wenn die Primärkosten und die zu bearbeitende Datenmenge bekannt sind.

Bei Informations- und Steuerungssystemen sowie komplexen EDV-Anlagen, die solchen Systemen als technische Hilfsmittel zugrunde liegen, ist eine auch nur annähernd exakte Quantifizierung der Wirtschaftlichkeit bislang nicht gelungen. Abhängig von der Art der Aufgaben, deren Automatisierungs- bzw. Rationalisierungsvorteile abzuschätzen sind, lassen sich folgende allgemeine Feststellungen treffen[63]:

(1) Systeme der Massendatenverarbeitung und Übernahme von Routinearbeiten im Verwaltungsbereich sind ohne grundsätzliche Schwierigkeiten automatisierungsfähig. Die Automatisierungswürdigkeit kann meist bereits durch die Einsparungen gegenüber dem bisherigen Verfahren nachgewiesen werden. Werden vom neuen System zusätzliche Arbeiten erbracht, die sinnvollerweise auch zuvor hätten erledigt werden müssen, aber z. B. infolge Personalmangels zurückgestellt wurden, so ist dieser Fall im Sinn einer *Rationalisierungsinvestition*

[63] Vgl. *Noack* [201, S. 136 ff.] und die dort angegebene Literatur sowie *Dworatschek* und *Donike* in [56, S. 24 u. S. 53 ff.].

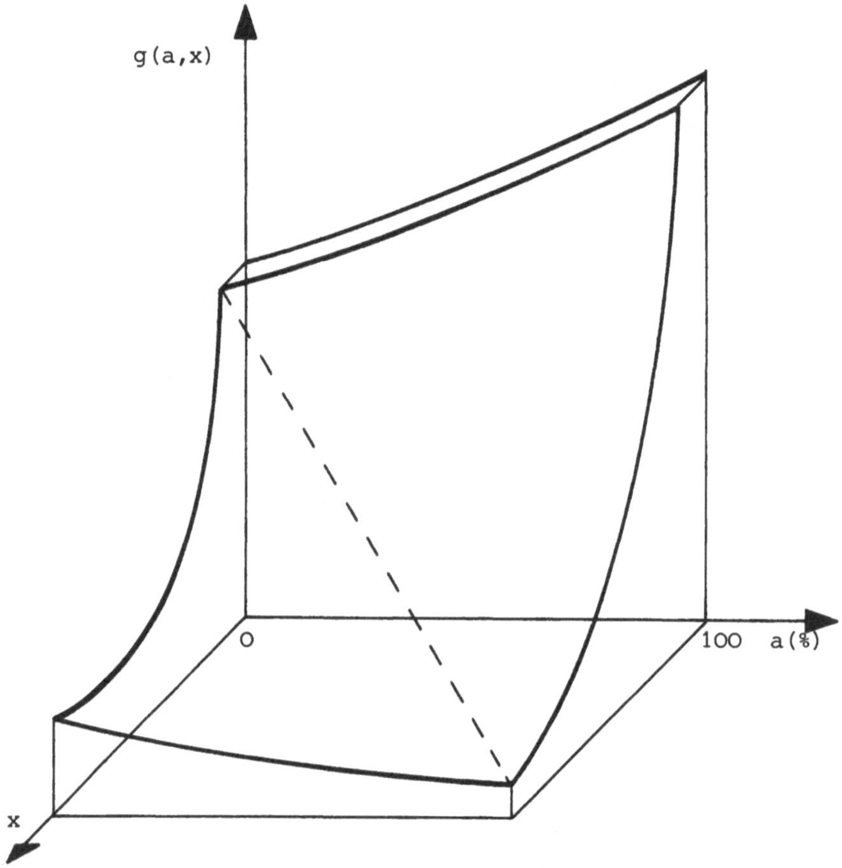

Abb. 21. Systemkosten in Abhängigkeit von Automatisierungsgrad und Datenmenge [256, S. 143]

mit *gleichzeitiger Kapazitätsvergrößerung* zu behandeln. Entsprechendes gilt auch für einen Zuwachs an Verwaltungsaufgaben, der durch Unternehmenswachstum bedingt ist.

(2) Umfassende Informationssysteme (Systeme der Gewinnung, Umformung und Vermittlung von Informationen) sind ebenfalls weitgehend automatisierungsfähig, jedoch ist die Quantifizierung des Vorteils verbesserter Führungsinformationen *(qualitätsorientierte Rationalisierung)* in hohem Maße problematisch. So führt *Noack* am Beispiel des betrieblichen Rechnungswesens aus: „Es ist zwar nicht zu bezweifeln, daß es eine im manuellen System praktisch nicht erreichbare Verfeinerung der Kostenauswertung erlaubt, das Betriebsgeschehen genauer zu durchleuchten; auch ist offensichtlich, daß eine nach Produkten, Absatzgebieten und Kunden tief gegliederte Artikelerfolgsrechnung eher geeignet ist,

gezielte Verkaufsaktivitäten auszulösen, als eine grobe Auswertung ausschließlich nach Artikelgruppen. Es hängt jedoch von zusätzlichen Maßnahmen ab, ob sich diese Verbesserung des Instrumentariums auch in Umsatzsteigerungen oder Kostenminderungen niederschlägt" [201, S. 137].

(3) Bei Informations- und Steuerungssystemen ist das Informationssystem tendenziell eher einer Automatisierung zugänglich als das Steuerungssystem. Denn Voraussetzung für das Steuerungssystem sind Programmierbarkeit und Wiederholbarkeit von Entscheidungen.[64] Die Schwerpunkte automatisierter Steuerung bisher verwirklichter Systeme liegen hauptsächlich im Material- und Fertigungsbereich sowie in der Steuerung technischer und chemischer Prozesse. Dabei haben isolierte Informations- und Steuerungssysteme im allgemeinen keine oder nur geringe Rationalisierungswirkung, denn auch für isolierte Partialsysteme muß ein hoher Aufwand an Hard- und Software sowie für die Systemkonzeption („brainware") getrieben werden. Erst die *Integration* mehrerer Teilsysteme ermöglicht eine merkbare *Rationalisierung*, die vor allem in der Vermeidung von Doppel- und Mehrfacharbeiten bei den Datenverarbeitungsprozessen liegt. Die geringsten Schwierigkeiten bei der Errichtung weitgehend integrierter Informations- und Steuerungssysteme liegen derzeit auf dem Gebiet der Gestaltung von Maschinen- und Programmsystemen. Selbst der die Wirtschaftlichkeit solcher Systeme berührende Aspekt der Automatisierungswürdigkeit kann mit Einschränkungen positiv beurteilt werden.[65] Die kritischen Punkte sind vor allem:
- die mathematischen Entscheidungsmodelle, Prognoseverfahren und sonstige Operations-Research-Methoden[66], die den Programmsystemen als „Logik" zugrunde liegen,
- die faktische Beherrschbarkeit der Systeme,
- die organisatorische Neuorientierung der Unternehmung, insbesondere im Bereich Führung und Entscheidung, und damit zusammenhängend
- die Annahme durch die Benutzer (Benutzerakzeptanz) und ihr systemadäquates Verhalten.

[64] Nicht behandelt werden sollen in diesem Zusammenhang die Bestrebungen, nicht programmierbare Entscheidungen mittels der heuristischen Programmierung der Automatisierung zuzuführen.

[65] Unter der Annahme, daß sich die Kosten für solche Systeme bei weitgehender Übertragbarkeit, ähnlich den derzeitigen Software-Packages, auf eine Vielzahl von Benutzern verteilen.

[66] Hier hat die betriebswirtschaftliche Unternehmensforschung ein weites Betätigungsfeld. Zwar gibt es prinzipiell bereits für so entscheidende Probleme wie Ermittlung der optimalen Bestellmenge bzw. des optimalen Fertigungsprogramms algorithmische Lösungen, die allerdings in der Praxis nur selten Anwendung finden. Die Gründe dafür sind vor allem fehlende Randbedingungen und extrem zunehmende Komplexität bei Annäherung an die jeweilige Unternehmensrealität. Vgl. hierzu auch die Ausführungen von *Pack* in [207]. Ähnliches gilt auch für die Prognoseverfahren, die besonders für die Unternehmensplanung eine weitreichende Bedeutung haben. Besonders in diesem Gebiet führt die Einbeziehung möglichst vieler Einflußvariablen zu methodisch schwer beherrschbaren Problemen. Vgl. hierzu die Darstellung und umfassende Literaturauswahl von *Lewandowski* in [166].

2.3.2. Zentralisation und Dezentralisation

Organisatorische Strukturierung besteht im wesentlichen darin, gleichartige Organisationselemente entweder geschlossen bestimmten Zentren zuzuordnen und auf sie zu verteilen (zentrale Zuordnung und Verteilung) oder aber nicht geschlossen aufzuteilen (dezentrale Zuordnung und Verteilung).[67] *Zentralisation* und *Dezentralisation* als einander bedingende und ergänzende Formen der Aufgabenzuordnung und -verteilung können nicht isoliert verwirklicht werden, sondern nur in Kombination miteinander. Dies „fundamentale organisatorische Gleichgewichtsproblem" zwischen Aufgabenteilung und Ex-post-Zusammenfassung (Koordination) stellt sich in der Praxis weniger in alternativer als vielmehr in gradueller Form eines Mehr oder Weniger an Zentralisation bzw. Dezentralisation [76, S. 57], [229, S. 66].

Die als Zentralisation bzw. Dezentralisation bezeichneten Strukturierungsmöglichkeiten sind gleichermaßen für die Organisation materieller wie informationeller Prozesse[68] wirksam. Zur genaueren Betrachtung bedürfen die Begriffe „Zentralisation" bzw. „Dezentralisation"[69] einer Differenzierung. Hinsichtlich der Zuordnung und Verteilung von Aufgaben als Objekte mit teils unterschiedlichen Zielen ist die Zentralisation bzw. Dezentralisation gekennzeichnet durch die Merkmale

- Aufgabenträger,
- Sachmittel,
- Raum und
- Zeit.

Im Hinblick auf diese Orientierung können folgende teils unterschiedliche Aufgaben als Zuordnungs- und Verteilungsobjekte angenommen werden:

- Verrichtungsaufgaben,
- Objektaufgaben und
- Informations- und Steuerungsaufgaben.

Beim Aufbau eines betrieblichen Informations- und Steuerungssystems wird die Frage nach Zentralisation bzw. Dezentralisation der einzelnen durch dieses System berührten Aufgaben aufgeworfen. Zum einen leiten sich diese Aufgaben in Form von *Verrichtungsaufgaben* des Systems und seiner maschinellen Einheiten aus den Aktionsphasen der Datenverarbeitung (Eingeben, Ausgeben, Weiterleiten, Speichern, Transformieren) ab, zum anderen ergeben sich die *Objektaufgaben* aus den zu manipulierenden Daten bzw. den dem System gestellten Datenverarbeitungsaufgaben. Verrichtungs- und Objektaufgaben werden hier datenverarbeitungsbezogen gesehen, d. h. welche EDV-Aufgaben in welchem Maß einer Zentralisation bzw. Dezentralisation unterliegen sollen.

[67] Vgl. hierzu im einzelnen [25, S. 34].
[68] Vgl. hierzu im einzelnen [26, S. 130 ff.], [76, S. 115 ff.], [116], [140], [144, S. 534 ff.], [267].
[69] Hier als Grad der Zusammenfassung bzw. Verteilung gleichartiger Aufgaben und nicht als Grad der Organisiertheit von Aufgaben verstanden.

Teils ähnlich, teils anders gelagert ist das Problem der Zentralisation bzw. Dezentralisation der Informations- und Steuerungsaufgaben. Diese Kernaufgaben des Systems sind durch Zusammenfassung der Aufgaben nach den Merkmalen Rang, Phase und Zweckbeziehung hervorgegangen. Hier stellt sich insbesondere die Frage nach folgenden Gestaltungskonsequenzen: Zentralisation bzw. Dezentralisation von Planungs-, Entscheidungs- und Kontrollaufgaben sowie der Verwaltungsaufgaben allgemein.

Die Systemgestaltung von Datenverarbeitungs-, Informations- und Steuerungsaufgaben hat unter dem Aspekt der Zentralisation bzw. Dezentralisation von Aufgaben unmittelbare Auswirkungen auf die Aufgabenträger (Stellen- und Abteilungsbildung) und Sachmittel (EDV-Anlagen) sowie auf die räumlichen (Datenverbund) und zeitlichen Bedingungen (Programmumfang und -abfolge). Daher werden im folgenden einzelne wesentliche *Einflüsse* eines Informations- und Steuerungssystems *auf die betriebliche Organisation* untersucht. Ausgehend von Informations- und Steuerungsfunktionen, die ein komplexes EDV-gestütztes Informations- und Steuerungssystem übernehmen soll, sind die Auswirkungen

- auf die *informationellen Aktionsphasen,* speziell auf das EDV-System,
- auf den *Entscheidungsprozeß* einschließlich der Phasen Planung und Kontrolle und
- auf die *Stellen- und Abteilungsstruktur*

zu betrachten.

2.3.3. Die Integration als allgemeines unternehmensorganisatorisches Problem

Über die ökonomisch zu interpretierende Integration bestehen teils erhebliche Auffassungsunterschiede.[70] Hier und im folgenden soll die *Integration* als *(ex-ante) Zusammenfassung* von Aufgaben und ihrer Bearbeitung in einheitlichen menschlichen oder maschinellen Funktionsträgern verstanden werden.[71] Integration ist somit nicht im Sinne einer lediglich planenden und abstimmenden Koordination verschiedener Aufgaben und (ex-post) Vereinigung von Aufgabenlösungen zu verstehen.

Die totale Integration ist wie die totale Automation ein Grenzfall, der – idealisiert – weder Grad noch Bereiche der Realisierung erkennen läßt [249]. Die *Integration* wird vielfach als Wegbereiter der Operationalisierung und Rationalisierung und somit als Vorstufe der Automatisierung angesehen [13]. Andererseits regt die Automatisierung zur Integration, insbesondere zu höheren Integrationsformen an [14]. Darauf ist es zurückzuführen, daß die Integration hauptsächlich mit der höheren Datentechnik (komplexe EDV-Systeme) in Verbindung gebracht wird.

[70] Vgl. im folgenden die Darstellung von *Wacker* [250, S. 138 ff.] sowie von *Kirsch* und *Kieser* [144, S. 534 ff.].

[71] So *Hartmann* [89].

Zwar hat die Integration für Datenverarbeitungsaufgaben eine besondere Bedeutung, ist aber auch ohne die automatisierten bzw. mechanisierten Formen der Datentechnik denkbar und existent. „Die Integration ist von der Datentechnik nur insoweit abhängig, als die technischen Hilfsmittel den Verlauf und die Richtung der Integration mitbestimmen. Sie ist aber in jedem Fall eine günstige oder im Hinblick auf die Datenmassen eine notwendige Voraussetzung für eine maschinelle Bearbeitung von Informationsprozessen. In der Integration kulminiert die Gesamtheit der ganzheitlich ausgerichteten Koordinationsbemühungen.[72] Die Integration bedarf selbst der ständigen Koordinationsarbeit. Sie hängt daher eng mit den Grundregeln der Informationsgewinnung, der Umformung von Informationen und der kommunikativen Verknüpfung von Informationen zusammen" [250, S. 139].

Ausgehend von einem umfassenden Integrationsbegriff[73] ist in die

- sozioökonomische Integration und
- sachökonomische Integration

zu unterscheiden.[74] Zwischen diesen beiden Integrationsausprägungen, der Koordinierung sowie der Kommunikation bestehen enge Beziehungen. Die Integration betrieblicher Teilfunktionen bedingt außer einer ganzheitlichen Zuordnung auf einheitliche Funktionsträger auch die kommunikative Verknüpfung durch Koordinationsinformationen.

Bewußt *motivierende* Informationen, die parallel zu den Prozessen der Zielbildung und Entscheidungsdurchsetzung verlaufen, fördern die *sozioökonomische Integration*. Von ihr hängen Zielidentifikation und Grad der Zielerreichung in hohem Maße ab [121, S. 966], [250, S. 139]. Grundlage der *sozioökonomischen* wie der *sachökonomischen Integration* ist die planmäßige (formale) Organisation. Sozioökonomische und sachökonomische Gesichtspunkte bestimmen gleichermaßen den Aufbau einer integrierten Informationsverarbeitung in der Unternehmung [144, S. 534 ff.]. Sie kennzeichnen die sozioökonomisch-technische Integration des Mensch-Sachmittel-Systems und führen mit Hilfe komplexer Informations- und Steuerungssysteme hin zu einer integrierten Management-Organisation [250, S. 139].

Die *sachökonomische Integration* umfaßt die Bereiche

- Realtechnik,
- Sach- und Aufgabenorganisation,
- Betriebskybernetik.

[72] Unter Koordination wird die Abstimmung interdependenter Pläne und Entscheidungen verstanden, die vornehmlich von verschiedenen, dezentralen Planungs- und Entscheidungsstellen ausgehen. Vgl. hierzu auch *Kirsch* [141, S. 75 ff.].

[73] Etwa nach der Definition von *Lawrence* und *Lorsch*, die Integration definieren als „. . . process of achieving unity of effort among the various subsystems in the accomplishment of the organizations task" [163, S. 230].

[74] Diese Einteilung trifft auch *Wacker* [250, S. 139]. Vgl. zur sozioökonomischen Integration auch *Dahrendorf* [45, S. 42 f.], *Schelsky* [218, S. 197] und *Häusler* [81, S. 110].

Im Vordergrund der *realtechnischen* Integration steht die Zusammenfassung von Maschineneinheiten, z. B. im Bereich der Datenverarbeitung der Verbund von EDV-Systemen durch Datenfernverarbeitung. Die ganzheitliche sach- und *aufgabenorganisatorische* Integration bezieht sich auf die organisatorische Zusammenfassung von Aktionsstellen und Funktionsbereichen der Unternehmung. Als wichtige Aufgabe steht die Abstimmung und Kommunikation im Vordergrund. Die *kybernetische* Integration erfolgt durch die Zusammenfassung einzelner Steuerungsfunktionen. Dazu bedarf es der ganzheitlichen Abstimmung der betrieblichen Teilpläne (z. B. „master plan", Informationsplan, Integrierte Planungsrechnung).

2.3.4. Die Datenverarbeitungsintegration als spezielles unternehmensorganisatorisches Problem

Die allgemeine Integrationsdefinition läßt sich auch auf die Datenverarbeitungsintegration anwenden; handelt es sich bei der Datenverarbeitungsintegration doch um spezielle betriebliche Aufgaben, nämlich um Datenverarbeitungsaufgaben. Somit bedeutet *Datenverarbeitungsintegration* die geplante Zusammenfassung von Funktionen und Aufgaben der betrieblichen Datenverarbeitung. In Verbindung mit numerischen Steuerungstechniken im Bereich der Fertigung sowie unter Anwendung der Betriebskybernetik und des Operations Research besteht die Möglichkeit, den Bereich der Datenverarbeitung im Betrieb stark zu erweitern und hohe Integrationsstufen zu erreichen [96, S. 23]. Die letzte Ausbaustufe besteht in der Integration des Operationsvollzuges mit seiner Steuerung in einem totalen Verwaltungssystem. Dem liegt dann die Verkettung des Inhalts und des Ablaufs von Leitungs- und Sachleistungsprozessen zugrunde. Dies bedeutet die Schaffung einer Einheit von Operationsvollzugsprozeß, Leitungsprozeß und Datenverarbeitungsprozeß. Der Einsatz von EDV-Systemen gestattet zwar eine weitgehende Integration [96, S. 23 u. S. 31 ff.], doch basiert die Integration von Datenverarbeitungsaufgaben nicht vorrangig auf den technischen und organisatorischen Möglichkeiten der EDV. Daraus folgt, daß eine ausschließlich technische Interpretation des Integrationsprinzips unzutreffend ist, zumal diese die objektiven Beziehungen zwischen Datenverarbeitungsaufgaben sowie den den Operationsvollzug steuernden Leitungs- und Entscheidungsprozessen nicht berücksichtigt. Daher ist die Schaffung eines komplexen integrierten Datenverarbeitungssystems[75] von vornherein an einer Gesamtkonzeption auszurichten, die sämtliche den betrieblichen Steuerungsaufgaben zugrundeliegende informationelle Prozesse einbezieht.

2.3.4.1. Ziele der Datenverarbeitungsintegration

Den Hintergrund für die Datenverarbeitungsintegration als speziellem Fall der sachökonomischen Integration bilden folgende *Zielkriterien*[76]:

[75] Im folgenden soll das integrierte System als die höchste Stufe eines Informations- und Steuerungssystems unter Einschluß komplexer EDV-Systeme verstanden werden.

[76] In Anlehnung an *Wacker* [250, S. 139].

(1) *Informationsziel*
Zweckmäßiger Erschließungs- und Transformationsgrad; Gewinnung von Informationen sowie deren Umformung auf den für den Adressaten oder die Zielgruppe relevanten Zusammenhang; ziel-, aufgaben-, problem- oder projektbezogene Verdichtung; Kombination von transformierten Daten bzw. Informationen.

(2) *Kommunikationsziel*
Möglichst lückenlose Verknüpfung der aufgaben-, abteilungs- oder projektbezogenen Aktionsstellen durch entsprechende Informationsflüsse, z. B. von der ersten Erfassung einzelner Daten bis hin zum umfassenden Bericht an die oberste Leitungsebene.

(3) *Steuerungsziel*
Weitgehende Automatisierung von Routineentscheidungen und Verwaltungsarbeiten; Abgabe „automatisierter Führungsinformationen“[77]; Koordination von Teilplänen und Abgleichen der Plandaten mit den kontrollierten Ist-Daten zur Steuerung des Betriebsgeschehens im Real- und Nominalgüterbereich.

(4) *Datenverarbeitungstechnisches Ziel*
Betrachtet man das EDV-System als Integrationsinstrument [94, S. 24 ff.], so ergibt sich als *sachmittelbezogenes* Informations-, Kommunikations- und Steuerungsziel die weitmöglichste Automatisierung der Gewinnung, Verarbeitung und Verteilung von Informationen bei gleichzeitiger Verbesserung der Speicherung von Informationen in Datenbanken: Koordination und Kombination von datenverarbeitenden Maschinen, EDV-Systemen und Programmsystemen als hard- und softwarenmäßige Grundlage computergestützter Informations- und Steuerungssysteme.

2.3.4.2. Ansatzpunkte für die Datenverarbeitungsintegration

Ansatzpunkte für Integrationsmaßnahmen und Integrationsfortschritte (Abb. 22) auf der Grundlage neuzeitlicher Datenverarbeitungstechniken sind nach *Hartmann* [90]:

(1) Gerätetechnik (Hardware),
(2) Programme (Software),
(3) Organisation (Orgware).

Beachtung ist neben den innerbetrieblichen (internen) Integrationsbestrebungen auch der zwischenbetrieblichen (externen) Integration [90, S. 194] zu schenken. Bei der externen Integration gewährleistet nur eine Abstimmung von Schnittstellen und anderen technischen Standards den gewünschten Erfolg. Dazu gehört vor allem eine Anpassung von Datenträgern und Datenstrukturen sowie eine Abstimmung der

[77] Vgl. hierzu im einzelnen *Mertens* [188, S. 234 ff.].

Integrierte Datenverarbeitung auf EDV-Grundlage

Gerätetechnik (Hardware)	Programmierung (Software)	Organisation (Orgware)
- Koordinierung von Maschinenelementen - Koordinierung von Geräten und Systemen	- Befehlsfundus - Befehlszusammenfügung zu Programmen - Programmzusammenfügung und -verknüpfung	- Datenverarbeitungselemente - Datenverarbeitende Maschinen, Geräte und Systeme - Gesamtbetriebliche Verwaltungsorganisation

Abb. 22. Ausgangspunkte für die betriebliche Datenverarbeitungsintegration [vgl. 96, S. 25]

betriebsindividuellen EDV-gestützten Informationssysteme auf gegenseitige Kommunikation. Nur dann kann sich der zwischenbetriebliche Datenaustausch so weit wie möglich automatisch vollziehen. Ein derartiges „checkless business", bei dem sich der Versand von Belegen wie z. B. Lieferscheine, Rechnungen usw. erübrigt, weil die auf diesen Belegen enthaltenen Daten im Wege der Datenfernverarbeitung dem Empfänger zugeleitet werden, entspricht einer wesentlichen Forderung zur Rationalisierung allgemeiner Verwaltungsaufgaben [120, S. 409].

2.3.4.3. Datenverarbeitungsintegration in Abhängigkeit von der Datenverarbeitungstechnik

Teilt man Geräte und Maschinen der Datenverarbeitung nach ihrer technischen Entwicklung ein, so läßt sich grob wie folgt klassifizieren [96, S. 20]:

(1) Konventionelle Hilfsmittel maschineller Datenverarbeitung (Schreibmaschine, Tischrechner, Vervielfältiger);
(2) Höhere Mechanisierungsformen der Datenverarbeitung (Lochkartenmaschinen, Tabelliergeräte);
(3) Automatisierung der Datenverarbeitung (Elektronische Datenverarbeitungssysteme).

Untersucht man die Zusammenhänge von Datenverarbeitungs*technik* und Datenverarbeitungs*integration*, kann unter Berücksichtigung der Tatsache, daß Integration auch ohne Zuhilfenahme maschineller Funktionsträger existent sein kann, festgestellt werden[78]:

[78] In Anlehnung an *Hartmann* [96, S. 20 f.].

(1) Der Einsatz *konventioneller* technischer *Hilfsmittel* zur Lösung betrieblicher Datenverarbeitungsaufgaben wirkt vorwiegend *desintegrierend*, da aus bestimmten Datenverarbeitungsaufgaben (Teil-)Funktionen der Verarbeitung (z. B. Schreiben, Rechnen) herausgelöst und menschlichen Funktionsträgern übertragen werden, die sich beim Aufgabenvollzug entsprechender Geräte bedienen.

(2) Die Verwendung *höherer Mechanisierungsformen* der Datenverarbeitung zeigt in zweifacher Hinsicht die *Tendenz* zur *Datenverarbeitungsintegration:*
  a) Die Funktionsausübung durch die einzelnen Maschinenelemente bzw. Geräte erfolgt mit hoher Geschwindigkeit im Vergleich zur manuellen Ausführung und führt damit in diesem Bereich zur Einsparung menschlicher Funktionsträger.
  b) Durch Zusammenfassung verschiedener Geräte (z. B. zu Lochkartenanlagen) können größere Datenverarbeitungsaufgaben zusammenhängend maschinell abgewickelt werden, wobei sich die Aufgaben der menschlichen Funktionsträger auf vergleichsweise unbedeutende Eingriffe wie Gerätebedienung und Datenträgertransport von und zu den Geräten beschränken.

(3) Die *umfassendste* potentielle *Integrationswirkung* geht von der *Automatisierung* der betrieblichen Datenverarbeitung durch den Einsatz von EDV-Systemen aus:[79]
  a) Die gerätetechnische Auslegung von EDV-Geräten und EDV-Systemen einschließlich ihrer Verbindung untereinander ermöglicht die Zusammenfassung einer großen Zahl verschiedener Datenverarbeitungs(teil-)funktionen zu *einheitlichen* Datenverarbeitungsfunktionen (direkte Verbindung zwischen Zentraleinheit und Peripherie, dezentrale Eingabestationen zur Datenaufnahme, automatische Verarbeitungs- und Ausgabereaktion auf Eingabedaten).
  b) Die hohe Verarbeitungskapazität von EDV-Systemen erlaubt bei entsprechender Vorbereitung und Steuerung[80] des EDV-Systems die Zusammenfassung unterschiedlicher Datenverarbeitungsaufgaben ohne nennenswerte menschliche Bedienung. Als Beispiel für derartige Integrationsmöglichkeiten im Bereich des Industriebetriebes sei die Verknüpfung folgender Aufgaben genannt: Verwaltung und Auswertung von Stücklisten und Arbeitsplänen, Überwachung von Bestellmengen, Disposition von Lagerbeständen, Planung und Überwachung von Fertigungsaufträgen, Vor- und Nachkalkulation von Produkten bzw. Aufträgen.
  c) Wesentliche gemeinsame Eigenschaft aller EDV-Anlagen und zugleich eine wesentliche Grundvoraussetzung für die Realisierung der Integrationsmög-

[79] Vgl. im folgenden *Hellfors* [107, S. 63 f.].
[80] Die Rüst-, Steuerungs- und Überwachungsarbeit übernehmen hauptsächlich die Systemprogramme des Job-, Task- und Data-Managements.

lichkeiten ist die Flexibilität und Vielseitigkeit der Anlagen-Programmierung. Mit einem Programmsystem fixiert man sich auf einen bestimmten Integrationsgrad, der nachher nur noch durch äußere Maßnahmen, wie Programmverknüpfungen (Integration von Programmen bzw. Teilprogrammen) und durch Verbesserung der Ablauforganisation im EDV-Zentrum erhöht werden kann. Das Erreichen von neuen höheren Integrationsstufen ist hauptsächlich von einer auf Integration gerichteten Systemanalyse und einem entsprechenden Systementwurf abhängig, was sich anschließend im Programmsystem niederschlägt, während die EDV-Anlagen als technisches Hilfsmittel der Konzeptionsverwirklichung dienen [96, S. 21].

Besonders deutlich wird die Integrationswirkung der EDV-Anlagen, wenn z. B. bei einer klaren Differenzierung von Fertigungs- und Administrationsaufgaben durch eine digitale Steuerung der Fertigungsaggregate eine direkte Verbindung von Administration und Fertigung hergestellt wird. Der Integrationsvorteil dieser Verbindung liegt darin, daß Aufgaben der unmittelbaren Fertigungssteuerung, die bisher manuell gelöst wurden und einzelnen Fertigungsfunktionen zugeordnet waren, in den Bereich der automatisierten Datenverarbeitung übertragen werden und dort gemeinsam mit administrativen Aufgaben (Arbeitsvorbereitung, Fertigungsplanung, Fertigungsüberwachung, Betriebsabrechnung usw.) weitgehend automatisch bearbeitet werden [96, S. 21], [107, S. 116 f.].

2.3.4.4. Stufen der Datenverarbeitungsintegration[81]

Nach dem Grad der Zusammenfassung von (Teil-)Funktionen und Aufgaben der betrieblichen Datenverarbeitungs-, Informations- und Steuerungsprozesse lassen sich folgende *Integrationsstufen* bilden:

(1) *Isolierte Systeme*

Stufe I: Integration von Datenverarbeitungs(teil-)funktionen für begrenzte Anwendungsbereiche

a) mit höheren Mechanisierungsformen der Datenverarbeitung
b) mit EDV-Systemen (integrierte elektronische Datenverarbeitung)

(2) *Teilintegrierte Systeme*

Stufe II: Partielle innerbetriebliche Integration durch den Einsatz kleinerer EDV-Systeme bzw. total außerbetriebliche Integration von Datenverarbeitungsaufgaben durch Inanspruchnahme von Service-Rechenzentren mit größeren EDV-Systemen

Stufe III: Integrierte Datenverarbeitungs- und Informationssysteme

a) mit vergleichsweise geringer Ausrichtung auf die Informationsbe-

[81] Vgl. im folgenden *Hartmann* [88, S. 117 f.], *Heinen, Fahn* und *Wegenast* [103, S. 763 f.] sowie *Mettner* [190, S. 331].

dürfnisse des Managements („MIS“ bzw. „general management information system“ unter Einsatz hochleistungsfähiger EDV-Systeme)

b) mit starker Ausrichtung auf die Informationsbedürfnisse und Entscheidungsaufgaben des Managements („IMIS“ bzw. „integrated management information system“ unter Einsatz hochleistungsfähiger EDV-Systeme und Operations-Research-Methoden)

(3) *Totalintegrierte Systeme*

Stufe IV: Integriertes Informations- und Steuerungssystem als vollautomatisches betriebliches Verwaltungssystem bei Verwirklichung des kybernetischen Prinzips (Regelkreis) unter Einbeziehung von hochleistungsfähigen komplexen EDV-Systemen sowie Operations-Research-Methoden und Anwendung von Entscheidungsmodellen („TBS“ bzw. „total business system“)

Die Stufen der Integration sind nicht voneinander unabhängig zu sehen, sondern die jeweils höhere Stufe beinhaltet die rangniederen Stufen.

2.3.4.5. Richtung der Datenverarbeitungsintegration

Die Entwicklung der betrieblichen Datenverarbeitung in Richtung eines integrierten Informations- und Steuerungssystems kann in Entsprechung zur hierarchischen Ordnung der betrieblichen Leitungsorganisation *horizontal* und *vertikal* verfolgt werden.[82] *Horizontal* heißt eine Integrierung, wenn Aufgaben *ranggleicher* Verwaltungsstufen zusammengefaßt werden. Gleiche Stufen können gleiche Bereiche, verschiedene Hauptbereiche, gleiche Haupt- und verschiedene Nebenbereiche darstellen. So lassen sich z. B. die Fertigungslöhne für die verschiedenen Zwecke der Lohnverrechnung sowie für die Produktionsplanung oder die Kostenkalkulation, also in verschiedenen Funktionsbereichen, verarbeiten. Geht man bei den Integrationsbemühungen hauptsächlich von den EDV-Geräten aus, so trifft man vorwiegend Integration horizontaler Art an.

Vertikale Integration bedeutet Integration von Aufgaben auf *verschiedenen* Verwaltungsstufen. Die vertikale Integration ist besonders beim Übergang vom reinen Informationssystem auf das Informations- und Steuerungssystem von Bedeutung. Jedoch steht der vertikalen Integration oft der Vollzug komplexer Entscheidungsprozesse entgegen. In gewissem Grade lassen sich Entscheidungen (wenn es sich z. B. um sogenannte Routineentscheidungen handelt) durch Modelle formalisieren und bei quantifizierbaren Entscheidungsdaten rein rechnerisch vollziehen. Insbesondere mit Hilfe des Operations Research [107, S. 68 f.] können bestimmte Entscheidungsaufgaben durch Schematisierung einem EDV-gestützten Informa-

[82] Vgl. auch im folgenden [94, S. 24 ff.], [96, S. 22 f.], [107, S. 63 ff.].

tions- und Steuerungssystem übertragen werden. Dies führt zu einer Erweiterung der vertikalen Aufgabenintegration.

Auf allen Entwicklungsstufen trifft man Integration horizontaler und vertikaler Art an. „Eine getrennte horizontale und vertikale integrierte Datenverarbeitung existiert in praxi nicht“ [94, S. 26].

2.3.4.6. Datenverarbeitungsintegration und Unternehmensgröße[83]

In Großbetrieben, insbesondere in *konzernverbundenen* Betrieben, treten die Gesichtspunkte der *Integration* deutlicher in Erscheinung als etwa in Kleinbetrieben.[84] Ähnlich den unterschiedlichen Koordinationsaufgaben, die primär eine Funktion der Unternehmensgröße sind, wachsen auch die Aufgaben und Probleme der Datenverarbeitungsintegration bei zunehmender Unternehmensgröße und Aufgabendifferenzierung. In der Großunternehmung ist es schwieriger, Zusammenhänge zu erkennen und zu ordnen, Entscheidungsrelevanzen von Informationen abzuschätzen sowie Auswirkungen von Entscheidungen abzusehen.

Die komplexen Großunternehmungen, die von der Zahl der Beschäftigten heute im Vordergrund stehen, kennzeichnet eine starke Arbeitsteilung. Im Bereich der Verwaltungsaufgaben erstreckt sich diese Arbeitsteilung auf die einer Entscheidung vorgelagerten informationellen Prozesse und vielfach auch auf die Entscheidung selbst. Dies führt zwangsläufig zunächst zu einer Art Entflechtung bzw. Desintegration. Der für eine Steuerung des Betriebsgeschehens notwendige Integrationsgrad kann bei dem derzeitigen Trend zu sehr großen Unternehmenseinheiten nur noch mit dem Integrationsinstrument EDV-gestützter Informations- und Steuerungssysteme erreicht werden.

Dabei ist zu beachten, daß nicht die totale, sondern die ökonomisch sinnvolle, zwar zunächst partielle, aber tendenziell immer höhere Stufen erreichende Integration anzustreben ist. Wichtige Voraussetzungen für jede Integrationsstufe sind: systematische Datenerfassung, integrale Datenverarbeitungsorganisation (Systemanalyse und Systemkonzeption) und eine der Informationsstufe adäquate Datentransformation.

2.4. Einflüsse EDV-gestützter Informations- und Steuerungssysteme auf die betriebliche Organisation

„Integrierte Systeme sind Hilfsmittel für die Unternehmensführung“ [136, S. 87]. Ihr Aufbau und ihre Einführung sind das Ergebnis grundlegender unternehmenspolitischer[85] *Entscheidungen*, die darauf *abzielen*,

[83] Ohne auf die Problematik der Messung der Unternehmensgröße einzugehen, soll hier ganz allgemein die Unterscheidung in Groß-, Mittel- und Kleinbetriebe verwendet werden.

[84] Vgl. hierzu und im folgenden [250, S. 140].

[85] Unternehmenspolitik im Sinn von *Mellerowicz* als Setzen von Zielen und Fällen der Entscheidungen. Vgl. [185, S. 83 f.].

(1) operative Arbeiten, insbesondere betriebliche Verwaltungsarbeiten (Routinearbeiten) zu automatisieren,
(2) die Effizienz der betrieblichen Informationswirtschaft (Qualität der Informationen, Zugriff auf Daten) mit Hilfe von EDV-Systemen zu steigern,
(3) Planung, Steuerung und Kontrolle zu verbessern und eine weitgehende kybernetische Steuerung des Betriebes einzuleiten sowie
(4) die Qualität laufender und grundlegender betrieblicher Entscheidungen durch Anwendung von Verfahren der Entscheidungsforschung zu heben.

Die Ziele (1) und (2) sind elementar, die Ziele (3) und (4) hingegen komplex, da sie in die wesentlichen betrieblichen Aufgaben Planung, Entscheidung und Kontrolle hineinreichen.

Aus den genannten Zielen resultieren wesentliche Aufgaben organisatorischer Gestaltung.[86] Integrierte Informations- und Steuerungssysteme, in denen durch den Einsatz von EDV-Systemen und Methoden des Operations Research eine weitgehende Automation und Integration der betrieblichen Informations- und Steuerungsprozesse erfolgt, bringen für die traditionelle prozessuale und strukturelle Organisation (Ablauf- und Aufbauorganisation) tiefgreifende Veränderungen mit sich. Diese Veränderungen bzw. die Auswirkungen der Gestaltungsmaßnahmen im Zuge des Aufbaus eines EDV-gestützten Informations- und Steuerungssystems liegen hauptsächlich in folgenden Bereichen:

- inner- und außerbetriebliche Kommunikation;
- Entscheidungsprozeß laufender und grundlegender Entscheidungen einschließlich der Planung und Kontrolle des Operationsvollzuges;
- Datenverarbeitungsprozeß selbst (informationelle Aktionsphasen);
- EDV-Abteilung (Rechenzentrum) und Stellung der EDV-Abteilung zu anderen Abteilungen und innerhalb der Unternehmensorganisation;
- Stellen- und Abteilungsgefüge (Aufbau-Organisationskonzepte), Aufgaben und Kompetenzen von Instanzen, Leitungsgehilfen und ausführenden Stellen;
- Führungsstil, Managementkonzeptionen (Management-by-Techniken).

Von weitreichendem Interesse, jedoch in der Literatur kontrovers diskutiert, ist die Bedeutung integrierter Systeme für Zentralisation und Dezentralisation betrieblicher Aufgaben und Funktionen. Grundsätzlich läßt sich feststellen, daß ein EDV-System weder die Zentralisation noch die Dezentralisation von Leitungs- und Entscheidungsprozessen prinzipiell nach sich zieht. Nach den Aufgabenmerkmalen gegliedert, werden die derzeit erkennbaren Tendenzen von Zentralisation und Dezentralisation in der Übersicht Abb. 23 dargestellt.

[86] Als Grundprobleme der organisatorischen Gestaltung nach *Krieg* [161, S. 22]: (1) die Differenzierung des Gesamtsystems in Subsysteme und Elemente, (2) die Integration der Teile zu einem einheitlichen, zielorientierten System.

GESTALTUNG / MERKMALE	Zentralisation (Z)	Dezentralisation (D)
Verrichtung a) Aktionsphasen der Datenverarbeitung (Eingeben, Ausgeben, Übertragen, Transformieren, Speichern) b) Steuerungsaufgaben (Planen, Entscheiden, Kontrollieren)	ohne Datenfernverarbeitung: Tendenz zur Z der Aktionsphasen infolge des RZ-Betriebs mit Datenfernverarbeitung: Tendenz zur Z übergeordneter bzw. umfangreicher Transformations- und Speicherungsaufgaben Z von bereichsübergreifenden Aufgaben (Rezentralisationstendenz)	ohne Datenfernverarbeitung: D der Datenerfassung und -prüfung möglich mit Datenfernverarbeitung: Tendenz zur D von Datenein- und -ausgabe sowie Speicherung und Transformation von Bereichsdaten bzw. Teilaufgaben D von Teilaufgaben
Objekt a) Daten b) Datenverarbeitungsaufgaben	Z hinsichtlich der gleichartigen Bearbeitung von Daten und Datenverarbeitungsaufgaben	D hinsichtlich der Bearbeitung von Teilaufgaben D der Erfassung, Eingabe, Speicherung und Ausgabe von Daten bezogen auf die unterschiedlichen Datenträger
Personaler Aufgabenträger	Z von Maschinenbedienung (hier: Terminal) und Erfüllung der Sachaufgaben (Planen, Entscheiden, Ausführen, Kontrollieren)	D von Planungs-, Entscheidungs-, Ausführungs- und Kontrolltätigkeit und der dafür erforderlichen Aufgaben der Datenverdichtung bzw. Informationsaufbereitung durch EDV-Systeme
Sachmittel (EDV-System)	Z der Sachmittel bezogen auf das gesamte Sachmittelsystem bzw. auf die Aufgabenbearbeitung verschiedenartiger Datenverarbeitungsaufgaben durch ein universelles EDV-System (sachmittelorientierte Verrichtungszentralisation)	D der Verfügbarkeit der Sachmittel mittels Datenfernverarbeitung (Z des Sachmittelsystems bei D seiner Verfügbarkeit sowie je nach Aufgaben sachmittelorientier-Verrichtungszentralisation bzw. Verrichtungsdezentralisation)
Raum	ohne Datenfernverarbeitung: Z der maschinellen Einheiten in dem RZ mit Datenfernverarbeitung: Z bestimmter EDV-Systeme (zentralisierende Systeme)	ohne Datenfernverarbeitung: D der Datenerfassung mit Datenfernverarbeitung: D bestimmter EDV-Systeme möglich (Teilsysteme, Subsysteme) D von Terminals
Zeit	zeitorientierte Z bei Real-Time-Processing (bezogen auf die Programm- bzw. Befehlsfolge) eindeutige Z beim Multiprocessing	D durch Multiprogramming und Pufferung bzw. bei Batch-Processing bezogen auf die Aktionsphasen

Abb. 23. Die Wirkung integrierter Systeme auf Zentralisation und Dezentralisation

2.4.1. Organisationsaufgaben des Datenverarbeitungsprozesses

Der im EDV-System des Informations- und Steuerungssystems ablaufende Datenverarbeitungsprozeß selbst bedarf einer umfangreichen organisatorischen Absicherung.[87] Aus der Vielzahl damit verbundener Aufgaben seien folgende spezifische Organisationsprobleme hervorgehoben:[88]

(1) Sicherung einer bestimmten Menge anfallender Daten und einer relativ kontinuierlichen Verarbeitungsfrequenz.
(2) Sicherung einer hohen Qualität der zu verarbeitenden Daten.
(3) Gewährleistung einer der künftigen Entwicklung des Betriebes, seines Informations- und Steuerungssystems und seiner Umwelt angepaßten Flexibilität der Datenverarbeitungsprozesse.

Zu (1):
Wie jede Automatisierungsmaßnahme im Produktionsprozeß eine genügend große Menge zu bearbeitender Sachgegenstände voraussetzt, so erfordert im allgemeinen auch die automatisierte Datenverarbeitung unter Wirtschaftlichkeitsgesichtspunkten eine bestimmte Menge wiederholt nach gleichen oder unterschiedlichen Gesichtspunkten zu verarbeitende Daten. Vielfach muß diese Voraussetzung erst durch geeignete organisatorische Maßnahmen geschaffen werden. Die zur Planung und Steuerung der betrieblichen Prozesse erforderliche Datenmenge hängt von bestimmten Faktoren ab und ist somit objektiv gegeben. Auf die Form des Datenanfalls (Konzentration und Periode der Wiederholung) kann jedoch durch organisatorische Maßnahmen eingewirkt werden. Diese bestehen in der Organisation der Datenerfassung, des Datenflusses und des Datenverarbeitungsprozesses. Sie finden ihren Ausdruck zum einen in Zentralisierung bzw. Dezentralisierung und im Streben nach Integration datenverarbeitender Prozesse, zum anderen in der Standardisierung und Typisierung von Daten, Datenstrukturen, Datenträgern, Transformationsprozessen usw. Die Sicherung der Daten und ihres kontinuierlichen Anfalls hängt weitgehend von einer entsprechend organisierten Datenerfassung ab. Sie hat zu gewährleisten, daß Daten umgehend nach ihrer Entstehung bearbeitet werden können, um eine hohe Aktualität der gespeicherten Datenbestände zu ermöglichen.

Die für die maschinelle Verarbeitung aufbereitete Datenmenge und die inneren Zusammenhänge der Verarbeitungsoperationen bestimmen die Stufe der Automatisierung. Die Forderung nach wirtschaftlicher Arbeitsweise automatisierter Anlagen bedeutet, daß beim Einsatz von EDV-Systemen eine gegenseitige zeitliche (rhythmische) Abstimmung der einzelnen Aufgabengebiete, (Teil-)Aufgaben und Arbeitsverrichtungen erfolgen muß. Dazu ist es notwendig, die Datenverarbeitungsprozesse, die bislang (manuell) unabhängig voneinander und parallel zueinander ausgeführt wurden, so zu staffeln, daß sie je nach einzusetzender Datentechnik entweder

[87] Vgl. hierzu die Ausführungen entsprechender Handbücher der EDV-Organisation, wie z. B. [84], [122], [133].
[88] Vgl. hier und im folgenden [167, S. 57 ff.].

zeitlich nacheinander oder beim Time-sharing überlappend ausgeführt werden können. Eine weitere terminliche Organisationsaufgabe ist die Sicherung der Auslastung über größere Zeiträume sowie die Vermeidung von Spitzenbelastungen. Dies läßt sich durch eine Terminstaffelung der Verarbeitungsaufgaben erreichen, z. B. zwischen den am Monats- oder Jahresende konzentrierten Abrechnungsarbeiten, den nicht stark terminabhängigen Planungsarbeiten und den täglich notwendigen Steuerungs- und Kontrollarbeiten. Neben dieser *extensiven* Nutzung der in der betrieblichen Informationswirtschaft eingesetzten Arbeitsmittel kann ihre hohe *intensive* Nutzung nur erreicht werden, wenn eine umfassende Organisation der Datenverarbeitung vorliegt, die deren Komplexität beachtet und eine weitgehende Integration der Datenverarbeitung anstrebt.

Zu (2):
Die Qualität der Verarbeitungsergebnisse hängt neben der hard- und softwaremäßigen Gestaltung des Systems und den begleitenden organisatorischen Maßnahmen von der Richtigkeit und Zuverlässigkeit der Eingabedaten ab. Der substantiellen und qualitativen Sicherung dieser Primärdaten, die ja in den zu verarbeitenden Daten die betrieblichen Prozesse und Ereignisse widerspiegeln, kommt eine außerordentliche Bedeutung zu. Prinzipiell hat ein EDV-System nicht die Möglichkeit, qualitative Mängel der Primärdaten aufzudecken: Falsche Eingabedaten führen zu falschen Ergebnissen. In gewissem Umfang ist jedoch eine Prüfung der Primärdaten auf Plausibilität möglich. Eine Plausibilitätsprüfung bedeutet die programmäßige Abfrage auf *vorhersehbare* Mängel. Nicht vorhersehbare qualitative Mängel bleiben unentdeckt. Dies heißt, daß sich qualitative Mängel der Primärdaten, insbesondere infolge der Verkettung der Datenverarbeitungsprozesse und der reduzierten direkten Beteiligung des Menschen, verstärkt auf die Qualität der Ergebnisse auswirken. Insofern entstehen organisatorische Aufgaben in drei Richtungen:

- Sicherung einer hohen *Qualität* der zu *erfassenden Daten.* Hierunter fallen die organisatorischen Aufgaben zur Überprüfung von Richtigkeit, Vollständigkeit und Aktualität der Daten einschließlich eines reibungslos funktionierenden Änderungsdienstes. Unterstützt werden diese Maßnahmen durch eindeutige Zielvereinbarungen und Sollvorgaben, durch eindeutige Definition der Datenquellen und Datenkategorien sowie Zuordnung der betrieblichen Informationen zu ihren Datenquellen und Datenkategorien (Schnittstellenproblem).
- Sicherung einer *ordnungsgemäßen Datenerfassung* und *-bereitstellung.* Hierzu gehören die Aufgaben der Standardisierung und Normierung der Daten und ihrer Erfassung sowie der Gestaltung von Datenträgern. Ferner sind zu nennen die Probleme des Datenzugriffs (Aufbau von Schlüsselsystemen) und der Speicherorganisation (Aufbau von Datenbeständen, Datensätzen usw.), aber auch die Festlegung kürzester Kommunikationswege, die Geräteauswahl sowie die Organisationsform (zentral oder dezentral) für die Datenerfassung.
- Sicherung einer hohen *Qualität* des *Transformationsprozesses.* Sie ist im wesentlichen abhängig von der Problemanalyse und Problemlösung der gestellten Aufga-

be (Richtlinien für Analyse, Konzeption, Programmierung, Dokumentation und Operating) sowie von der Einordnung organisatorisch begründeter Fehlerkontrollen in den Datenverarbeitungsprozeß.

Zu (3):
Die Lösung dieser Organisationsaufgabe ist von drei Faktoren abhängig:

- von der Entwicklung des Umsystems (Umwelt, gesellschaftliches Gesamtsystem),
- von der Gestaltung der Unternehmensorganisation mit dem Informations- und Steuerungssystem als Organisationsprodukt und
- von der konkret verfügbaren Technik der Datenverarbeitung.

Bezüglich der Auswirkungen des *Umsystems* auf die Unternehmung ist als kybernetisches Grundmodell in allgemeinster Form für die Gestaltung der Unternehmensorganisation, Unternehmensführung und des sie unterstützenden Informations- und Steuerungssystems das *polyadaptive System*[89] zu sehen. Die Unternehmung als polyadaptives System verfügt über sämtliche Anpassungsarten realer Verhaltensalternativen, insbesondere über ein hohes Maß an Äquifinalität und kann somit alle Möglichkeiten system- und umweltverändernder Maßnahmen nutzen. Ferner vermag es neben reaktiven auch antizipative Anpassungen vorzunehmen sowie permanente Lernprozesse einzuleiten und zu fördern. Die Betrachtung der Unternehmung als derart dynamisches Gestaltungsmodell, das einen Ausgleich zwischen ausgeprägter Differenzierung und hinreichender Integration und ein ausgewogenes Verhältnis zwischen Stabilität und Variabilität herzustellen vermag, ist eine Notwendigkeit für den wechselseitigen Zusammenhang zwischen fortschreitender Automatisierung im Bereich der betrieblichen Informationswirtschaft und den Organisationsmethoden.

Hinsichtlich einer der künftigen Entwicklung angepaßten *realtechnischen* Basis ist bei der Systemkonzeption insbesondere die (künftige) Funktionsfähigkeit und das (potentielle) Leistungsvermögen des EDV-Systems zu berücksichtigen. Dazu gehören beispielsweise:

- die Verfügbarkeit von Vorrichtungen und Geräten zur dezentralen Ein- und Ausgabe von Daten (Aufnahme von Primärdaten, Abgabe von Entscheidungsdaten) im Wege der Datenfernverarbeitung (Teleprocessing);
- hohe Reaktionsgeschwindigkeiten der Informations- und Steuerungsprozesse;
- der Einsatz von Großraumspeichern mit zumindest teilweise wahlfreiem Datenzugriff (Randomspeicher);
- die Fähigkeit der EDV-Systeme zur quasi und zur echt simultanen Arbeitsweise (Multiprogramming und Multiprocessing) mit Vorrangsteuerung nach Dringlichkeit sowie zur Echtzeit-Verarbeitung (Real-Time-Processing).

[89] Vgl. hierzu und im folgenden *Krieg* [161, S. 130 f. u. S. 157].

2.4.2. Auswirkungen auf die informationellen Aktionsphasen[90]

Weitgehend wird die Ansicht vertreten, daß der Einsatz leistungsstarker und komplexer EDV-Systeme eine eindeutige Zentralisierungstendenz (Informationszentralisation)[91] mit sich bringe. Dabei bezieht sich diese Art der *Zentralisation* hauptsächlich auf die *Aktionsphasen Datentransformation* und *Datenspeicherung* (Abb. 24). Neben dem Vorteil einer einheitlichen Datenbasis beruht die Tendenz zur Zusammenfassung von Datenverarbeitungsaufgaben verschiedenster Funktionsbereiche besonders auf dem Streben nach kostenoptimaler Auslastung der EDV-Kapazitäten. Begünstigt wird diese zentrale Datenverarbeitung durch die Datenfernverarbeitung sowie eine zunehmende Universalität der neueren EDV-Systeme. EDV-gestützte Informations- und Steuerungssysteme im Datenfernverarbeitungsbetrieb führen keineswegs zwangsläufig zu einer Zentralisierung der Aktionsphasen. Insbesondere die kommunikativen Aktionsphasen Aufnahme, Weiterleitung und Abgabe von Daten sind ja gerade in einem solchen System darauf gerichtet, die aus den betrieblichen Teilbereichen dezentral anfallenden Daten – vielfach auch über eine dezentrale Datenerfassung – einer integrierten und überwiegend zentralen Verarbeitung und/oder Steuerung zuzuführen sowie zentral verarbeitete bzw. gespeicherte Daten dezentral verfügbar zu machen.

2.4.2.1. Eingabe, Ausgabe und Verarbeitung durch Subsysteme

Bezogen auf die Ein/Ausgabe-Einheiten sei in diesem Zusammenhang erwähnt, daß sich seit einiger Zeit eine Modifikation der EDV-bezogenen Zentralisierungstendenz durch das Vordringen der sogenannten mittleren Datentechnik (MDT) und Minicomputer ergeben hat. Unter Verzicht auf eine universelle Zentralisation aller betrieblichen Datenverarbeitungsaufgaben, die insbesondere wegen der damit verbundenen und schwer beherrschbaren datenverarbeitungstechnischen Probleme unter Umständen kostenungünstiger ist, überträgt man in sich möglichst abgeschlossene Teilaufgabenkomplexe kleineren EDV-Anlagen der mittleren Datentechnik. Diese sollten mit großen Systemen voll kompatibel sein, um eine Datenabgabe an große EDV-Systeme zu ermöglichen, wenn z. B. eine weitere Verarbeitung bzw. Verdichtung der Daten erfolgen soll. Neben den erwähnten Vorteilen spricht u. a. für eine solche Lösung, daß die anfallenden Daten „vor Ort" verarbeitet werden können und daß für diesen Zweck keine störanfällige, zeit- und kostenaufwendige Datenübertragung vorgenommen zu werden braucht. Ähnliches gilt im (produktions-)technischen Bereich für Prozeßrechensysteme.

Weitere Vorteile eines derartigen modularen Aufbaus von EDV-Systemen liegen in der Flexibilität in bezug auf Änderungen in Aufgabenstellung und Programmen. Ferner können kleinere EDV-Systeme rein technisch auf einzelne Aufgaben so spezifisch ausgelegt werden, daß sie die gestellten Aufgaben besser und kostengün-

[90] Vgl. im folgenden *Hoffmann* [116, S. 451].
[91] Vgl. hierzu im folgenden *Grochla* [74, S. 108 ff.], [76, S. 116] sowie *Pfitzner* [210, S. 1154].

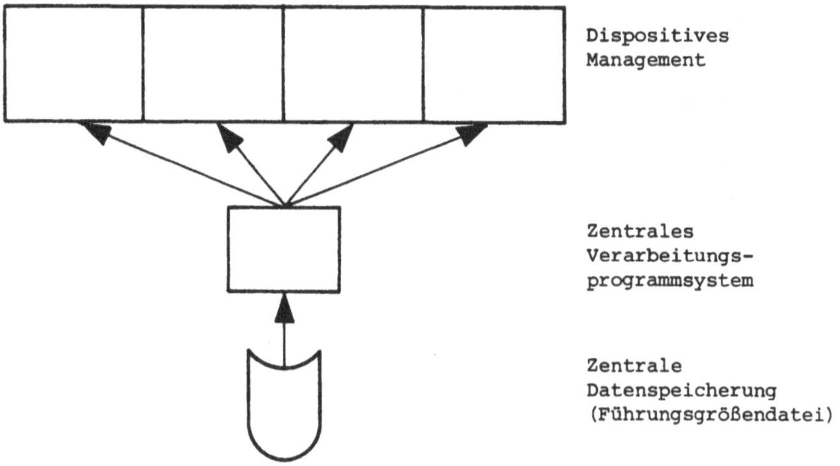

a) Zentrale Struktur

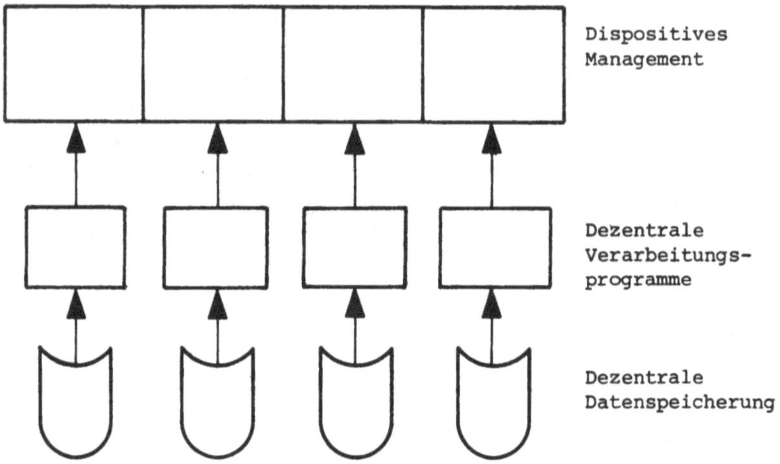

b) Dezentrale Struktur

Abb. 24. Strukturierungsmöglichkeiten komplexer EDV-Systeme [148, S. 29 u. 31]

stiger erfüllen als universelle Großsysteme. Nicht zuletzt kann der Einsatz dezentraler EDV-Anlagen im Rahmen eines Rechnerverbundes das zentrale System entlasten, damit dieses die eigentlichen Funktionen eines betrieblichen Informations- und Steuerungssystems wahrnehmen kann:

- Aufnahme, Aufbereitung, Speicherung und Abgabe der für die betriebliche Datenbasis (Datenbank) erforderlichen Daten;
- Durchführung komplexer Datentransformationsprozesse;
- Daten-Wiederauffindung (Retrieval Process) im Rahmen des Informationssystems;
- Steuerung der angeschlossenen EDV-Anlagen;
- Vornahme von Routineentscheidungen und Erarbeitung von Entscheidungsgrundlagen für echte Entscheidungen.

2.4.2.2. Abhängigkeit betrieblicher Kommunikation von Datenübertragungssystemen

Unabhängig von den Aktionsphasen Datentransformation und Datenspeicherung, die bei einem komplexen EDV-gestützten Informations- und Steuerungssystem eher zur Zentralisation neigen, und unabhängig von der Datenaufnahme bzw. Datenabgabe, die über dezentrale Datenstationen erfolgen kann, hat die Gestaltung der *Datenübertragungswege* einen wesentlichen Einfluß auf die betriebliche *Kommunikationsstruktur.* Im betrieblichen Kommunikationssystem entsteht vor dem Hintergrund einer Tendenz zur zentralen Speicherung und Verarbeitung von Daten die Aufgabe der Umstrukturierung der kommunikativen Beziehungen. Viele Daten müssen erst einem Datenverarbeitungszentrum zur Verarbeitung und Auswertung übergeben werden, und von dort aus erhalten die Entscheidungsträger die verarbeiteten Ausgabedaten. Ohne näher auf die Typen kommunikativer Netzwerke[92] einzugehen, seien kurz die für die EDV-bezogene Systemschaffung wesentlichen organisatorischen Bestimmungsfaktoren der Strukturierung von Datenübertragungssystemen[93] genannt:

- Übertragungssignale (Code),
- Übertragungsverfahren (synchron, asynchron),
- Übertragungsrichtung (simplex, duplex),
- Übertragungsleistung (Datenmenge, Übertragungsgeschwindigkeit),
- Übertragungssicherung.

Da die Strukturierung von Datenübertragungssystemen bzw. -netzen nicht zuletzt eine Betrachtung der Kosten erfordert, ist davon auszugehen, daß nicht beliebig viele Übertragungswege eingerichtet werden können. Zweifelsohne wäre aber gera-

[92] Vgl. hierzu im einzelnen *Bössmann* [33] und *Ziegler* [268].
[93] Vgl. im einzelnen *Hoffmann* [115, S. 56 ff. u. S. 87 ff.]. Zu den Parametern von Kommunikationsstrukturen vgl. *Krug* [162, S. 81 ff.].

de der Netzwerktyp mit den meisten Datenübertragungswegen – das ist das *Maschennetz* – insofern von Vorteil, da es jedem EDV-System bzw. seinem Benutzer erlaubt, mit jedem anderen EDV-System bzw. Benutzer im bestehenden Netz in Verbindung zu treten. Des weiteren erfüllt das Maschennetz hohe Sicherheitsanforderungen, da beim Ausfall einer Kommunikationsleitung über den sogenannten Umwegverkehr[94] der gewünschte Datenaustausch stattfinden kann. Diesem Vorteil steht ein Nachteil gegenüber im starken Ansteigen der erforderlichen Anzahl an Datenübertragungswegen bei Zunahme der Netzpunkte, da jeder neue Teilnehmer mit jedem bereits bestehenden Netzpunkt zu verbinden ist. Somit ist ein Datenübertragungsnetz in Form eines Maschennetzes nur dann wirtschaftlich vertretbar, wenn sehr hohe Sicherheitsanforderungen an das Datennetz gestellt werden und zugleich eine hohe kapazitive Auslastung des Netzes vorauszusehen ist. Demgegenüber weisen die Netztypen *Stern* und *Kette* zwar eine geringere Anzahl an Datenübertragungswegen auf, wobei sich an den Stern relativ leicht weitere Teilnehmer anschließen lassen, jedoch unterbricht der Ausfall eines Datenübertragungsweges im sternförmigen System die Kommunikation zwischen zwei Teilnehmern völlig, da ein Umwegverkehr nicht möglich ist.

Um die Forderungen zu erfüllen:
- nach Flexibilität eines Informationssystems durch den Einsatz mehrerer EDV-Systeme,
- nach Errichtung einer gemeinsamen Datenbasis und deren Verwaltung durch ein zentrales System und
- nach möglichst großer Sicherheit des Gesamtsystems (ohne dabei aufwendige Duplex-Systeme und ausschließlich Maschennetze einzusetzen),

sei das Modell eines Multi-Satelliten-Systems erwähnt [223]. Hier übernimmt ein großes zentrales EDV-System die Verarbeitung der von verschiedenen Satelliten-Rechnern (Subsysteme) gelieferten Daten. Dabei ist für die Verbindung der Hauptsysteme einzelner Betriebe bzw. Betriebsteile mit dem zentralen EDV-System ein Stern-Kreis-Netz vorzusehen. Ein derartiges Satellitensystem ermöglicht nicht allein eine relativ hohe Sicherheit der Datenverarbeitung und -übertragung, sondern auch gegenüber dem Ausfall einzelner EDV-Systeme, deren Aufgaben in einem solchen Fall von anderen funktionsfähigen Systemen übernommen werden können.

2.4.2.3. Speicherung, Datenzugriff, Datenschutz

Informations- und Steuerungssysteme stellen besondere Anforderungen an die Datenspeicherung und an den Zugriff von Daten. Dies ist EDV-technisch gesehen eine Aufgabe der Datenorganisation[95]. Das von *Lutz* und *Beutler* [177, S. 370] entworfene Modell einer Datenbank (Abb. 25) zeigt die Beziehungen der zu logischen

[94] Vgl. im folgenden *Hoffmann* [115, S. 89].
[95] Vgl. hierzu *Wedekind* [255, insbes. S. 235 ff.].

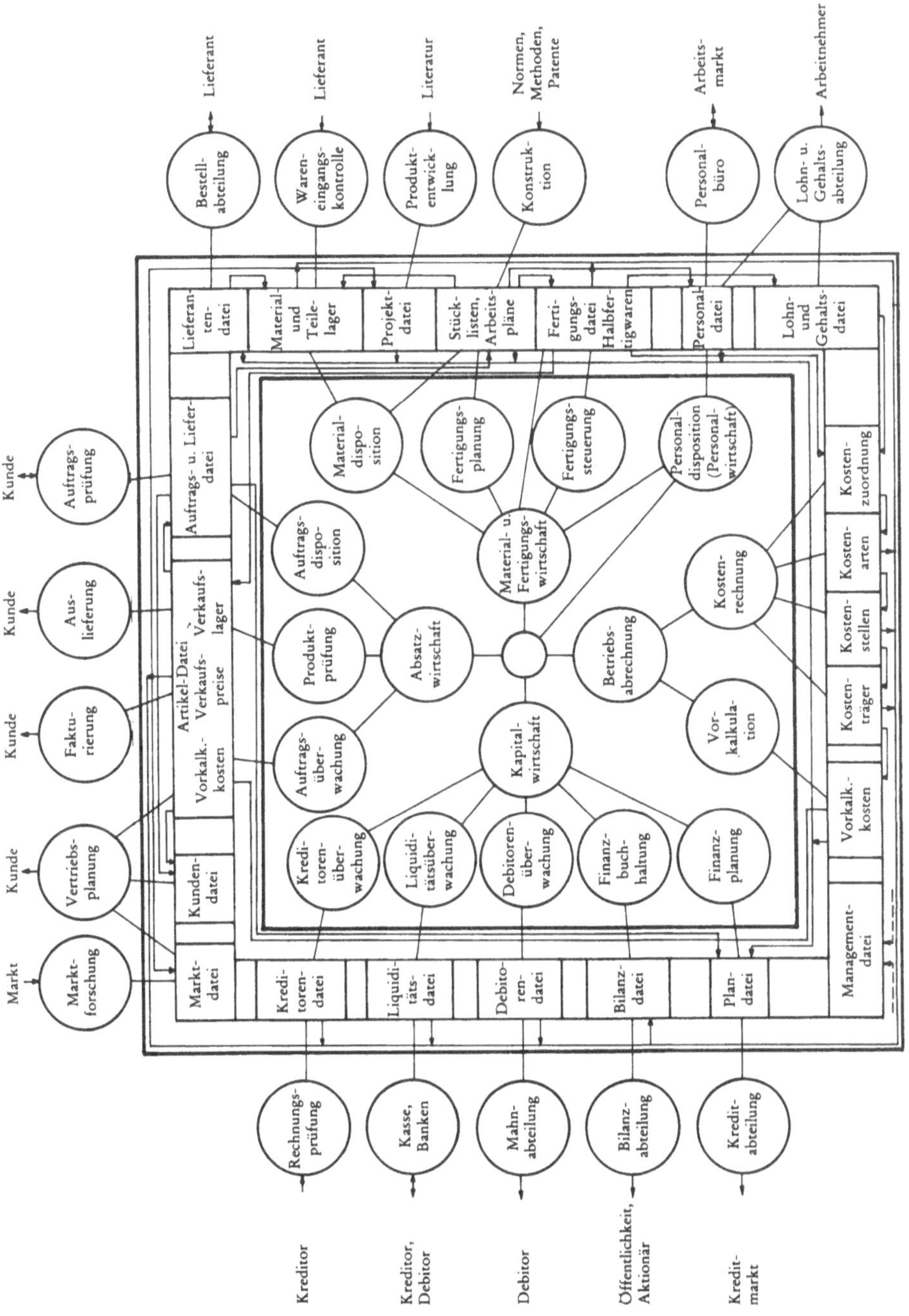

Abb. 25. Konzeption einer Datenbank eines Industriebetriebes [177, S. 370]

Einheiten (Dateien) zusammengefaßten Daten einer Unternehmung. Für eine integrierte Verarbeitung von Daten hat die Verkettung von Dateien (dargestellt durch die Pfeile) eine besondere Bedeutung. Die Dateien stehen also nicht „lose" nebeneinander. Der Dateienaufbau muß so flexibel sein, daß eine Auswertung nach vielen Gesichtspunkten möglich ist, wenngleich die Daten *möglichst* nur *einmal* an einem zentralen Ort zu speichern sind. Bei *Datenorganisation* in einer *Datenbank* wird das Streben nach Einmalspeicherung von Daten u. a. durch die *Segmentierung* (Abb. 26) von Datensätzen erreicht. Ein wichtiger Unterschied zwischen dem Arbeiten mit einer Datenbank und der konventionell ablauforientierten Organisation liegt darin, daß bei einer Datenbankorganisation die zu verarbeitenden Sätze erst zum Zeitpunkt der Programmausführung aus den einzelnen Segmenten zusammengestellt werden. Derzeit läßt sich die Forderung nach Einmalspeicherung nicht immer erfüllen, insbesondere wenn es sich um große Datenbestände handelt und es ausgeschlossen erscheint, alle Daten unter sofortigem Zugriff zu haben. Dieses Problem wird entweder dadurch gelöst, daß man einen großen Teil der Daten auf auswechselbaren Magnetplatten und Magnetbändern in einem Archiv in nicht direktem Zugriff hält, oder daß man eine dezentrale Speicherung – dann allerdings meist mit Doppelspeicherung – schafft. Informations- und Steuerungssysteme müssen all die Daten in direktem Zugriff haben, deren Verarbeitung oder Abruf zeitkritisch ist. Andere Daten sollten nicht in direktem Zugriff stehen, da dieser derzeit noch mit hohen Kosten verbunden ist.

Eng verbunden mit der Datenspeicherung ist das Problem der *Datenverdichtung* bzw. *-reduktion*. Hier ist eine „Verjüngung des Datenbankgrundrisses" [255, S. 240] anzustreben (Abb. 27). Dies soll andeuten, daß von Führungsebene zu Führungsebene eine Datenverdichtung stattfindet. Datenverdichtung zu hochwertigen *komprimierten* Informationen kann durch Bildung von *Kennzahlen*, charakteristischen Parametern für Steuerungsprozesse usw. erfolgen. Die Feststellung der Informationsbedürfnisse der Führungsebenen ist dabei eine gesonderte und recht schwierige Aufgabe. Neben der *Datenverdichtung* hat aber auch eine *Datenspreizung* ausgehend von höheren Führungsebenen zur operationalen Ebene in Form von operationalen Anweisungen, detaillierten Soll-Vorgaben usw. zu erfolgen.

Im Zusammenhang mit der Speicherung von Daten und dem Zugriff auf Daten stehen die organisatorischen Maßnahmen des *Datenschutzes*[96] und der *Datensicherung*[97]. Gemäß der juristischen Definition dient der Datenschutz dem Schutz von Rechtsgütern an Daten (Datenrechtsschutz). Dabei ist zu unterscheiden (Abb. 28):

- der organisationsbezogene Datenschutz als Schutz aller Daten über schutzbedürftige Tatbestände bei manueller und maschineller Datenverarbeitung;
- der personenbezogene Datenschutz als Schutz der Privatsphäre (Individualdatenschutz) natürlicher und juristischer Personen bei manueller und maschineller Datenverarbeitung.

[96] Vgl. zum Problemkreis „Datenschutz" insbesondere *Seidel* [233].

[97] Zur Abgrenzung der Begriffe „Datenschutz" und „Datensicherung" vgl. im einzelnen [99], [110], [111], [164].

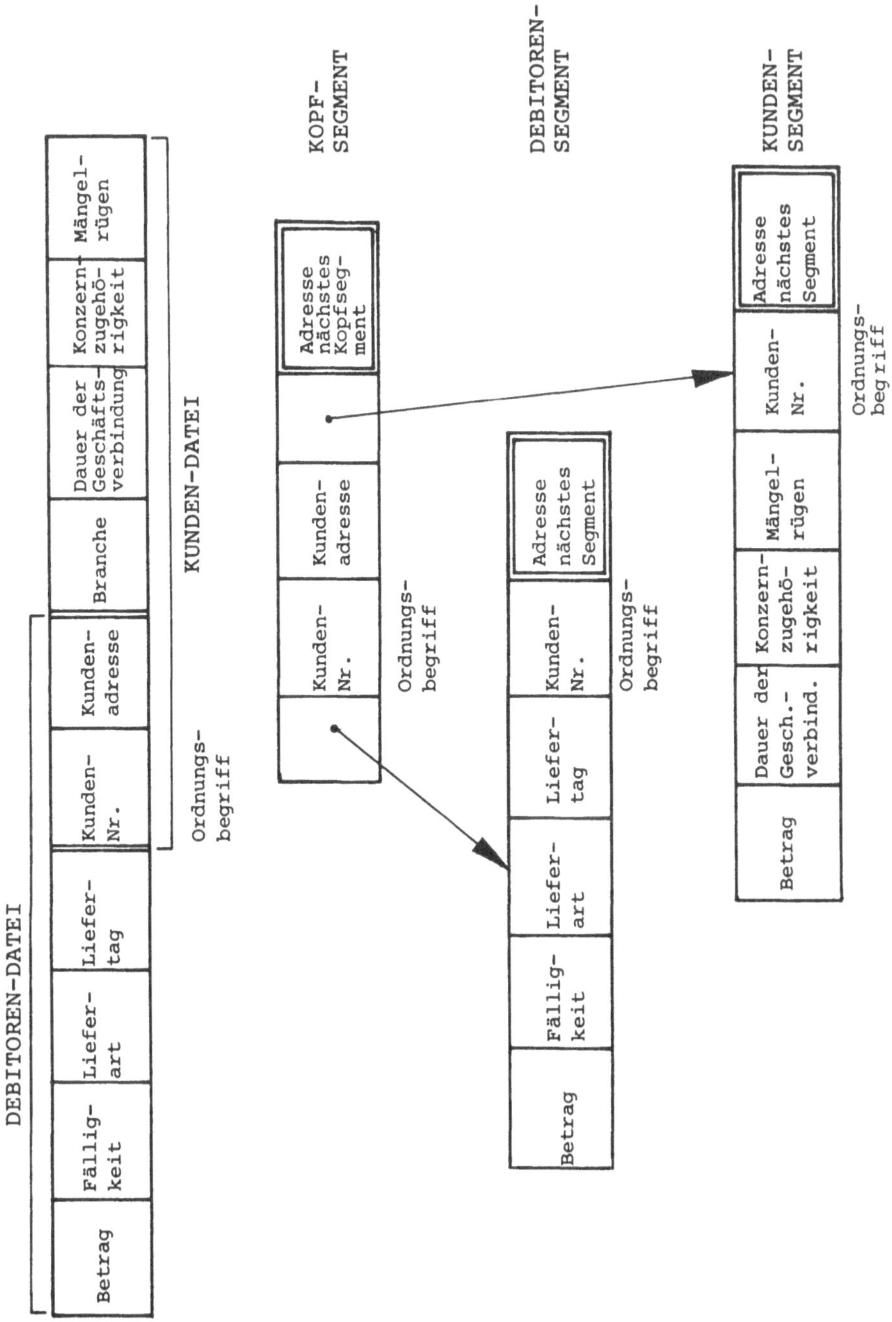

Abb. 26. Segmentierung von Sätzen [255, S. 244]

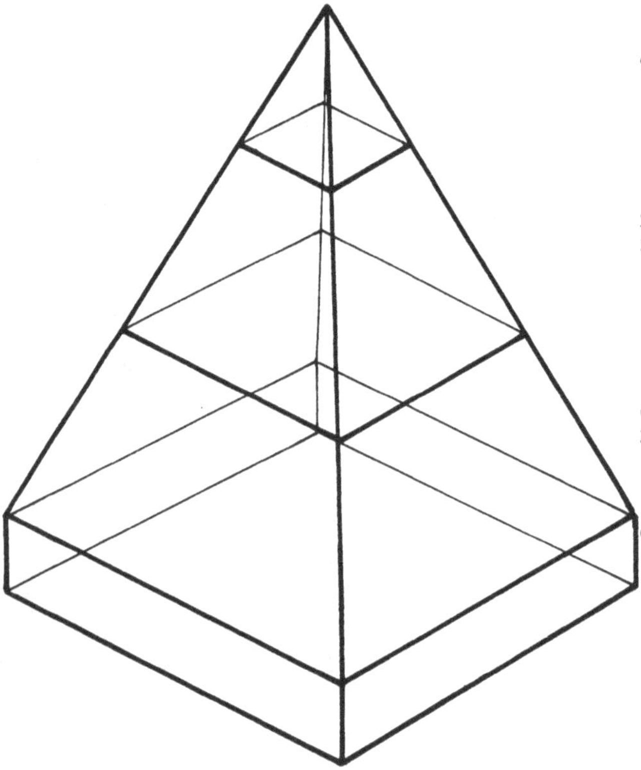

Abb. 27. Datenbankgrundriß

Die Datensicherung dient im Gegensatz zum Datenschutz in erster Linie nicht den Daten selbst, sondern dem Schutz des Datenträgers vor Verlust, Zerstörung, Beschädigung usw. Die Datensicherung umfaßt somit alle Methoden, Vorkehrungen und organisatorischen Maßnahmen, mit denen der Datenschutz realisiert und eine relativ hohe Datensicherheit erreicht werden kann [110, S. 760].

Die Probleme des *Datenschutzes* liegen somit vornehmlich auf der *juristischen* Seite, während die *Datensicherung* eine *organisatorische* Aufgabe darstellt. Über den Schutz des Datenträgers hinaus hat die Datensicherung auch die Aufrechterhaltung des Datenverkehrs und die Rekonstruierbarkeit von Daten zu gewährleisten. Schutzgut sind die Daten selbst sowie der Datenbankbetrieb insgesamt als Organisationsbestandteil einer Unternehmung. In allen Fällen ergeben sich aus den unterschiedlichsten Umweltanforderungen verschiedene Sicherungsmaßnahmen.[98] Sie be-

[98] Vgl. auch im folgenden [111, S. 837 f.].

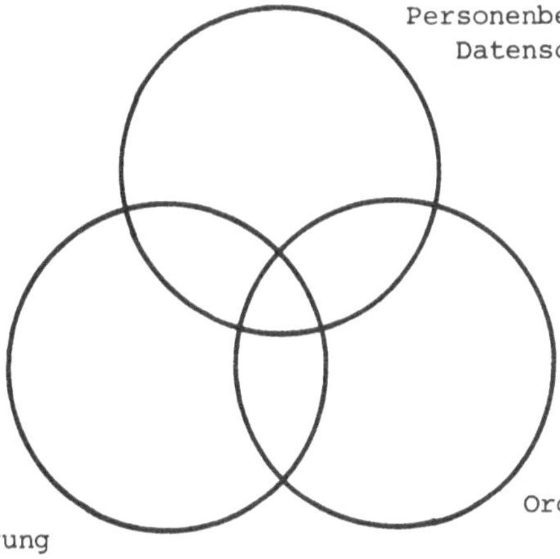

Abb. 28. Abgrenzung und Zusammenhang von Datenschutz und Datensicherung

ziehen sich auf die Sicherung des maschinellen Systems (Hardware), des Programmsystems (Software) und des Organisationssystems (Orgware).

Nach den Aktionsphasen der Datenverarbeitung läßt sich eine Gliederung der Sicherungsmaßnahmen vornehmen in:

- Eingabesicherung,
- Speichersicherung,
- Verarbeitungssicherung,
- Übertragungssicherung,
- Ausgabesicherung.

Die Datensicherung basiert dabei auf der Kontrolle der Aufbau- und Ablauforganisation und beinhaltet:

- verrichtungsbezogene Kontrollen,
- sachbezogene Kontrollen,
- personenbezogene Kontrollen,
- raumbezogene Kontrollen,
- zeitbezogene Kontrollen.

2.4.3. Auswirkungen auf die Steuerung betrieblicher Prozesse

Während sich bei der Strukturierung der informationellen Aktionsphasen die Bemühungen zum Erarbeiten von integrierten Systemen verstärkt auf die Realtechnik und auf den Aufbau eines Kommunikationsnetzes[99] richten, sind bei der

[99] Einschließlich der damit verbundenen Probleme der Standortwahl eines Datenverarbeitungszentrums; vgl. hierzu [109, S. 29 ff.].

organisatorischen Regelung der Steuerung betrieblicher Prozesse die Auswirkungen eines integrierten Systems auf die dispositive Ebene, insbesondere auf Planung und Entscheidung, und auf die operative Ebene gleichermaßen zu berücksichtigen. Die Einflüsse eines integrierten Informations- und Steuerungssystems auf die Unternehmung in ihrer Gesamtheit und die einzelnen Steuerungsprozesse selbst sind differenziert zu betrachten und bislang in der Diskussion umstritten. Die differenzierte Betrachtung sollte von den Unterschieden in der *Unternehmensgröße* ausgehen und den Steuerungsprozeß mit seinen einzelnen *Phasen* Planung, Entscheidung und Kontrolle des Operationsvollzuges (Realisation) untersuchen.

Die Tendenz zur Dezentralisierung des betrieblichen Steuerungsprozesses hat in der Praxis bei wachsender Unternehmensgröße hauptsächlich zwei Gründe[100]:

- Infolge von Umfang und Komplexität kann der Steuerungsprozeß nicht mehr zentral voll wahrgenommen werden.
- Es besteht der Anreiz zur Entfaltung spezieller Fähigkeiten der Führungspersönlichkeiten.

Die zentrale Organisationsform der betrieblichen Steuerung hat den Vorteil der Einheitlichkeit und der geringen Belastung der horizontalen Kommunikationswege. Demgegenüber ist die dezentrale Form elastischer und belastet die vertikalen Kommunikationswege geringer. Die Literatur, die sich mit der Entwicklung in diesem Bereich befaßt, ist sich über die Tendenz hier nicht einig. Allgemein aber läßt sich feststellen, daß bei entsprechender Konzeption *integrierter* Informations- und Steuerungssysteme die Möglichkeit gegeben ist, bei verbessertem Informationssystem und weitgehender Automatisierung von Verwaltungsaufgaben zu einer stärkeren *Zentralisierung* der Steuerung zu gelangen, ohne dadurch die Flexibilität zu gefährden.

2.4.3.1. Veränderungen im Planungsprozeß

Planung als Prozeß der Festlegung von Zielen und von Maßnahmen zu deren Erreichung ist die Grundlage wirtschaftlicher Prozesse. Der Erfolg eines Operationsvollzuges kann nur dann ermittelt werden, wenn der Operationsvollzug in Relation zu den gesetzten Zielen gebracht wird. Die von der Planung vorgegebenen Daten erlauben somit, daß sich die Durchführungskontrolle im wesentlichen auf die Messung von *Abweichungen* zu den Soll-Vorgaben konzentriert. Das Planungssystem schafft die Grundlage für zielgerichtete Gestaltungsentscheidungen, indem es vor allem im Rahmen von Problemanalyse, Problemstrukturierung sowie Entwerfen, Auswählen und Vorschlagen von *Problemlösungsalternativen* seine Aktivitäten entwickelt.[101]

Der Planungsprozeß ist eine der Grundvoraussetzungen für die Steuerung be-

[100] Vgl. hier und im folgenden [136, S. 93 ff.].
[101] Vgl. hierzu im einzelnen [10, S. 107 ff.], [20, S. 120], [242, S. 667 f.].

trieblicher Prozesse. So wie in einem allgemeinen kybernetischen System (Regelkreis) Regel-, Stell-, Stör- und Führungsgrößen den Prozeßablauf in der Regelstrekke bestimmen, sind die Plandaten in einem integrierten Informations- und Steuerungssystem für den Ablauf des Operationsvollzuges verantwortlich [153, S. 400]. „Die Organisation ist daher der direkte Rahmen für die Planung, denn jeder organisatorische Regelkreis muß über die entsprechenden Plandaten verfügen" [136, S. 95].

Entsprechend der Gesamtkonzeption eines integrierten Systems mit der hierarchischen Stufung des Systems in Teilsysteme bzw. Teilmodelle ergibt sich für die Planung eine weitere Unterscheidung in *Unternehmensplanung* („planning") und *Teilbereichsplanung* („scheduling"). Die Unternehmensplanung und die dafür eingesetzten EDV-Systeme bilden ein Kernstück des EDV-gestützten Informations- und Steuerungssystems und mithin auch des Datenverarbeitungszentrums. Aus der übergreifenden Unternehmensplanung leiten sich die weiteren Pläne wie Absatzplan, Fertigungsplan und Beschaffungsplan ab. Die Unterscheidung der Pläne auf der Ebene der Unternehmensplanung von den Plänen der Teilbereichsplanung ist von grundsätzlicher Art: So stellt z. B. die Fertigungsplanung auf der Stufe der Unternehmensplanung eine umfassende fertigungsbezogene Planungsrechnung dar, die der Unternehmensleitung eine Informationsbasis für die unternehmenspolitischen Entscheidungen liefert; die Teilbereichsplanung im Fertigungsbereich gibt dagegen in erster Linie Plantermine sowie mengen- und qualitätsmäßige Sollwerte für den Operationsvollzug (Fertigung) vor [96, S. 141 ff.].

Um den Einfluß integrierter Systeme auf die Planung[102] als Funktion der Unternehmensführung aufzuzeigen, ist zunächst die grobe Unterteilung in kurzfristige und langfristige Planung vorzunehmen. Da die Aufgabenstellung der kurzfristigen und langfristigen Planung recht unterschiedlich ist und noch weitere Wesensunterschiede zwischen ihnen bestehen, haben beide Ausprägungen der Planung unterschiedliche Auswirkungen im Zusammenwirken mit integrierten Systemen.

Die *kurzfristige* Planung „ist die Grundlage der laufenden Geschäftsführung und ist der für den Betriebsvollzug unmittelbar wirksamwerdende Teil der Planung, und zwar einer Gesamtplanung, bei der jeder einzelne Teilbereich und jede Teilfunktion auf das betriebliche Gesamtziel abgestellt ist" [185, S. 114]. Diese Zielsetzung der kurzfristigen Planung hat auch das integrierte Informations- und Steuerungssystem zu erfüllen. Es ist auf die *laufende Steuerung* des Operationsvollzuges im Betrieb abgestellt und dabei in allen Funktionen auf das betriebliche Gesamtziel ausgerichtet. Zum Wesen des integrierten Systems gehört allerdings auch die (weitgehende) Automatisierung der kurzfristigen Planung.

Die relativ große Menge der Ausgangsdaten für die Planung läßt sich vor allem dann vorteilhaft verarbeiten, wenn die Daten standardisiert sind. Gegenüber der manuellen Datenverarbeitung erlauben EDV-gestützte Systeme größere Datenmengen und unterschiedlichste Datenarten zu verarbeiten, worduch die Qualität der

[102] Vgl. hier und im folgenden [136, S. 95 ff.].

Planung wesentlich verbessert werden kann. Die hohe Verarbeitungsgeschwindigkeit der EDV-Systeme führt außerdem zu einer höheren Aktualität und Elastizität der Planung, was für die kurzfristige Planung besonders wichtig ist. Wesentlichen Anteil daran, daß sich durch integrierte Informations- und Steuerungssysteme die Perioden der Ausführungsplanung zur Steuerung des Betriebsgeschehens beträchtlich verkürzen, hat vor allem das Informationssystem mit einem gut ausgebauten Kommunikationssystem. Die verkürzte Ausführungsplanung basiert auf Rahmenplänen, die durch den ständigen Rücklauf von Kontrolldaten abgeändert werden. Die Korrektur auf den neuesten Stand nimmt das System automatisch vor. Die Unternehmensführung wird von den Abweichungen und den Planinterdependenzen sowie möglichen Auswirkungen unterrichtet. Durch eine ständige Berücksichtigung der Interdependenzen innerhalb des Systems kann die Planung eine *koordinierende* Funktion ausüben, die zu einer möglichst optimalen Faktorkombination beitragen soll [136, S. 97].

Anwendungsbereiche der kurzfristigen Planung und Steuerung mittels integrierter Systeme liegen vor allem in der Möglichkeit zur Optimierung innerhalb des Planungsablaufs, z. B. bei der Lager-, Produktions-, Absatz- und Finanzplanung. Bei der Projektplanung im Rahmen größerer Vorhaben (Großmaschinenbau, Bauindustrie, Forschungs- und Entwicklungsprojekte) kann die laufende Kontrolle, Steuerung, Koordinierung und Plankorrektur von integrierten Systemen unter Verwendung der Netzplantechnik vorgenommen werden.

Die *langfristige* Planung ist eng mit der *Unternehmenspolitik* verknüpft. Sie ist im Gegensatz zur kurzfristigen Planung, die vor allem Aufgabe der mittleren Führungsebene ist, eine Funktion der obersten Leitung. Ihre besondere Problematik liegt in der Abschätzung längerer Zeiträume sowie langfristig wirksamwerdender Maßnahmen. Ferner zwingen steigende Kapitalintensität, zunehmende Erweiterung und Verflechtung der Märkte und Rohstoffengpässe im Gegensatz zur kurzfristigen Planung, bei der sich die zu betrachtenden Planungsperioden verkürzen, bei der langfristigen Planung zu einer *Verlängerung* der *Planungszeiträume*. Die langfristige Planung betrifft vor allem die Produktionsprogrammstruktur und Produktinnovation, die Produktionsanlagenausstattung sowie die Erschließung von Beschaffungs- und Absatzmärkten. Die dazu erforderlichen Daten sammelt das System und bereitet sie bei Bedarf auf. Dabei kann das System selbst aktiv werden, wenn es – nach entsprechenden Modellen programmiert – die Unternehmensführung zu einer Entscheidung animieren will, oder es kann passiv dem anfragenden Management als Auskunftssystem mit Prognosen, Trendberechnungen, Simulationen und Planungsvorschlägen dienen.

Da die langfristige Planung gleichsam der Mantel für die kurzfristige Planung ist, sollten beide Arten der Planung gleichen formalen Regeln folgen. So kann die laufende Kontrolle der langfristigen Planung bei entsprechender Abstimmung des Planungsrahmens so erfolgen, daß bei der Abweichung von vorgegebenen Planprämissen und Planprognosen eine Korrektur des Plans veranlaßt werden kann. Planprognosen, Simulationen, Plankorrekturen usw. werden durch integrierte Systeme entschieden verbessert.[103] Zum einen wäre der Mensch zur Anwendung komplexer Simulationsmodelle in wirtschaftlich vertretbaren Zeiträumen kaum fähig, zum anderen würden einige Planvarianten erst gar nicht berücksichtigt und verfolgt, wenn sie a priori aus subjektiver Einschätzung als nicht zweckmäßig gehalten würden. Insofern führt das integrierte System zu einem größeren Maß an *Intersubjektivität.* Als weiterer Effekt kommt hinzu, daß sich die Unternehmensführung bei *Entlastung* von *Routinearbeiten* durch das System verstärkt der Unternehmenspolitik und damit auch der langfristigen Unternehmensplanung und *Plankoordinierung* widmen kann. Dies und insbesondere die Entlastung von Routinearbeiten deuten auf eine Zentralisierungstendenz bei Planungs- und Entscheidungsaufgaben hin.

2.4.3.2. Veränderungen im Entscheidungsprozeß[104]

Integrierte Informations- und Steuerungssysteme können die betriebliche Entscheidungsbildung und Entscheidungsdurchsetzung (dispositive Steuerung) in zweifacher Weise beeinflussen[105]:

(1) Veränderungen der allen Problemlösungen und Entscheidungen vorausgehenden und nachfolgenden Informationsprozesse durch das Informationssystem.
(2) Entpersonalisierung einzelner bzw. aller Entscheidungsphasen bei automatisierbaren (programmierbaren) Entscheidungen durch den Einsatz komplexer EDV-Systeme.

Bei der Beantwortung der Frage, welche Auswirkungen EDV-gestützte Informations- und Steuerungssysteme auf die Organisation einer Unternehmung haben, kommt *Hartmann* bei der Diskussion von Systemmodellen [96, S. 40 ff.], die unterschiedliche Automationsgrade hinsichtlich der Entscheidungs- und Leitungstätigkeit aufweisen, zu dem Ergebnis, daß – bezogen auf die Organisation des Gesamtunternehmens – von einer *Reduzierung* der sonst üblichen Anzahl *betrieblicher Rangebenen* von etwa sechs auf drei auszugehen ist, was einen *Strukturwandel* gegenüber herkömmlichen Organisationsschemata bedeutet.

Wird die operative Erfüllung der betrieblichen Funktionen nach dem kybernetischen Regelkreis vollautomatisch gesteuert, so ergeben sich bei der Ideal-System-Konzeption drei Hierarchieebenen [96, S. 42]:

(1) Oberste Leitung,
(2) Automatischer Steuerungskreis,
(3) Operationsvollzug betrieblicher Funktionen.

[103] Es ist allerdings dem Einwand von *Szyperski* [242, S. 680 f.] weitgehend recht zu geben, daß derzeit in theoretischer wie technologischer Hinsicht noch Mängel im Umgang mit komplexen EDV-gestützten Planungssystemen bestehen.
[104] Vgl. im folgenden *Hoffmann* [116, S. 452].
[105] Vgl. u. a. *Grochla* [75, S. 47 ff.], *Link* [171, S. 338 ff.], *Zangemeister* [266, S. 217 ff.].

Dies bedeutet für die Systemschaffung die Berücksichtigung der Tatsache, daß je nach Automatisierungsgrad des Steuerungskreises die Unternehmensleitung sich auf die echten Leitungs- und Entscheidungsprozesse konzentrieren und die operative Steuerung dem integrierten System überlassen kann. Für die oberste Leitung wird sich durch die Einführung von Informations- und Steuerungssystemen das Aufgabengebiet nicht wesentlich ändern, sieht man von der weitgehenden Entlastung von Routinearbeiten ab. Vielmehr werden die Arbeitsmethoden und Arbeitstechniken der Leitung stark beeinflußt. Vor allem muß die Unternehmensführung dann zu einer stärkeren Quantifizierung der Entscheidungsprozesse gelangen [136, S. 94].

Die betriebliche Kommunikation kann beschleunigt und der Entscheidungsprozeß verbessert werden, indem mehr Daten schneller verarbeitet, mehr Alternativen berücksichtigt und die Auswirkungen von Entscheidungen auf die Unternehmung in ihren Einzelheiten aufgezeigt werden. Dies erleichtert zum Teil die Tätigkeit der Unternehmensleitung, übt aber verstärkt auch Druck auf die Leitung aus. Denn bei steigender Automatisierung, vom Operationsvollzug ausgehend bis hin zur Steuerung des Operationsvollzuges, wird der Rhythmus der Unternehmung beschleunigt. Außerdem unterliegen die Handlungen der Leitung zunehmend einer Kontrolle durch das integrierte System, wie es bisher vielfach nur für die mittlere Ebene der Fall war; denn die in einem EDV-gestützten integrierten System eingebauten Kontrollen müssen die Prozesse aller Ebenen der Unternehmenshierarchie betreffen [136, S. 94 f.].

Mit dem qualitativen Aufgabenwachstum im Bereich der Unternehmensleitung geht eine Komplizierung der zu schaffenden EDV-Systeme sowie eine Ausdehnung des zu erfassenden und zu verarbeitenden Datenvolumens einher, da das automatische System nur quantifizierte Planungs-, Entscheidungs- und Kontrollaufgaben bearbeiten kann. Dies bedeutet für das Datenverarbeitungssystem einen Aufstieg von der „bloßen Massenverarbeitung in eine selbständige Rangstufe innerhalb der Unternehmensorganisation" [96, S. 49].

Komplexe EDV-Systeme weisen die *Tendenz* auf, zunehmend *Routineentscheidungen* zu übernehmen. Somit tritt die menschliche Instanz auf höheren, mittleren und unteren Leitungsebenen als Entscheidungsträger (im herkömmlichen Sinn) in den Hintergrund. Dies hat sowohl ein zahlenmäßig personelles *Schrumpfen* in der *Leitungshierarchie* als auch eine *veränderte Stellen-* und *Abteilungsbildung* zur Folge. Innerhalb des Ausführungsbereichs findet demgemäß nur noch die Überwachung der Ausführungen statt. Dabei kann der Ausführungsbereich entweder eine funktionale, divisionale oder eine kombinierte Organisationsgrundstruktur aufweisen [96, S. 50].

Da die zentrale Datenverarbeitung in Verbindung mit der Datenfernverarbeitung es außerdem ermöglicht, die notwendigen Entscheidungsdaten selbst bei räumlich getrennten Teilbereichen rechtzeitig und vollständig zentral zur Verfügung zu stellen, kann in diesem Fall eine *zentrale* Leitungs- und Entscheidungsstelle ihre eigentliche Funktion voll wahrnehmen [76, S. 118]. Gleiches gilt auch für den Steuerungskreis, der ebenfalls (räumlich) getrennte Operationsvollzüge zu steuern vermag. Eine Einengung des Leitungs- und Entscheidungsspielraumes der jeweils untergeordneten Einheiten ist die Folge solcher Systeme [259, S. 16 ff.]. Demgegenüber kann allerdings auch die Meinung vertreten werden, daß eine *zentrale* Datenverarbeitung sich auch mit der Entscheidungs*dezentralisation* vereinbaren läßt.[106] Diese Argumentation stützt sich weitgehend darauf, daß die neuzeitlichen EDV-Betriebsweisen (on-line, real-time und Teleprocessing) die Möglichkeit eröffnen, dezentrale Organisationseinheiten rechtzeitig mit allen entscheidungsrelevanten Informationen zu versorgen. Ferner werden stark zentralisierte und formalisierte Entscheidungsstrukturen wegen ihrer geringen Flexibilität und ihrer dämpfenden Einflüsse auf Initiative und Kreativität der Organisationsmitglieder als nachteilig empfunden. Zudem, so meint *Bleicher* [25], sei es nur durch Delegation von Entscheidungsaufgaben möglich, Nachwuchskräfte der mittleren und höheren Leitungsebene systematisch auf verantwortungsvolle Positionen in der obersten Ebene vorzubereiten.

Weitgehend unberührt vom Einsatz von EDV-Systemen zur Automatisierung betrieblicher Verwaltungstätigkeit bleibt die herkömmliche Tendenz bestehen, *bereichsübergreifende Entscheidungsprozesse* eher zu *zentralisieren* und *Teilbereichsentscheidungen dezentral* zu fällen. Dies gilt insbesondere für große Unternehmen und konzernverbundene Unternehmen. Hier kann entsprechend dem hierarchischen Entscheidungsaufbau (Teilbereichsentscheidungen und Ganzheitsentscheidungen) ein Informations- und Steuerungssystem nach dem Modell eines Multi-Satelliten-Systems mit dedizierten Systemen (dedicated Systems) gestaltet werden.

Die *dezentrale* Strukturierung[107] herkömmlicher Systeme informationeller und dispositiver Prozesse ist im wesentlichen in der *Unvollkommenheit* der Informationsbedingungen und in der *begrenzten Kapazität* der Leitungs- und Entscheidungsorgane begründet [76, S. 117]. Mit dem Einsatz leistungsfähiger EDV-Systeme lassen sich jedoch betriebliche Informations- und Steuerungssysteme errichten, die die Routineentscheidungen automatisieren und die dispositiven Entscheidungen durch die Bereitstellung von mehr Informationen größerer Qualität und Aktualität auf eine höhere Stufe stellen. Mit dem Einsatz derartiger Systeme nimmt die Reichweite von Entscheidungen zu, denn bestimmte betriebliche Aufgaben, z. B. Optimierungsprobleme, sind erst mit der EDV lösbar geworden. Auch können die Konsequenzen der Entscheidungen transparenter dargelegt werden. Somit lassen sich Fehlentscheidungen infolge dieser Transparenz sowie durch die sofortige Bereitstellung relevanter Entscheidungsinformationen weitgehend reduzieren.

Von Bedeutung ist in diesem Zusammenhang das Wirkverhältnis von Quantität und Qualität der Information zur Qualität der Entscheidung. Dies kann allein eine Wirtschaftlichkeitsanalyse klären, für die allerdings im vorliegenden Fall bislang nur Lösungsansätze existieren. Somit bleibt unter Wirtschaftlichkeitsaspekten die Frage offen, *wie komplex* ein EDV-System sein darf bzw. inwieweit man auf eine

[106] Vgl. im folgenden *Grochla* [76, S. 119 f.].

[107] Zum Koordinationsproblem bei dezentralen Entscheidungen vgl. [7].

„Perfektionierung“ der betrieblichen Informationsbedingungen verzichten sollte. Schließlich ist die Schaffung bzw. Organisation von Totalsystemen mit erheblichen Kosten verbunden, so daß dadurch u. U. die Erreichung des Unternehmensziels (z. B. Rentabilität) gefährdet werden könnte. In einem solchen Fall ist es besser, die Vollkommenheit der betrieblichen Informationsbedingungen, die Automatisierung quantifizierter Entscheidungsaufgaben und die Automatisierung des Operationsvollzugs nur so weit auszudehnen, wie es die Erreichung des Unternehmensziels fördert [116, S. 453].

2.4.3.3. Veränderungen im Realisationsprozeß

Beim Einsatz eines EDV-gestützten Informations- und Steuerungssystems wird der betriebliche Operationsvollzug über das Steuerungssystem beeinflußt. Bei der Untersuchung dieser Einwirkungen wird der Produktionsprozeß des Industriebetriebes zugrunde gelegt, der wie folgt gegliedert werden kann:

- Operationsvollzug an konfektorischen[108] Realgütern (Fertigungsbereich),
- Operationsvollzug an informatorischen Realgütern (Verwaltungsbereich),
- Operationsvollzug von Entscheidungen (Willensdurchsetzung, Steuerung im engeren Sinne).

Einsatz und Ausgestaltungsform von EDV-Systemen zur (operativen) Steuerung des Produktionsprozesses hängen vor allem von folgenden Bestimmungfaktoren ab:

(1) Natur des Produktes,
(2) Produktionsprogramm (Produktionsprogrammtyp),
(3) Organisationstyp der Fertigung,
(4) externe und interne Unternehmensorganisation,
(5) Unternehmensgröße.

Die Auswirkungen integrierter Systeme sind nicht allein auf den Fertigungsbereich beschränkt zu sehen, sondern in Verbindung mit den anderen Betriebsbereichen wie Beschaffung, Lagerhaltung, Absatz und Rechnungswesen. *Hartmann* untersucht insbesondere die Integration von Aufgaben des Fertigungsbereichs mit Aufgaben anderer Funktionsbereiche sowie die Integration innerhalb des Fertigungsbereichs selbst.[109] Dabei geht er von den spezifischen Datenverarbeitungserfordernissen aus, wobei dafür folgende charakteristische *Typen* industrieller Fertigung unterschieden werden:

(1) Fertigung an Fließbändern,
(2) Prozeßfertigung,

[108] Konfektorische Realgüter sind alle materiellen Realgüter, in Unterscheidung zu den als immaterielle Realgüter auftretenden Informationen (informatorische Realgüter). Vgl. *Kosiol* [156, S. 180].

[109] Vgl. im folgenden [94, S. 35 ff.], [96, S. 111 ff.].

(3) wechselnde Einzelfertigung,
(4) Baustellenfertigung,
(5) Betriebe mit einer Mischung aus mehreren der charakteristischen Typen industrieller Fertigung.

Bezogen auf den Operationsvollzug im Fertigungsbereich, insbesondere bei der Steuerung von Fließbändern, Transferstraßen und bei der Prozeßfertigung, sind an allen wichtigen Steuerungspunkten der Fertigungsanlagen Regeleinrichtungen bzw. Fertigungssteuerungsterminals installiert. Diese erfassen und registrieren entsprechend dem Fertigungsplan bzw. Prozeßablaufplan die Fertigstellungsmeldung bzw. Prozeßdaten und vergleichen die gemessenen Ist-Werte mit den vorgegebenen Soll-Werten. In der Mehrzahl der Fertigungsprozesse (z. B. bei chemischen Prozessen, bei der Stahlerzeugung und -weiterverarbeitung) ist es möglich, den weitgehend vollautomatisierten Fertigungsprozeß aufgrund des Soll-Ist-Werte-Vergleichs von der technischen Seite her zu steuern. Diese Steuerung wird vielfach von entsprechend funktionsbezogenen Prozeßrechnern vorgenommen.

Die operative Steuerung des Operationsvollzuges setzt eine weitgehende Automatisierung voraus. Die Maschinen und maschinellen Einrichtungen müssen ferner durch Meß-, Regel- und Steuereinrichtungen steuerbar sein (Abb. 29). Eine Verbindung der Maschinen und Anlagen des Operationsvollzuges über entsprechende Einrichtungen mit Prozeßrechnern sowie die Integration innerhalb des Fertigungsbereichs zielt auf eine vollkommene technische Steuerung des Operationsvollzuges ab. Da für den Aufbau integrierter Systeme aber die Zielsetzung besteht, neben einer möglichst wirkungsvollen Steuerung des Operationsvollzuges zugleich auch eine möglichst enge Verbindung zwischen Fertigungsprozeß und den anderen Bereichen des Betriebes zu erreichen, ist eine Verbindung (Integration) des Fertigungsbereichs mit den anderen betrieblichen Bereichen herzustellen.[110] Im Rahmen dieser übergreifenden Integration haben Prozeßrechensysteme bei der Fließ- bzw. Prozeßfertigung (Abb. 30) neben der Datenerfassung, Datenregistrierung (protokollierendes Festhalten von Daten) und Datenabgabe zur Operationssteuerung die Aufgabe der Datenreduktion.[111]. „Die Fülle der registrierten Daten ist als Auswertungsgrundlage für die technische und kaufmännische Leitung des Betriebs ungeeignet" [96, S. 136]. Verdichtete Prozeßdaten sind nach weiterer Aufbereitung die Grundlage für Leitungsentscheidungen.

Integrierte Systeme wirken nicht nur auf den reinen Fertigungsprozeß, sondern auch auf seinen administrativen Teil (Operationsvollzug an informatorischen Realgütern). Die traditionellen Abrechnungs- und Karteiführungsarbeiten erledigt das Datenverarbeitungszentrum; gleiches gilt für Kontroll- und Abstimmungsarbeiten und für vorbereitende Arbeiten von Planungsaufgaben. Die positiven Auswirkun-

[110] So auch *Hartmann* und *Hellfors* in [96, S. 137].

[111] Ferner können Prozeßrechnersysteme bei umfangreicher Prozeßperipherie noch die Funktion eines Konzentrators und Steuerungssystems für angeschlossene kleinere Prozeßrechner wahrnehmen.

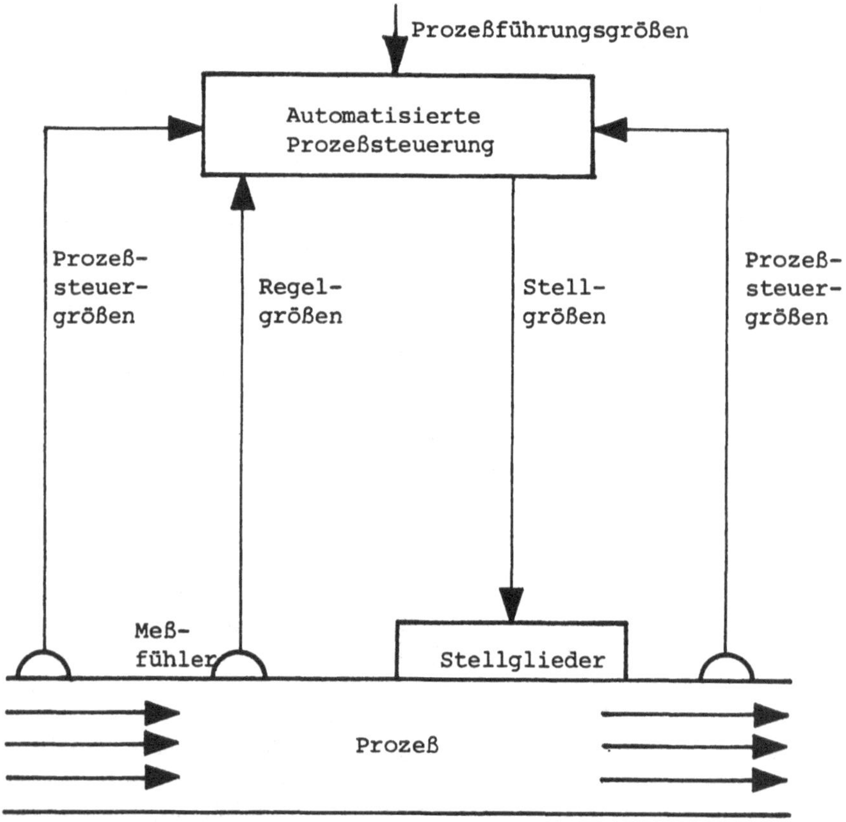

Abb. 29. Prinzip der automatisierten Prozeßsteuerung

gen integrierter Systeme auf die administrative Steuerung sind vor allem Senkung des Aufwandes für und Beschleunigung der Datenverarbeitung bei Verringerung der Fehler und Verbesserung der Informationsbedingungen. Als positive Auswirkungen der technischen Steuerung sind hauptsächlich produktbezogene Vorteile zu nennen, wie qualitative Verbesserung der Produkte, mengenmäßig größerer Output usw. Zusätzlich ergeben sich Vorteile speziell für Betriebe der Prozeßfertigung und der automatisierten Fließfertigung. Hier läßt sich relativ einfach eine Integrationsstufe erreichen, auf der sich die Datenverarbeitung des gesamten Betriebes in einem geschlossenen System vollzieht, das alle zu verarbeitenden Daten von der Verkaufsabteilung, von der Einkaufsabteilung, von der Lagerverwaltung, vom Rechnungswesen und von den Fertigungsbereichen (Fertigungsprozessen, Fertigungsanlagen) empfängt und alle erforderlichen Daten bzw. Informationen (zum Zwecke der Planung und Steuerung) an diese Bereiche abgibt. Dabei ist die Verbindung des administrativen Bereiches zu den Fertigungsanlagen so eng, daß vielfach kaum mehr

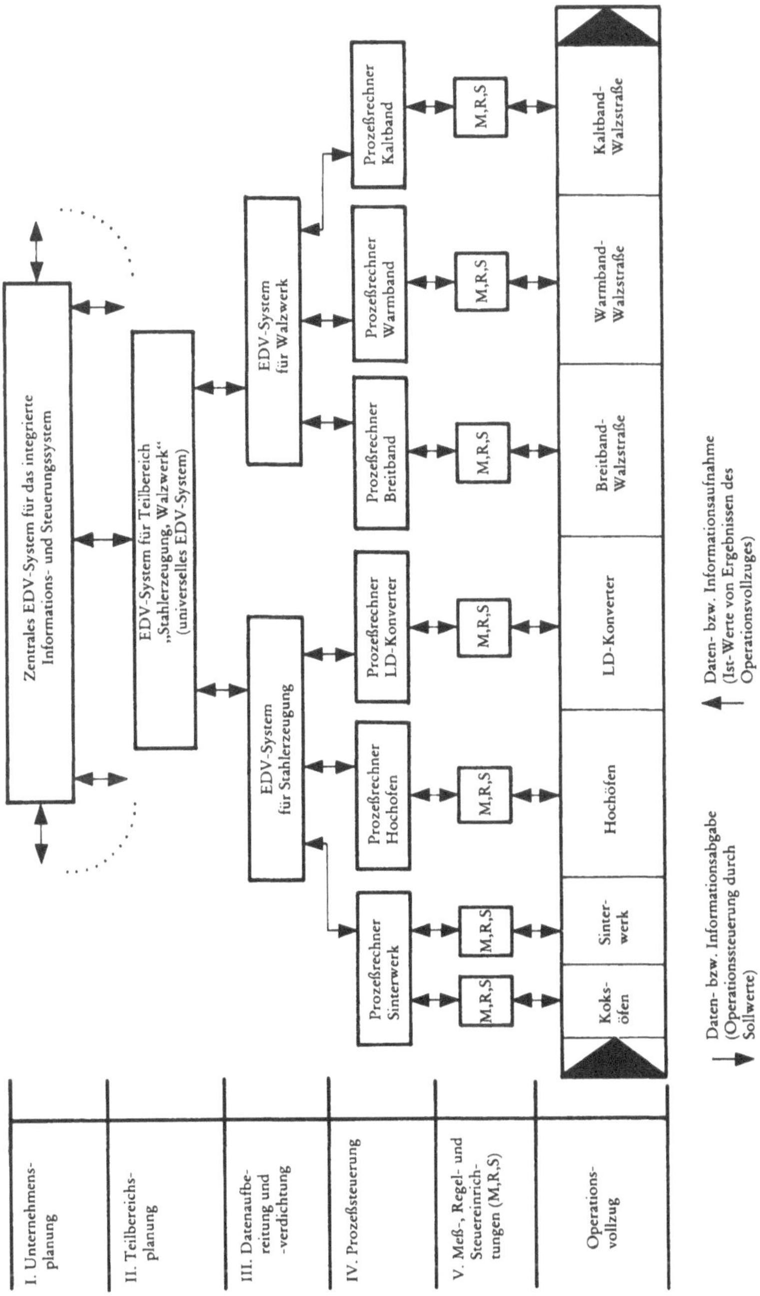

Abb. 30. Gesamtkonzeption des integrierten Datenverarbeitungssystems für ein Stahlwerk [96, S. 142]

eine eindeutige Schnittstelle zwischen der einzelnen Fertigungsanlage und dem EDV-System gezogen werden kann.[112] Somit entstehen unmittelbare und automatisierte Kontakte zwischen dem primären und dem sekundären Leistungsprozeß.[113] Ob in diesem Fall das dem betrieblichen Informations- und Steuerungssystem zugrundeliegende EDV-System als einziges Großsystem oder als hierarchisch gestaffeltes System mit einer zentralen Großanlage oder /und mehreren mittleren bzw. kleineren Systemen konzipiert ist, beeinflußt die Auswirkungen der Datenverarbeitungsintegration grundsätzlich nicht. Der hohe Integrationsgrad kann durch die direkte Verbindung (on-line) der EDV-Anlagen im Wege der Datenfernverarbeitung (Teleprocessing) auf Echtzeit-(Real-time-)Basis gewahrt bleiben.[114]

Zusammenfassend läßt sich insbesondere für weitgehend auf die Automatisierung gerichtete mechanisierte Produktionsprozesse feststellen, daß die *Integration* von EDV-Systemen (des zentralen Datenverarbeitungssystems) und Prozeßrechnern einschließlich der Meß-, Steuer- und Regeleinrichtungen mit den Fertigungsanlagen u. a. folgendes bewirkt[115]:

(1) Entlastung des zentralen EDV-Systems von den datenverarbeitungsbezogenen Ein/Ausgabe-Steuerungs- und Überwachungsaufgaben;
(2) verstärkter Einsatz des zentralen EDV-Systems für Aufgaben der Datenverwaltung (Datenbanksystem) und der Auskunft auf Anfragen (Auskunftssystem, Informationssystem) sowie für Aufgaben der globalen betrieblichen Steuerung (Steuerungssystem);
(3) Verminderung manueller Arbeiten an Fertigungsanlagen, daraus resultierend Verringerung ausführender Stellen, Verbesserung der Fertigungsqualität durch Vermeidung manuell bedingter Ausführungsfehler;
(4) weitgehend automatisierte Datenerfassung, -übertragung und -ausgabe und damit Verminderung von Datenfehlern.

Die zur *Fließband- und Prozeßfertigung* gemachten Ausführungen erfahren eine differenzierende Ergänzung, wenn man die Auswirkungen integrierter Systeme auf Betriebe mit *wechselnder Einzelfertigung* betrachtet.[116] Hier beeinflußt das integrierte System besonders die administrative (operative) Steuerung des Fertigungsbereichs, wobei infolge breiter Fertigungsprogramme und wegen der fehlenden Möglichkeit, mehrere Kundenaufträge zu einem einheitlichen Fertigungsauftrag zusammenzufassen, recht große Datenmengen in sehr unterschiedlicher Weise zu verarbeiten sind. Die positiven Auswirkungen auf den Operationsvollzug liegen somit

[112] Insbesondere dann, wenn die Fertigungsanlage selbst mit elektronischen Bauteilen zur (Selbst-)Steuerung und Kontrolle ausgerüstet ist.
[113] Vgl. [107, S. 45 u. S. 116 f.], [96, S. 149].
[114] Vgl. hierzu sowie zu den prinzipiellen Zusammenhängen zwischen Datenverarbeitungsorganisation, Integration und Leitungstätigkeit bei Zentralisation und Dezentralisation [107, S. 99 f.], [96, S. 141 u. S. 149 f.].
[115] Vgl. hierzu [94, S. 45 f.].
[116] Vgl. hierzu im einzelnen [96, S. 150 ff., insbes. S. 160 f.].

vor allem in der Lösung von Optimierungsaufgaben wie z. B. bei der Kapazitätsbelegung (Ausweichen auf Ersatzmaschinen, Abweichen von der Arbeitsgangfolge, Aufteilung von Auftragsmengen), im Lager- und Beschaffungsbereich (Senkung der Lagerbestände bei verbesserter Bereitstellungsbereitschaft) sowie bei der Planungskorrektur im Fertigungsbereich. In Betrieben, in denen die gerätetechnische Steuerung von Fertigungsanlagen begrenzt ist, – und zu diesen Betrieben gehören meist auch die Betriebe mit wechselnder Einzelfertigung – kann ein EDV-gestütztes Informations- und Steuerungssystem höherer Integrationsstufe durch eine „vollautomatisierte Planung der Fertigung in Form einer dynamischen Terminrechnung" [96, S. 160] bestehende Rationalisierungsreserven fast völlig ausschöpfen.

2.4.3.4. Veränderungen im Kontrollprozeß

Alle betrieblichen Vorgänge bedürfen der Überwachung und gegebenenfalls einer Anpassung bzw. Änderung. Dies bedeutet, daß der *Kontrollprozeß* die Prozesse der Planung, Entscheidung (hier im Sinn der Willensbildung und Willensdurchsetzung) und die Realisation (hier im Sinn des materiellen Ergebnisses des Operationsvollzuges) *überlagert.* Werden Abweichungen zwischen vorgegebenen Plan-(Soll-) und erhobenen Kontroll-(Ist-)Werten festgestellt, so fließen *Rückinformationen* zum Entscheidungsträger (Regler im Steuerungssystem), der nun seinerseits Maßnahmen (Entscheidungen) zu treffen hat. „Kern der Kontrolle ist die Information, die von der ausführenden Stelle über die kontrollierende zur anweisenden Stelle geht, so daß eine Rückkopplung mit der anweisenden Stelle besteht. Begrifflich existiert die Kontrolle erst durch den geschlossenen Kreis: Planung, Steuerung und Durchführung sowie Rückinformation . . ." [136, S. 99]. Der Operationsvollzug ist entweder so zu steuern, daß die Planwerte noch erreicht werden oder, wenn dies faktisch nicht mehr möglich ist, hat eine *Planrevision* zu erfolgen.

Die Kontrollfunktion ist an keine Ebene der Unternehmung gebunden, es gibt sie auf allen Ebenen, jedoch in differenzierter Form. Betrachtet man die Kontrollfunktion[117] der Unternehmensführung, so bezieht sie sich nicht auf alle Kontrollen, sondern auf die Kontrollen der von der Unternehmensführung gesetzten Ziele und vorgegebenen Pläne. Die Kontrolle beeinflußt und unterstützt einerseits die zentrale Willensbildung der Unternehmung, hat aber gleichzeitig dazu beizutragen, die zentrale Willensdurchsetzung sicherzustellen. Auf jeder Ebene sollte die Kontrolle nicht über die Ist-Werte der Vergangenheit erfolgen, sondern über die aus ihnen hergeleiteten Soll-Werte der der Realisation vorausgegangenen Planung. Dies gilt besonders für integrierte Steuerungssysteme.

Im Zusammenhang mit der Einführung eines EDV-gestützten Informations- und Steuerungssystems muß die Kontrolle ebenfalls entsprechend der Planung, in Abhängigkeit der Planungszeiträume, unterschieden werden in die Kontrolle der bereichsübergreifenden Planung und in die Kontrolle der Teilbereichsplanung.

[117] Vgl. hier und im folgenden [136, S. 99 ff.].

Allgemein läßt sich feststellen, daß integrierte Systeme die *Kontrollfunktion erleichtern*. Durch die Bildung von Teil- und Untersystemen bzw. Teilmodellen lassen sich Kompetenz, Verantwortung und auch die Autorität für die verschiedenen Funktionsbereiche besser abgrenzen. Gleichzeitig dienen die Zuständigkeits- und Verantwortungsbereiche der Schaffung der zugehörigen Kontrollbereiche. Die im Kontrollprozeß anfallenden Rückinformationen (Feedback)[118] weisen nicht nur auf die verantwortliche Stelle innerhalb des integrierten Informations- und Steuerungssystems hin, sie können nach erfolgter Analyse und Berücksichtigung weiterer Informationen des Systems auch die Ursachen von Abweichungen bezeichnen (Ex-post-Reaktion) [114, S. 204].

Herkömmliche Organisations- und Sachmittel sind kaum in der Lage, die Kontrolle zu automatisieren und so auszurichten, daß gleichzeitig eine Ursachenanalyse der Abweichungen aus der vorgenommenen Kontrolle erstellt wird und weitere Folgeentscheidungen dadurch eingeleitet werden. Um in großen Unternehmungen eine wirksame Kontrolle in herkömmlicher Form zu gewährleisten, ist eine ständige und infolge der Größe und Komplexität der Unternehmensaufgaben meist dezentralisierte Überwachung der Funktionsträger durch die jeweils nächst übergeordnete Managementebene erforderlich. Integrierte Systeme übernehmen demgegenüber einen wesentlichen Teil der Kontrollfunktion, besonders im Bereich programmierter Abläufe. Das EDV-System veranlaßt im Sinne eines kybernetischen Regelkreises bei Abweichungen von den Soll-Werten entweder eine automatische „Nach"-Steuerung oder übermittelt dem zuständigen Funktionsträger bei neu zu entscheidenden Tatbeständen die Abweichungen gegebenenfalls mit *Planänderungen* (neue Soll-Vorgaben) und/oder mit durchgerechneten Entscheidungsvorschlägen. Diese EDV-unterstützte Kontrolle entlastet die einzelnen Managementebenen von den meisten Routinekontrollen.

Die Wirksamkeit der Kontrollprozesse[119] hängt wesentlich von der unmittelbaren Aufnahme und Weiterleitung der Kontrolldaten sowie von der Schnelligkeit des Soll-Ist-Vergleichs und des Informationsrücklaufs ab. Nur bei Beschleunigung dieser Phasen ist eine wirksame Kontrolle, aber auch zugleich eine Verkürzung von Planperioden möglich. Da beim Einsatz integrierter Informations- und Steuerungssysteme komplexe EDV-Systeme zugrunde zu legen sind, die eine sofortige und auch dezentrale Aufnahme, Weiterleitung und Verarbeitung der Kontrolldaten mit den auf Direktzugriffsspeichern befindlichen Soll-Werten vornehmen können, ist von einer bedeutenden *Beschleunigung* des *Rückinformations-Zyklus'* auszugehen. Die Beschleunigung des Kontrollprozesses sowie eine wesentliche Verkürzung der Kontrollperioden hängen stark von der konsequenten Durchführung des Ausnahmeprinzips („management by exception") ab, da sonst die Führungsebenen mit riesigen Datenmengen überflutet würden. Durch die EDV-gestützte Kontrolle auf

[118] Vgl. zum Problem der Koordination durch Rück(kopplungs)informationen *Ashby* [12] sowie *March* und *Simon* [181].

[119] Vgl. hier und im folgenden [136, S. 100 f.].

der Basis des kybernetischen Regelkreises ist das Ausnahmeprinzip so zu handhaben, daß erst Abweichungen, die ein bestimmtes Maß überschreiten, der Unternehmensleitung (automatisch) mitgeteilt werden, damit die Unternehmensleitung ihre Kontrollfunktion auf wesentliche und größere Abweichungen beschränken kann.

„Ein weiterer Bereich der Kontrollfunktion der Unternehmensführung ist die Revision" [136, S. 101]. Versteht man die Kontrolle als planmäßige Überwachung laufender Vorgänge, so ist die Revision eine rückschauende Prüfung.[120] Werden komplexe EDV-Systeme eingesetzt, so bezieht sich die *Revision* vor allem auf die Vereinbarkeit der Grundsätze ordnungsmäßiger Buchführung mit der EDV sowie auf die Mindestanforderungen an die Nachprüfbarkeit der buchmäßigen Erfassung betrieblicher Leistungs- und Verwertungsprozesse.

2.4.4. Auswirkungen auf die Organisationskonzeption

Im Vordergrund konventioneller Datenverarbeitungstechniken stand die Durchführung einer großen Zahl gleichförmiger und stets wiederkehrender Verarbeitungsvorgänge. Diese Art der Datenverarbeitung brachte im Hinblick auf die organisatorische Gestaltung und Eingliederung der Datenverarbeitungsabteilung[121] keine wesentlichen Schwierigkeiten mit sich. Der Einsatz von datenverarbeitenden Maschinen war auf die Erfüllung spezieller Teilaufgaben gerichtet und wurde zudem ohne Zusammenhang zu anderen Aufgaben vollzogen. So ergab sich folgerichtig sehr häufig der Einsatz von Datenverarbeitungsanlagen in Bereichen des Rechnungswesens. Im Verlauf der weiteren Entwicklung wurden der Vertriebs- und Personalbereich einbezogen und später auch wissenschaftliche und technische Probleme gelöst.

Es ist einsichtig, daß in einer Situation, in der nur einzelne Verwaltungsaufgaben auf Datenverarbeitungsanlagen übertragen werden, diese Anlagen auch jeweils den einzelnen Fachabteilungen zugeordnet werden können. Denn es verbleiben die einzelnen Sachaufgaben bei der zuständigen Fachabteilung, nur werden sie nicht mehr manuell, sondern maschinell bearbeitet. Stammen die auszuführenden Datenverarbeitungs(teil-)aufgaben aus verschiedenen Fachabteilungen, so ist zu erwägen, ob nicht die Erfüllung dieser Aufgaben aus den zuständigen Sachgebieten *auszugliedern* und einer neu zu bildenden Datenverarbeitungsstelle bzw. -abteilung zu übertragen ist.

Mit zunehmender Komplexität der Aufgaben, die ein EDV-System zu übernehmen hat, wächst die Problematik der Aus- bzw. Eingliederung von Datenverarbeitungsstellen. Im einzelnen stehen folgende Probleme in diesem Bereich an:

(1) Die mögliche *Ausgliederung* von *Datenverarbeitungsfunktionen* (z. B. durch Anschluß an ein Dienstleistungs-Rechenzentrum) sowie vor- und nachgelagerter Aufgaben.

[120] Vgl. hierzu die Diskussion um den Einfluß der EDV bzw. EDV-gestützter Systeme auf Rechnungslegung und Revision u. a. in [24], [49], [64], [65], [66], [85], [169], [170].

[121] Vgl. hier und im folgenden [214].

(2) Die *Bildung* und organisatorische *Eingliederung* von *Abteilungen* unter Einschluß der Datenverarbeitung.
(3) Die *Auswirkungen* und *Veränderungen* in der *Stellenbildung*.
(4) Die *Bildung* optimaler *Organisationskonzepte*.

2.4.4.1. Ausgliederung von Datenverarbeitungsfunktionen

Bei der *Ausgliederung* von *Datenverarbeitungsfunktionen* unterscheidet man nach ihrer Tiefe im allgemeinen drei relevante Fälle[122]:

(1) Die Ausgliederung eines Teils oder aller mit Hilfe eines EDV-Systems durchzuführenden Arbeiten der Verarbeitung und Auswertung.
(2) Die zusätzliche Ausgliederung der Datenerfassung auf maschinell lesbare Datenträger.
(3) Die separate oder mit den vorstehend aufgeführten Stufen verbundene Ausgliederung einzelner oder aller nachstehenden Aufgaben im Bereich: Systemanalyse, Systemkonzeption einschließlich der Problemlösung gestellter Aufgaben mit entsprechenden Verfahren (z. B. Operations Research, Prognosetechniken) und Programmierung.

Welche Funktionen in welchem Maße ausgegliedert werden, hängt im wesentlichen von der Unternehmensgröße, dem Datenvolumen und der Komplexität der Aufgaben ab. Als wichtigste Gründe sind zu nennen[123]:

- geringes Datenvolumen, insbesondere bei kleineren Betrieben;
- zusätzliche EDV-Kapazität (mengen- und/oder qualitätsmäßig);
- Überbrückung des Zeitraumes bis zur Inbetriebnahme eines eigenen Systems während des Aufbaus bzw. der Umstellung;
- geringe Risikobereitschaft.

Die Ausgliederung von Datenverarbeitungsfunktionen führt somit, was den Bereich der reinen Datenverarbeitung anbelangt, zum Anschluß an *außerbetriebliche Rechenzentren* oder zur *Anlagenmitbenutzung*. Je nach den getroffenen vertraglichen Vereinbarungen können die Nutzerbetriebe nicht nur die Anlagen für ihre Aufgaben benutzen, sondern viele Dienstleistungs-Rechenzentren bieten auch eine eigenverantwortliche Lösung und Programmierung von datenverarbeitungsbezogenen Steuerungs- und Informationsaufgaben an (Abb. 31).

2.4.4.2. Organisatorische Eingliederung der Datenverarbeitungsabteilung

Der Einsatz von EDV-Systemen im Rahmen eines integrierten Informations- und Steuerungssystems hat den Trend zur Übertragung von Dienstleistungsaufgaben an

[122] Vgl. [201, S. 110] sowie die dort angegebene Literatur.
[123] Vgl. hierzu im einzelnen [104, S. 177 f.], [119, S. 63], [201, S. 110].

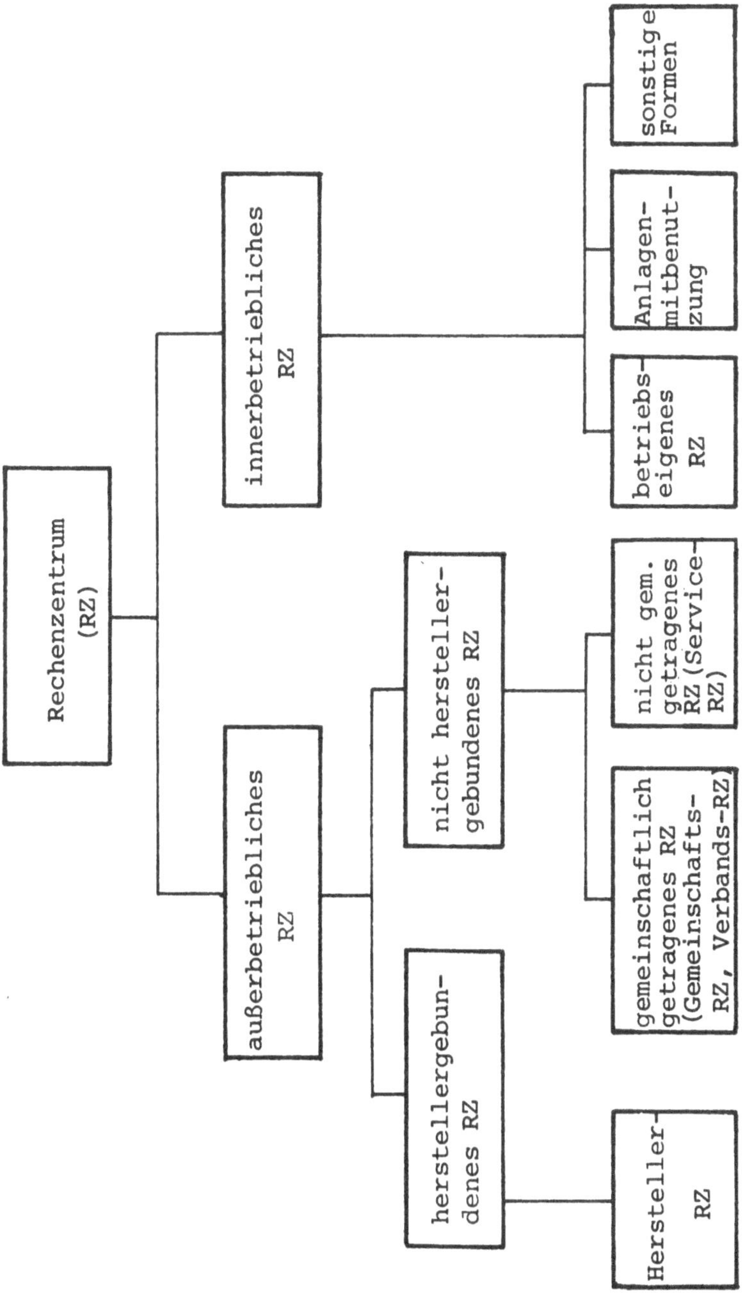

Abb. 31. Typen der Rechenzentren [vgl. 105, S. 86]

eine bzw. mehrere gesonderte Abteilungen verstärkt. Die datenverarbeitungstechnischen Möglichkeiten, informationelle Aufgaben, insbesondere Routineentscheidungen, aus den Fachabteilungen auszugliedern, zu programmieren und einem integrierten System zu übertragen, haben den Umfang der ***ausgliederungsfähigen*** Ausführungsaufgaben erheblich erweitert und damit die ***Bildung*** der mit der EDV befaßten Abteilung(en) und deren ***Eingliederung*** in die Unternehmensorganisation zu einem eigenen Problemkreis erhoben.[124]

Je nach dem Umfang der aus anderen Abteilungen auszugliedernden Informations- und Steuerungsaufgaben sowie den EDV-spezifischen Zusatzaufgaben (Sekundäraufgaben) wird eine bestimmte Organisation der Datenverarbeitungsabteilung selbst und gegebenenfalls die Bildung weiterer Abteilungen (z. B. Organisation, Betriebswirtschaft, Unternehmensforschung) erforderlich. Damit einhergehend ist eine entsprechende Erteilung von Anordnungsbefugnissen verbunden, die sich aber auf die Vollziehung der Dienstleistungsaufgaben innerhalb der Dienstleistungsstellen beschränken. Im folgenden soll davon ausgegangen werden, daß es neben den Linien- und den Stabsaufgaben innerhalb der Unternehmung auch Dienstleistungsaufgaben gibt. Hierzu zählt insbesondere die Durchführung der unmittelbaren Datenverarbeitungsaufgaben (Aufgaben der Datenverarbeitung im engeren Sinne), die die informationelle Hilfeleistung zum Vollzug der Ausführungsaufgaben darstellt (Abb. 32).

Art der Stelle	Aufgaben
Linienstelle	Entscheidungen und Ausführungen in materieller und formaler Eigenverantwortung
Stabsstelle	Beratung und Unterstützung der Linie bei Entscheidungsaufgaben
Dienstleistungsstelle (Service Division)	Hilfeleistung zum Vollzug von Ausführungsaufgaben

Abb. 32. Stellen in der Unternehmung und ihre Aufgaben [214, S. 6]

[124] Vgl. hierzu im einzelnen [214, S. 5 f.], [270].

2.4.4.2.1. Die Datenverarbeitung als Dienstleistungstelle

Die Ansicht, die Datenverarbeitung sei eine reine Linienaufgabe, und demzufolge sei die Datenverarbeitung in den Rang einer *reinen Linienabteilung* zu erheben, wird kaum vertreten (Abb. 33a) und entspricht auch nicht den Anforderungen der Praxis. Weitaus eher findet man die Datenverarbeitungsabteilung als *Teil einer Fachabteilung*. So ist die Datenverarbeitung, oft aus „historischen" Gründen, dem Rechnungswesen zugeordnet (Abb. 33b). Dies ist meist gerechtfertigt, da hier ein umfangreiches Maß an Datenverarbeitungsaufgaben anfällt. Hat die Datenverarbeitung noch weitere Aufgaben zu erfüllen, z. B. zentrale Planungsaufgaben, allgemeine Organisationsaufgaben, Aufgaben im Bereich der Forschung usw., so ist im allgemeinen die organisatorische Zuordnung zu einem Fachbereich nicht mehr vertretbar. Da der Leiter der Datenverarbeitung an die Weisungen seines unmittelbaren Vorgesetzten gebunden ist, kann es zu einer Benachteiligung anderer Fachabteilungen kommen. Hieraus entsteht die Forderung, die Datenverarbeitung, meist zusammengefaßt mit dem Bereich Organisation, außerhalb des Liniensystems in Form einer *Stabsabteilung* der Unternehmensleitung unmittelbar zu unterstellen (Abb. 33c). Die Forderung nach direkter Unterstellung einer Abteilung Organisation/Datenverarbeitung unter die oberste Leitungsebene wird sich besonders dann stellen, je mehr sich die EDV vom *bloßen Recheninstrument* zur Grundlage eines Informations- und Steuerungssystems, also zu einem *Lenkungsinstrument*, der gesamten Unternehmung entwickelt [214, S. 11 f.].

Vergleicht man eine so geartete Abteilung Organisation/Datenverarbeitung mit den allgemeinen Merkmalen einer Stabsstelle, so lassen sich vornehmlich zwei Besonderheiten erkennen:

(1) Die einer Abteilung Organisation/Datenverarbeitung übertragenen Aufgaben enthalten nicht überwiegend fachlich fest umrissene Detailaufgaben aus dem Bereich der zugeordneten Instanz. Vielmehr bestehen vielfältige Beziehungen zu fast allen Fachabteilungen, insbesondere zu denen, aus denen informationelle Ausführungsarbeiten ausgegliedert werden.
(2) Die stabscharakteristischen Beratungsaufgaben stehen bei der Abteilung Organisation/Datenverarbeitung nicht im Vordergrund. Zwar fallen für diese Abteilung auch Beratungsaufgaben an, wobei sie infolge ihrer hohen EDV-spezifischen Sachkenntnisse eher als Stelle mit funktionaler Autorität (nämlich in EDV-Fragen) fungiert. Ihre eigentliche Aufgabe liegt vielmehr darin, die maschinellen, programmtechnischen und organisatorischen Voraussetzungen für die Durchführung von Informations- und Steuerungsaufgaben zu schaffen sowie die Durchführung selbst zu veranlassen.

Somit ergibt sich hier eine Stelle besonderer Art, für die es in der Literatur unterschiedliche Bezeichnungen gibt (Dienstleistungsstelle[125] bzw. Service Division,

[125] So nach Studienkreis *Meller* [184] und *Roithmeier* [214].

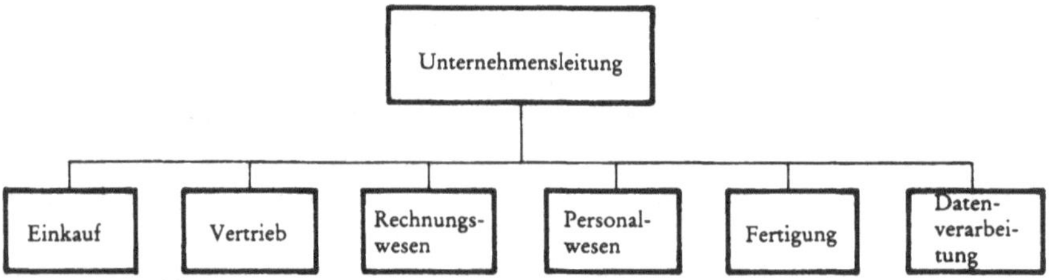

a) Beispiel für die Eingliederung der Datenverarbeitung als reine Linienabteilung

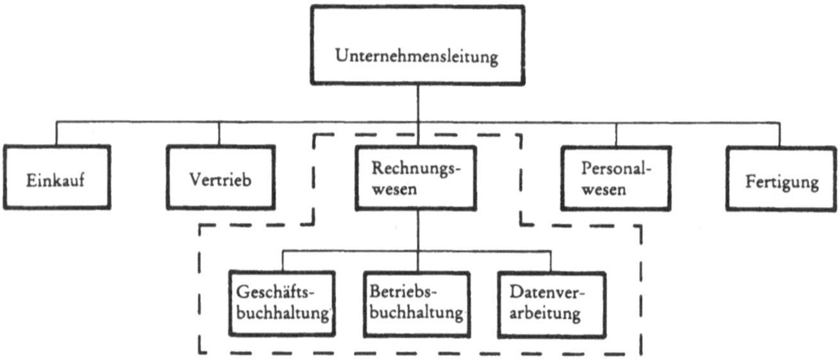

b) Beispiel für die Eingliederung der Datenverarbeitung innerhalb einer anderen Linienabteilung

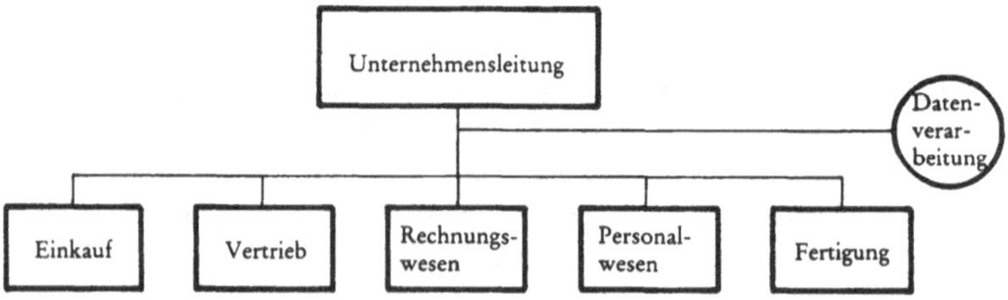

c) Beispiel für die Eingliederung der Datenverarbeitung als Stabsabteilung

Abb. 33. Die Eingliederung der Datenverarbeitung in die Unternehmensorganisation

Stabsbereich Organisation/Zentrale Datenverarbeitung[126], Zentrale Information[127]). Gemeinsame Auffassung ist dabei, daß die Stelle im wesentlichen eine *Dienstleistungsstelle* ist, in der bestimmte Ausführungsaufgaben einzelner Fachabteilungen zentralisiert sind. Je stärker die Entwicklung zu einer Integration der (Teil-)Aufgaben hingeht, um so größer wird die Anzahl der auszugliedernden (Teil-)Aufgaben.

2.4.4.2.2. Das Verhältnis von Organisation und Datenverarbeitung

Die Bereiche Organisation einerseits und Datenverarbeitung andererseits haben sachlich sehr unterschiedliche Aufgaben zu erfüllen. Besonders aus der historischen Entwicklung heraus treten zu diesen beiden Bereichen noch die Komplexe der „Allgemeinen betriebswirtschaftlichen Fragen" (insbesondere Zentrale Planung) und der „Unternehmensforschung".

„Einerseits ergänzen sich diese typischen Aufgabenkomplexe, so daß sie auch ineinander übergehen können (wie bezüglich eines Teils des sog. „Scientific Management" in sämtlichen Teilbereichen); andererseits können aber auch die Objekte, Funktionen und Methoden der Aufgabenerfüllung sehr unterschiedlich sein, so daß nur mit einer eindeutigen und sachlichen Strukturierung sichergestellt ist, daß alle Aufgaben jederzeit in dem erforderlichen Umfang wahrgenommen werden" [94, S. 52].

Zum Zwecke einer umfassenden organisatorischen Systemintegration bedarf es der Aufgabenintegration, Abteilungsintegration und Gruppen- und Stellenintegration. Unter dem Gesichtspunkt der *Aufgabenintegration* kommt *Hartmann* [94, S. 52 f.] insbesondere für die Konzernorganisation zu dem Ergebnis, daß über die Entwicklung der Aufgabenkomplexe „Allgemeine Verwaltungsorganisation", „Allgemeine betriebswirtschaftliche Fragen (Zentrale Planung)", „Zentrale elektronische Datenverarbeitung" und „Zentrale Unternehmensforschung" sich zumindest die Teilbereiche herauskristallisieren: „Allgemeine Konzernplanung und Konzernorganisation" und „Zentrale Datenverarbeitungssysteme". Diese dem Verrichtungsprinzip folgende Gliederung geht besonders deutlich aus der Aufgabenträgerkonzentration und dem Funktionsträger EDV-System hervor.

Die Abteilungsbildung bzw. *Abteilungsintegration* [94, S. 54 f.] erfolgt auf der Grundlage der Bildung von Fachabteilungen bzw. Teilbereichen. Unter Beachtung der konkreten Organisationsvoraussetzungen können hier für die Zusammenlegung von Organisation und Zentraler Datenverarbeitung zu einem besonderen Stabsbereich gewichtige Gründe sprechen:

(1) Es besteht eine starke Verknüpfung von (System-)Organisation, der Anwendung moderner Methoden und Techniken der Organisation und Unternehmensforschung mit der Zentralen Planung und der Zentralen Datenverarbeitung (als Basis des integrierten Informations- und Steuerungssystems).

[126] Vgl. *Hartmann* [94, S. 60 f.] und *Hellfors* [109, S. 105 f.].
[127] Vgl. *Pfitzner* [210, S. 1281].

(2) Das Stellenübergewicht des Bereichs Zentrale Datenverarbeitung beeinflußt häufig das Gleichgewicht gegenüber dem Bereich Organisation negativ.
(3) Bei zunehmender wissenschaftlicher Erforschung der Datenverarbeitungsproblematik wird in ständig wachsendem Maße auch die Organisation von klassischen EDV-fernen Verwaltungsbereichen in die Datenverarbeitung einbezogen. Dies stärkt die Bedeutung der Funktion Systemgestaltung.
(4) Der wirtschaftliche Nutzen komplexer EDV-gestützter Informations- und Steuerungssysteme kann nur dann voll ausgeschöpft werden, wenn diese einer einheitlichen Planung und Organisation selbst unterliegen.

2.4.4.3. Auswirkungen auf die Stellenbildung[128]

Beim Einsatz komplexer betrieblicher EDV-Systeme ergibt sich ein enges Zusammenwirken der einzelnen betrieblichen Funktionsbereiche. Dadurch können die traditionellen Abteilungsgrenzen verwischt bzw. aufgehoben werden. Die *primäre* Auswirkung komplexer EDV-Systeme auf die Unternehmungsorganisation in Form der Schrumpfung traditioneller Datenverarbeitungsstellen und der herkömmlichen Leitungshierarchie hat ***sekundär*** auch Veränderungen in der Stellen- und Abteilungsbildung sowie im Instanzenaufbau zur Folge. Denn eine verringerte Stellenzahl in der Ebene der Ausführung bzw. des Treffens von Routineentscheidungen führt tendenziell zu einer Zusammenfassung mehrer Rumpfabteilungen und damit zu einer Verminderung der Anzahl an Leitungsstellen [247, S. 183 f.].

Schließlich sei bei der Auswirkung auf die Stellenbildung auch die *Induzierung* von *Zusatzaufgaben* erwähnt. Dabei handelt es sich in erster Linie um die Organisation der zusätzlichen Aufgaben, die der Einsatz eines EDV-Systems mit sich bringt. Des weiteren ist die Einordnung der Datenverarbeitungsabteilung insbesondere wegen der „aufgabenbedingt hohen Rangebene" [96, S. 49] von EDV-Systemen als Träger von Informations- und Steuerungssystemen bei der organisatorischen Strukturierung von Bedeutung. Da die mit der EDV betrauten Aufgabenträger Tätigkeiten ausüben, die sich weitgehend von denen der konventionellen betrieblichen Datenverarbeitung unterscheiden, sind neue Arbeitsgruppen zu bilden, was letztlich wieder neue Leitungsinstanzen erforderlich macht. Die zusätzlich mit der EDV anfallenden Grundaufgaben lassen sich nach folgenden Tätigkeitsgebieten unterscheiden [107, S. 123]:

(1) Anwendungsanalyse bzw. Systemforschung und Systemkonzeption,
(2) administrative Leitung des Rechenzentrums,
(3) Programmierung,
(4) Bedienung des EDV-Systems,
(5) Hilfsarbeiten und zusätzliche Bedienungsaufgaben.

Ein umfassendes Strukturierungsschema (Abb. 34) für den Stabsbereich „Organisa-

[128] Vgl. im folgenden *Hoffmann* [116, S. 453 f.].

tion/Zentrale Datenverarbeitung" zeigt eine mögliche Organisationsvorstellung für eine konzernverbundene Unternehmung [109, S. 117].

EDV-gestützte Informations- und Steuerungssysteme haben auch Auswirkungen auf die Leitungsaufgaben der Instanzen. Dies betrifft zum einen den Aufgabenumfang, zum anderen kann es zu Veränderungen im Aufgabenkombinat der Instanzen kommen. Zwar bringen automatisierte Informations- und Steuerungssysteme wesentliche Entlastungen für die Leitungskräfte mit sich, besonders von den Teilaufgaben Datenaufbereitung, Kommunikation und beim Treffen von Routineentscheidungen, andererseits vermehren und erschweren sich die obersten Leitungsaufgaben dadurch, daß die für einen automatisierten betrieblichen Steuerungskreis notwendige Problemquantifizierung eine exakte Problemformulierung voraussetzt. Daraus folgt als Konsequenz, daß der obersten Leitungsebene hochqualifizierte *Berater*, z. B. Stabsstellen (Unternehmensforschung, Unternehmensplanung usw.) zuzuordnen sind. Des weiteren zwingen die erschwerten Leitungsfunktionen zu einer verstärkten Koordination, woraus sich die Institutionalisierung von *Konsultationsgremien*, z. B. in Form von Koordinierungsausschüssen ergibt. Insgesamt gesehen dürfte demnach bei verstärktem Einsatz komplexer EDV-Systeme die oberste Leitungsebene vergleichsweise tiefer gestaffelt und personell stärker besetzt sein als bislang üblich [96, S. 49 f.].

Demgegenüber wird allerdings auch eingewandt, daß gerade durch EDV-gestützte Informationssysteme Funktion und Anzahl der Stabsstellen abnehmen werden [246, S. 141]. Dies wird damit begründet, daß derartige Systeme die Vorbereitungen für Entscheidungen und das Durchrechnen von Handlungsalternativen übernehmen, so daß die Linienstellen selbst dispositiv tätig werden können. Diese Argumentation übersieht, daß die Problemquantifizierung und die infolge der verbesserten Informationsbedingungen geforderte höhere Entscheidungseffizienz eine erhebliche Vergrößerung der Leitungsaufgaben ausmachen. Die Einrichtung von Stäben erscheint außerdem insofern angebracht, da die Leitungsaufgaben bei Unterstützung durch EDV-Systeme wegen der Übernahme von Aufgaben infolge der Zusammenfassung von Rumpfabteilungen breiter und komplexer werden. Neben der Entlastung des Linienvorgesetzten kann gerade hier der Stab durch seine charakteristische Tätigkeit der speziellen Beratung und des Bereitstellens von Entscheidungsinformationen wertvolle Dienste leisten.

2.4.4.4. Konsequenzen und Entwicklungstendenzen

Organisatorische Maßnahmen, die auf bestehende Systeme verändernd einwirken oder neue Systeme schaffen, können nur eingeleitet werden, wenn ihre Konsequenzen absehbar sind und die Entwicklungstendenzen in bezug auf das zu verändernde existente bzw. neuzuschaffende System abzuschätzen sind. Man kann davon ausgehen, daß EDV-gestützte integrierte Informations- und Steuerungssysteme den Integrations- bzw. Organisationsgrad in der Unternehmung und damit den Informationsgrad für das Management erhöhen [252], [253], [254, S. 130]. Dies bedeutet,

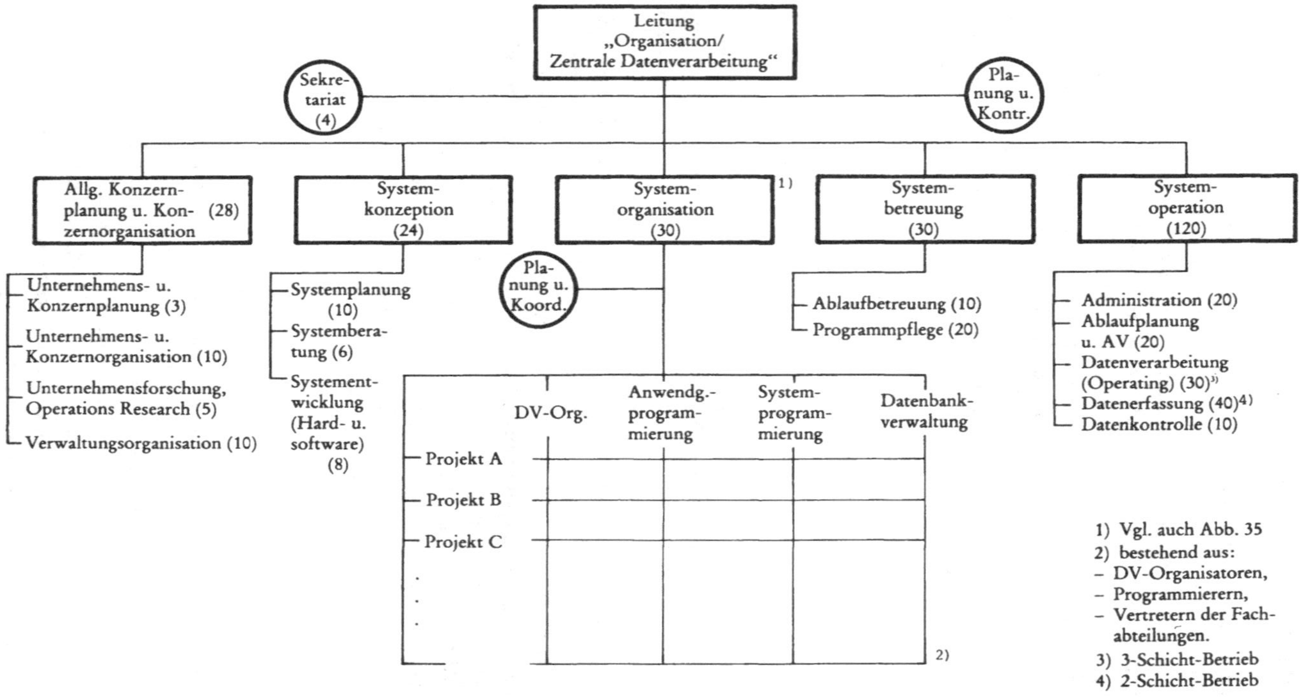

Abb. 34. Strukturierungsschema für den Bereich Organisation/Zentrale Datenverarbeitung [vgl. 109, S. 117]

bezogen auf die organisatorische Gestaltungstätigkeit (Systemschaffung), nach einer optimalen Organisationssturktur integrierter EDV-Systeme[129] zu streben. Gleichermaßen muß auch eine Anpassung bzw. *Wandlung* in der *Führungskonzeption* (Managementkonzeption) sichtbar werden. Integrierte Systeme sind nur voll wirksam, wenn sie in entsprechende Führungskonzeptionen[130] eingebettet sind. Daher muß das Management in zunehmendem Maße mit neuzeitlichen Prinzipien, Techniken und Instrumenten der Führung vertraut sein.

Im Bereich der Planung und Entscheidung herrschen besonders quantitative Methoden vor. Heuristische Methoden und Simulation ermöglichen in den Bereich der „künstlichen Intelligenz" sowie der „experimentellen Unternehmensführung" vorzustoßen. Mit integrierten Systemen werden Führungstätigkeiten wie Koordination, Innovation und Motivation mehr an Bedeutung erlangen. Der mittleren und oberen Führungsebene obliegen dann zunehmend Personalführungsaufgaben sowie Mitarbeit (oder Führung) von Projektgruppen, Kollegien usw. Die direktive (autoritär) Führung wird weitgehend der nichtdirektiven, integrativen (partizipativ, kooperativ) Führung weichen. Der Wandel in den Führungskonzeptionen, der mit dem verstärkten Einsatz von EDV-Systemen bemerkbar, wenngleich nicht (immer) von ihm verursacht ist, spiegelt sich in den sogenannten „Management by . . ."-Prinzipien bzw. -Konzeptionen wider [54, S. 198 f.].

2.4.4.4.1. Organisationsstruktur integrierter EDV-Systeme[131]

Die Erfahrungen über die optimale Organisationsstruktur integrierter EDV-Systeme zeigen folgende *Entwicklungstendenzen*:

(1) Die automatisierte Datenverarbeitung im kaufmännischen und administrativen Bereich ist weitgehend integriert und zentralisiert. Dies ist durch das Streben nach einem günstigen Preis-Leistungs-Verhältnis vor allem für größere EDV-Systeme begründet, die wiederum allein in der Lage sind, als maschinelle Basis für komplexe Informations- und Steuerungssysteme zu dienen. Ferner bedeutet die Zusammenfassung des betrieblichen Rechnungswesens eine verbesserte Koordination der einzelnen Unternehmensteile und sorgt für eine straffere Unternehmens- und Konzernkontrolle.

(2) Die Zentralisationstendenz in der kaufmännischen Datenverarbeitung schließt grundsätzlich die produktionsnahen Verwaltungsaufgaben im Fertigungsbereich (Materialverwaltung, Fertigungsplanung, Kostenstellenrechnung usw.) mit ein. Insbesondere bei Obergesellschaften, mit Einschränkungen auch bei

[129] Vgl. hierzu im einzelnen *Hellfors* [109, S. 105 f.].

[130] Zu den wichtigsten Bestandteilen einer Führungskonzeption sollen folgende Komponenten zählen: (1) Führungsprinzipien, (2) Führungstechniken und -instrumente, (3) Personalentwicklungssystem, (4) Motivationskonzept, (5) Anreizsystem, (6) Informations- und Steuerungssystem sowie Informationspolitik. Vgl. hierzu *Wild* [262, S. 67 f.].

[131] Vgl. im folgenden auch die Ergebnisse in [94, S. 51 f.], [109, S. 105 f.].

Untergesellschaften, findet eine Trennung zwischen den Verwaltungsaufgaben nicht statt. Die Fachkräfte der Datenverarbeitung stehen – meist in einer Abteilung konzentriert – in erster Linie der Obergesellschaft zur Verfügung und übernehmen darüber hinaus auch die Beratung der Untergesellschaften.

(3) Rechnersysteme, vor allem Prozeßrechner, die als Bestandteile der Produktionsanlagen anzusehen sind, unterliegen nicht dieser genannten Zentralisationstendenz. Sie sind organisatorisch und arbeitstechnisch ein Instrument der Produktionstechnik; daher sind sie auch kompetenzmäßig dem Produktionsbereich zuzuordnen. Dennoch bestehen im Bereich der Produktion gewisse Zentralisierungserfordernisse:
- Die Systemintegration der EDV-Systeme (Meßwerterfassungssystem bzw. Terminals, Prozeßrechner, Zentralisierendes System, Teilbereichssystem, Zentralsystem oder eine ähnliche EDV-Systemhierarchie) mit den erforderlichen Abstimmungs- und Vereinheitlichungsaufgaben kann unter dem Gesichtspunkt der hard- und softwaremäßigen Kompatibilität nur durch zentralisierte Aufgabenträger wahrgenommen werden.
- Gleiches gilt für die Beobachtung der Entwicklung auf dem EDV-Markt, für den Kontakt zu EDV-Herstellern und Software-Unternehmen sowie für die Auswahl von Hardware und Software.

2.4.4.4.2. Managementkonzepte

Bezogen auf den engen Bereich der Abteilung „Organisation und Zentrale Datenverarbeitung" läßt sich feststellen, daß sich hier infolge des Zusammenwirkens unterschiedlicher Bereiche (funktionsbezogene Fachabteilungen mit den verrichtungsbezogenen Organisations- bzw. Datenverarbeitungsabteilungen) und der Überlagerung verschiedener Kompetenzsysteme eine multipersonale und integrierte *Projektorganisation* nach dem *Matrix-Prinzip* als zweckmäßig erwiesen hat (Abb. 35).[132] Ohne hier die Vor- und Nachteile einer auf dem Matrix-Prinzip beruhenden Projektgruppen-Organisation[133] zu untersuchen, lassen sich mit ihr viele Anforderungen erfüllen, die die Realisierung eines integrierten Systems und Bearbeitung der damit verbundenen Aufgaben unter der simultanen Berücksichtigung von Verrichtungs- bzw. Funktions- und Objekt- bzw. Projektaspekten mit sich bringt.

Betrachtet man die Konsequenzen integrierter Systeme auf die Managementkonzeption des gesamten Unternehmens, so läßt sich die Tendenz zur „Führung mit Delegation und weitestgehender Selbstregelung auf der Grundlage eines computergestützten Informations- und Steuerungssystems" [262, S. 84] erkennen. In diesem

[132] Vgl. hierzu im einzelnen [20, S. 76 ff.], [191, S. 69 ff.], [229, S. 139 f.].

[133] Für diese Organisationsform werden auch folgende Begriffe verwendet: Project-Management, Project-Organization, Team-Konzept, Management by Task Force usw. Vgl. [41], [46], [53], [217], [224].

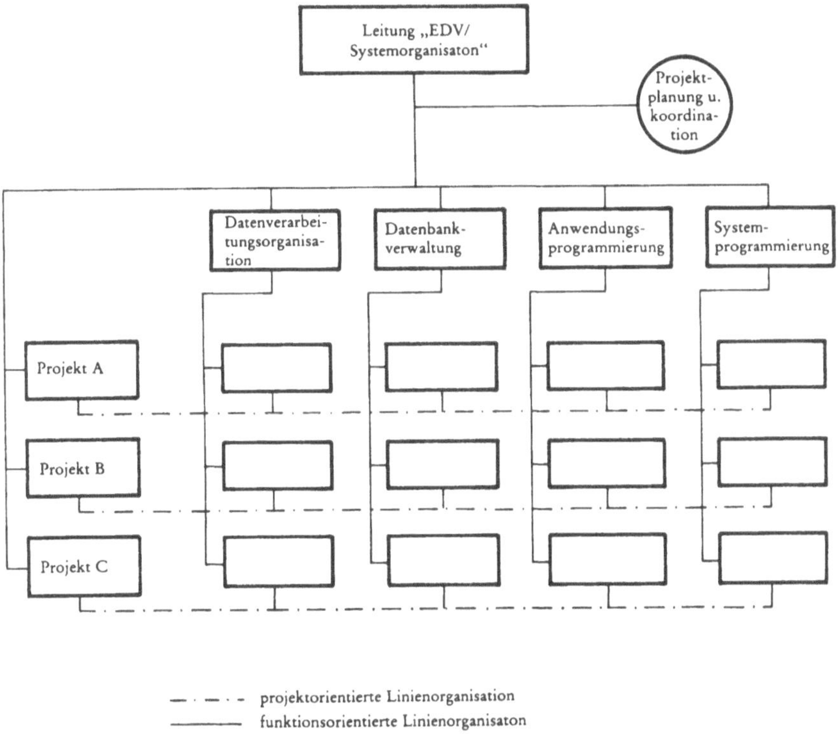

Abb. 35. Projektmanagement innerhalb des Bereichs „Organisation/Zentrale Datenverarbeitung"

Zielbild sind bereits die Anforderungen des Management by Objectives (Führung durch Zielvereinbarung) enthalten. Daß dabei das Informationssystem als Führungsinstrument eine wesentliche Rolle spielt, liegt auf der Hand, da den Führungsprozessen Informations- und Kommunikationsprozesse zugrunde liegen. Die durch zusätzliche Delegation ausgelösten Koordinations- und Steuerungsaufgaben können zudem nur durch eine problem- und zieladäquate Informationsversorgung bewältigt werden. Muß dabei verstärkt mit anderen Abteilungen kooperiert und bei der Bildung von Zielen und Plänen, ihrer Überwachung und der Erfolgskontrolle abgestimmt werden, so liegt der Einsatz eines EDV-gestützten integrierten Systems nahe.[134]

Ergänzend sei erwähnt, daß die aufbauorganisatorische Struktur der Unternehmung in erster Linie vom Aufgabenkomplex abhängt, den sie zu bewältigen hat. Die

[134] *Wild* sieht in dieser Konzeption die vorerst letzte Stufe in Richtung auf eine Weiterentwicklung zum Management by Systems. Vgl. [262, S. 86 f.].

informationellen Probleme (Informationsgewinnung und -verarbeitung, Kommunikation usw.) tragen jedoch entschieden dazu bei, den gesamten Aufgabenkomplex in Teilkomplexe zu zerlegen und entsprechenden Stellen bzw. Abteilungen zu übertragen. Dieser Segmentierungsprozeß [76, S. 178] kann, zunächst unabhängig von einem Informations- und Steuerungssystem bzw. von unterstützenden EDV-Systemen, verrichtungs- oder objektorientiert erfolgen. Es ist unschwer zu erkennen, daß die Eigenarten der Unternehmung, z. B. das Produktionsprogramm, die Unternehmensgröße usw., die Organisationsstruktur prägen. Wenngleich die Bildung gesonderter Abteilungen und Stellen im Bereich Organisation und Zentrale Datenverarbeitung infolge integrierter Systeme erforderlich sein kann, so läßt sich feststellen, daß integrierte Systeme bzw. die EDV besondere Strukturierungskonzepte erfordern.

Zweifelsohne begünstigt die *Matrix-Organisation* die interdisziplinäre Zusammenarbeit, die gerade durch den Einsatz von EDV-Systemen stärker in den Vordergrund rückt; sie ist aber andererseits auch ohne die EDV existent und weist in vielen anderen Bereichen (Forschung, Produktentwicklung usw.) ihre Berechtigung nach. Ähnliches gilt für die divisionalisierte Organisation mit ihren stabsähnlichen *Zentralabteilungen.* Auch die Bildung von *Divisionen* erfolgt unabhängig vom EDV-System. Zur Überwachung, Steuerung und Kontrolle wird das EDV-gestützte Informations- und Steuerungssystem im Zusammenwirken mit allen Divisionen erstellt. Spezialabteilungen können hier allerdings spezifisch auf das Informations- und Steuerungssystem und die EDV ausgerichtet sein, um die Unternehmensleitung bei Führungsentscheidungen und im übergreifenden Planungsprozeß zu beraten sowie in ihren Sachaufgaben als *Service Divisionen* durch die EDV zu unterstützen. Ist das integrierte System unter Anwendung des Management-by-Excepion-Prinzips auf die gesamte Unternehmung ausgerichtet, so übt es eine *Controllerfunktion* aus bzw. unterstützt den Controller bei den Abstimmungs- und Überwachungsaufgaben. Wird den einzelne Divisionen nach dem *Profit-Center-Konzept* noch die Gewinnverantwortung übertragen, so entstehen innerhalb der Gesamtunternehmung sich selbst verwaltende Subsysteme, die durch das integrierte System unterstützt werden, das seinerseits die gesamtunternehmerische Abstimmung der Divisionen übernehmen muß. Diesem Profit-Center-Konzept ist allerdings insofern kritisch gegenüberzustehen, da es eigentlich mehr auf die einzelnen Divisionen abgestellt ist und somit einer langfristigen Planung und einer auf die gesamte Unternehmung gerichteten Managementkonzeption im Wege steht. Viele Fehlentscheidungen des Top-Managements ergeben sich allein aus der zeitlich begrenzten Legislatur-Periode der einzelnen Divisionsinstanzen [242, S. 680].

2.4.5. Soziologische und psychologische Auswirkungen

Integrierte Systeme bringen in einigen Bereichen die Tendenz zur Zentralisation mit sich. Dies gilt besonders für den Bereich der Willensbildung und Entscheidungsfindung. Eine solche Zentralisierungstendenz kann sich jedoch negativ auf die *Motiva-*

tion und die Entfaltung von *Eigeninitiative* auswirken. Konkrete Befürchtungen hinsichtlich dysfunktionaler Konsequenzen integrierter Informations- und Steuerungssysteme äußert *Argyris* [11, S. B 275 ff.]. Danach führt die einseitig rationale Ausrichtung solcher Systeme zu einer Überbetonung formaler Organisationsaspekte und somit zu einer Vernachlässigung sozio-emotionaler Aspekte. Aus einem erzwungenen Sich-Einfügen in diese Systeme kann der Verlust sozialer Bindungen und damit eine weitgehend ineffiziente Informationsübermittlung bzw. -verwertung erfolgen.

Im einzelnen nennt *Argyris* [11, S. B 277 ff.] folgende negative Auswirkungen integrierter Informations- und Steuerungssysteme:

(1) Die Organisationsmitglieder fühlen sich in ihrer geistigen Bewegungsfreiheit eingeschränkt. Der Grund liegt hauptsächlich in der Standardisierung, Normierung und Formalisierung informationeller Prozesse.
(2) Die starke Stellung von EDV-Systemen, insbesondere im Steuerungsprozeß sowie bei der Vorbereitung und Durchsetzung von Entscheidungen, kann bei den menschlichen Entscheidungsträgern ein Gefühl der Abhängigkeit oder sogar des Versagens hervorrufen.
(3) Der menschliche Entscheidungsträger fühlt sich zunehmend unbedeutender, da er in ein formales System eingegliedert ist, das ihm nur noch wenig Individualität beläßt.

Eine empirische Untermauerung dieser motivationstheoretischen Hypothesen im spezifischen Problemkreis integrierter Systeme fehlt bislang. Als Einwand gegen diese Thesen kann vorgebracht werden, daß sich die Verhaltensweisen und die Einstellung der Systembenutzer verändern, wenn sie sich durch eine entsprechende Ausbildung an eine gegebene Datenverarbeitungstechnik gewöhnen sowie neue Methoden und den Umgang mit integrierten Systemen erlernt haben [144, S. 398]. Das Verständnis für die informationellen Prozesse und für das Funktionieren des Systems erhöhen Bereitschaft, Initiative und Mitarbeit der Unternehmensführung an der Gestaltung und Benutzung eines EDV-gestützten Informations- und Steuerungssystems. Das führungsorientierte Informations- und Steuerungssystem erhält in der informations- und steuerungsorientierten Führung sein erforderliches Pendant [114, S. 272]. In jedem Fall setzt der erfolgreiche Einsatz EDV-gestützter Systeme voraus, daß die Forderungen an die Systemgestaltung wie Problemadäquanz, Benutzeradäquanz und Systemadäquanz erfüllt sind.

Einen weiteren wesentlichen *betriebssoziologischen* Aspekt stellt die mit der Einführung eines integrierten Systems verbundene personelle Neu- bzw. Umorganisierung einzelner Teile der Unternehmung dar. Hier sind vor allem folgende Probleme zu lösen:

- von Routineaufgaben freigesetzte Arbeitskräfte auf anderen Stellen einsetzen (gegebenenfalls Umschulungs- und Fortbildungsmaßnahmen einleiten);
- Veränderungen im Kompetenz- und Leitungsgefüge durchsetzen;

- Rumpfabteilungen zusammenfassen;
- die erforderlichen neuen Abteilungen bilden und die Stellen qualifiziert besetzen.

Diese Probleme lassen erkennen, daß die Einführung integrierter Systeme langfristig vorbereitet sein muß, um neben den technischen und organisatorischen auch die personellen Voraussetzungen schaffen zu können. Nur geschulte, mit dem System vertraute und das System akzeptierende Mitarbeiter können den Erfolg sichern.[135]

2.4.6. Zur Wirkung integrierter Systeme (Ergebnisse zu 2.4.)

Die vielfältigen Wirkungen, die von einem EDV-gestützten integrierten Informations- und Steuerungssystem ausgehen, sind bei der Analyse, Planung und Konzeption derartiger Systeme zu beachten und den Entscheidungen über den Systemaufbau zugrundezulegen. Im einzelnen sind besonders folgende Auswirkungen zu nennen:

(1) Mit der Einführung eines Informations- und Steuerungssystems geht eine weitestgehende *Automatisierung* informationeller Prozesse einher. Gleichzeitig ist eine hohe *Integrationsstufe* anzustreben, die allein eine effiziente und umfassende Steuerung des Betriebsgeschehens erlaubt.

(2) Die Automatisierung der informationellen Prozesse erfordert leistungsstarke und *komplexe EDV-Systeme* sowie die Anwendung von Operations-Research-Methoden und komplexen Programmiertechniken. Das EDV-System wird dabei im allgemeinen aus einem hierarchischen Systemverbund mehrerer Systeme bestehen; dies gilt besonders für größere bzw. konzernverbundene Unternehmungen.

(3) Bezogen auf die Stellung von Information bzw. Daten zum maschinellen Datenverarbeitungssystem liegt einerseits eine sachmittelorientierte *Zentralisation* informationeller Prozesse vor, denn fast alle Informationen bzw. Daten werden zu Kommunikations-, Speicherungs- und Verarbeitungszwecken dem maschinellen System übergeben; andererseits ermöglicht das System auch die *Dezentralisierung* einzelner informationeller Aktionsphasen und der daraus resultierenden Prozesse der Planung, Entscheidung und Kontrolle. Trotz der nicht in allen Bereichen eindeutig zu klärenden Tendenz hinsichtlich der Frage Zentralisierung bzw. Dezentralisierung läßt sich für das maschinelle System sagen, daß selbst bei weitestgehend unabhängigen Subsystemen ein oder mehrere zusammengeschlossene zentrale Systeme eine Steuerung der anderen Systeme vornehmen und meist eine besondere Stellung einnehmen in bezug auf die Speicherung der Daten, die allgemein verfügbar sein sollen. Auch bei den Entscheidungsprozessen läßt sich eine gewisse Zentralisierungstendenz feststel-

[135] Dies gilt nach *Ackoff* auch für den Manager, der nicht nur verstehen muß, wie das System arbeitet, sondern auch, wie es zu benutzen ist [2].

len, die dadurch begründet ist, daß mittels des integrierten Systems die Komplexität des Betriebsgeschehens besser beherrschbar wird und so, gemäß dem kybernetischen Prinzip, Führungsgrößen zentral von einem obersten Regelorgan vorgegeben werden können.

(4) Die Einführung von Informations- und Steuerungssystemen bringt durch Veränderungen in den Planungs-, Entscheidungs-, Realisations- und Kontrollprozessen eine *Umstrukturierung* des betrieblichen Aufgaben-, Stellen- und Abteilungsgefüges mit sich [88, S. 123], [107, S. 98 f.]. Aufgrund von Standardisierung und Formalisierung durch das integrierte System besteht die Tendenz zu einer starren Ablauforganisation und zu einer mangelnden Systemflexibilität. Dem ist durch die dynamische Konzeption eines lernenden und sich anpassenden Systems (permanente Systemrevision) Rechnung zu tragen.

(5) Das EDV-System stellt in bezug auf die informationellen Prozesse qualitativ und quantitativ ein hohes *Kapazitätspotential* dar, das zudem äußerst flexibel gegenüber Auslastungsschwankungen ist. Andererseits besteht eine große Sensibilität des integrierten Informations- und Steuerungssystems zum Funktionieren des EDV-Systems. Fehler oder Ausfälle im EDV-System (Hard- und Software) haben unmittelbare Auswirkungen auf das Betriebsgeschehen, die von Verzögerungen einzelner Arbeitsschritte bis hin zum Stillstand eines ganzen Unternehmens reichen können. Daher sind für solche Fälle besonders sorgfältig Sicherungsmaßnahmen vorzusehen.

(6) Veränderte Anforderungen durch die Einführung des integrierten Systems sowie organisatorische Veränderungen und nicht zuletzt die Existenz des Systems selbst können zu psychischen Belastungen und Abwehrhaltungen führen. Diese Aspekte sowie die unter *betriebssoziologischen* Gesichtspunkten vorzunehmenden organisatorischen Maßnahmen bei personeller Umgruppierung einschließlich der gegebenenfalls damit verbundenen Umschulungsmaßnahmen bedürfen besonderer Beachtung.

3. Die Modellierung eines Systems integrierter betrieblicher Datenverarbeitung (Modellparameter)

Die in der Systemanalyse herausgearbeiteten Ergebnisse erlauben die *modellhafte* Darstellung realtechnischer und informationeller Zusammenhänge einer Unternehmung. Der dabei erarbeitete Ist-Zustand stellt den Ausgangspunkt für die Soll-Vorstellungen des künftigen integrierten Systems dar, die in einer genauen Zielprojektion und Aufgabendefinition fixiert werden. Der Kern der Systemmodellierung ist die darauf folgende Phase der Zuordnung, Gruppierung und Verkettung von Systemelementen und Teilsystemen. Die Anordnung der Elemente bzw. die Variierung der Modellparameter ist so vorzunehmen, daß zunächst ein unabhängig optimales *Systemmodell* entsteht. Ein solches optimales Systemmodell läßt sich nur in den wenigsten Fällen realisieren, da dem meist wirtschaftliche Restriktionen entgegenstehen. Somit gehört es mit zur Aufgabe der Systemmodellierung, weitere vom optimalen Modell abgeleitete Systemmodelle zu erstellen, die unter Berücksichtigung der gegebenen Restriktionen realisierbare Lösungen darstellen.

3.1. Systemmodelle als Grundlage der Systemschaffung

Die Systemmodelle lassen sich je nach ihrem Abstraktionsgrad unterscheiden in [96, S. 31 ff.]:

(1) Systemmodelle höchsten Abstraktionsgrades,
(2) Systemmodelle bei verringertem Abstraktionsgrad,
(3) praxisnahe Systemmodelle mit Teilsystemen.

Derzeit gehen sehr starke Impulse integrationsorientierter Systemmodelle von den Unternehmungen selbst aus, insbesondere von konzernverbundenen Großunternehmungen.[1] In verstärktem Ausmaß entwickeln die Unternehmungen in und für ihre Anwendungsbereiche selbst abstrakte und praxisnahe Konzeptionen mit hoher Komplexität.

Bei der Bildung von Systemmodellen geht man vom Beschreibungsmodell aus,

[1] *Wacker* sieht sogar eine weitgehende Überlegenheit der Unternehmungen gegenüber der Wissenschaft in bezug auf die Entwicklung integrationsgerichteter Systemmodelle, indem er meint: „Den in der Praxis mit wissenschaftlicher Akribie durchgeführten Systemanalysen und -synthesen kann die professionelle Wissenschaft mit einer Systematisierung der Ergebnisse und Fragestellungen nur mühsam folgen; oder sie kann nicht ganz rechtzeitig neutral und koordinierend anregen“ [251, S. 223].

das zunächst Einzelaufgaben und deren integrativen Beziehungen [96, S. 113 f.] erfaßt (Abb. 36). In einer weiteren Entwicklungsstufe sind die informationellen Input-Output-Beziehungen einzubeziehen, so daß neben der Aufgabenintegration auch die informationelle Integration betrieblicher Teilsysteme sichtbar wird (Abb. 37).[2] Die Qualität eines solchen Grundmodells wird durch die Erweiterung um Planungs-, Prognose- und Entscheidungsmodelle erhöht, wodurch das Systemmodell erst den spezifischen Charakter eines integrierten Informations- und Steuerungssystems erhält.

Für das konkrete Arbeiten mit Systemmodellen ist zu beachten, daß ein *Modell* als *Abbild* der *Realität* nur einen bestimmten Bereich und die darin bestehenden wesentlichsten Zusammenhänge darstellen kann. Diese Abbildung ist jedoch einfacher und übersichtlicher als das reale System selbst. Insofern bezieht sich der Zusammenhang von Modell und Wirklichkeit nicht auf die *Identität*, sondern auf die *Analogie* zwischen dem realen und dem im Modell abgebildeten System [167, S. 112].

Die Resultate eines Systems sind abhängig von seinem Verhalten, von seiner Struktur und seiner Funktion.[3] Ist ein Modellsystem dem realen System in Struktur und Verhalten gleich, so ist davon auszugehen, daß es auch zu den gleichen Resultaten führt wie das reale System. Dies bedeutet für die Systemmodellierung, daß die Analogie von realem System und Systemmodell hinsichtlich Struktur und Verhalten nachzuweisen ist. Dabei ist folgender Umstand zu beachten: Ist ein Systemmodell in Struktur und Verhalten dem realen System analog, und besitzt ein anderes strukturiertes Systemmodell, das sich auf dasselbe reale System bezieht, die gleichen Verhaltensweisen, so ist auch dieses Systemmodell dem realen System analog. Läßt sich dieser Sachverhalt ebenso bei der Modellierung von Informations- und Steuerungssystemen realisieren, so folgt daraus, daß mit *unterschiedlichen Strukturen* und Konzeptionen Informations- und Steuerungssysteme mit *gleichen Funktionen* konstruiert werden können. Demgemäß lassen sich bei der Modellierung folgende Modellarten bilden:

(1) Strukturmodelle als die formalisierte Darstellung des Systemaufbaus, der Arten, der Anzahl und der Anordnung seiner Elemente und Teilsysteme sowie der zwischen ihnen bestehenden informationellen Beziehungen für die Realisierung einer bestimmten Funktion.
(2) Funktionsmodelle als die formalisierte Darstellung der Transformation der auf ein System, Teilsystem oder Element einwirkenden Eingangsinformationen in bestimmte, zielgerichtete Ausgangsinformationen.
(3) Verhaltensmodelle als die formalisierte Darstellung der Ausgangszustände in Abhängigkeit von den Eingangszuständen und den inneren Beziehungen eines Systems, Teilsystems oder Elements und deren zeitabhängigen Veränderungen.

[2] Vgl. hierzu auch die Modelldarstellungen des Kölner Integrationsmodells [77] sowie die Modelldarstellungen bei *Hartmann* und *Hellfors* [96, S. 32 ff.].

[3] Vgl. hier und im folgenden [167, S. 113 f.].

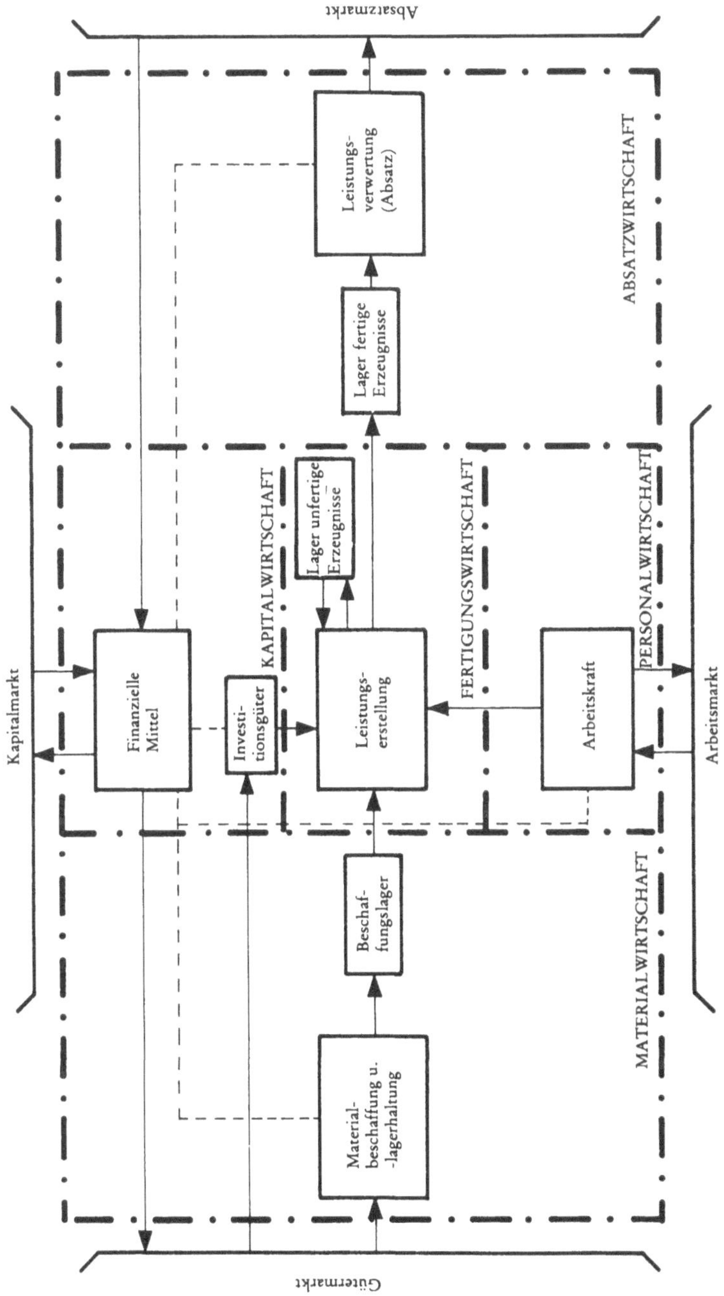

Abb. 36. Modell des betrieblichen Leistungsprozesses [vgl. 96, S. 114]

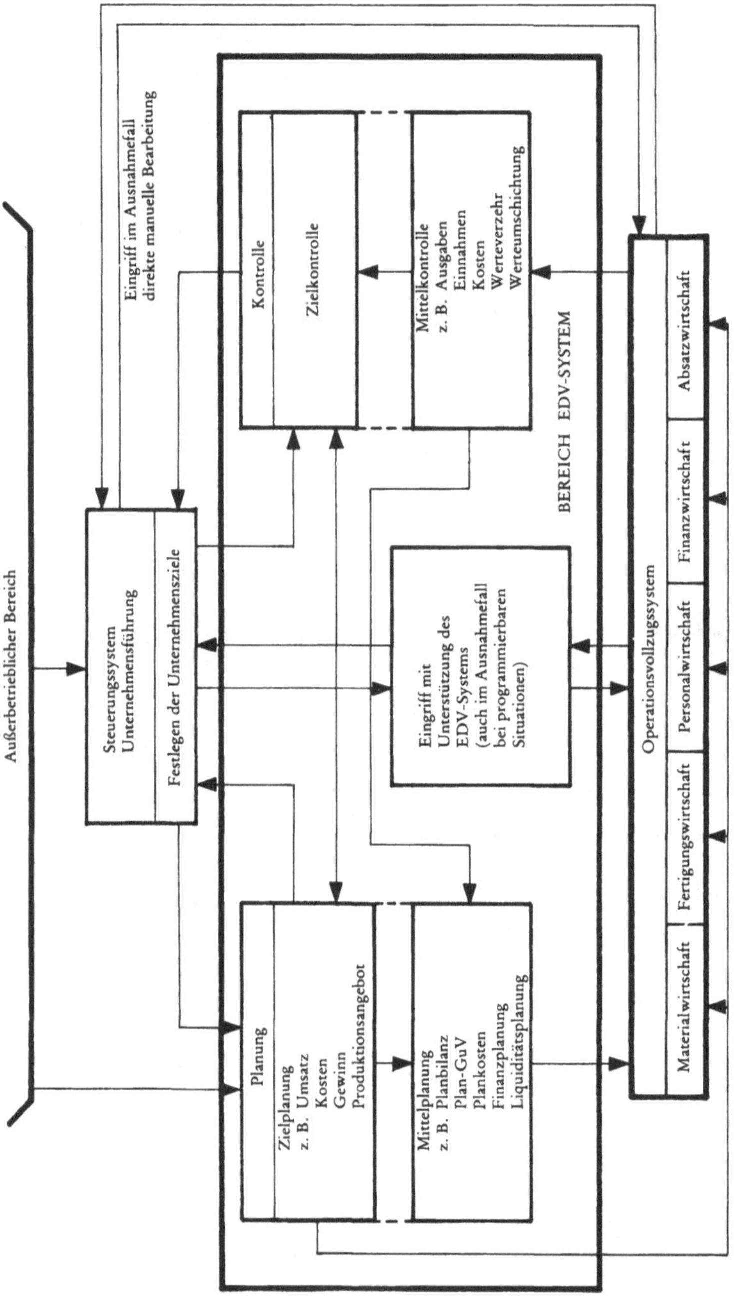

Abb. 37. Modell zur Integration betrieblicher Teilsysteme unter Einbeziehung eines EDV-Systems [vgl. 177, S. 372]

3.1.1. Ziele und Erfordernisse des Systemmodells

Als Hauptziel bei der Schaffung eines Informations- und Steuerungssystems ist die Deckung der Informationsbedürfnisse der operativen und dispositiven Funktionsträger anzusehen unter weitestgehender Berücksichtigung der Selbststeuerung des Betriebsgeschehens. Daraus resultieren hauptsächlich folgende Teilziele [96, S. 37]:

(1) Hohe Aktualität, Genauigkeit und aufgabenbezogene Abgrenzung der für die Planung, Entscheidung (Steuerung) und Kontrolle erforderlichen Informationen.
(2) Unmittelbarer Zusammenhang von Planung, Steuerung und Kontrolle im Bereich des betrieblichen Operationsvollzuges.
(3) Hohe Wirtschaftlichkeit (minimaler Verwaltungsaufwand) bei der Deckung der betrieblichen Datenverarbeitungs- und Informationsbedürfnisse.

Bezogen auf ein konkretes EDV-gestütztes Informations- und Steuerungssystem erfolgt dessen Entwicklung in zwei Phasen:

- Die erste Phase besteht in der Erarbeitung einer *Prinziplösung*. Hier entsteht ein Systemmodell, das noch nicht in den Einzelheiten auf einen bestimmten Anwendungsbereich zugeschnitten ist und somit Gültigkeit für einen mehr oder minder großen Anwenderkreis hat.
- In der zweiten Phase erfolgt die anwendungsbezogene *Konkretisierung* (einschließlich einer gegebenenfalls erforderlichen Reduzierung des Abstraktionsgrades). Hier werden bereits die Systemkonturen des zugrundezulegenden EDV-Systems sichtbar. Dabei sind u. a. folgende Erfordernisse zu berücksichtigen:[4]
  (1) Ermittlung und Darstellung des objektiv notwendigen Informationsbedarfs,
  (2) Modelle und Simulationen zum Problem rationeller Deckung des Informationsbedarfs,
  (3) Sicherung von Stabilität und Flexibilität des Systems,
  (4) Entwicklung von Algorithmen für Datenverarbeitungs- und Steuerungsprozesse,
  (5) Ermittlung des optimalen Integrationsgrades und Automatisierungsgrades unter Berücksichtigung von Zielsetzung und Restriktionen.

Sind diese Erfordernisse erfüllt, so ergeben sich ausgehend von den Zielen und den zu lösenden Aufgaben für das Systemmodell eines integrierten EDV-gestützten Informations- und Steuerungssystems für die Aufnahme, Verarbeitung und Weitergabe von Daten bzw. Informationen folgende Gestaltungsbedingungen, die in erster Linie Forderungen nach einer *wirtschaftlichen Automation* darstellen, sich aber zum Teil auch mit den Grundsätzen der *internen Integration* decken [94, S. 31], [96, S. 37]:

[4] Vgl. hier und im folgenden [167, S. 101, insbes. S. 103 ff.].

(1) Die für ein Problem relevanten Daten sind *möglichst nur einmal* zu erfassen und zu speichern. Dabei hat die Datenaufzeichnung bzw. -erfassung bereits am Ort der Datenentstehung möglichst automatisch und unmittelbar (on-line-real-time-concept) zu erfolgen.

(2) Die ursprünglichen und die fortgeschriebenen Datenbestände sowie die Resultate von Datenverarbeitungsprozessen stehen für Abfragen und weitere Auswertungs- und Verarbeitungsaufgaben in *direktem Zugriff*, d. h. daß alle Zwischenergebnisse in maschinenverbundenen und -gesteuerten Speichern aufbewahrt werden.

(3) Die Verarbeitung erfaßter bzw. gespeicherter Daten erfolgt *automatisch* mit Hilfe vorbereiteter Programme. Entsprechende Betriebssystem-Programme sorgen für ein weitgehendes automatisches „Rüsten" der EDV-Systeme.

(4) Steuerungsaufgaben und Routineaufgaben werden *möglichst automatisiert;* für echte, nicht programmierbare Entscheidungen werden den Leitungs- und Entscheidungsorganen *Entscheidungsdaten aufbereitet.*

(5) Die Datenausgabe und Datenweiterleitung erfolgt im *erforderlichen Maß;* Entscheidungsträger und Kontrollorgane sind nicht „überzuinformieren". Gleiches gilt auch beim Verbund von EDV-Systemen.

(6) Das Informations- und Steuerungssystem hat einem *permanenten Lern- bzw. Revisionsprozeß* zu unterliegen, nach dem seine Effizienz laufend überwacht wird, neue Alternativen modellartig untersucht und, soweit sie erfolgversprechend sind, auch realisiert werden [30, S. 6].

3.1.2. Modell der informationellen Beziehungen im Steuerungsprozeß

Im folgenden sollen auf der Basis eines abstrakten kybernetischen Systems (Regelkreismodell) als prinzipiellem Strukturschema die Informationsbeziehungen zwischen der Leitung bzw. dem Informations- und Steuerungssystem[5] und dem geleiteten bzw. gesteuerten Prozeß (Arbeitsprozeß, Operationsvollzugssystem) dargestellt werden.[6] Der Regler (R) entspricht der Leitungsebene im weitesten Sinne unter Einbeziehung des Informations- und Steuerungssystems. Die Regelstrecke (S) ist der geleitete Arbeitsprozeß, der Ablauf bzw. die Durchführung dieses Prozesses im Operationsvollzugssystem.

Abstrahiert man von den materiellen Beziehungen eines solchen Systems, so ergeben sich folgende informationelle Systembeziehungen:

[5] Sofern es sich um automatisierbare Steuerungsprozesse (operative Steuerung) handelt, kann das Informations- und Steuerungssystem ohne menschlichen Leitungseingriff selbst tätig werden. Im folgenden sei in der Leitung (dispositive Steuerung) begrifflich das Informations- und Steuerungssystem als Instrument der Leitung einbezogen. Vgl. hierzu auch die negative Definition der Leitung von *Hellfors* [106, S. 2], nach der leitende Tätigkeiten all jene Arbeiten im Betrieb sind, die nicht rein ausführenden (operativen) Charakter haben; in Verbindung mit *Gutenberg* [79, S. 159], der operative Tätigkeit als Erledigung von Sachaufgaben definiert.

[6] Vgl. im folgenden [167, S. 121 ff.].

Die Leitung selbst erhält bzw. vereinbart Ziele in Form von Führungsgrößen (w) und ist insofern ebenfalls ein geleitetes System mit relativer Selbständigkeit. Die Rückkopplung in Form der Rechenschaftslegung (u) kann nach außen gelangen, wenn eine Trennung von Eigentümer und Unternehmer vorliegt, z. B. bei der Aktiengesellschaft; oder sie kann im Betrieb verlaufen, wenn Eigentümer und Unternehmer identisch sind. Die Führungsgrößen sind für die Leitung Ausgangspunkte zur Ableitung von Teilzielen und der dafür erforderlichen Stellgrößen. Die Stellgröße (y) bzw. die Informationen über die Gesamt- oder Teilbereichsplanung

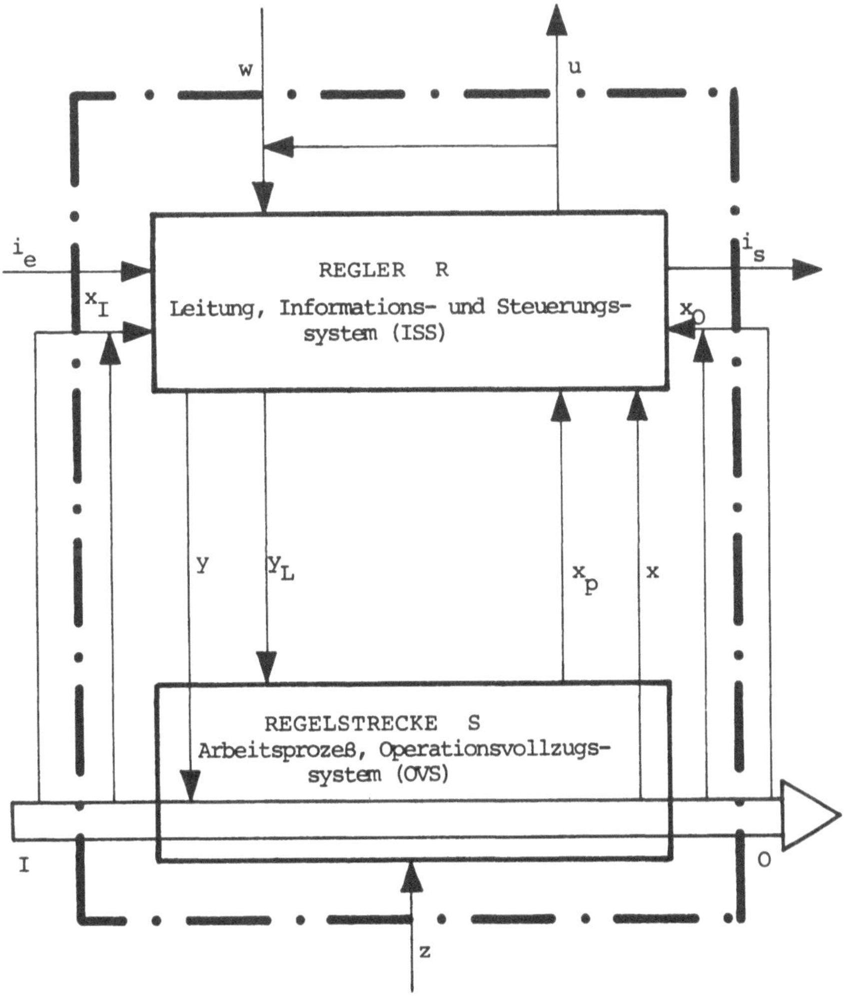

Abb. 38. Grundmodell der kybernetischen Beziehungen zwischen Leitung und geleitetem Arbeitsprozeß [vgl. 167, S. 125 ff.]

Legende zu Abb. 38

Kurzbezeichnung	Inhalt	Sender	Empfänger	Beispiele für einen Industriebetrieb
w	Führungsgröße: Betriebliche Zielsetzungen; vom übergeordneten System bestätigte Zielvorstellungen bzw. vorgegebene Sollvorgaben	Übergeordnetes (Leitungs-)system	Leitung des (Teil-)Systems bzw. ISS	HV-Beschlüsse, Konzernplan, Gesetze
u	Rückkopplung der Leitung: Informationen über Zielerreichung und über neue Ziele (Zielplanung)	Leitung des (Teil-)Systems bzw. ISS	Übergeordnetes (Leitungs-)system	Rechenschaftsbericht, Planvorschläge
i_e	Informationen über externe Entwicklungen, die das Systemverhalten beeinflussen können	Umwelt	Leitung bzw. ISS	Gesetzliche Vorschriften, allgemeine Marktentwicklungen, technische Entwicklungen, Entwicklung von Forschung und Technologie, gesellschaftliche Entwicklungen
i_s	Informationen aus dem System, die die Umwelt im Sinn einer planmäßigen Systementwicklung beeinflussen können	Leitung bzw. ISS	Umwelt	Anforderungen an die öffentliche Politik (z.B. Wirtschaftspolitik); Anforderungen an die Ausbildung (z.B. Hoch- und Fachschulen)
I	Gesamtheit der produktiven Eingangsfaktoren (Eingangsgröße = Input)	Umwelt (Markt)	geleiteter Prozeß bzw. OVS	Arbeitskraft, Kapitalgüter
O	Ergebnis des Arbeitsprozesses (Ausgangsgröße = Output)	geleiteter Prozeß bzw. OVS	Umwelt (Markt)	Produktivgüter, Konsumgüter

x_I	Informationen über den Zustand der Eingangsfaktoren (intern und extern erhoben)	Umwelt bzw. betriebliches Teilsystem	Leitung bzw. ISS	Qualität von Stellenbewerbern, Mengen- und Qualitätsprüfung von Rohstoffen
x_O	Informationen über die Verwertung des Arbeitsprozesses (intern und extern erhoben)	Übergeordnetes (Teil-)System bzw. OVS	Leitung bzw. ISS	Umsatzprozeß, Aufnahme der Produktion auf dem Markt, Qualität der Produkte
z	Störgröße: Gesamtheit der auf den Arbeitsprozeß (Operationsvollzug) entgegen der Zielerreichung wirkenden Faktoren	Umwelt	geleiteter Prozeß bzw. OVS	Störung im Produktionsprozeß, Lieferverzug von Zulieferern, Arbeitskampf
x	Regelgröße: Informationelle Widerspiegelung (Rückkopplung) der vom Arbeitsprozeß tatsächlich erreichten Ergebnisse (Istmeldung), die neue Stellgrößen auslösen oder Korrektur der Führungsgrößen bewirken kann	geleiteter Prozeß bzw. OVS	Leitung bzw. ISS	Meldung über Produktionszahlen, Stand von Forschungs- und Entwicklungsaufträgen
y	Stellgröße: Weisungen und Daten zur Steuerung des Arbeitsprozesses durch Sollvorgaben zwecks Zielerreichung	Leitung bzw. ISS	geleiteter Prozeß bzw. OVS	Sollvorgaben aus der Planaufschlüsselung; von der Leitung ergriffene Maßnahmen zur Beseitigung von Störungen (Management by Exception)
x_P	Informationen über den Zustand und Ablauf des zu steuernden Arbeitsprozesses	geleiteter Prozeß bzw. OVS	Leitung bzw. ISS	Meldungen über den Ausbildungszustand der Mitarbeiter, über den Zustand der Produktionsanlagen
y_L	Informationen über die Leitung, Motivation der Mitarbeiter	Leitung	geleiteter Prozeß	Erklärung und Unterrichtung der weitergehenden Planungen, Mitwirkung der Mitarbeiter an Zielen (Zielvereinbarung - Management by Objectives)

(y_L) werden aber noch durch weitere Daten (i_e, x_I, x_O, x_p, x) beeinflußt, die auf den Regler teils aus der Umwelt, teils aus dem Arbeitsprozeß selbst einwirken. Gleichzeitig gibt der Regler auch Informationen (i_s) an die Umwelt ab. Somit stellen sich die Weisungen der Leitung als informatorischer Komplex aus vergangenheits- und gegenwartsbezogenen Daten sowie zukunftsorientierten Prognosedaten dar.

Die wesentliche Funktion der Leitung und des zugehörigen Informations- und Steuerungssystems liegt hauptsächlich darin, Ergebnisse des Arbeitsprozesses kontinuierlich oder periodisch zu messen und zu erfassen, um zu kontrollieren, ob

(1) die Ist-Daten mit den vorgegebenen Soll-Daten übereinstimmen,
(2) die in den Stellgrößen enthaltenen Weisungen im Arbeitsprozeß ordnungsgemäß ausgeführt wurden und
(3) die Stellgrößen geeignet waren, die vorgegebenen Ziele (Soll-Daten) zu erreichen.

Bei positivem Kontrollergebnis kann der Arbeitsprozeß in der bisherigen Weise fortgeführt werden; es braucht nicht steuernd in den Prozeßablauf eingegriffen zu werden. Aus dem positiven Kontrollergebnis läßt sich zum einen auf die Richtigkeit der gegebenen Weisungen schließen und zum anderen darauf, daß die Eingangsgrößen (Input) den Bedingungen des Arbeitsprozesses entsprachen.

Die Ausgangsgrößen (Output) sind jedoch nicht, wie schon erläutert, ausschließlich von den Stellgrößen der Leitung abhängig. Zu berücksichtigen sind in diesem Zusammenhang noch folgende Faktoren:

(1) die Richtigkeit der Führungsinformationen;
(2) die Qualität des bei der Leitung bzw. im Informations- und Steuerungssystem vorhandenen Modells über das System, über die Teilsysteme und über die darin ablaufenden Prozesse;
(3) die Qualität der Eingangsgrößen;
(4) die Bedingungen des Arbeitsprozesses selbst.

Derartige Regelkreismodelle sind von hoher Allgemeinheit, so daß sie keine unmittelbar verwertbare Aussage liefern. Ein Grundmodell, wie das beschriebene (Abb. 38), ist insbesondere hinsichtlich der Anforderungen und Informationsbeziehungen von Leitung und Operationsvollzug näher zu untersuchen. Die Bedeutung des Modells liegt darin, die grundsätzlichen Fragen zu klären, wo Leitungsprozesse vorliegen, wo sie für den Operationsvollzug erforderlich sind und was aus einer Soll-Ist-Differenz geschlossen werden kann. Die Modelle sind somit faktisch Begriffe einer Metasprache, die die an der Analyse, Modellierung und Systemschaffung Beteiligten in die Lage versetzt, eine einheitliche begriffliche und operationale Basis zu haben.

3.1.3. Die Interdependenz struktureller und funktionaler Faktoren[7]

Ausgehend von einem Grundmodell eines Systems, das als Einheit zweier Teilsysteme (Leitung und geleiteter Prozeß) aufgefaßt wird, werden durch weitere Verfeinerungen die Informations- und Steuerungsprozesse so modelliert, daß bei Einbeziehung des so entstandenen Modells in ein EDV-System das Betriebsgeschehen weitgehend automatisch gesteuert werden kann. Die Komplexität des Systems „Unternehmung" gestattet es nicht, den objektiv notwendigen Informationsbedarf, die Möglichkeiten seiner Deckung und die erforderlichen Prozesse der Kommunikation, Daten- und Informationsverarbeitung unter dem Aspekt des Gesamtsystems zu ermitteln. Nur über die Bildung von *Teilsystemen* gelangt man zu abgegrenzten Bereichen der Entscheidung und Ausführung, die sowohl analytisch als auch in der Modellierung beherrschbar sind.

Bei der Modellierung eines Teilsystems geht man am zweckmäßigsten von der *Struktur* des zu gestaltenden (Teil-)Systems aus sowie von den *Funktionen* des Systems, der Teilsysteme und Elemente. Ausgehend von den Ergebnissen der Strukturanalyse finden in der synthetischen Arbeit Modellformen wie Strukturmatrix und Blockschaltbilder in Verbindung mit Datenfluß- und Arbeits- bzw. Programmablaufdiagrammen Verwendung. Dabei stehen die informationellen Beziehungen zwischen Leitung und Durchführung im Vordergrund. Am Blockschaltbild können z. B. die Elemente und Prozesse zur Leitung und Durchführung von Teilprozessen erfaßt werden (Abb. 39). Aufgrund der zwischen den Teilprozessen bestehenden sachlichen Zusammenhänge werden vor allem die Informationen herausgestellt, die als Ergebnis der Datenverarbeitung die jeweiligen Arbeitsblöcke verlassen und ihrerseits die Eingangsinformationen für einen oder mehrere andere Arbeitsblöcke bilden.

Die Struktur kann nun soweit aufgegliedert werden, daß dort, wo eine automatisierte Verarbeitung von Daten erkennbar wird, die Detaillierung in Programmstrukturen (Ablaufplänen) so vorgenommen wird, daß letztlich als Elemente nur noch die Grundoperationen der Datenverarbeitung (z. B. Addition, Multiplikation, Vergleichsoperationen usw.) übrig bleiben. Hinsichtlich der Modellierung von Datenverarbeitungssystemen ist damit praktisch die Grenze für die Darstellung der (Ablauf-)Struktur eines Teilsystems erreicht. Bei der detaillierten Darstellung (Blockschaltbild, Datenflußplan, Programmablaufplan) werden nicht mehr nur strukturelle Beziehungen erfaßt, sondern gleichermaßen auch die funktionalen Beziehungen. Bezogen auf das konkrete Untersuchungsziel und infolge der Wechselbeziehungen zwischen Struktur und Funktion erfolgt in einem nicht generell fixierbaren Punkt ein Umschlag von der primär strukturellen zur primär funktionalen Betrachtung. Ein Beispiel hierfür ist der problemorientierte Programmablaufplan, der die Umwandlung der Eingabedaten in Ausgabedaten und damit die funktionale Beziehung in einem bestimmten Datenverarbeitungsprozeß erfaßt, gleichzeitig aber vom Vorhandensein struktureller Beziehungen ausgehen muß.

[7] Vgl. im folgenden [167, S. 131 ff.].

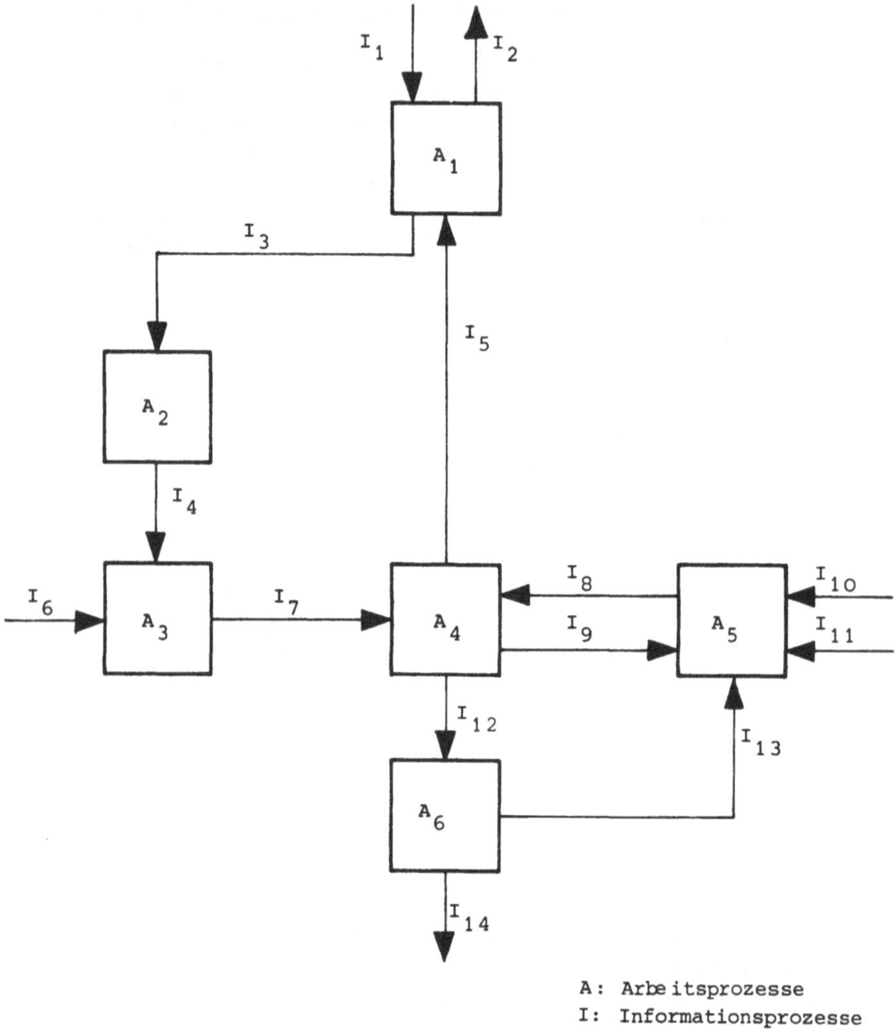

Abb. 39. Blockschaltbild für ein Teilsystem [vgl. 167, S. 140]

Die meisten Strukturmodelle erfassen nur sachliche Zusammenhänge. Zusätzlich wäre jedoch noch der zeitliche Bezug von Bedeutung, z. B. wieviele Informationen innerhalb welchen Zeitraumes vorliegen müssen, um eine hinreichend optimale Entscheidung fällen zu können. Eine mögliche Darstellungsform, die informationellen Beziehungen auch zeitbezogen darzustellen, bildet der *Netzplan*. Die Arbeitsblöcke sind dabei die *Aktivitäten* und die Ergebnisse der Arbeitsprozesse bzw. deren Ausgangsinformationen sind als *Ereignisse* aufzufassen. Dadurch ist die zeitliche Abstimmung des Operationsvollzuges bzw. der Teilprozesse unter Einbeziehungen der Informations- und Datenverarbeitungsprozesse sowie deren Koordinierung möglich.

Während die Strukturmodelle die einzelnen Modellelemente als „schwarzen Kasten" betrachten, von dem nur die Eingangs- und Ausgangsdaten bekannt sind, und die Stellung der Elemente im (Teil-)System darstellen, zeigen die Funktionsmodelle die Arbeits- und Verhaltensweise des Elements auf. Die Funktionsmodelle bilden im Rahmen des Operations Research den Kern für die Entwicklung eines Systemmodells. Die Funktionen der einzelnen Elemente (Abb. 40) sind, soweit sie sich in einer formallogischen Form fassen lassen, im Rahmen des Strukturmodells zu einem Systemmodell zu verknüpfen (Integration von Struktur- und Funktionsmodell).

3.2. Projektion und Aufgabendefinition des Systems

Bevor das Informations- und Steuerungssystem definiert sowie Aufgabenstellung, Umfang und Struktur dargestellt werden, ist die Ausgangsbasis eines solchen

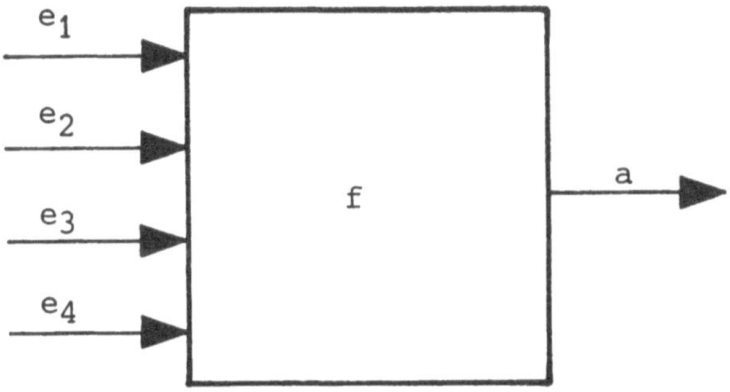

$$a = \begin{pmatrix} e_1 \\ e_2 \\ e_3 \\ e_4 \end{pmatrix}$$

$$a = f(e_1, e_2, e_3, e_4)$$

Abb. 40. Prinzipschema für funktionelle Verknüpfung [167, S. 151 f.]

Systems zu betrachten. Für die Zielprojektion und Aufgabendefinition eignet sich die Methode des *Scenario-Schreibens* (Abb. 41).

Im allgemeinen kann heute der „einfache" EDV-Einsatz in einem oder mehreren Funktionsbereichen einer Unternehmung unterstellt werden. Faßt man mehrere Funktionsbereiche eines Betriebes, die in sich bereits eine weitgehend automatisierte Bearbeitung von Verwaltungsaufgaben und eine Steuerung sowohl operationeller wie informationeller Prozesse über EDV-Systeme vornehmen, datenverarbeitungstechnisch sowie aufgaben- und verfahrensmäßig *integrativ* mit dem Ziel zusammen, die informationellen Gegebenheiten zu optimieren und durch verbesserten Arbeitsablauf und Mitteleinsatz sowie durch eine Automatisierung der Verwaltungsaufga-

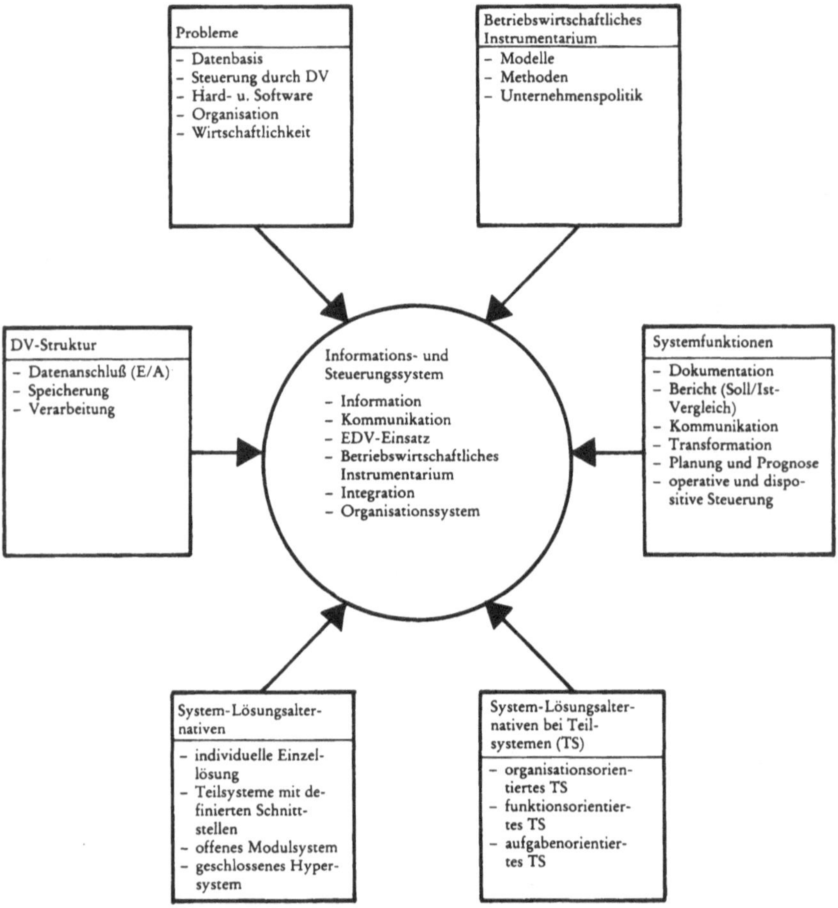

Abb. 41. Scenario-Beschreibung für die Zielprojektion eines Informations- und Steuerungssystems

ben den betrieblichen Leistungsprozeß zu rationalisieren, so liegt in Grundzügen die *Zielprojektion* und *Aufgabendefinition* eines *Informations- und Steuerungssystems* vor. Während sich das „reine" *Informationssystem*[8] nach erfolgter Datentransformation vornehmlich darum bemüht, die mit der Steuerung des Unternehmens befaßten Stellen optimal mit *Informationen zu versorgen*, umfaßt das *Informations- und Steuerungssystem* zusätzlich zu dieser hauptsächlich kommunikativ-informationellen Komponente selbständige *Steuerungsaktivitäten* (z. B. Maschinen- und Prozeßsteuerung, automatisiertes Bestellwesen, integrierte Kapazitätsplanung und -kontrolle).

Das datenverarbeitungstechnische Ziel des Informations- und Steuerungssystems[9] besteht darin, daß ein EDV-System Datenelemente aus vielen Dateien, die nach unterschiedlichen Kriterien organisiert sind, in einen übergreifenden und mit allen betrieblichen Bereichen verknüpften Informations- und Steuerungsprozeß einbezieht. Hauptproblem ist dabei nicht, möglichst viele Daten zusammenzutragen, sondern aus ihrer Fülle die relevanten herauszufinden [252, S. 582] und sie entsprechend ihrer Zielbestimmung zu transformieren und weiterzuleiten. Dies setzt ein Höchstmaß an *Organisiertheit* des Informations- bzw. Datenflusses sowie der Informations- bzw. Datenspeicherung voraus.[10] Hierzu bedient man sich des Informationssystems, das zur Erfüllung seiner Aufgaben auf die in einem abgeschlossenen Organisationsbereich (Datenbanksystem) zusammengefaßten Datenbestände zurückgreift.

3.2.1. Aufgabenstellung

Die grundlegenden Funktionen des Informations- und Steuerungssystems sind:

(1) Dokumentation und Speicherung (hauptsächlich im Bereich des Rechnungswesens, speziell in der Buchhaltung);
(2) Kontrolle und Bericht (Vornahme des Soll-Ist-Vergleichs und Melden von Abweichungen);
(3) Kommunikation (Verbinden daten- bzw. informationsver- und -bearbeitender Stellen);
(4) Transformation (Datenverarbeitung mittels Programmen: Datenauswertung für Planungs-, Entscheidungs- und Kontrollaufgaben);
(5) Steuerung (maschineller Eingriff bei Planabweichungen in Routinefällen bzw. Entscheidungshilfe für die menschlichen Eingriffe bei echten Entscheidungen).

[8] Vgl. hierzu die Ausführungen in [175], [176], [177], [178], [180]. In dieser Diskussion verwischen leicht die Grenzen vom „reinen" Informationssystem zum Informationssystem mit Steuerungsfunktion (Informations- und Steuerungssystem). Hierzu auch [252, S. 583].

[9] Vgl. auch im folgenden [177, S. 368 ff.].

[10] Als Maß dafür gilt: $h = 1 - \frac{H_{SR}}{H_R}$ mit H_{SR} als Maß für die Verringerung interner Störungen und H_R als Maß für die Vergrößerung von Abwehrmaßnahmen gegen Störungen. Vgl. [193, S. 80 ff.].

Die hauptsächliche Aufgabe der Dokumentationsfunktion liegt darin, das Betriebsgeschehen vor allem zahlenmäßig festzuhalten und bei Bedarf darüber Auskunft zu geben (Retrieval), sei es zu Kontrollzwecken (vergangenheitsbezogen) oder für Planungsaufgaben (zukunftsbezogen). Berichten, Kommunizieren und Transformieren sind die Kernaufgaben des Informationssystems, um die Steuerungsstellen (Menschen oder Maschinen) mit den erforderlichen Informationen bzw. Daten zu versorgen, damit diese entscheidend bzw. regelnd das Betriebsgeschehen beeinflussen können. Willensdurchsetzung bzw. Erreichung geplanter Soll-Vorgaben (Planziele) sind die Aufgaben der Steuerung.

Zusammenfassend stellt sich die Aufgabe, daß für das betriebliche Informations- und Steuerungssystem ein *Organisationssystem* zu entwickeln und ein entsprechendes *EDV-System* zu konfigurieren ist. Geht man beim Organisationssystem davon aus, daß es aus mehreren Teilsystemen besteht, so hat es das integrative Zusammenwirken der Teil- bzw. Subsysteme und Systemelemente sowie deren kommunikative Verbindung zu sichern. Dabei fallen folgende Einzelaufgaben an:

- Entscheidung von Routinefällen,
- Entscheidungsvorbereitung nicht automatisierbarer Entscheidungen,
- Steuerung von Operationsvollzugsprozessen,
- Kontrolle von Zielen und Soll-Vorgaben,
- Planung des Operationsvollzuges und von Zielen,
- Prognose über künftige Entwicklungen (Grundlage der Planung),
- Dokumentation des Betriebsgeschehens,
- Kommunikation von Funktionsträgern.

Das EDV-System führt den Datenverarbeitungsprozeß aus und sorgt für die Datenbereitstellung über entsprechende Datenbanksysteme.

3.2.2. Aufgabenumfang

Ein integriertes System muß alle Elemente umfassen, die das Betriebsgeschehen wesentlich beeinflussen. Geht man von einer konzernverbundenen Unternehmung aus, so hat das System alle *Organisationseinheiten* bzw. Konzern-Untergesellschaften zu umfassen. Dies muß nicht unmittelbar durch direkten Zugriff zu allen Daten der Untergesellschaften erfolgen, sondern es genügt und ist auch wirtschaftlicher, wenn nur stark verdichtete Daten der Untergesellschaften an die Obergesellschaft weitergeleitet werden, im Sinn einer Unternehmungssteuerung mittels Kennziffern.

In den einzelnen Untergesellschaften schließt das System alle *Funktionen* ein: Materialwirtschaft, Fertigungswirtschaft, Absatzwirtschaft, Personalwirtschaft, Kapitalwirtschaft und Informationswirtschaft (insbesondere Rechnungswesen). Dabei ist es unerheblich, von welcher Seite die einzelnen Gesellschaften schwerpunktmäßig gesteuert werden, z. B. vom Markt, von der Produktion oder vom Finanzbereich her.

Rang	Bereich	Daten	Programme
Betriebliches Gesamtsystem	Betrieb bzw. Konzern	Betriebs- (Konzern-) Datenbank	Datenbank-system
Subsystem 1. Ordnung	Materialwirtschaft ... Fertigungswirtschaft ... Absatzwirtschaft	Funktions-bereichs-Datenbestände	Programm-komplexe, Software-Packages
Subsystem 2. Ordnung	Bedarfs-rechnung Bestands-rechnung Bestell-rechnung	Dateien, Datensätze	Programm-Module
Subsystem 3. Ordnung	Verbrauch berechnen Bewegungen verbuchen Bewegungs- und Bestandslisten aufstellen	Daten	Unterpro-gramme, Programm-routinen

Abb. 42. Hierarchie einer Systemkonzeption [vgl. 54, S. 143]

Bezogen auf die Führungsebenen durchdringt das integrierte System den einzelnen Betrieb gleichermaßen von oben nach unten und umgekehrt. Dabei stellt das integrierte System unter Beachtung der *Funktionsdifferenzierung* jeder Ebene jeweils nur die für die zu erledigenden *Aufgaben* (Planen, Entscheiden, Durchführen, Kontrollieren) erforderlichen Daten zur Verfügung (Abb. 42).

Eine besondere Ausprägung kann das System dadurch erfahren, daß es nicht in sich abgeschlossen bleibt, also nur innerhalb des Betriebes bzw. Konzerns, sondern daß es als *offenes System* in der Lage ist, mit anderen *externen Systemen* zu kommunizieren. Dies würde den Daten- und Dokumentenaustausch mit Kunden, Lieferanten, Banken usw. erheblich vereinfachen.

3.2.3. Systemstruktur

Weder isolierte Einzellösungen noch allumfassende *Hypersysteme* sind derzeit für die Entwicklung und Gestaltung von Informations- und Steuerungssystemen als sinnvoll anzusehen. Ausgehend von der *Datenbank* als Basis eines Informations- und Steuerungssystems läßt sich bereits für einen mittleren Industriebetrieb die Feststellung treffen, daß ein das Informations- und Steuerungssystem stützendes EDV-System schon von der Datenbank her eine Größenordnung und Komplexität erreicht, die man als hyperkomplex bezeichnen kann. Bislang bestehen kaum realistische Möglichkeiten, alle Datenbestände eines Unternehmens on-line in einer universellen Datenbank zugriffsbereit zu halten. Derzeit liegt der Ausweg aus diesem Problem darin, überschaubare und beherrschbare Teil- bzw. Subsysteme mit definierten Schnittstellen einzurichten z. B. in den funktionalen Bereichen (Abb. 43). So kommunizieren Fertigungswirtschaft und Absatzwirtschaft in der einen Richtung im wesentlichen durch die Übermittlung eines abgestimmten und entsprechend zu steuernden Produktionsauftrages. In der anderen Richtung wird eine entsprechende Verfügbarkeitsmeldung an das Vertriebslager gegeben, wenn der Produktionsauftrag ordnungsgemäß erfüllt worden ist.

Die Aufteilung eines Informations- und Steuerungssystems bzw. dessen Verbindungen werden sich auch nach der Konzernstruktur eines Unternehmens richten. Teilsysteme bilden gleichsam die Informations- und Steuerungssysteme der einzelnen Geschäftsbereiche bzw. der Konzern-Untergesellschaften, die ihrerseits eine Unterteilung in weitere Subsysteme (Werkssysteme, Funktionsbereichssysteme, Fertigungsleitsysteme) erfahren können.

Aus der Aufgabenstellung und dem Umfang leitet sich für die Systemkonzeption die Forderung nach einem hierarchisch gestaffelten EDV-Verbundsystem ab. Dabei wird von einer *Systemhierarchie* mit drei (im Einzelfall auch mehr oder weniger) Ebenen ausgegangen. In jeder Ebene gibt es für das System spezifische Aufgaben, die von einem oder mehreren EDV-Systemen erledigt werden können. Die EDV-Systeme sind so miteinander verbunden, daß sie alle an ein Zentralsystem angeschlossen sind und untereinander zum Zwecke des Datenaustausches und des Ausfallschutzes kommunizieren können.

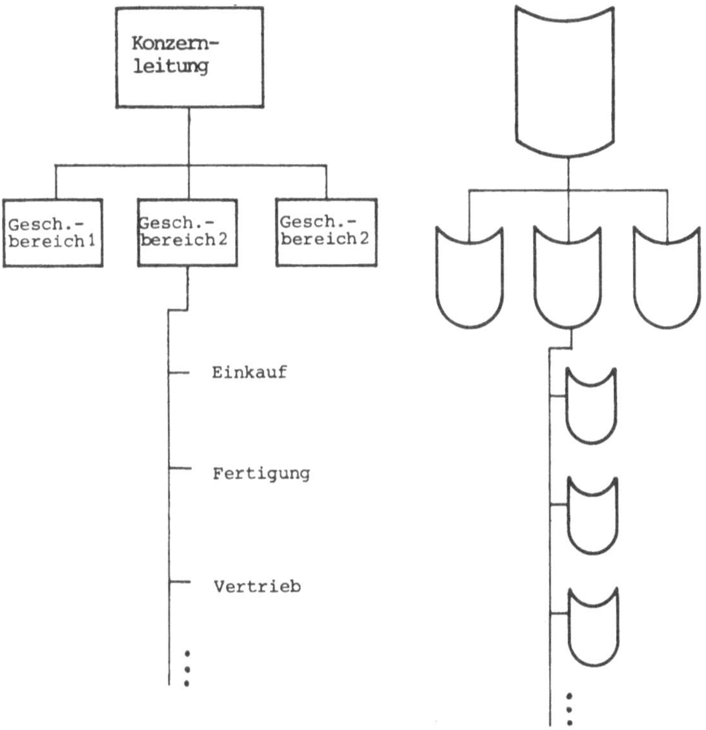

Abb. 43. Konzernstruktur und Systemstruktur [vgl. 177, S. 143]

Die Bildung von Teilsystemen erfolgt nach folgenden Kriterien:

- Organisation (organisationsorientierte Teilsysteme)
  Es entstehen Teilsysteme nach den Organisationseinheiten der Unternehmung, z. B. Unternehmensbereich, Geschäftsbereich, Sparte, Werk, Zentralabteilung.
- Funktion (funktionsorientierte Teilsysteme)
  Es entstehen Teilsysteme nach den Unternehmensfunktionen, z. B. Materialwirtschaft, Fertigungswirtschaft, Absatzwirtschaft, Personalwirtschaft, Kapitalwirtschaft, Informationswirtschaft.
- Aufgaben (aufgabenorientierte Teilsysteme)
  Es entstehen Teilsysteme in den Aufgabenbereichen Planung, Entscheidung, Durchführung, Kontrolle.

Jedes im praktischen Einsatz befindliche Informations- und Steuerungssystem setzt sich somit aus Komponenten der drei Teilsysteme zusammen (Abb. 44). Die Integration der Teilsysteme führt bei der *Datenintegration* zu einer Datenbankkonzeption und bei der *Verfahrensintegration* zu einer Zwischenspeicherkonzeption der akut benötigten Verfahren und Kriterien.

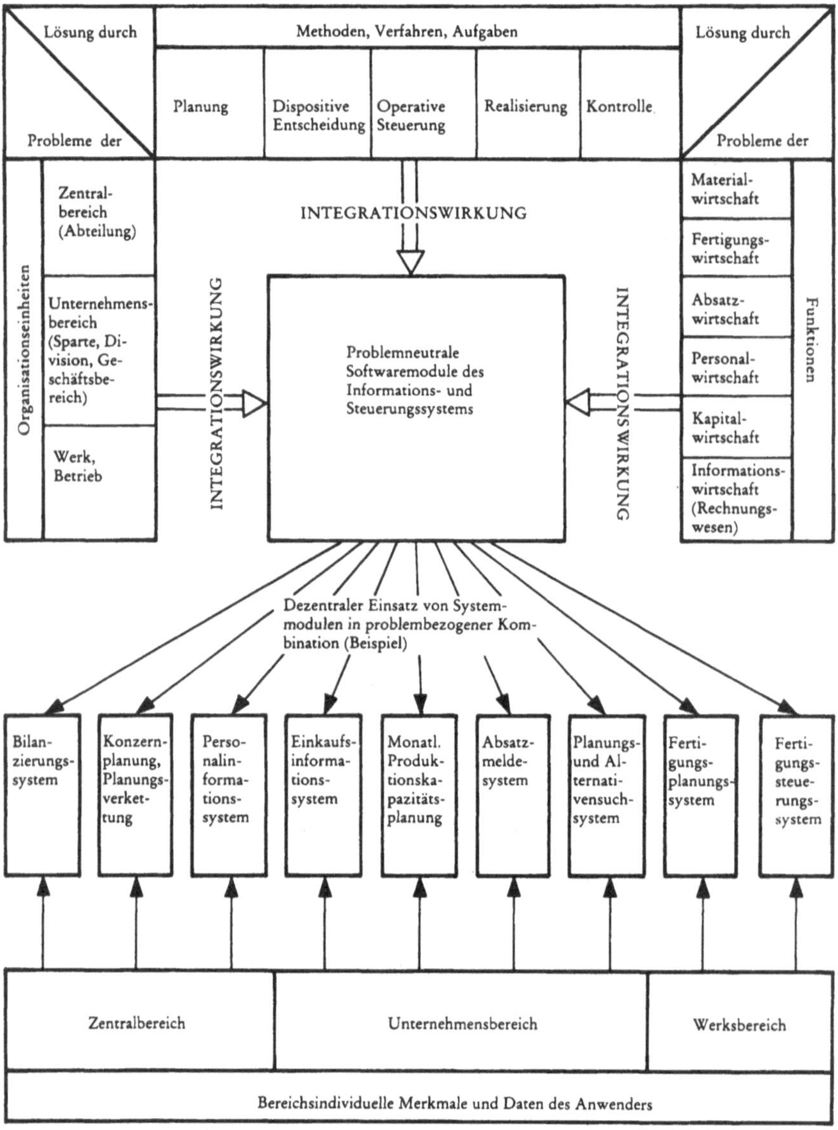

Abb. 44. Systemmodule der Teilsysteme

Beispiel für die Steuerung eines Unternehmensbereichs über das Marketing:

Komponente Organisation:	Unternehmensbereich
Komponente Funktion:	Vertrieb, Fertigung
Komponente Aufgabe:	Planung und Kontrolle (Soll-Ist-Vergleich)

3.3. Bestimmungsfaktoren zur Gewinnung betrieblicher Informationen

Die betrieblich relevanten Informationen leiten sich aus erhobenen und verarbeiteten Daten ab. Die Daten können zwar unterschiedlich sein in Art, Herkunft, Ebene ihrer Entstehung oder Verwendung usw., sie unterliegen jedoch jeweils gleichartigen Vorgängen der Datenmanipulation (Datenverarbeitungsfunktion). Einzelne Vorgänge der Datenmanipulation sind ihrerseits stark abhängig von den Daten selbst, von ihrer Art, insbesondere aber von ihrem Verwendungszweck. Als bestimmende Faktoren für die betriebliche Information lassen sich die Daten bzw. ihre Kategorien ansehen sowie die Datenverarbeitungsfunktionen mit ihren Teilfunktionen. Dies bedeutet für die Modellierung eines Datenverarbeitungsprozesses, daß, ausgehend von der Datenkategorie, die anfallenden bzw. zu manipulierenden Daten einer entsprechend spezifizierten Datenverarbeitungsfunktion zugeordnet sind.

3.3.1. Datenkategorien

Eine *Datenkategorie* ist eine Menge gleichartiger Daten. Daten einer Datenkategorie lassen sich *vergleichbar* erheben, speichern, verarbeiten, ausgeben usw. Die Bedeutung der Bildung von Datenkategorien liegt darin, daß eine wirtschaftliche Automatisierung von Datenverarbeitungsaufgaben davon ausgeht, möglichst viele gleichartige Daten auf einmal zu verarbeiten. Dieses Prinzip drückt sich u. a. darin aus, daß Programmsysteme modular erstellt, Speicher segmentiert werden usw. Ein Programmsystem im Bereich der Produktionssteuerung vermag z. B. mehrere Produktionsprozesse, bei denen in inhaltlicher Form und im Format unterschiedliche Prozeßdaten anfallen, nach gleichen Kriterien zu steuern, wenn dieses Programmsystem entsprechend differenzierte Module der Datenerfassung hat. Sind die Prozesse nach unterschiedlichen Kriterien zu steuern, so muß das Programmsystem auch unterschiedliche Verarbeitungsmodule enthalten.

Eine grobe Kategorisierung der Daten ist die Einteilung nach:
(1) Form und Aufbau sowie
(2) Entstehung und Verwendung.

Hinsichtlich (1) *Form* und *Aufbau* unterscheiden sich die Daten:
a) nach dem Inhalt
  - numerisch (analog, digital)
  - nicht numerisch (Text, graphische Darstellung)
b) nach der Art (Format) der Erfassung bzw. Ausgabe
  - formatiert (fix, standardisiert)
  - nicht formatiert (variabel, individuell)
c) nach der Art der Veränderung
  - Bestandsdaten (Stammdaten)
  - Bewegungsdaten

Untersucht man (2) *Entstehung* bzw. *Verwendung* der Daten, so ergeben sich Kategorien nach folgenden Gesichtspunkten:

a) nach der Herkunft
  - extern
  - intern

b) nach dem Zeitbezug
  - vergangenheitsbezogen
  - gegenwartsbezogen
  - zukunftsbezogen

c) nach der Ebene
  - obere Leitungsebene (Top Management)
  - mittlere Leitungsebene (Middle Management)
  - untere Leitungsebene (Lower Management)
  - Produktionsprozeß (Operation)

d) nach den Einzelwirtschaften der Unternehmung
  - Materialwirtschaft
  - Fertigungswirtschaft
  - Absatzwirtschaft
  - Personalwirtschaft
  - Kapitalwirtschaft
  - Informationswirtschaft (Allgemeine Verwaltung, insbesondere Rechnungswesen)

e) nach der Aufgabe
  - Planung
  - Entscheidung (dispositive Steuerung)
  - (operative) Steuerung
  - Ausführung
  - Kontrolle

Besondere Aufmerksamkeit und datenverarbeitungsorganisatorische Maßnahmen erfordert der Tatbestand, wenn Daten einen Wechsel von einer in eine andere Kategorie erfahren (müssen). Bei einem solchen Wechsel ist stets ein Transformationsvorgang eingeschaltet. Beispiel: Formatierte Digitaldaten werden in eine graphische Koordinatendarstellung umgesetzt; Daten aus der Vergangenheit werden in die Zukunft extrapoliert. Diese Transformationsvorgänge gestalten sich um so komplexer, je mehr Datenkategorien am Transformationsprozeß beteiligt sind oder je mehr Datenkategorien im Rahmen der Transformation durchlaufen werden müssen. Beispiel: Der Ausfall einer Fertigungsstraße veranlaßt den Absatzbereich, seine Absatzplanung kurzfristig zu ändern. Numerische, formatierte Daten werden aus dem Produktionsprozeß (Bereich Fertigungswirtschaft) abgegeben und gelangen in Form eines individuellen textlichen Berichts z. B. zur mittleren Leitungsebene. Ist diese entscheidungsberechtigt, ergreift diese Ebene die erforderlichen Maßnahmen und berichtet darüber der oberen Leitungsebene sowie dem Vertrieb. Der

Vertrieb erhält insbesondere numerische Daten über die nun geänderten Produktions-Ist- und Plandaten.

3.3.2. Datenverarbeitungsfunktionen

Die informationellen Aktionsphasen Aufnahme, Weiterleitung, Speicherung, Transformation und Abgabe können als Grundfunktionen der Datenverarbeitung angesehen werden, die sich wiederum in mehrere Teilfunktionen gliedern. Eine dieser Gliederung schwer zuzuordnenbare (Teil-)Funktion ist die *Auswahl* und *Verdichtung* bzw. *Reduktion* von Daten. Sie läßt sich bereits bei der Aufnahme, dann bei der Transformation und zuletzt durch eine selektive Datenabgabe vornehmen.

Die *Dateneingabe* in ein EDV-System kann mit Hilfe von Datenträgern über Eingabegeräte oder direkt von angeschlossenen Eingabestationen (Terminals) oder von externen Speichereinheiten erfolgen. Die Auswahl von Datenträgern und Eingabegeräten steht in enger Verbindung mit der *Datenerfassung*. Die Datenerfassung als materiale Aufzeichnung von Daten ist die Voraussetzung, daß Daten über die Eingabe vom EDV-System aufgenommen werden können.[11] Dabei beeinflußt die Art der Verarbeitung ihrerseits die Dateneingabe. Zu unterscheiden sind dabei die *sortierte* und *unsortierte* Dateneingabe. EDV-Systeme mit Direktzugriffsspeichern erlauben, daß die zu verarbeitenden Daten in beliebiger Folge eingegeben werden können. Bei bestimmten Speichermedien bzw. Eingabemedien (z. B. Magnetband) ist nur eine sequentielle Abarbeitung hintereinanderfolgender Daten sinnvoll, so daß hier eine Vorsortierung vorangehen muß.

Im Bereich der *Verarbeitung* von Prozeßdaten ist es oft erforderlich, erfaßte Daten in eine auswertbare Form zu bringen, wenn sie z. B. als Analogdaten anfallen und erst in Digitaldaten umgesetzt werden müssen. Mit der Aufnahme der Daten durch das EDV-System gehen meist eine Reihe formaler Kontrollen (z. B. Plausibilität, Folgeprüfung) der Daten einher, um erkennbare Fehler so früh wie möglich auszuschalten. Die Modellierung eines EDV-Systems muß für den Bereich der Datenaufnahme somit die Art und den Inhalt der zu verarbeitenden Daten berücksichtigen sowie die Form der Datenverarbeitung. In diesem Zusammenhang spielt das Mengengerüst eine bedeutende Rolle. Handelt es sich um große Datenmengen, so sind Eingabeformen und Datenträger vorzusehen, die hohe Eingaberaten erlauben (z. B. über Magnetplatte), damit die EDV-Anlage zeitlich nicht zu sehr mit Eingabeaufgaben belastet wird.

Die *Abgabefunktion* ähnelt der Aufnahme, sie stellt weitgehend eine Umkehrung der Problematik der Datenaufnahme dar. Die Datenausgabe hat die Aufgabe, Daten in Form und Inhalt so zusammenzustellen und abzugeben, daß sich daraus kommunikationsfähige Informationen ergeben. Dabei kommt dem Aspekt der Menge und Qualität von abzugebenden Daten große Bedeutung zu. Während nach der Dateneingabe mehrere Selektions-, Verarbeitungs-, Verdichtungsprozesse usw. erfolgen

[11] Vgl. zu diesem Problemkreis [51].

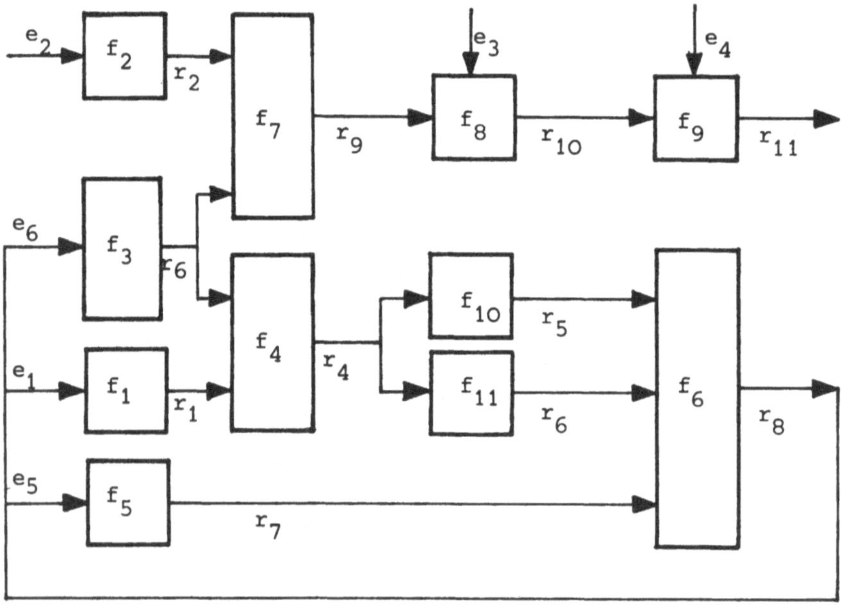

e_1: Zeitvorgabe
e_2: Materialvorgabe
e_3: vorhandener Materialbestand
e_4: Preis je Materialart
e_5: Veränderungen des Arbeitskräftepotentials
e_6: Veränderungen der geplanten Produktion

$r_1 = f_1(e_1)$: Arbeitszeitaufwand je Erzeugniseinheit
$r_2 = f_2(e_2)$: Materialaufwand je Erzeugniseinheit
$r_3 = f_3(e_6)$: geplantes Produktionsprogramm
$r_4 = f_4(r_1, r_3)$: Arbeitsaufwand für das Produktionsprogramm
$r_5 = f_{10}(r_4)$: Arbeitskräftebedarf
$r_6 = f_{11}(r_4)$: Arbeitsmittelbedarf
$r_7 = f_5(e_5)$: verfügbare Arbeitskräfte/Arbeitsmittel
$r_8 = f_6(r_5, r_6, r_7)$: Ergebnis der Kapazitätsrechnung
$r_9 = f_7(r_2, r_3)$: Materialbedarf für das Produktionsprogramm
$r_{10} = f_8(e_3, r_9)$: Materialbestellungen
$r_{11} = f_9(e_4, r_{10})$: finanzielle Mittel für die Materialbeschaffung

Abb. 45. Vereinfachte Darstellung der Verkettung von Datenverarbeitungsprozessen am Beispiel des Bereichs Fertigung [167, S. 50]

und somit redundate und überflüssige Daten eliminiert werden, führt ein „Zuviel" an Datenabgabe zur Unübersichtlichkeit bis hin zur Desinformation, wenn die Daten nicht genügend verdichtet sind oder nicht ziel- und zweckgerichtet abgegeben werden. Bei mangelnder Zweckeignung bzw. Verdichtung liegt ein unzureichender Transformationsprozeß vor, bei mangelnder Zielrichtung eine fehlerhafte Datenweiterleitung.

Kern der Datenverarbeitung ist die *Datentransformation*. Sie besteht in der funktionalen Verkettung von logisch miteinander verbundenen Datentransformationsprozessen. Diese *Verkettung* (Abb. 45) tritt dabei in zwei Grundformen auf, die auch miteinander kombiniert sein können [167, S. 46 ff.]:

(1) Verkettung von Prozessen, bei denen das Ergebnis des vorangegangenen Prozesses die Eingabedaten oder einen Teil davon für den oder die nachfolgenden Prozesse bildet. Hierbei handelt es sich um voneinander *abhängige* Prozesse der Datenverarbeitung, die nur in einer bestimmten Reihenfolge nacheinander durchgeführt werden können (z. B. Ermittlung des Materialbedarfs, der Bestellmenge, der finanziellen Mittel). In dieser Form lassen sich normalerweise Datenverarbeitungsaufgaben nur eines Funktionsbereiches integrieren.

(2) Verkettung von Prozessen mit gleichen Eingabedaten. Dabei haldelt es sich um Prozesse, die in der Reihenfolge meist *unabhängig* voneinander durchführbar sind und auch in unterschiedlichen Funktionsbereichen ausgeführt werden. So ist z. B. in der Fertigung der für die Durchführung eines bestimmten Produktionsprogramms benötigte Arbeitszeitaufwand gemeinsamer Ausgangspunkt für die Ermittlung des Bedarfs an Arbeitskräften und an Maschinenkapazität.

3.4. Kernsysteme der betrieblichen Informationswirtschaft

Um anfallende Daten für Informations- und Steuerungsprozesse wirksam nutzen zu können, bedarf es ihrer zuverlässigen Aufnahme, Erfassung und Zuordnung sowie der Erkennung von Datenquellen und Daten- bzw. Informationsempfängern. Die in einer Unternehmung zirkulierenden Informationen können nach Rang bzw. Ebene des Entscheidungsträgers[12], nach Funktionsbereichen und nach ihrem Inhalt (Aktivitätsphasen) charakterisiert werden. Sie durchziehen und überlagern alle güterwirtschaftlichen Beschaffungs-, Produktions- und Absatzprozesse sowie die monetären Prozesse (Beschaffung, Bindung, Freisetzung und Entziehung von Kapital) in allen Ebenen der Unternehmung. Die (rationelle) Handhabung von Daten bzw. Informationen ist die Aufgabe der *Informationswirtschaft*, die sich bei wiederkehrenden informationellen Prozessen der generellen organisatorischen Festlegung in Form der Programmierung bedient. Das wesentliche betriebswirtschaftliche Instrument der Informationswirtschaft ist das betriebliche Rechnungswesen (Abb. 46) mit der Kosten- und Leistungsinformation.[13]

In diesem Verwaltungsbereich[14] werden jene Datenverarbeitungsaufgaben erle-

[12] Vgl. hierzu auch die Darstellung des TFU-Stufensystems von *Wendt* [258].

[13] Vgl. den Ansatz zu einem EDV-gestützten Kosten-Leistungsrechnungssystem von *Lotz* [173] sowie die Ausführungen von *Huch* [124]. Zur Abb. 46 vgl. [180, S. 536].

[14] Vgl. hierzu und im folgenden *Noack* [201, S. 243 f.].

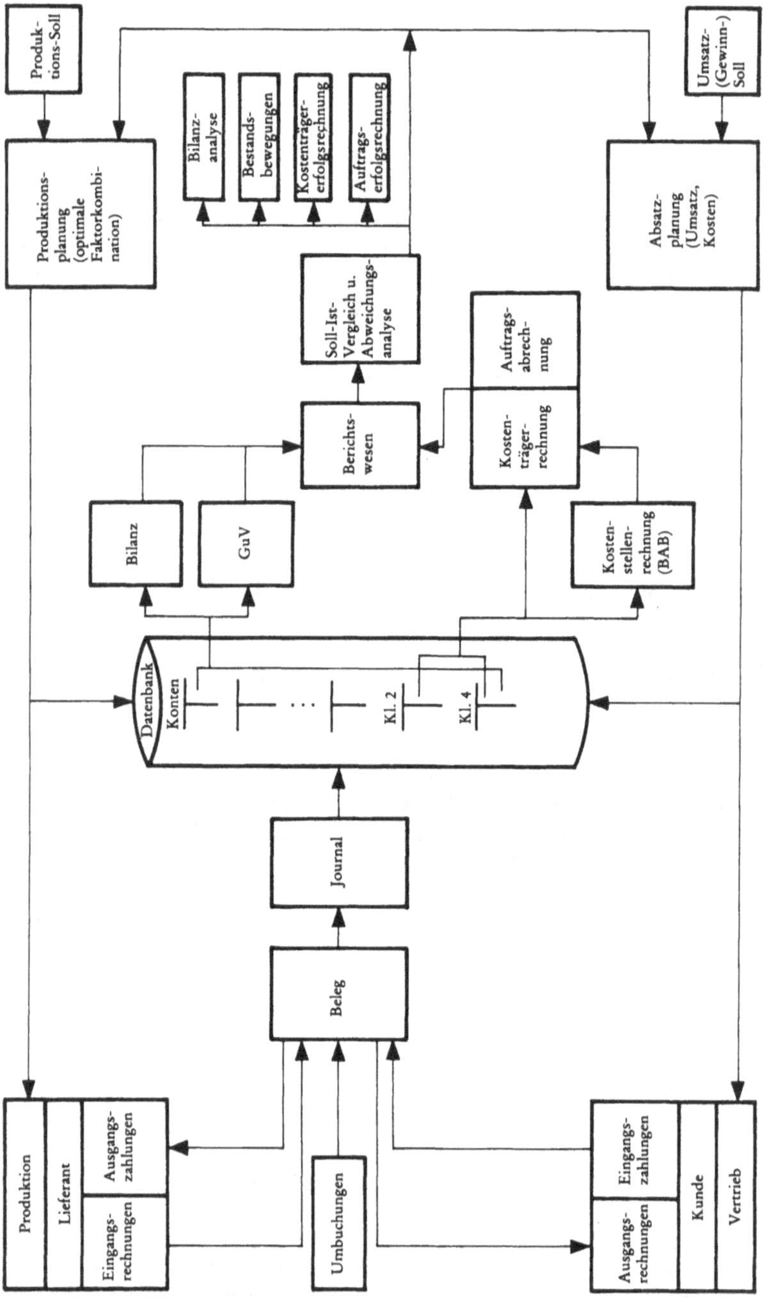

Abb. 46. Das Rechnungswesen als Basis eines umfassenden Informations- und Steuerungssystems [vgl. 180, S. 536]

digt, die mit den Grundfunktionen (Beschaffen, Fertigen, Absetzen) des Betriebsprozesses nicht unmittelbar verknüpft sind, sondern deren Erfüllung dem Betriebsziel mittelbar dient. Die Automatisierung des in ein Informations- und Steuerungssystem integrierten Rechnungswesens erfaßt insbesondere folgende Bereiche:

- Kreditorenbuchhaltung,
- Debitorenbuchhaltung,
- Journalführung,
- Lohn- und Gehaltsabrechnung,
- Lagerbuchhaltung,
- Anlagenrechnung (mit Daten für die Finanz- und Investitionsplanung),
- Kostenrechnung (BAB, Betriebsergebnis),
- Bilanzierung einschließlich GuV-Rechnung.

EDV-Systeme können die Verwendung und Handhabung neuzeitlicher Systeme der Kostenrechnung besonders in größeren Industriebetrieben wesentlich erleichtern und unterstützen. „Ohne bedeutenden Mehraufwand lassen sich mit einer EDV-Anlage tiefgegliederte Kostenstellen- und -trägerrechnungen und parallele oder kombinierte Auswertungen auf der Basis von Grenzkosten und Vollkosten durchführen. Die Grenzplankostenrechnung ist unter den komplizierten Bedingungen eines größeren Mehrproduktbetriebes kaum anders als mit Hilfe von EDV-Anlagen zu verwirklichen“ [201, S. 244].

Als *Kernsysteme* der betrieblichen Informationswirtschaft können die Informations- und Steuerungssysteme in den Bereichen Materialwirtschaft, Fertigungswirtschaft und Absatzwirtschaft angesehen werden (Abb. 47). Die monetäre Darstellung der hier ablaufenden Prozesse erfolgt im Rechnungswesen. Um diese Kernsysteme gruppieren sich *Randsysteme,* die mit speziellen Aufgaben als Dokumentations-, Auskunfts-, Prognose- oder Signal(warn)systeme ausgestaltet sind. Systeme mit diesen vorwiegend informierenden Eigenschaften unterstützen insbesondere die Aufgaben in den Funktionsbereichen Personalwirtschaft und Kapitalwirtschaft.

Personalinformationssysteme[15] haben neben der personellen Rationalisierung im Verwaltungsbereich (insbesondere Lohn- und Gehaltsabrechnung) hauptsächlich das Ziel, die Auskunfts- und Reaktionsgeschwindigkeit der Personalverwaltung zu verbessern und dazu beizutragen, den gesetzlichen und vertraglichen Forderungen an die aufwendigen Zeiterfassungs- und Abrechnungsverfahren (einschließlich Krankenkasse, Pensionen usw.) gerecht zu werden. Darüber hinaus kann auch die Steuerung des Ausbildungswesens sowie die Personalplanung, -entwicklung und -kontrolle in das System einbezogen werden.

Eine relativ starke Verknüpfung mit den Kernsystemen hat ein Informations- (und Planungs-)system im Bereich der Kapitalwirtschaft (Investition und Finanzierung). Ähnlich dem Rechnungswesen wird die Kapitalwirtschaft von allen monetä-

[15] Vgl. hierzu das Integrierte Personalinformationssystem IPIS [69] sowie die Informationsbedarfsanalyse im Bereich Personalwesen von *Nüssgens* [205].

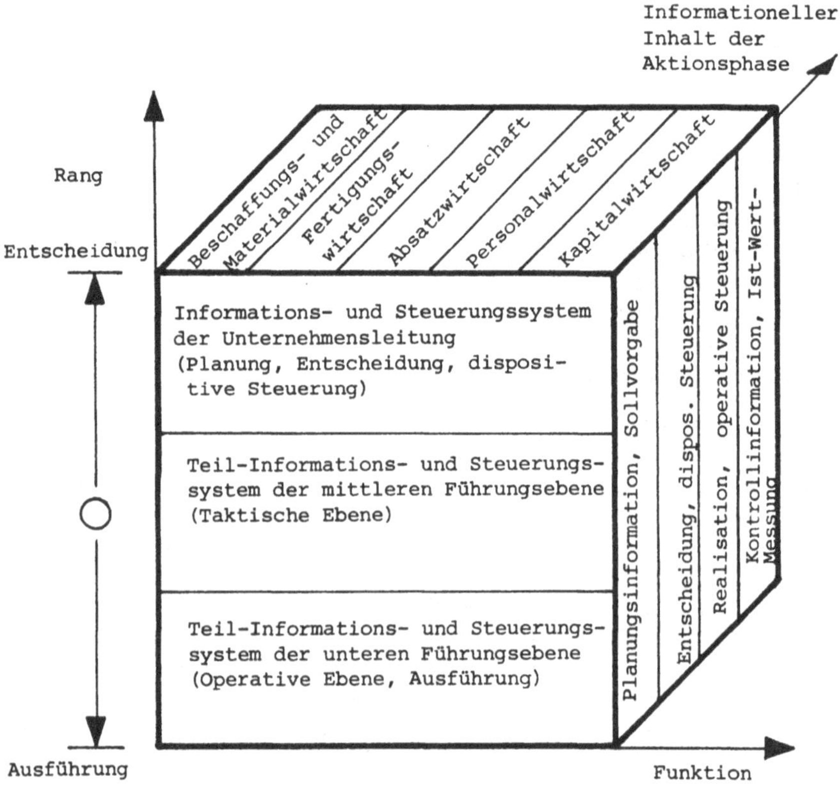

Abb. 47. Ebenen des Informations- und Steuerungssystems

ren Güterströmen berührt und von allen anderen Funktionsbereichen interdependent beeinflußt.[16] Hier hat ein integriertes System vor allem eine Signalfunktion bezogen auf die Liquiditätssituation der Unternehmung auszuüben. Weitere Aufgaben sind die Investitions- und Finanzplanung, Investitions- und Wirtschaftlichkeitsrechnungen zur Unterstützung von Investitionsentscheidungen sowie die Ermittlung des Kapitalbedarfs.

Im folgenden sollen die informationellen Beziehungen unter dem Aspekt der Gliederung der Unternehmung in ihre Funktionsbereiche betrachtet werden. Dabei stehen die Kernsysteme in den Bereichen Materialwirtschaft, Fertigungswirtschaft und Absatzwirtschaft exemplarisch zur Diskussion, wobei sie als eigenständige Subsysteme innerhalb des integrierten betrieblichen Informations- und Steuerungssystems betrachtet werden können.

[16] Aus dieser Wechselbeziehung resultiert die Konzeption simultaner Planungsansätze u. a. bei *Albach* [9] und *Jacob* [134, inbes. S. 581 ff.].

3.4.1. Materialwirtschaft und Fertigungswirtschaft

Die *Materialwirtschaft* bildet den Komplex, in dem alle Aufgaben der Planung, Disposition und Überwachung der zur Leistungserstellung benötigten Materialien zusammengefaßt sind. Über die Auflösung von Stücklisten zur Bedarfsermittlung ergibt sich ein enger Zusammenhang zur Fertigungsplanung und -steuerung. Unter Verzicht der Darstellung der (Prozeß-)Steuerung maschineller Einheiten und Prozesse[17] sei hier an Hand eines Programmsystems[18] der Praxis auf die betriebliche Steuerung im Bereich *Materialwirtschaft* und *Fertigungswirtschaft* (Produktionssteuerung) eingegangen. Dabei soll der Begriff „Produktionssteuerung" weit gefaßt sein und als mengen- und terminmäßige Planung, Steuerung und Überwachung der Fertigungsabläufe sowie des Material- und Maschineneinsatzes verstanden werden [58, S. 294 u. S. 307].

Das Informations- und Steuerungssystem im Bereich Materialwirtschaft und Fertigungswirtschaft übernimmt folgende Aufgabengebiete: Es verwaltet Stücklisten und Arbeitspläne, wertet sie aus und disponiert nach bestimmten Optimierungskriterien Lagerbestände und ermittelt optimale Materialbestellmengen. Ferner plant und überwacht es die Fertigungsaufträge und leitet die Vor- und Nachkalkulation der Fertigung ein. Dieses System übernimmt die routinemäßigen Dispositionsaufgaben unter dem Aspekt einer weitreichenden Rationalisierung. Diese drückt sich unmittelbar *quantitativ* meßbar aus durch Verkürzung von Durchlauf- und Lieferzeiten, Reduzierung der Materialbestände und verbesserte Kapazitätsauslastung; *qualitative* Vorteile sind die schnelle Anpassung an fertigungs- und kundengebundene Forderungen, Erhöhung der Termintreue sowie die Möglichkeit zu einer weitsichtigeren Investitionsplanung.

Grundlage eines integrierten Systems zur Produktionssteuerung ist eine (Teil-) Datenbank mit einem funktionsspezifischen Datenbanksystem für die Verwaltung der fertigungstechnischen Grunddaten (Stücklisten, Arbeitspläne, allgemeine Daten), auf die im Dialogbetrieb zugegriffen werden kann (Abb. 48). Für die Belange der Fertigungssteuerung steht eine dialogfähige zentrale Dispositionsdatei zur Verfügung, die alle Auftragsdaten für die Fertigung verwaltet und dadurch für bestimmte Aufträge oder Sachnummern die jederzeitige Abfrage nach allen aktuellen Dispositionsdaten ermöglicht. Diese zentrale Datenbank und die zentrale Dispositionsdatei korrespondieren miteinander und schaffen somit die Verbindung zwischen auftragsspezifischen und auftragsneutralen Daten. Die abgestufte Dezentralisierung in Form einer teilzentralisierten Speicherung (zentrale Datenbank zur Produktionssteuerung und zentrale Dispositionsdatei) erweist sich in der Praxis als weitaus eher zu handhaben und EDV-technisch zu beherrschen als eine universelle

[17] Siehe hierzu 2.4.3.3. sowie die Beispiele in [15], [94], [96].

[18] Hier und im folgenden in Anlehnung an das *Industrielle Steuerungs- und Informationssystem (ISI)* bei auftragsorientierter Fertigung der Firma *Siemens AG* [235]. Ähnlich u. a. auch das *Production Information and Control System* der Firma *IBM* [126] sowie das Programmsystem *LAMBDA* der Firma *Bull General Electric* [138].

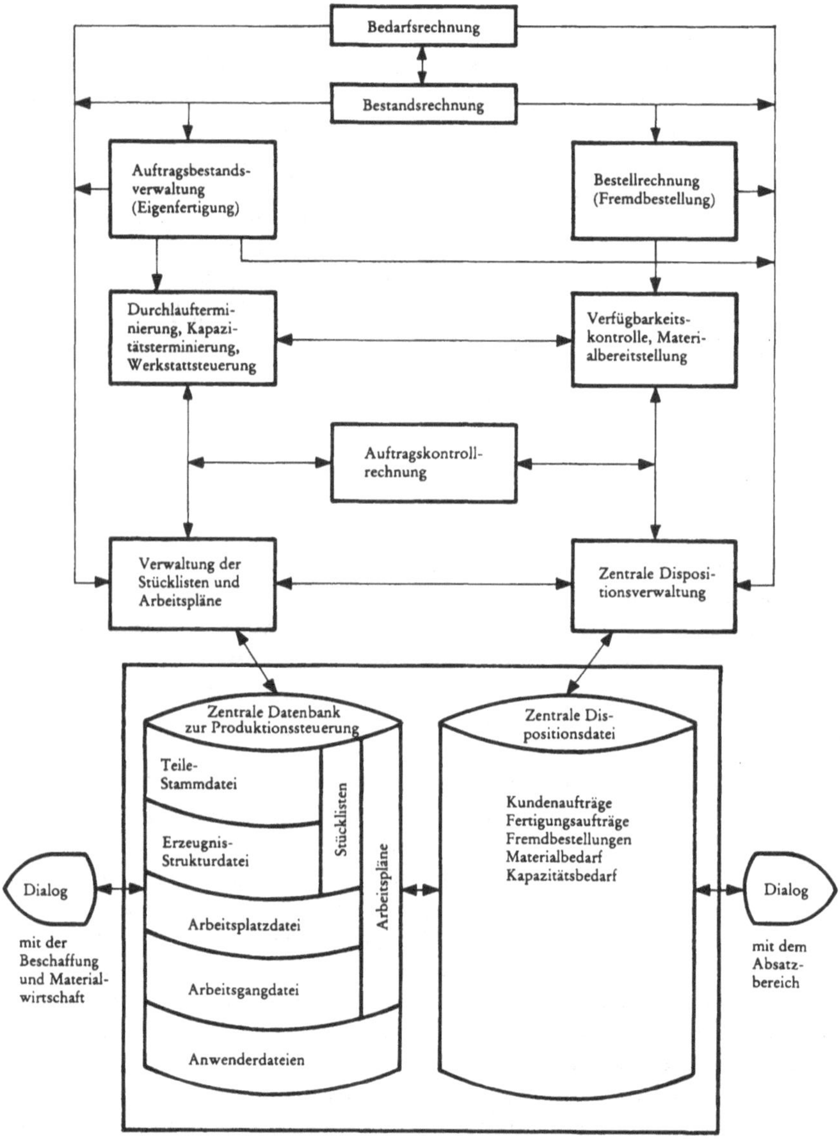

Abb. 48. Funktionaler Systemaufbau eines Modells „integriertes Produktionssteuerungssystem" bei auftragsorientierter Fertigung [vgl. 235, S. 6 f.]

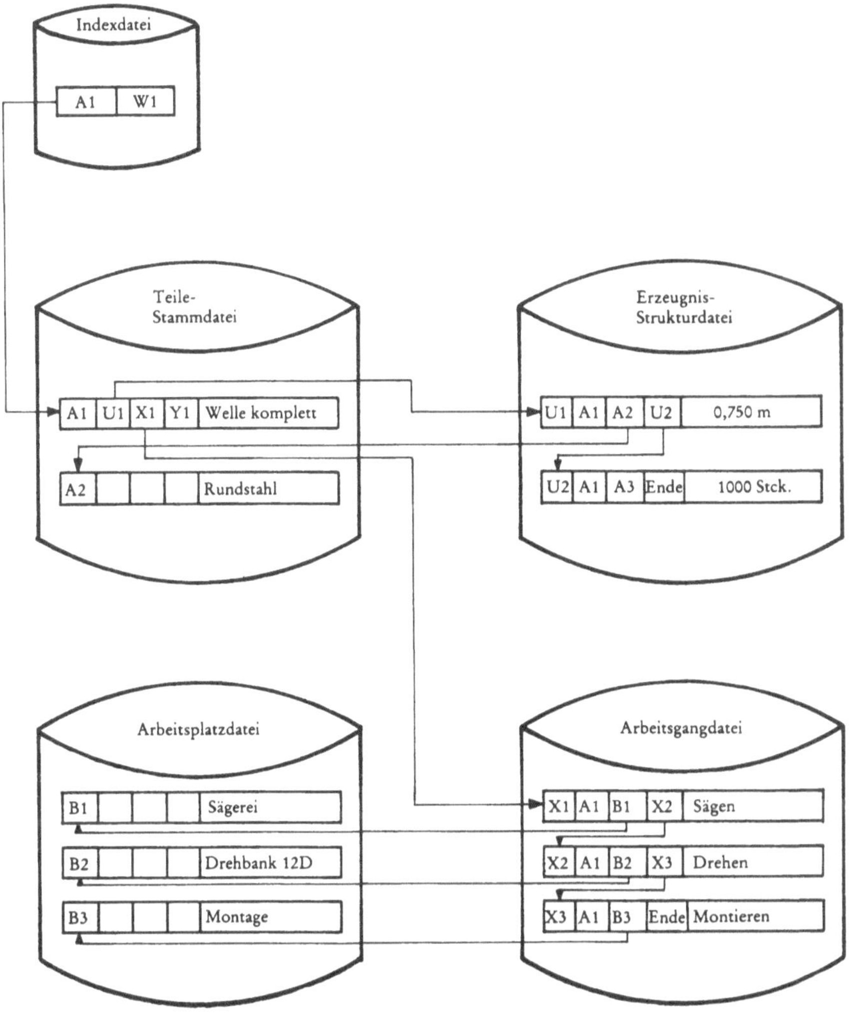

Abb. 49. Verkettungslogik der zentralen Datenbank im Bereich Produktionssteuerung [vgl. 235, S. 9]

Zentral-Datenbank, bei der insbesondere der Aufwand zur Datenbankverwaltung mit wachsender Anzahl der Dateien extrem ansteigt (Abb. 49).

Dem System zur Produktionssteuerung liegt ein Programmsystem zugrunde, das im wesentlichen folgende drei Programmbereiche umfaßt:

(1) Grunddatenverwaltung
- Stammdatenverwaltung
- Strukturdatenverwaltung

- Stamm- und Strukturdatenauswertung
- Verwaltung der zentralen Dispositionsdatei
- Auswertung der zentralen Dispositionsdatei

(2) Materialdisposition (Disposition der Repetierfaktoren)
- Bedarfsrechnung
- Bestellrechnung
- Bestandsrechnung
- Prognoserechnung

(3) Kapazitätsterminierung (Disposition der Potentialfaktoren)
- Kapazitätsrechnung
- Kapazitätsbelastung
- Auftragskontrollrechnung

Zu den Grunddaten zählen die Teilestammdaten, Erzeugnisstrukturdaten, Arbeitsplatzdaten, Arbeitsgangdaten und individuelle Benutzerdaten, z. B. Lieferantendaten. Ferner gehören die Daten der zentralen Dispositionsdatei zu den Grunddaten. Die zentrale Dispositionsverwaltung übernimmt die Ergänzung, Änderung oder Löschung von Daten auf der zentralen Dispositionsdatei. Beispiele für Auswertungsmöglichkeiten der Dispositionsdaten sind: Mahnwesen, Bestellobligo, Werkstattsbestandsrechnung, Kapitalbindungsnachweis, mitlaufende Kalkulation, Nachkalkulation, Kostenträgerrechnung.

Eine wesentliche betriebliche Funktion übt die Kalkulation aus. Sie liefert die notwendigen Voraussetzungen für eine fundierte Ermittlung von Angebotspreisen sowie für die Kostenkontrolle. Die Ausgangsdaten für die Kalkulation kann das Rechnungswesen der Teilestammdatei, Erzeugnisstrukturdatei, Arbeitsplatzdatei und der Arbeitsgangdatei entnehmen. Nach erfolgter Strukturauflösung lassen sich die Herstellungskosten jeder betroffenen Position ermitteln. Anschließend können die Kosten für die Enderzeugnisse errechnet werden, indem eine Kostenakkumulation über alle Fertigungsstufen vorgenommen wird.

Im Programmbereich Materialdisposition liefert die Bestandsrechnung die mengen- und wertmäßige Bestandsfortschreiung, wobei die Bewertung zu Durchschnittspreisen oder zu Verrechnungspreisen erfolgen kann. Ferner aktualisiert die Bestandsrechnung auch die zentrale Dispositionsdatei, z. B. indem offene Fremdbestellungen bei einem Wareneingang reduziert werden.

Der Bestellrechnung geht zuerst eine Terminüberprüfung voran. Anschließend wird die Dispositionsrechnung für die Rohstoffe und sonstigen verbrauchgesteuerten Teile durchgeführt. Hierzu zählen die Prognoserechnung, Bestellmengenrechnung, Bestellpunktermittlung und Sicherheitsbestandsrechnung. Bei der Einführung eines integrierten Systems ist die Einbeziehung der bedarfsbezogenen Disposition ein wesentliches Teilziel. Dabei ergeben sich in der Großserienfertigung zwangsläufig andere Probleme der bedarfsgesteuerten Disposition als bei der Kleinserienfertigung und Einzelfertigung, so daß die Bedarfsermittlung sehr differenziert am Typ des Erzeugnisprogramms auszurichten ist.

Nach der Bedarfsrechnung kann im Programmberereich Kapazitätsterminierung die Auftragskontrollrechnung die Durchlaufzeiten für Baugruppen und Bauteile ermitteln. Durch die Kapazitätsrechnung werden die Arbeitsgänge eines Planungszeitraumes auf die dafür benötigten Arbeitsplätze eingeplant, wobei folgende Einflußfaktoren zu berücksichtigen sind: Maschinenkapazitäten, technisch bedingte Reihenfolge der Arbeitsgänge, früheste Starttermine, die Belegungszeiten (Rüst- und Fertigungszeiten), Leerzeiten zwischen aufeinanderfolgenden Arbeitsgängen, interne bzw. externe Auftragsprioritäten. Die Fertigungsdisposition wird ferner durch die Kapazitätsbelegungsübersicht für die einzelnen Arbeitsplätze unterstützt. Hier empfiehlt sich die Unterteilung nach Feinplanungs- und Grobplanungsperioden. Aus der so ermittelten Belastungssituation der Arbeitsplätze lassen sich die erforderlichen dispositiven Steuerungsmaßnahmen ableiten, z. B. terminliche Verschiebung von Aufträgen, Neuansetzung oder Absetzung von Schichten usw.

3.4.2. Absatzwirtschaft

Die *Absatzwirtschaft* bildet aus betriebswirtschaftlicher Sicht die Schlußphase des gesamtbetrieblichen Transformationsprozesses. Ihre Aufgabe besteht in der Unterbringung der Betriebsleistungen für Gegenwert auf dem Markt. Während der traditionellen Absatzwirtschaft mehr eine produktionsorientierte Haltung zugrunde liegt, geht die neuzeitliche Marketing-Management-Konzeption von einer konsequent marktbezogenen Unternehmenspolitik aus. Für eine Marketing-Management-Konzeption ist der Markt das Orientierungszentrum des Unternehmensgeschehens, d. h. Produktion, Forschung, Entwicklung usw. sind vom Absatz her zu steuern. Der managementorientierte Ansatz im Bereich der Absatzwirtschaft knüpft an die Überlegung an, daß ein integriertes Informations- und Steuerungssystem Führungsinformationen liefern soll, die es dem Management ermöglichen, seine Marketing-Aufgaben der Planung, Prognose, Entscheidung und Kontrolle unter weitgehender Ausschaltung von Verwaltungsaufgaben besser zu erfüllen.[19]

Der Einsatz EDV-gestützter Systeme in der Absatzwirtschaft erstreckt sich somit auf zwei grundlegend unterschiedliche Aufgabenkomplexe:[20]

(1) *Administrative* Verwaltungsaufgaben der Auftragsabwicklung
- Erfassung und Einplanung von Kundenaufträgen
- Berechnung von Lieferterminen und Auftragsbestätigung
- Terminüberwachung der Auftragsabwicklung
- Fortschreibung und Überwachung des Auslieferungslagers
- Erstellung von Versandpapieren und Rechnungen

[19] Vgl. hierzu *Hartmann* [95, S. 55 ff., insbes. S. 61 ff.], *Hansen, Meyer* und *Thabor* [82], [192], *Meffert* [183].

[20] Vgl. hierzu und im folgenden in Anlehnung an *Hansen* und *Waibel* [83, S. 27] sowie *Noack* [201, S. 258 f.].

(2) Aufgaben zur *marktorientierten* Unternehmensführung (Informationserschließung durch Erfassung und Auswertung von Daten über die Marktsituation und die Wirkung des absatzpolitischen Instrumentariums sowie Unterstützung der Entscheidungsbildung auf der Grundlage quantitativer Methoden)
- Schätzung des Absatzpotentials
- Vornahme von Absatzprognosen[21]
- Ableitung des Ersatzteilbedarfs aus dem Absatz an Fertigerzeugnissen
- Analyse der Absatzstruktur (Bestellverhalten der Kunden, Analyse der Absatzwege, Artikelerfolgsübersicht usw.)
- Auswahl und Gestaltung marktbezogener Strategien
- Optimierungsrechnungen (z. B. Standort- und Transportprobleme)

Die Automatisierung von Aufgaben des ersten Komplexes führt zu einem weitgehenden Abbau manueller Datenverarbeitungsaufgaben der Absatzwirtschaft, aber auch der Material- und Fertigungswirtschaft, vorausgesetzt, daß diese Teilsysteme integrativ verknüpft sind. Für die Einbeziehung von Aufgaben des zweiten Komplexes sind meist andere als kostenorientierte Überlegungen maßgebend. Die Vorteile des Einsatzes eines integrierten Systems für die Marktanalyse, Absatz- und Werbeplanung usw. liegen vor allem darin, marktorientierte Informationen bereitzustellen und infolgedessen die Effektivität des absatzpolitischen Instrumentariums tendenziell zu steigern [201, S. 260]. Dazu hat das System entsprechende intensitätsmäßig und zeitlich abgestimmte Marketingstrategien zu gestalten. Die *intensitätsmäßige* Abstimmung des absatzpolitischen Instrumentariums kann auf der Grundlage von Entscheidungsbaumanalysen (Decision Tree Analysis) erfolgen. Für die *zeitliche* Koordination und Integration marktbezogener Tätigkeiten bedient man sich in der Praxis häufig der Netzplantechnik [83, S. 29].

Die wesentliche Aufgabe einer marktorientierten Unternehmensführung ist die optimale Kombination der Marketing-Aktivitäten im *Gesamt-Mix*. Die Bestimmung des optimalen Mix soll dazu führen, die gesetzten Ziele zur Markterschließung und Marktausschöpfung zu erreichen. Die optimale Kombination der Marketing-Aktivitäten hat sich jedoch nicht nur an den unternehmenspolitischen Aktionsparametern und Zielvariablen zu orientieren, sondern auch am Verhalten aller eingeschalteten Elemente (Käufer, Absatzmittler, Konkurrenten, Staat, Gesellschaft, Ökosystem) [183, S. 175]. Im Mittelpunkt eines Marketing-Management-Systems stehen Modelle des Marktverhaltens (Marktreaktionsmodelle) sowie Modelle und Methoden der Marktprognose.[22] Ausgehend von der Entwicklung des Marktvolumens wird über die Marktanteilsprognose die unternehmensbezogene Absatz- bzw. Umsatzschätzung abgeleitet, wobei zwangsläufig das Verhalten der

[21] Die größte Bedeutung unter dem Gesichtspunkt des EDV-Einsatzes haben die Extrapolationsprognosen [36] sowie die Regressions- und Korrelationsrechnung [22].

[22] Vgl. in diesem Zusammenhang u. a. die Ansätze von *Cox* und *Good* [43], *Montgomery* und *Urban* [194] sowie *Little* [172]. Zur Übersicht und Bewertung von Marketing Informationssystemen vgl. auch [159], [183].

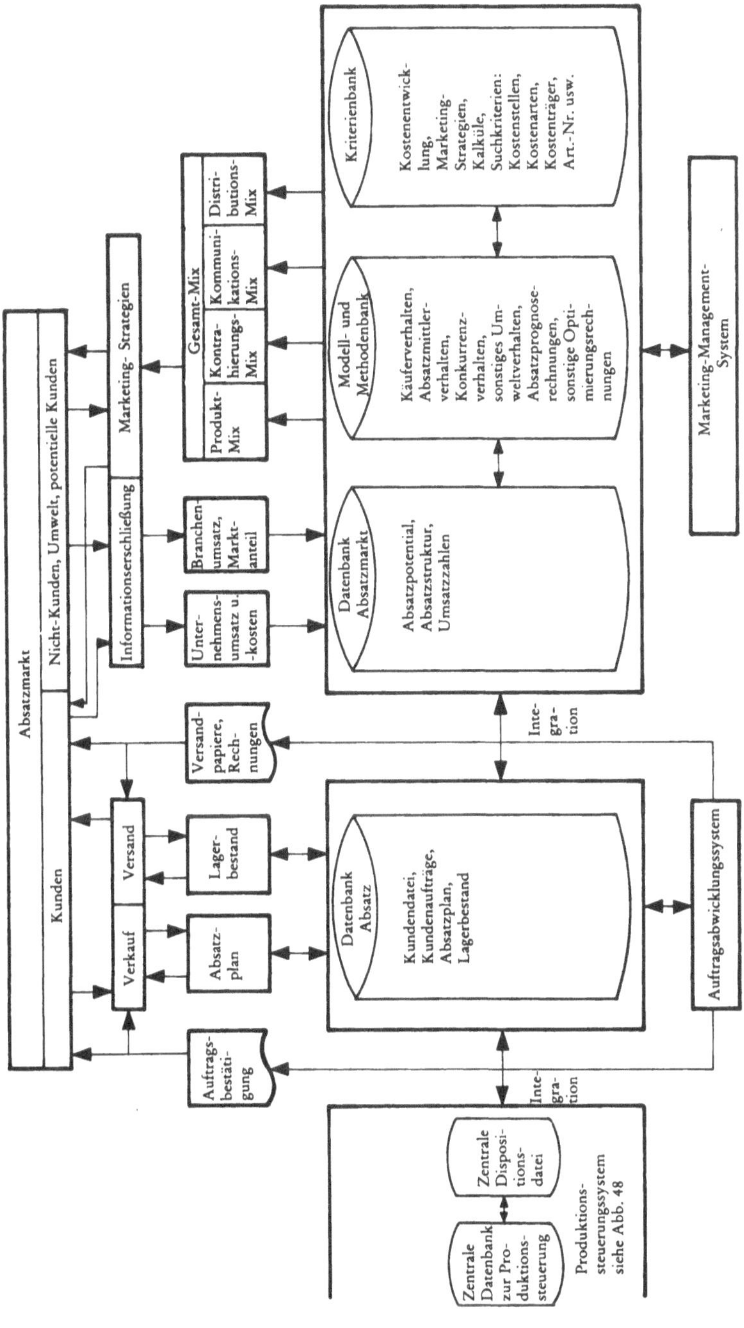

Abb. 50. Systemmodell im Bereich Absatzwirtschaft

Käufer, Absatzmittler und Konkurrenz antizipiert werden muß. Dies hat in der Praxis zu erheblichen Schwierigkeiten geführt, weshalb der Modellierung von Informations- und Steuerungssystemen für den Bereich Absatzwirtschaft (Abb. 50) verschiedentlich zurückhaltend gegenübergestanden wird.

4. Datenverarbeitungsorganisatorische Konzeption für ein komplexes EDV-System (Datenverarbeitungssystemparameter)

Einem integrierten Informations- und Steuerungssystem liegt ein *komplexes EDV-System* zugrunde, dessen Parameter im folgenden aufzuzeigen sind. Legt man den Überlegungen eine konzernverbundene Unternehmung mit eigenständigen – im allgemeinen dann auch räumlich nicht zusammenliegenden – Betrieben zugrunde, bietet sich für die systemtechnische Lösung des Informations- und Steuerungssystems das Modell des Multi-Satelliten-Systems an. Hier stehen in *hierarchischer* Abstufung und aufgabenmäßig abgegrenzt EDV-Systeme (dedicated Systems) über Datenfernverarbeitung in einem unmittelbaren *Systemverbund*. Die Aufgaben, die das Gesamtsystem zu lösen hat, lassen sich im wesentlichen wie folgt gruppieren:

(1) Zeitgerechte Verarbeitung der in den einzelnen Betrieben und in der Konzernzentrale anfallenden Daten.
(2) Zugriffsbereite Datenspeicherung und zielgerechte Datenaufbereitung zur Unterstützung bei der unternehmerischen Planung und Entscheidung.
(3) Steuerung und Kontrolle operativer Aufgaben sowie Automatisierung maschineller Prozesse.

4.1. Organisationstypen der automatisierten Datenverarbeitung

Eine Soll-Rahmen-Konzeption geht bei ihrer hard- und softwaremäßigen Gestaltung von den datenverarbeitungstechnischen Einsatzmöglichkeiten aus. Danach richtet sich letztlich die Systemkonfiguration. Um die Auswahl der Alternativen übersichtlicher zu machen, wird im folgenden eine Klassifizierung der Einsatzmöglichkeiten (Organisationstypen) der automatisierten Datenverarbeitung nach wesentlichen charakteristischen Merkmalen vorgenommen. Die Alternativenvielfalt ist bedingt

(1) durch die Vielzahl der Systemelemente und der Art ihrer Kombination,
(2) durch die Art der Systembetreibung,
(3) durch die Art der Systemnutzung.

Demgemäß lassen sich entsprechende *Organisationstypen*[1] des Datenverarbeitungs-

[1] Die bislang in der Literatur vorgenommenen Versuche einer Typisierung (siehe u. a. in

prozesses beim Einsatz automatisierter Datenverarbeitungssysteme erkennen. Bezogen auf das einzusetzende EDV-(Gesamt-)System unterscheiden sich die Organisationstypen hinsichtlich der

- Systemform,
- Betriebsform,
- Nutzungsform.

Die *Systemform* stellt auf die technische Seite der Konfiguration bzw. Konfigurationsnutzung des EDV-Systems ab und bezieht sich hauptsächlich auf die Hardware. Die *Betriebsform* umfaßt die Arten der Lösungswege und Lösungstechniken einer Aufgabenstellung, die einem EDV-System übertragen ist, geht dabei von der Seite des Systembetriebes aus und bezieht sich im wesentlichen auf die Systemsoftware. Die *Nutzungsform*[2] stellt das Verhalten (interaktiv, inaktiv) des Benutzers zum EDV-System in den Vordergrund der Betrachtung und bezieht sich im wesentlichen auf die Anwendungskonzeption und -software.

Hinsichtlich der *Systemform* lassen sich EDV-Systeme nach den Kriterien der Komplexität bezogen auf die Hardware (Abb. 51) einteilen in

- niedere (einfache) Systeme und
- höhere (komplexe) Systeme.

Die hardwaremäßige Komplexität wird bestimmt durch:

(1) Anzahl der Prozessoren
    a) Einprozessorsystem
    b) Mehrprozessorsystem (Abb. 52)
(2) Anzahl der Zentraleinheiten
    a) Einrechnersystem (Simplexsystem)
    b) Mehrrechnersystem (Duplex-, Triplex- bzw. Multiplexsystem[3]) (Abb. 53)

[100, S. 31 ff.], [201, S. 92 ff.], [229, S. 182 ff.]) gehen meist nur von einem oder wenigen Typisierungskriterien aus, beschreiben historische Entwicklungen oder spezielle System-Anwendungsmöglichkeiten. Im folgenden wird der Versuch einer geschlossenen Darstellung unternommen, der eine Erweiterung des Ansatzes von *Schulz* [228, S. 274 ff.] darstellt.

[2] Von der Nutzungsform ist die Anwendungskonzeption zu unterscheiden, in der die Anforderungen festgelegt sind, die der Benutzer bzw. Betreiber eines EDV-Systems an das Gesamtsystem stellt. Ein Teil dieser Anforderungen schlägt sich in den Anwendungsprogrammen nieder, ein weiterer Teil im Betriebssystem, das in diesem Zusammenhang als die Realisierung bestimmter Zielsetzungen für die Anwendungskonzeption und die Nutzungsform bei einer vorhandenen und damit gegebenen Systemform und einer bestimmten gewählten Betriebsform angesehen werden kann.

[3] Nicht zu verwechseln mit der Betriebsform des Multiplexerbetriebes (genauer: Zeitmultiplexerbetrieb).

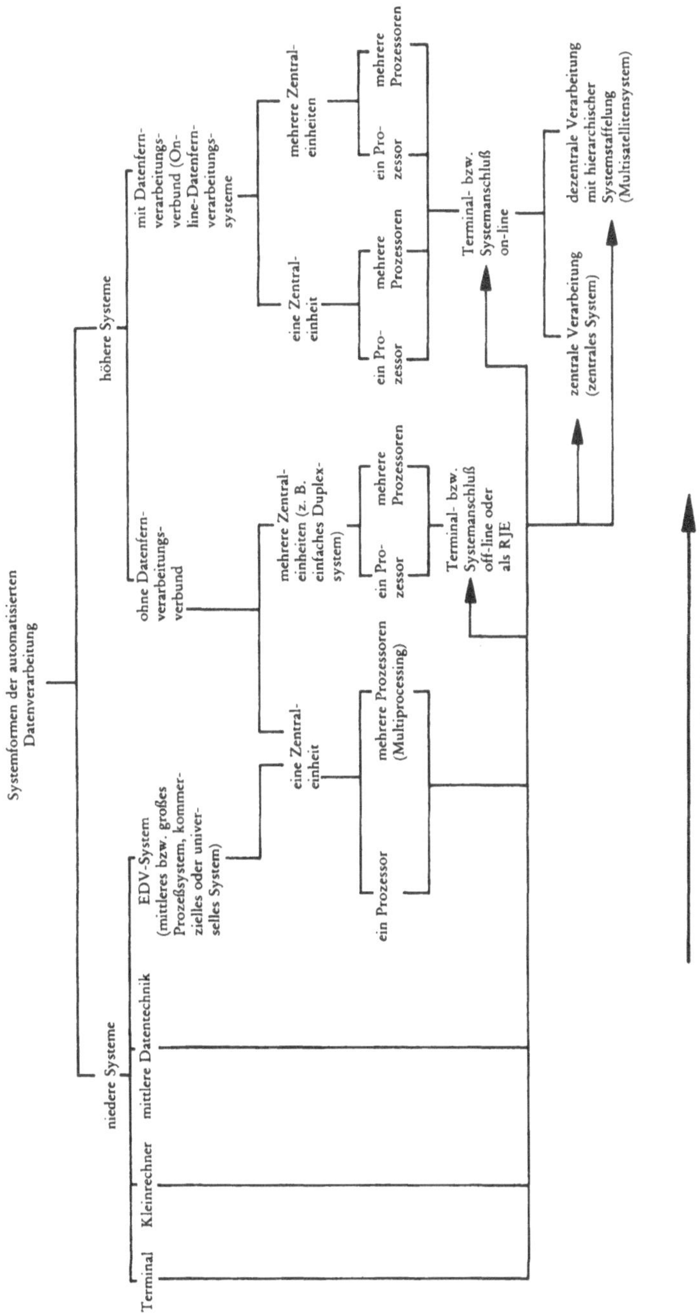

Abb. 51. Organisationstypen automatisierter Datenverarbeitung nach der Systemform (Kriterium: Hardware)

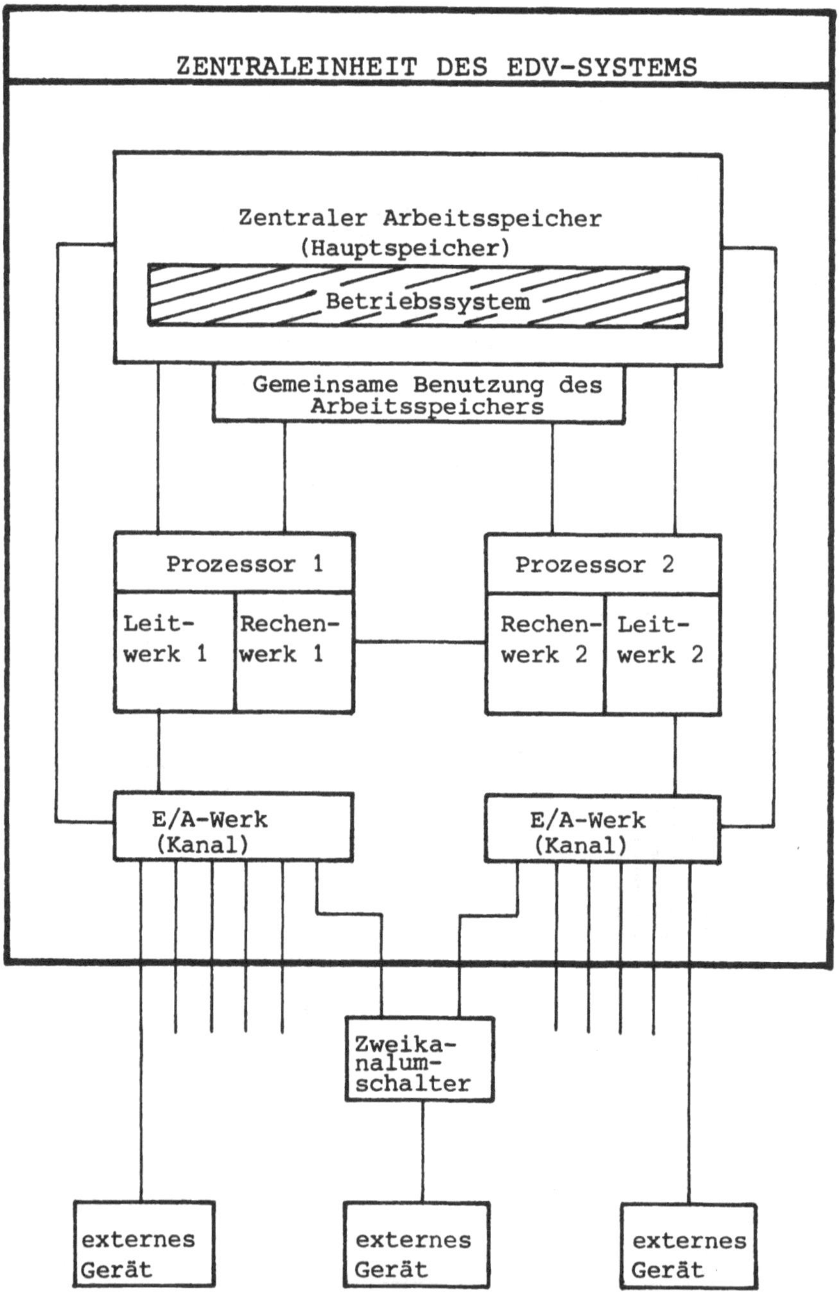

Abb. 52. Struktur eines Mehrprozessorsystems (Multiprocessing System) mit zwei Prozessoren

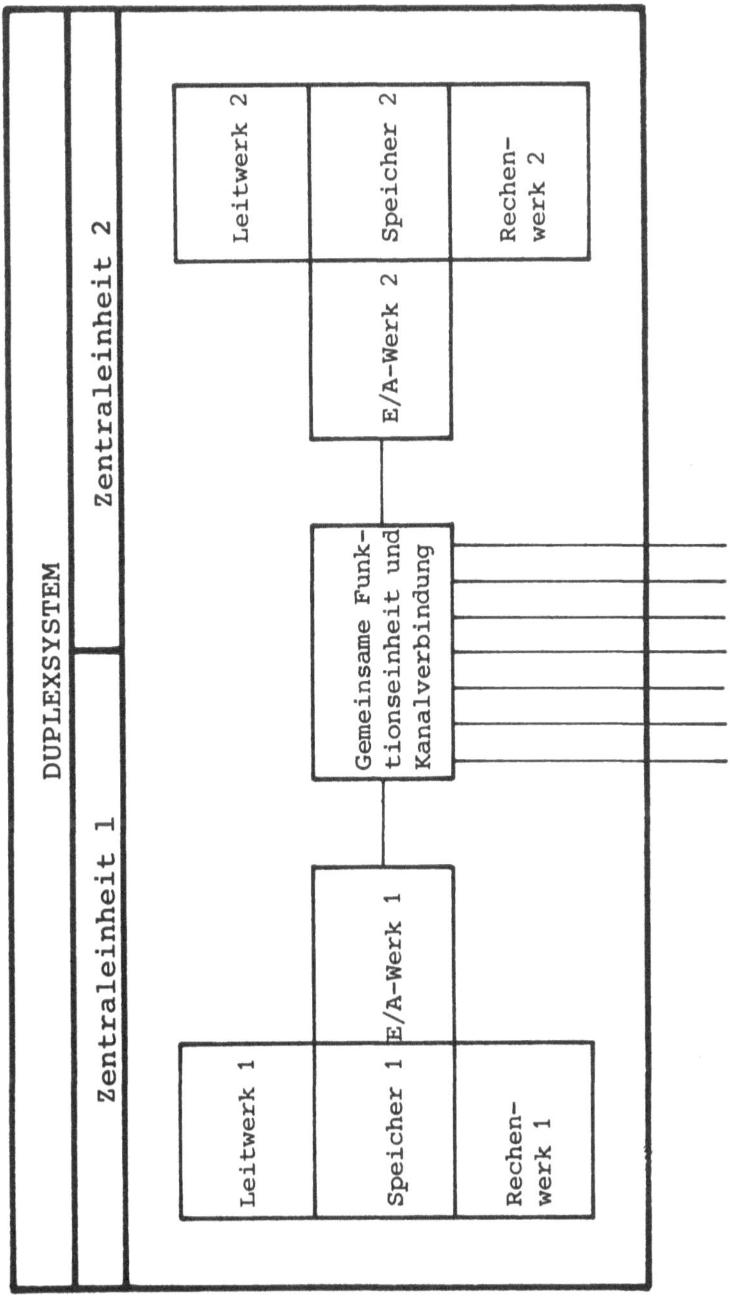

Abb. 53. Struktur eines Mehrrechnersystems mit zwei Zentraleinheiten (Duplexsystem)

(3) Art des Systemverbundes
 a) kein Systemverbund (keine Datenfernverarbeitung)
 b) Systemverbund (Datenfernverarbeitung) (Abb. 54)
  b1) off-line (nicht direkt)
  b2) on-line (direkt)
   - zentrale Verarbeitung
   - dezentrale Verarbeitung mit hierarchischer Staffelung (Multi-Satelliten-System)

Die Gliederung der Organisationstypen nach der *Betriebsform* geht aus von der Art der Bearbeitung der Datenverarbeitungsaufgabe (Job), bestehend aus Programm und Daten, ferner von der Art, wie die Jobs dem EDV-System zugeführt werden. Im allgemeinen übernimmt das Betriebssystem mit seiner Systemsoftware die Jobsteuerung (Abb. 55). Demnach sind zu unterscheiden (Abb. 56):

(1) Serieller Betrieb (sequentielle Aufgabenbearbeitung)[4]
 a) Einzelbetrieb (Open shop)
 Jeder Benutzer bedient zur Lösung seiner Aufgabe die EDV-Anlage selbst. Vorteil: enger Kontakt zwischen Mensch und Maschine. Nachteil: unproduktive Nutzung der EDV-Anlage durch Benutzerwechsel und Rüstarbeiten.
 b) Aufgabenstapelbetrieb (Closed shop, Batch-Processing)
 Mehrere Aufgaben verschiedener Benutzer werden als ein geschlossener Aufgabenkomplex (Aufgabenstapel) zusammengefaßt und bearbeitet. Dies hat zwei Konsequenzen: Zum einen hat der Benutzer keinen unmittelbaren Zugriff mehr zur EDV-Anlage; zum anderen werden für die automatisierte Bearbeitung (ohne Bedienereingriff) der verschiedenen aufeinanderfolgenden Programme Steuer- und Überwachungsprogramme (Monitor) benötigt.

(2) Paralleler Betrieb (simultane Aufgabenbearbeitung)
 a) quasi-simultane Aufgabenbearbeitung
  a1) Überlappung von E/A-Operationen
  a2) Zeitmultiplexerbetrieb
   - ohne Priorität
   - mit gesetzter Priorität
   - mit Zeitzuteilung (Time-Slicing)
   - Kopplung von Prioritäten und Zeitzuteilung
 b) echt-simultane Aufgabenbearbeitung

[4] Nicht zu verwechseln mit der sequentiellen Datenspeicherung bzw. mit dem sequentiellen Datenzugriff z. B. auf Daten, die auf Magnetband gespeichert sind (gebundene Datenfolge). Die prinzipiell gegensätzliche Speicherungsform dazu ist die wahlfreie (random) Speicherung; hier stehen in nahezu beliebig kurzer Zeit die Daten, ungebunden von jeder Folge, wahlfrei zur Verfügung.

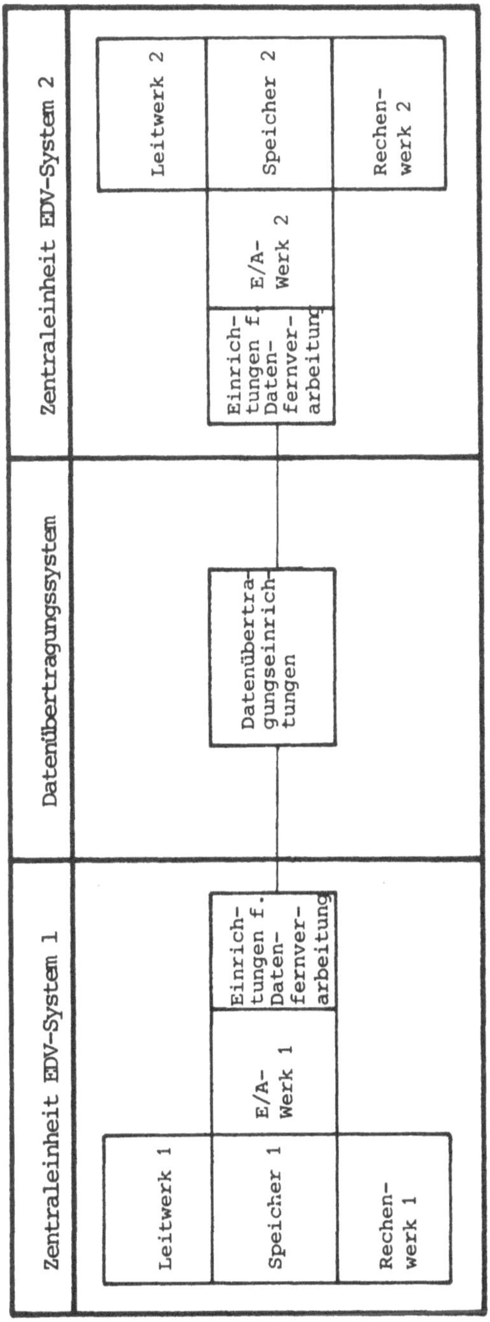

Abb. 54. Struktur eines EDV-Systemverbundes

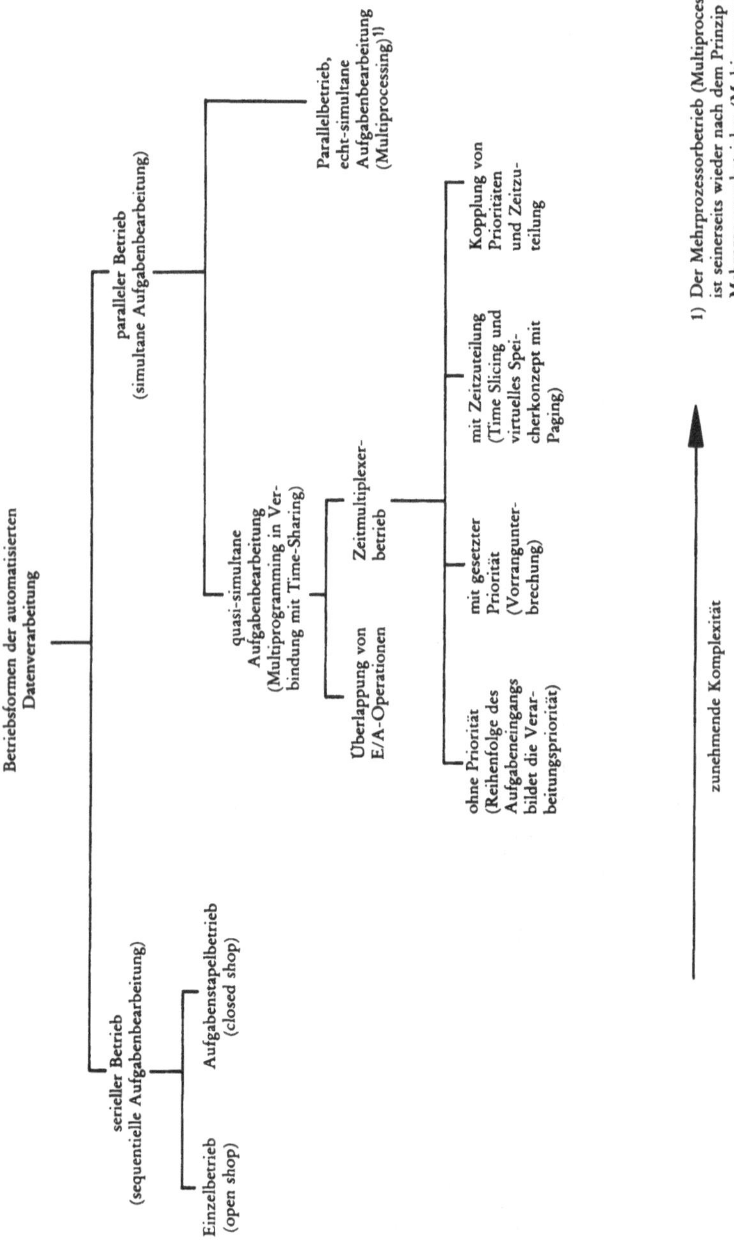

1) Der Mehrprozessorbetrieb (Multiprocessing) ist seinerseits wieder nach dem Prinzip des Mehrprogrammbetriebes (Multiprogramming) aufteilbar.

Abb. 55. Organisationstypen automatisierter Datenverarbeitung nach der Betriebsform (Kriterium: Systemausstattung mit Systemsoftware bzw. Betriebssystem)

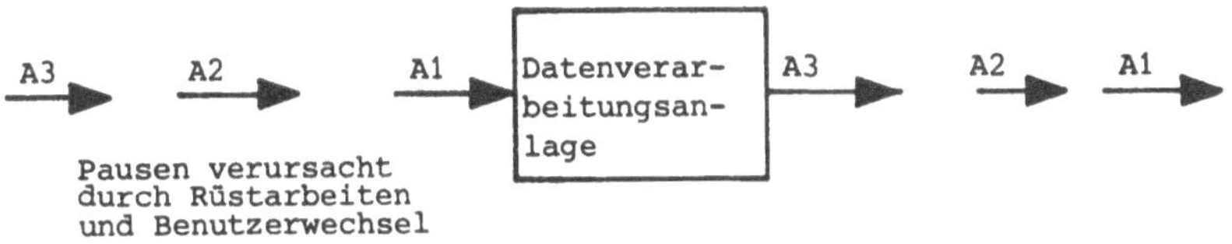

a) Einzelbetrieb

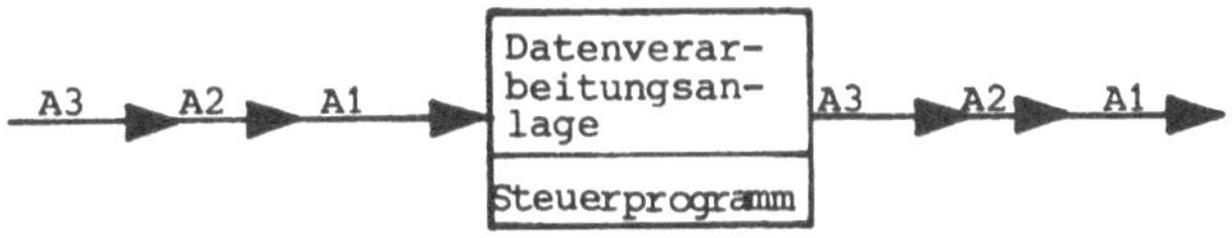

b) Aufgabenstapelbetrieb

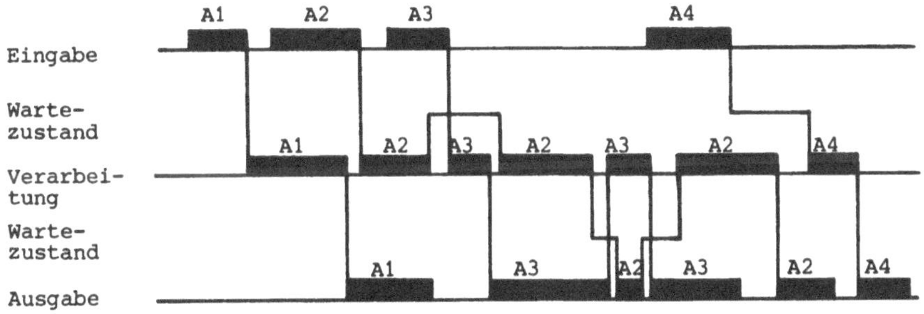

c) Darstellung der Funktionsweise des Multiprogramming

Abb. 56. Schematische Darstellung der Funktionsweise von Betriebsformen der automatisierten Datenverarbeitung

Zum parallelen Betrieb ist anzumerken, daß *echte* Parallelität (echt-simultane Aufgabenbearbeitung) nur gegeben ist, wenn für jede Aufgabe *ein* eigener Prozessor zur Verfügung steht (Multiprocessing). Aber auch mit einem einzigen Prozessor kann man, bei entsprechender Ausstattung einer EDV-Anlage, mehrere Aufgaben scheinbar gleichzeitig abwickeln (Multiprogramming). Das Multiprogramming hat zwei Ziele: hohe Auslastung der Zentraleinheit und *(quasi-)gleichzeitige* Benutzung des

EDV-Systems durch mehrere Benutzer. Voraussetzung für ein funktionsfähiges Multiprogramming ist ein Zeitzuteilungsverfahren (Time-Slicing)[5] oder ein Unterbrechungssystem *(Interrupt)* zur Prioritätensteuerung. Die Zeitrasterung mittels Vergabe von Zeitscheiben (Time-Slices) an die Benutzer soll die Benutzerzeit so optimieren, daß kein Benutzer merkbare Wartezeiten in Kauf nehmen muß, wenn er sich des EDV-Systems bedienen will. Dies führt wiederum zu einem besonderen Speicherkonzept, dem virtuellen Speicher. Ein System mit reiner Prioritätensteuerung bearbeitet stets vorrangig das Programmsystem der höchsten Priorität und unterbricht solange Programme niederer Priorität. Eine solche Art des Multiprogramming setzt nicht unbedingt ein virtuelles Speicherkonzept voraus.

Bei der Bildung von Organisationstypen nach der *Nutzungsform* automatisierter Datenverarbeitung steht der Systembenutzer (Mensch oder Maschine) und seine Art der Systemnutzung (Zuführung der Aufgabe an die Datenverarbeitungsanlage) im Vordergrund der Betrachtung. Wesentliches Unterscheidungsmerkmal ist hier, ob der Benutzer während der Aufgabenbearbeitung noch aktiv im Dialog mit den Datenverarbeitungssystemen kommunizieren kann. Bei der Klassifizierung (Abb. 57) im Bereich der Nutzungsformen findet eine Überlagerung des Merkmales „Zuführung der Aufgabe“ durch das Merkmal „Struktur des Datenflusses“ statt:

(1) Monolog-inaktiver Betrieb (Stapelbetrieb)
  a) zentrale Nutzung (ohne Datenfernverarbeitung)
  b) dezentrale Nutzung (mit Datenfernverarbeitung)
    – Teilhaberbetrieb (Stapelfernverarbeitung)
    – Teilnehmerbetrieb (Jobfernverarbeitung)
(2) Dialog-interaktiver Betrieb (Dialogbetrieb)
  a) Maschine-Maschine-Dialog
    – Prozeßdatenverarbeitung
    – Datenaustausch
  b) Mensch-Maschine-Dialog
    – Teilhaberbetrieb
    – Teilnehmerbetrieb

Bei der Konzeption eines komplexen EDV-Systems wird aus den aufgezeigten *Organisationstypen* ein den Benutzer- und Systembedürfnissen entsprechendes *„Typen-Mix“* zu erstellen sein. Dabei ist nicht davon auszugehen, daß sich die einzelnen Typen grundsätzlich gegenseitig ausschließen; im Gegenteil, die meisten Typen sind komplementär. Organisationstypen *höherer Komplexität* umschließen zudem im allgemeinen noch die Fähigkeiten der Typen *niederer Komplexität*. Die Organisationsaufgabe besteht nun darin, die für ein Informations- und Steuerungssystem notwendigen Typen festzustellen und graduell abzustufen (Abb. 58). Dazu

[5] Früher auch mit Time-Sharing bezeichnet. Der Begriff „Time-Sharing“ wird heute aber vornehmlich für die Nutzungsform eines Datenfernverarbeitungssystems im Teilnehmerbetrieb verwendet.

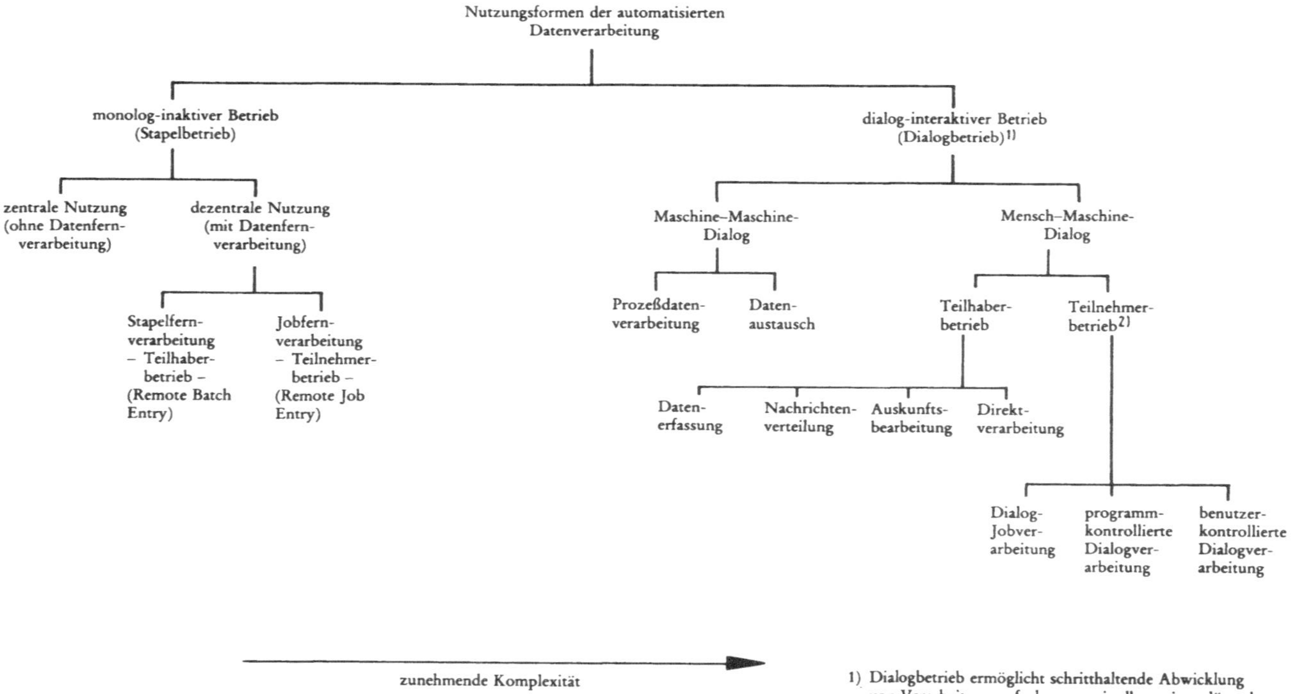

1) Dialogbetrieb ermöglicht schritthaltende Abwicklung von Verarbeitungsaufgaben; unmittelbar mit auslösenden Vorgängen bzw. Daten schritthaltende Verarbeitung bezeichnet man als Echtzeitbetrieb (Real-Time-Processing).
2) Remote-Computing; Time-Sharing im engen Sinne.

Abb. 57. Organisationstypen der automatisierten Datenverarbeitung nach der Nutzungsform (Kriterium: Anwendungskonzeption und Anwendungssoftware)

Kriterium \ Nutzungsform	Stapelbetrieb	Dialogbetrieb
zu verarbeitende Datenmenge	meist groß	meist klein
Verarbeitung der Daten	keine Zeitbedingung	sofort
unmittelbare Mitwirkung des Benutzers	nicht erforderlich	erforderlich
Antwort vom EDV-System	nicht unbedingt erforderlich	umgehend erforderlich

Abb. 58. Gegenüberstellung zweier Nutzungsformen

dient insbesondere die Aufstellung einer Systemhierarchie, aus der die aufgabenmäßige sowie hard- und softwaremäßige Abhängigkeit bzw. Selbständigkeit der einzelnen Systeme hervorgeht.

Folgende *Beispiele* mögen abschließend die theoretische Implikation über die Organisationstypen automatisierter Datenverarbeitung verdeutlichen:

(1) *Systemformen:* Ein höheres System im Datenfernverarbeitungsverbund, dem andere EDV-Systeme und Terminals on-line angeschlossen sind, kann durchaus eine Erweiterung durch ein off-line zugeordnetes Datenerfassungssystem der mittleren Datentechnik erfahren. Dies ist besonders dort wirtschaftlich und sinnvoll, wo keine zeitkritischen Daten erfaßt werden, eine on-line Datenübertragung hohe Kosten verursacht oder die Hardware-Koppelung problematisch ist.

(2) *Betriebsformen:* Ist ein System so ausgelegt, daß es im Parallelbetrieb zu arbeiten in der Lage ist, so muß es nicht ausschließlich so betrieben werden. Bei Aufgaben, die nicht zeitkritisch sind, kann z. B. zur Vermeidung von Spitzen-

belastungen eine Stapelbildung dieser Aufgaben und deren Bearbeitung zu unkritischen Zeiten eine erhebliche Systementlastung mit sich bringen.

(3) *Nutzungsformen:* In enger Verbindung zu den Betriebsformen zeigt die Praxis, daß bei dialogfähigen Systemen eine sinnvolle Aufteilung der Nutzungsformen in Dialogbetrieb und in Stapelbetrieb zu erfolgen hat. Im allgemeinen sieht die zeitliche Verteilung von Stapel- und Dialogbetrieb wie folgt aus: Da während der Tagesstunden die meisten zeitkritischen Aufgaben anfallen, hat tagsüber der Dialogbetrieb Priorität, während nachts Stapelbetrieb Vorrang hat (vorausgesetzt, daß nachts weniger zeit- und antwortkritische Aufgaben anliegen).

4.2. Systemhierarchie

Die in einem Informations- und Steuerungssystem anfallenden Aufgaben könnten – zumindest rein theoretisch – mit nur einem zentralen Hypersystem[6] in Angriff genommen werden. Dem steht aber entgegen, daß ein solches Konzept[7] zu folgenden Schwierigkeiten führt:

- Überlastung von Anschlüssen peripherer Einheiten und Geräte an zentraler Stelle;
- komplexe Warteschlangenprobleme der einlaufenden Verarbeitungsaufgaben bzw. Daten;
- Notwendigkeit des zentralen Einsatzes von Zentraleinheiten mit sehr kurzen Verarbeitungszeiten und hoher interner Speicherkapazität einschließlich großer Sekundärspeicherkapazität;
- große Aufwendungen für die Betriebssicherheit.

Die aufgeführten Schwierigkeiten vermindern sich entscheidend, wenn man ein *hierarchisches* System miteinander verkoppelter EDV-Systeme aufbaut. Die Systemhierarchie hat mehrere *Ebenen,* wobei sich in jeder Ebene mehrere Systeme die Arbeit teilen können. Das zentrale EDV-System (ZES) bildet die oberste Ebene. Darunter befinden sich die EDV-Systeme der Teilbetriebe (Untergesellschaften) bzw. Sparten (BES), an die ihrerseits nach Bedarf, Aufgabenstellung und organisatorischer Gliederung Systeme für (die) einzelne(n) Funktionsbereiche angeschlossen sind. Die unterste Ebene bilden im produktionstechnischen Bereich die Steuerungs- und Meßrechner sowie im administrativen Bereich die Kleinsysteme und die sogenannten intelligenten Terminals (distributed Intelligence).

[6] Ein solches System wäre von höchster Größenordnung; derzeit befinden sich derartige Größtsysteme allenfalls im Forschungsbereich im Einsatz bzw. erst im Experimentierstadium. Die zur Zeit größten Systeme, z. B. *IBM 370/168, ICL 2980, Univac 1110, Cyber 76 (CDC/NCR), Siemens* 7.755 (7.770 in Planung), lägen gerade an der unteren Grenze der erforderlichen Größenordnung

[7] Vgl. hierzu und im folgenden [15].

Für die Funktionsfähigkeit des gesamten Systems sowie für die Ausgestaltung des zentralen Systems ist die Form der Zusammenschaltung zwischen dem zentralen System und den Systemen der Teilbetriebe (Teilsysteme) von Bedeutung. Sind die Systeme der Teilbetriebe lediglich sternförmig mit dem zentralen System verbunden (Abb. 59a), so besteht ein geringeres Maß an Ausfallschutz als bei einer sternförmigen Verbindung mit Kreisschaltung der Systeme der Teilbetriebe untereinander (Abb. 59b). Im letzteren Fall ist es sogar möglich, das zentrale System kleiner auszustatten, da bereits auf der Ebene der Systeme der Teilbetriebe ein wesentlicher Teil des Datenaustausches vorgenommen werden kann. Im Falle eines Ausfalls eines Systems, selbst des zentralen Systems, können bei entsprechender Arbeitsteilung die verbleibenden funktionsfähigen Systeme zumindest alle wichtigen und zeitkritischen Aufgaben fortführen. Die ideale Form der Zusammenschaltung wäre ein totales Maschennetz, in dem jedes System unmittelbar mit jedem anderen System kommunizieren könnte. Dies ist aber leitungsmäßig viel zu aufwendig und würde zudem bei einem Hinzufügen weiterer Systeme erhebliche Arbeiten bei der Netzumgestaltung mit sich bringen.[8]

Vergleicht man ein rein zentral ausgerichtetes System größter Ordnung mit einem hierarchisch gestaffelten System mit funktionsdifferenzierten Subsystemen, so kommt man zu folgendem Ergebnis:

Vorteile des hierarchischen Systems

- Der übersichtliche Aufbau ermöglicht eine schnelle und stufenweise Realisierung; bereits bestehende EDV-Systeme können einbezogen werden. Der stufenweise Aufbau führt zu einer Staffelung der Investitionsausgaben bei gleichzeitig bevorzugtem Aufbau der am dringendsten benötigten Systeme.
- Das hierarchische System erlaubt eine extrem schnelle Verarbeitung infolge seiner Fähigkeit, mehrfach parallel zu arbeiten. Systemausfälle legen nicht das Gesamtsystem lahm; ein Ausweichen auf andere Systeme ist möglich. Der modulare Systemaufbau kann darauf Rücksicht nehmen, für die einzelnen Aufgabenkomplexe die geeignetsten EDV-Systeme einzusetzen.
- Verminderung psychologischer Widerstände, wenn EDV-Systeme innerhalb oder nahe dem Verwaltungsbereich der betreffenden Abteilung stehen.

Nachteile des hierarchischen Systems

- Für das Gesamtsystem ergibt sich im allgemeinen ein höherer Investitionsaufwand. Durch zeitlich vorgezogene, aber schnell veraltende Teillösungen kann sich diese Bilanz noch verschlechtern.
- Je nach Aufgabenstellung und Datenanfall können die Kosten für Datenübertragung und Betrieb der EDV-Systeme relativ hoch sein.
- Die Kopplung von EDV-Systemen ist nicht unproblematisch, insbesondere wenn es sich um Anlagen verschiedener Hersteller handelt.

[8] Vgl. hierzu im einzelnen *Hoffmann* [115, S. 78 ff. u. S. 130 f.].

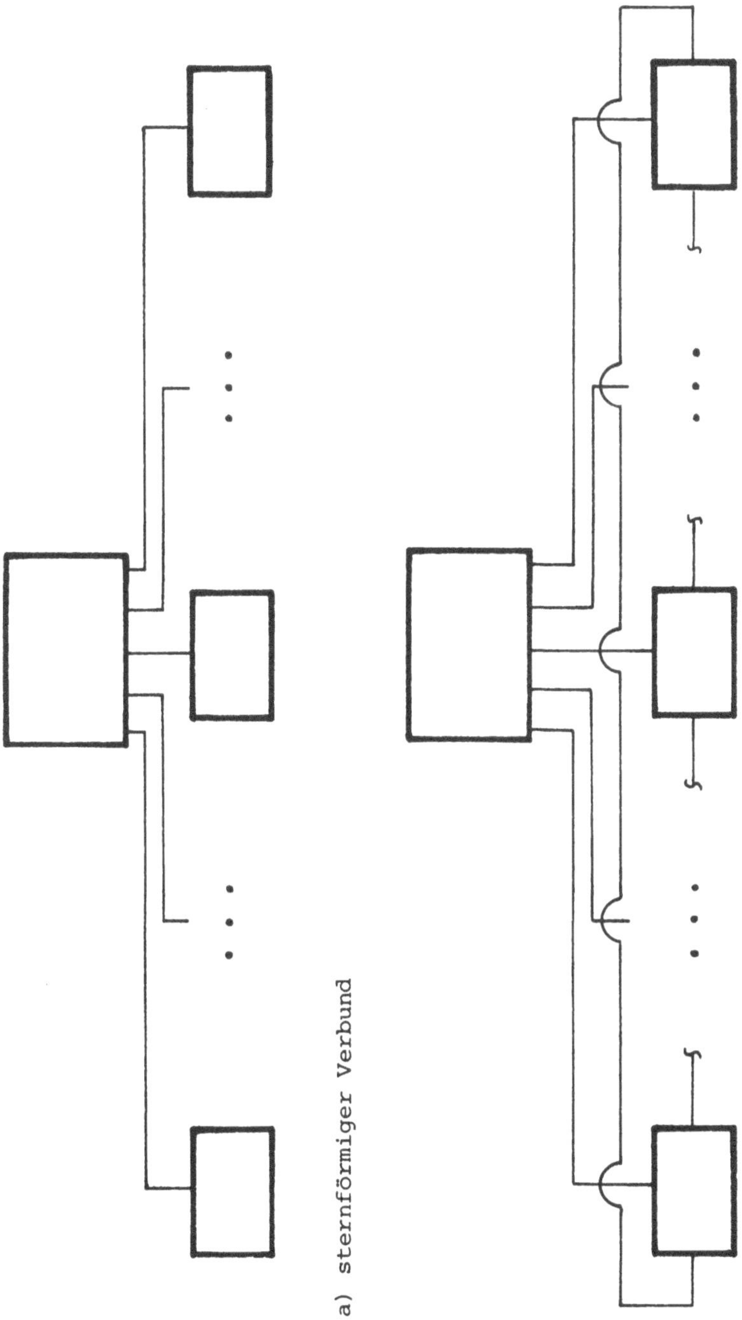

a) sternförmiger Verbund

b) sternförmiger Verbund mit Kreisschaltung der untergeordneten Teilsysteme

Abb. 59. Systemverbund

4.2.1. Zentralsystem

Mittelpunkt des Gesamtsystems (Abb. 60) bildet das *zentrale EDV-System* (ZES). Nach *übergeordneten* (Konzern-)Gesichtspunkten erhält, speichert und verarbeitet es die von den einzelnen EDV-Systemen (BES) der Teilbetriebe bzw. Sparten abgegebenen Daten und leitet an diese Systeme Daten weiter zum Zwecke der Koordinierung und Steuerung der einzelnen Teilbetriebe (Untergesellschaften) bzw. Sparten (Unternehmensbereiche). Das zentrale System verwaltet für alle Teilsysteme die Datenbasis gemeinsam benötigter Daten in Form einer Konzerndatenbank, um dadurch eine Mehrfachspeicherung möglichst zu vermeiden und wirtschaftliche Bedingungen für den Prozeß der Datenauffindung bzw. -wiedergewinnung (Retrieval Process) zu schaffen. Zur Verringerung der Speicherkosten ist dieses System so auszulegen, daß es im Bereich der Archivierung ein zentrales Mikrofilmarchiv auf der Basis der COM- und CIM-Technik[9] unterstützt. Dialogfähige Terminals erlauben der obersten Unternehmensleitung jederzeit, das Gesamtsystem interaktiv zu nutzen.

Ist das zentrale EDV-System sternförmig mit den untergeordneten EDV-Systemen verbunden, wobei diese kreisförmig zusammengeschlossen sind, braucht das zentrale EDV-System nicht unbedingt als Duplex-System ausgelegt sein, da, von seltenen Ausnahmen abgesehen, jeweils ein untergeordnetes System vorübergehend, z. B. bei technischen Defekten oder Wartung, die Aufgaben des zentralen Systems in begrenztem Umfang wahrnehmen könnte. Andererseits bietet ein zentrales Duplex-System[10] größere Sicherheit und den Vorteil, daß bei Ausfall oder Wartung eines der beiden zentralen EDV-Systeme die untergeordneten Systeme nicht beansprucht zu werden brauchen und ein voller Ausfallschutz (Back-up) gewährleistet ist.

4.2.2. Teilsysteme

Als *Teilsysteme* sind die EDV-Systeme zu verstehen, die den Kern des betrieblichen Informations- und Steuerungssystems eines Teilbetriebes bzw. einer Untergesellschaft oder Sparte darstellen. Das EDV-System eines Betriebes (BES) hat im wesentlichen die Aufgabe, die Daten über das Betriebsgeschehen zu sammeln, zu verdichten und weiterzuleiten. Die EDV-Systeme dieser Ebene führen hauptsächlich die *betriebsbezogenen* Aufgaben der Daten- bzw. Informationsverarbeitung durch. Als maschinelle Träger des (teil-)betrieblichen Informations- und Steuerungssystems sind die EDV-Systeme der Betriebe (BES) die zentrale Stelle aller informationellen Prozesse eines Betriebes (Untergesellschaft, Sparte).

[9] COM: *C*omputer *O*utput on *M*icrofilm; CIM: *C*omputer *I*nput from *M*icrofilm.

[10] Die beiden EDV-Systeme des Duplex-Systems brauchen je System nicht so groß ausgelegt zu sein, wie wenn nur ein einziges System das zentrale EDV-System bildet.

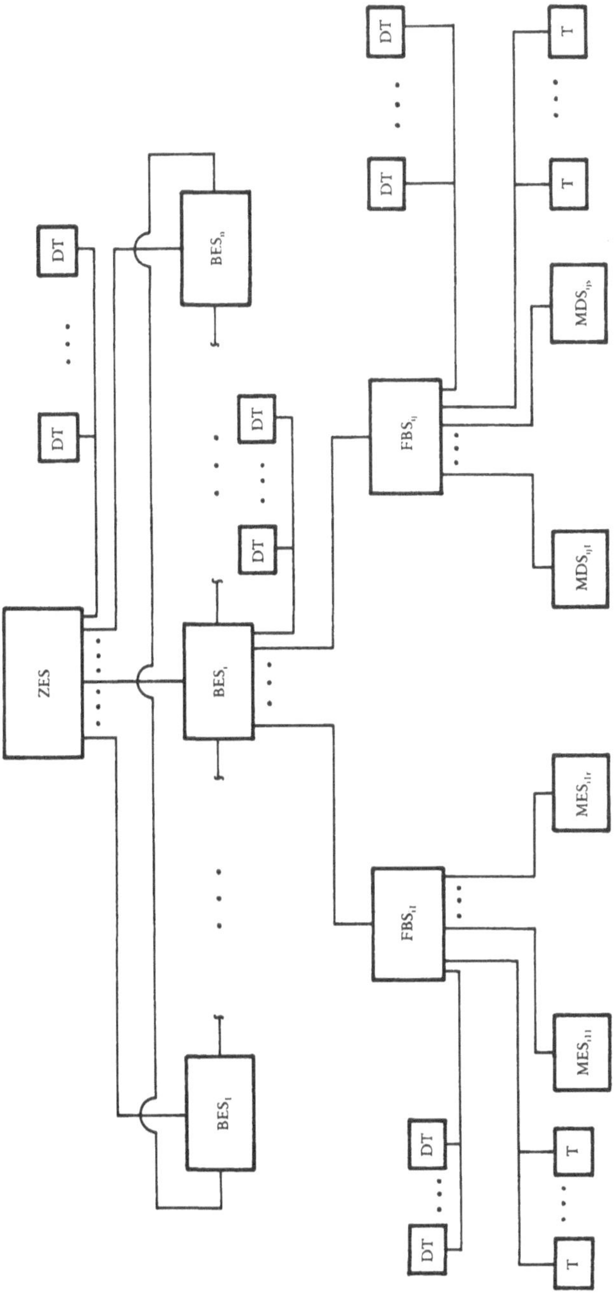

Abb. 60. Hierarchische EDV-Systemkonzeption der Teilsysteme (Verbundsystem) für eine konzernverbundene Unternehmung

Legende zu Abb. 60

Systembe-zeichnung	Aufgabenbereich	DV-System
ZES Zentrales EDV-System	Residenz des konzernübergreifenden Informations- und Steuerungssystems einschließlich der Konzerndatenbank: - Durchführung bzw. Vorbereitung der Planungs-, Entscheidungs-, Kontroll- und allgemeinen Verwaltungsaufgaben für die Konzernleitung und Steuerung der Untergesellschaften - Berichts- und Auskunftserteilung an übergeordnete Systeme - Steuerung der Teilsysteme (BES), Übernahme des Ausfallschutzes für die Teilsysteme sowie ggf. Entlastung der Teilsysteme bei Spitzenbelastungen	großes universelles EDV-System oder zwei mittelgroße EDV-Systeme als Duplex-System mit sehr großer externer Speicherkapazität
BES EDV-System des (Teil-) Betriebes	Residenz des Informations- und Steuerungssystems des (Teil-)Betriebes (Untergesellschaft bzw. Sparte): - Durchführung bzw. Vorbereitung der betriebsbezogenen Planungs-, Entscheidungs-, Kontroll- und allgemeinen Verwaltungsaufgaben für die Betriebsleitung und Steuerung des Betriebes (Untergesellschaft, Sparte) - Bericht, Auskunftserteilung und -vermittlung an über- und untergeordnete Systeme; Zugriff zur zentralen Konzerndatenbank und zu Bereichsdatenbanken - Datenauswahl und Datenverdichtung - Entlastung und Unterstützung des zentralen Systems sowie untergeordneter Systeme einschließlich Ausfallschutz und Steuerung untergeordneter Systeme	großes universelles EDV-System mit großer externer Speicherkapazität
FBS EDV-System des Funktionsbereichs	Residenz des Informations- und Steuerungssystems des Funktionsbereichs: - Führen funktionsspezifischer Daten in Bereichsdatenbanken - Bericht, Auskunftserteilung und -vermittlung an über- und untergeordnete Systeme; Zugriff zu anderen Datenbanken über das BES	mittelgroßes universelles EDV-System mit mittelgroßer externer Speicherkapazität

	- Entlastung des BES durch Übernahme von Teilfunktionen (Prozeßaufgaben, Steuern von NC-Maschinen, Sammeln und Verarbeiten von Betriebsdaten, Steuerung und Kontrolle betrieblicher Vorgänge des Funktionsbereichs) - Unterstützung untergeordneter Systeme durch Bereitstellung von Speicher- und Verarbeitungskapazität	
MES	Meß-, Erfassungs- und Steuerungssystem im technischen Bereich: - System zur Steuerung technischer Prozesse bzw. von Fertigungseinrichtungen - Signalsystem zur Meldung von Fehlern im Produktionsprozeß - Erhöhung der Leistung von Datensammelsystemen durch Verdichtung erfaßter Daten	mittelgroße bis kleine technisch ausgerichtete EDV-Systeme (Prozeßrechner)
MDS	EDV-Systeme der mittleren Datentechnik im kaufmännischen bzw. administrativen Bereich: - Erledigung kleinerer in sich geschlossener Aufgabenkomplexe, Lösung kleinerer Rechenaufgaben z.B. in der Statistik - Erfassung und Verdichtung von Daten	kleinere universelle EDV-Systeme bzw. Systeme der mittleren Datentechnik mit eigenen kleinen Einrichtungen zur Datenspeicherung
DT	Dialogfähige Terminals: - Zugriff zum jeweils zugeordneten System; über dieses bei Berechtigung Zugriff zu anderen Systemen	dialogfähige Ein-/Ausgabestationen, insbesondere Sichtgeräte (Displays)
T	Einfache Terminals: - Ein- oder Ausgabe von Daten im Stapelbetrieb	nicht dialogfähige Datenstationen der Ein- oder Ausgabe (Lochkarten, Band, Drucker usw.)

Typische Funktionen [15, S. 15 f.] der in dieser Ebene eingesetzten EDV-Systeme sind:

- Abstimmung und Koordinierung der Teilpläne (Fertigung, Absatz, Investition usw.),
- Führen und Reorganisieren der Datenbestände des (Teil-)Betriebes,
- Auskunftgeben und Berichten,
- Erstellen der Betriebsabrechnung und Erfolgsrechnung des (Teil-)Betriebes,
- komplexe Aufgaben aus Forschung und Technik, komplexe Optimierungsaufgaben, Modellsimulationen usw.

Um diese Aufgaben, insbesondere die Mitarbeit an übergeordneten Planungsaufgaben und dafür erforderliche Informationsbereitstellung, zu erfüllen, bedarf es eines Anwendungssystems (Programme und maschinelle Geräte) für die Kommunikation des Benutzers mit den EDV-Systemen sowie für die Kommunikation der EDV-Systeme untereinander. Für das EDV-System eines Betriebes (BES) bedeutet dies, daß es als großes EDV-System mit großer externer Speicherkapazität auszurüsten ist. Die relativ große Auslegung dieses Systems liegt vor allem in den Aufgaben begründet wie Steuerung untergeordneter Systeme, Kommunikation zum zentralen System, Gewährleistung von Ausfallschutz sowie Führen einer Betriebs-Datenbank. Der Ausfallschutz sowie die Möglichkeit, auf dieser Ebene Daten austauschen zu können, ohne das zentrale System einzuschalten, führen zur kreisförmigen Zusammenschaltung (Ringschaltung) der EDV-Systeme der einzelnen Betriebe. Der jeweiligen Betriebsleitung ist es, ebenso wie beim zentralen System der Konzernleitung, möglich, über interaktive Terminals in das Informations- und Steuerungssystem in dem für sie vorgesehenen Rahmen einzugreifen bzw. es zu nutzen.

4.2.3. Subsysteme

Die *Subsysteme* bilden die unterste Stufe der System-Hierarchie. Sie lassen sich nach ihren Fähigkeiten in Subsysteme erster und zweiter Ordnung unterscheiden.

Die Subsysteme *erster Ordnung* (FBS) stellen das Verbindungsglied zwischen den unmittelbar am Arbeitsprozeß befindlichen Systemen und dem betrieblichen EDV-System (BES) dar. Sie sind meist einem Bereich (Funktionsbereich) als direktes, in sich geschlossenes System zugeordnet und arbeiten ausschließlich für diesen Bereich. Im Einzelfall kann ein Funktionsbereichssystem (FBS) auch angrenzende oder übergeordnete Aufgaben übernehmen, wobei eine Verbindung zu anderen Funktionsbereichssystemen nur über das übergeordnete EDV-System (BES) möglich ist. Benötigt z. B. das System des Funktionsbereichs Absatzwirtschaft Daten der Datenbank des Fertigungsbereichs, so werden diese über das BES angefordert, das seinerseits die Bildung einer entsprechend sortierten Untermenge der Teildatenbank des Fertigungsbereichs vornimmt und an das anfordernde System weiterleitet. Die weiteren wesentlichen Aufgaben des EDV-Systems für einen Funktionsbereich sind:

- Verarbeitung von Betriebsdaten,
- Reaktion auf Anforderungen,
- gezielte Datenweiterleitung bzw. -abgabe,
- Verteilung von Steuerungsaufgaben im maschinellen Bereich,
- Durchführung von Routineverwaltungsaufgaben im kommerziell-administrativen Bereich,
- schwierige Verarbeitungsaufgaben im Bereich Meßwertverarbeitung, Statistische Qualitätskontrolle, Optimierung, Operations Research, Simulation usw.,
- Koordinierung und Steuerung untergeordneter Systeme,
- Datenverdichtung im Hinblick auf den Datenaustausch zum übergeordneten System.

Die Subsysteme *zweiter Ordnung* (MES, MDS) sind dadurch gekennzeichnet, daß sie keine EDV-Systeme mehr unter sich haben. Sie dienen hauptsächlich der Datenerfassung, Aufbereitung und Vorverarbeitung sowie Ein- und Ausgabe von Daten. Sie haben nur ein begrenztes Maß an Eigenständigkeit (Vornahme kleinerer Berechnungen, Tabellier- und Listenaufgaben), nicht zuletzt infolge ihrer geringen Speicherfähigkeit (mit Direktzugriff). Nicht selten sind die Subsysteme der zweiten Ordnung so eng mit dem Operationsvollzugsprozeß verbunden, daß eine Trennung zwischen den maschinellen Einrichtungen zur Datenverarbeitung und den produktionsbezogenen Einrichtungen schwer fällt. Dies gilt hauptsächlich bei numerisch gesteuerten Fertigungseinrichtungen mit integrierten Steuerungsrechnern.

4.3. Merkmale und Anforderungen der Systemkonfiguration

Für die Systemkonfiguration sind die an das Informations- und Steuerungssystem gestellten Ziele in realtechnisch-organisatorische Ziele der maschinellen und programmtechnischen Ausgestaltung umzuwandeln. Dabei treten im allgemeinen unter Berücksichtigung der begrenzten Einsatzmittel alternative Auswahlmöglichkeiten mit unterschiedlichem Zielerreichungsgrad auf. In einer solchen Situation verlangt ein Systemvergleich besondere Aufmerksamkeit. Denn die technischen Leistungs- und Kapazitätsangaben sind nur bei entsprechender Umrechnung vergleichbar. Kaum vergleichbar dürfte die „organisatorische" Leistung des Systems sein, die allenfalls im Rahmen einer Kosten/Nutzen-Analyse eine vergleichende (ex-ante-)Bewertung erfahren kann. Im folgenden sollen daher im wesentlichen nur die *realtechnischen* und *programmtechnischen Parameter* diskutiert werden[11], die beim Aufbau eines Informations- und Steuerungssystems für das komplexe EDV-System von Bedeutung sind. Die komplexen Systeme (ZES und

[11] Diese sind vor der endgültigen Investitionsentscheidung auch mit den wirtschaftlichen Parametern abzugleichen. Zum Problem der Investitionsentscheidung beim Aufbau von EDV-Systemen vgl. die Darstellung bei *Noack* [201].

BES) stehen dabei im Vordergrund, da sie im allgemeinen auch die weniger komplexen Funktionen umschließen.[12]

Einem betrieblichen Informations- und Steuerungssystem liegt datenverarbeitungstechnisch und datenverarbeitungsorganisatorisch die Forderung zugrunde, daß eine Vielzahl von System-Teilnehmern unterschiedlichster Funktionen mit dem System korrespondieren kann. Das bedeutet, daß die Teilnehmer eines betrieblichen Informations- und Steuerungssystems ihre teils unterschiedlichen, teils gleichartigen Aufgaben durch entsprechende Programme in den jeweiligen EDV-Systemen bearbeiten lassen können. Nach der Organisation der Aufgabenbearbeitung unterscheidet man in Teilnehmerbetrieb und Teilhaberbetrieb. Während beim *Teilnehmer*betrieb jeder Benutzer unabhängig von anderen Benutzern seine Aufgaben im EDV-System abwickeln lassen kann, wird beim *Teilhaber*betrieb nur an ein und derselben Aufgabe gearbeitet, zu der lediglich mehrere Teilnehmer ihre Daten liefern [115, S. 28 ff.]. Um den an das betriebliche Informations- und Steuerungssystem gestellten Aufgaben gerecht zu werden und alle Teilnehmer jederzeit unabhängig voneinander bedienen zu können, bedarf es eines Teilnehmersystems (Time-Sharing-System) im Echtzeitbetrieb (Real-time-Processing). Dazu ergeben sich bestimmte hard- und softwarenmäßige Anforderungen an das zu konfigurierende System.

4.3.1. Hardware

Die maschinelle Konfiguration komplexer EDV-Systeme, die durch Datenfernverarbeitung miteinander verbunden sind, erfolgt unter besonderen Gesichtspunkten, da hier die Bereiche Dateneingabe und -ausgabe, Datenübertragung und Datenverarbeitung ein einheitliches Funktionssystem bilden. Für das gesamte Datenfernverarbeitungssystem sind im wesentlichen folgende Planungsfaktoren[13] zu beachten und aufeinander abzustimmen:

- Aufbau der verwendeten Dateien und (Teil-)Datenbanken,
- Möglichkeiten und Zugriffsmechanismus auf Direktzugriffsspeichern,
- Belastung der Ein/Ausgabe-Kanäle,
- Verarbeitungsgeschwindigkeit in der Zentraleinheit,
- Kapazität des Arbeitsspeichers,
- Belastbarkeit der Datenübertragungssteuerung und der dazugehörigen Einrichtungen,
- Aufbau, Art und Belastung des Übertragungsnetzes,
- Arbeitsweise und Belastung der Datenstationen (Terminals).

Unzureichende Berücksichtigung dieser Faktoren bei der Gestaltung eines Informations- und Steuerungssystems mindert Funktionsfähigkeit und Leistung des Systems. Einzelne Teile im EDV-Gesamtsystem wie etwa die Dateneingabe, Daten-

[12] Vgl. hierzu und im folgenden [117, S. 156 ff.].

[13] Vgl. hier und im folgenden [220, S. 25 ff.].

übertragung oder Verarbeitungsgeschwindigkeit dürfen nicht zum „Flaschenhals" werden. Daraus ergibt sich, daß ein EDV-Verbundsystem nur als Ganzes geplant werden soll. Keine herausgelöste Komponente läßt sich unabhängig von den anderen festlegen. Beim Einsatz eines konventionellen Systems besteht diese Forderung zwar auch, hat aber schon allein wegen der geringeren Anzahl der Einflußfaktoren weniger Bedeutung.

Die Forderungen, auf die die einzelnen Komponenten der EDV-Teilsysteme (ZES, BES, FBS usw.) abgestimmt sein müssen, sind im einzelnen:

- Bearbeitung größerer Aufgabenkomplexe im Hinblick auf eine integrierte betriebliche Datenverarbeitung,
- Bearbeitung verschiedener Datenverarbeitungsaufgaben (Programme) zur gleichen Zeit,
- Bearbeitung verschiedener Aufgaben im Echtzeitbetrieb und im Stapelbetrieb,
- Führen einer Datenbank.

4.3.1.1. Zentraleinheit und ihre Speichereinheiten

Die Zentraleinheit eines EDV-Systems[14] mit ihren Komponenten Leitwerk, Rechenwerk, (Arbeits-)Speicher sowie den angeschlossenen Ein/Ausgabewerken führt die eigentliche Datenverarbeitung, die Verarbeitungssteuerung und die Steuerung angeschlossener Systeme bzw. Geräte durch. Durchschnittliche Datenverarbeitungsanforderungen lassen sich hier bereits mit kleinen und mittleren Systemen erfüllen.

Die Verarbeitungsgeschwindigkeiten liegen zwischen 10^4 (kleine Systeme) und 10^8 (große Systeme) Befehlen je Sekunde. Die Speicherzykluszeit[15] liegt je nach Systemgröße sogar im Bereich von Nanosekunden (z. B. 500 ns/ 8 Bytes). Die internen Arbeitsspeicher umfassen im allgemeinen 10 (kleine Systeme) bis $5 \cdot 10^3$ KBytes (KB)[16]. Diese Speicherkapazität läßt sich durch sehr schnelle, externe Speicher noch wesentlich vergrößern. An derartige Systeme angeschlossene Randeinheiten wie Bandstationen, Drucker, Kartenleser und -stanzer sind oftmals für den Time-Sharing-Betrieb der Zentraleinheit nicht erforderlich, sondern dienen der Aufnahme des Tagesprotokolls, der Datensicherung und anderen Routinearbeiten.

Wesentlich für den Datenzugriff innerhalb eines komplexen EDV-Systems ist die Speicherung: Denn Systemsoftware, Anwendungssoftware, Programme und Dateien müssen in direktem Zugriff stehen. Dazu sind Magnettrommel- und Magnetplattenspeicher wegen ihrer im Vergleich zu Magnetbandspeichern relativ kleinen Zugriffszeit einsetzbar.

Um die großen Datenmengen sicher und ohne Schwierigkeiten handhaben zu können, müssen folgende Forderungen an die Systemsoftware gestellt werden:

[14] Vgl. im folgenden auch [115, S. 79 f.].
[15] Die Speicherzykluszeit ist nur im Zusammenhang mit der Zugriffsbreite vergleichbar.
[16] 1 KB = 1024 Bytes zu 8 bits zuzüglich je einem Prüfbit je Byte. 1 Kilobyte (kB) = 1000 Bytes (selten gebräuchliche Maßeinheit).

- *Dateisicherheit:* Kein Benutzer darf unberechtigt Zugriff auf Programme und Dateien eines anderen Teilnehmers erhalten.
- *Integrität:* Programme und Dateien dürfen nicht durch schadhafte Hardware oder Fehler in der Software zerstört werden.
- *Mehrfachzugriff:* Es muß möglich sein, daß von verschiedenen Datenstationen dieselbe Datei zur gleichen Zeit benutzt werden kann, unabhängig davon, ob diese gelesen oder neu beschrieben werden soll.

Bei der Planung eines komplexen EDV-Verbundsystems werden hohe Anforderungen an die einzelnen Komponenten gestellt. Häufig fällt es schwer sie zu erfüllen, besonders wenn ein bestehendes EDV-System im Rahmen einer Erweiterungsinstallation in die Datenverarbeitung einzubeziehen ist. Handelt es sich nicht um eine grundsätzliche Neuplanung eines EDV-Verbundsystems, sind viele Entscheidungsparameter hinsichtlich der bestehenden Konfiguration schon gesetzt. In einer solchen Situation mit begrenztem Spielraum kommt der Auswahl der Subsysteme niederer Ebene und den Datenstationen, z. B. in der Ausgestaltung als „intelligente Terminals", besondere Bedeutung zu. Geht man von einem Informations- und Steuerungssystem eines größeren Industrie- oder Dienstleistungsbetriebes aus, dessen Zweigbetriebe oder Außenstellen mit ihren EDV-Systemen bzw. Datenstationen über Datenfernverarbeitung mit dem zentralen EDV-System höherer Ebene verbunden sind, so bedeutet dies für die[17]

- *Zentraleinheit* (Abb. 61 und 62)
  Ausrichtung als Teilnehmersystem mit einem als *virtueller* Speicher bezeichneten Adreßraum, so daß für viele Benutzer gleichzeitig deren Aufgaben unterschiedlichster Art, und zwar sowohl im Dialogbetrieb als auch im Stapelbetrieb, bearbeitet werden können;
  Berücksichtigung der Betriebsweisen der *Datenfernverarbeitung;*
  Arbeitsspeicher und *Operationsgeschwindigkeit* dürfen nicht zu niedrig liegen;
  Durchsatzrate muß erweiterungsfähig sein;
  Kompatibilität mit anderen Systemen;

und verlangt

- schnelle *Sekundärspeicher* (Trommel- und Plattenspeicher)
  mit geringen Zugriffszeiten und
  Einrichtungen mit Adreßumsetzung

sowie weitere *Speichermedien*

- Großplattenspeicher
  mit genügend Platz für Dateien bzw. (Teil-)Datenbanken;
- Magnetbandspeicher;

[17] Vgl. im folgenden [117, S. 157 ff.].

ferner Einrichtungen der

- Datenerfassung und Datenausgabe

und der

- *Datenfernverarbeitung*
  mit Datenübertragungssteuerung,
  Fernmeldewegen und
  Datensicherungsverfahren.

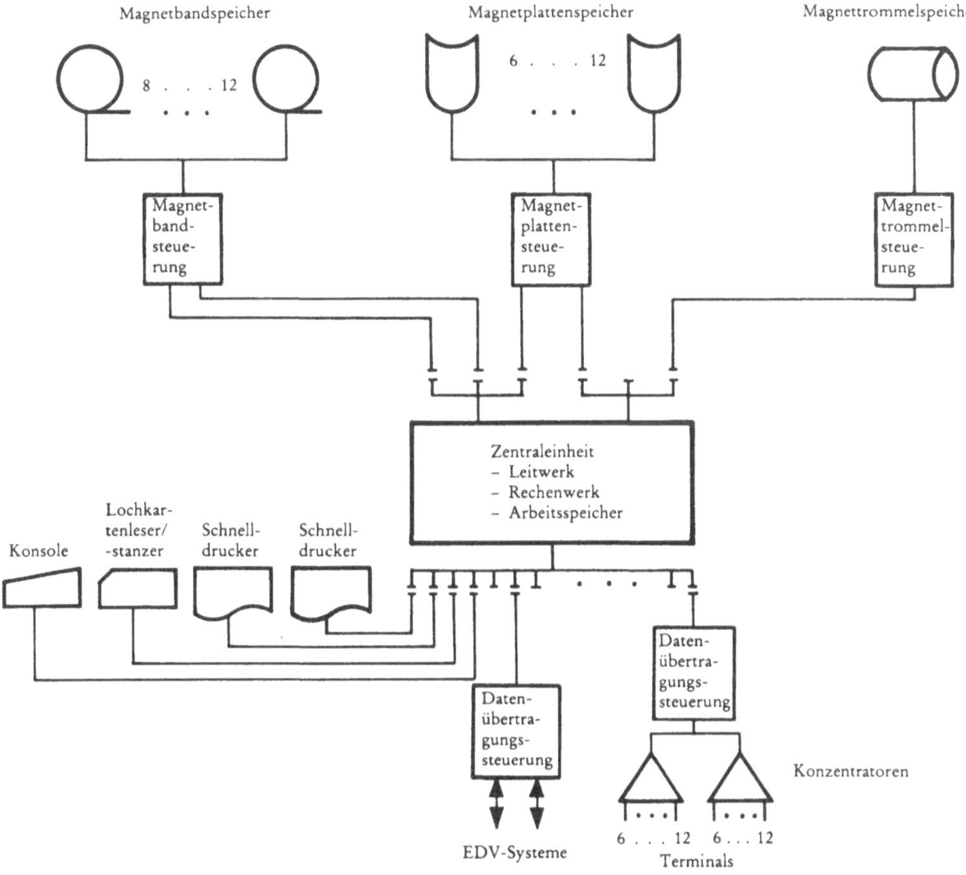

Abb. 61. Konfigurationsbeispiel eines komplexen EDV-Systems (zentrales System)

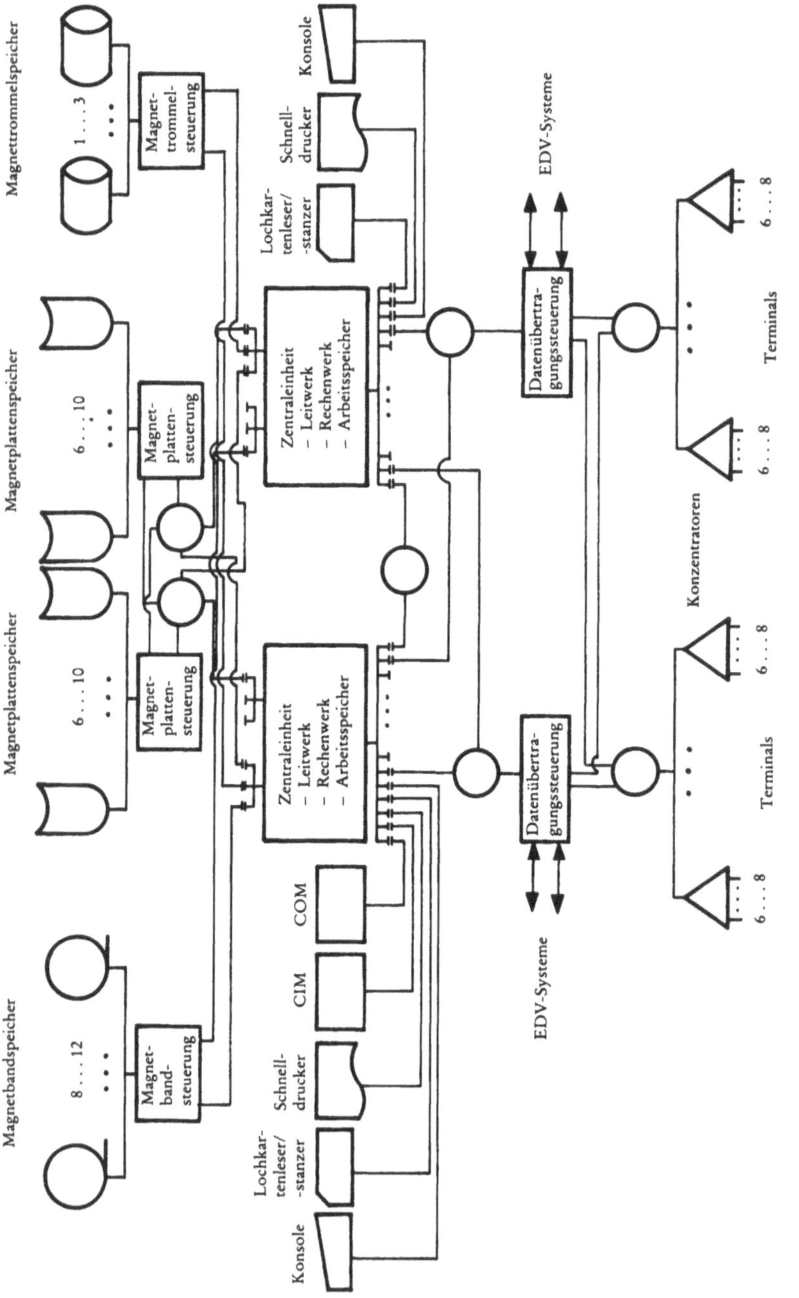

Abb. 62. Konfigurationsbeispiel eines komplexen EDV-Duplexsystems (zentrales System)

Der modulare Aufbau eines betrieblichen Informations- und Steuerungssystems auf der Basis der Datenfernverarbeitung hat sich insbesondere bei dem zentralen System, aber auch bei den untergeordneten dezentralen Systemen auf die Struktur der Speicherkonfiguration zu erstrecken: In der Speicherhierarchie der Zentraleinheiten sind Arbeitsspeicher, Swappingspeicher und Hintergrundspeicher zu unterscheiden.

Arbeitsspeicher
Der interne Speicher (physikalischer Arbeitsspeicher)[18] der Zentraleinheit für die Systeme der höheren Ebene (zentrales EDV-System, EDV-System eines Betriebes usw.) ist mit einem realen Adreßraum von mindestens etwa 512 KBytes auszustatten, der bei Bedarf ohne Schwierigkeiten bis zu etwa 5 Millionen Bytes erweiterungsfähig ist. Die typische Speicherzykluszeit großer EDV-Systeme von unter 600 ns/8 Bytes kann durch Zyklusüberlappung und Adressenverschachtelung sowie andere Techniken bei mehreren autonomen Speicherbänken so stark reduziert werden, daß der Arbeitsspeicher keinen Engpaß für die zahlreichen Eingabegeräte darstellt.

Swappingspeicher
Zur Erhöhung der Speicherfähigkeit und Speichersicherheit ist ein Swappingspeicher (normalerweise Trommelspeicher oder Großraumplattenspeicher) vorzusehen. Allerdings muß bei Bedarf die Möglichkeit bestehen, auch andere, langsamere Hintergrundspeicher (z. B. Plattenspeicher) für Swappingzwecke einzusetzen.

Hintergrundspeicher
Je nach Anforderungen und Ausgestaltung des Hintergrundes bestehen die Hintergrundspeicher aus Wechselplatten und Magnetbändern. Dabei reichen im Mittel 6 bis 12 Laufwerke für Wechselplatten mit einer Kapazität von etwa 50 bis 200 Millionen Bytes (mittlere Zugriffszeit < 50 ms, Übertragungsrate $> 300\,000$ bis etwa 800 000 Bytes/s) je Plattenstapel und etwa 4 bis 8 Magnetbandstationen (7/9-Spurbetrieb, Lese/Schreibgeschwindigkeit 60 000/120 000 bis 160 000/320 000 Bytes/s, Zeichendichte 320/640 Bytes/cm) aus.

Ferner sind einzurichten:
- Standard- und Prozeßperipherie, die aus einer zentralen und abgesetzten „Papierperipherie" sowie Anschlußmöglichkeiten für Datenfernverarbeitungs-Terminals besteht;
- zentrale Peripherie für Stapelbetrieb mit Bedienungsblattschreiber (Konsole),
  Lochkartenleser (Geschwindigkeit ca. 300 bis 1000 Karten/min),
  Lochkartenstanzer (Geschwindigkeit ca. 100 bis 300 Karten/min),
  Magnetbandleser (z. B. auch für Magnetbandkassetten),
  konventionelle Schnelldrucker (Geschwindigkeit ca. 600 bis 2000 Zeilen/min),

[18] Bislang meist als Magnetkernspeicher ausgeführt; neuere EDV-Systeme verfügen bereits über Halbleiterspeicher auf der Basis der MOS-Technik.

Schnelldrucker mit Laser-Technik (Geschwindigkeit mit ca. 13 000 Zeilen/min), Einrichtungen zur Mikrofilmbearbeitung (COM, CIM);
- abgesetzte Stapelstationen
  um bei Stapelverarbeitung (Batch Processing) den physischen Datentransport zu vermeiden, sind Anschlußmöglichkeiten für entsprechende Terminals vorzusehen (Übertragungsgeschwindigkeit etwa 4800 bis 19 800 bit/s);
- Benutzer-Terminals
  für den Anschluß von Terminals im Wege der Datenfernverarbeitung benötigt man eine Datenübertragungssteuerung (Multiplexer) mit z. B. 32 Kanälen.

4.3.1.2. Peripherie zur Datenein- und -ausgabe

Die *Datenstation* (Terminal) ist das Bindeglied zwischen einer zentralen EDV-Anlage und der Umwelt. Bei der Gestaltung der Datenstation ist einerseits der Informationsaustausch zwischen Datenstation und Umwelt, das sind in diesem Fall die einzelnen dem Informations- und Steuerungssystem angeschlossenen betrieblichen Funktionsbereiche, andererseits der Datenaustausch zwischen Terminal und EDV-Systemen zu berücksichtigen. Von besonderer Bedeutung sind in diesem Zusammenhang u. a. Art der Daten, anfallende Datenmengen sowie Qualifikation der Terminalbediener. Die genannten Faktoren bestimmen den Einsatz und die Auslegung von Terminals.[19]

Bei einem komplexen EDV-System im Datenfernverarbeitungsverbund stehen für die *Ein/Ausgabe* von Daten folgende Einheiten im Vordergrund:

Eingabe
- Lochkartenleser,
- Lochstreifenleser,
- Markierungsbeleg- und Klarschriftbelegleser,
- Magnetbandeinheit (z. B. auch für Magnetbandkassetten),
- Tastaturen (z. B. Schreibmaschine, Datensichtgeräte);

Ausgabe
- Drucker,
- Lochkartenstanzer,
- Lochstreifenstanzer,
- Magnetbandeinheit,
- Datensichtgeräte (Displays),
- Zeichengeräte (Plotter).

Für die Eingabe *variabler* Daten kommen im allgemeinen Tastaturen in Frage. Bei rein *numerischen* Daten, einfachen Eingabebelegen, kontinuierlicher Eingabe und geübten Bedienern kann eine Eingabegeschwindigkeit von 2 bis 3,5 Zeichen/s

[19] Vgl. im folgenden [115, S. 39 ff.], [117, S. 160 ff.], [203, S. 144 ff.].

erreicht werden. Bei kompliziertem Datenformat geht die Eingabeleistung unter Umständen spürbar zurück. Häufig kann die Dateneingabe an einer Datenstation nicht kontinuierlich erfolgen, sondern nur in Relation zum Datenaufkommen an der Datenquelle. Dabei kommt es zu einer weiteren Reduzierung der effektiven Eingabeleistung.

Die manuelle Eingabe ist eine zu beachtende Fehlerquelle. Bei geübten Bedienungskräften muß mit einem Fehler auf 100 bis 1000 eingegebene Zeichen gerechnet werden. Dieser Wert kann sich je nach Anwendung und Bedienungsqualifikation stark verändern. Um diese Fehler zu erkennen, kann man sich der doppelten Eingabe (wie beim Prüfen von Lochkarten), der Eingabe mit visueller Überprüfung, selbstprüfender Ordnungsbegriffe sowie der Format- und Plausibilitätsprüfung durch das System bedienen. Mit Rücksicht auf Präzision und Geschwindigkeit wird man möglichst wenig Daten manuell eingeben. Alle vorher bekannten oder bestimmbaren Daten sind über bereits erstellte und geprüfte Datenträger (z. B. Lochkarten, Lochstreifen, Plastikausweise, Register, Magnetband usw.) einzugeben.

Für die Ausgabe kommen vor allem Drucker, Kartenstanzer bzw. Lochstreifenstanzer und Magnetbandgeräte in Betracht. Kann auf die Erstellung von Belegen verzichtet werden, sind zur Datenausgabe Bildschirmeinheiten oder Sprachausgabe zu benutzen.

Daten aus *Meßprozessen* (z. B. aus produktionstechnischen Prozessen) fallen oft analog zu elektrischen Größen (z. B. Spannung) an. Entsprechende Geräte (Analog-Digital-Umsetzer) können diese Meßwerte in Verbindung mit Prozeßrechnern automatisch umsetzen. Die so erfaßten und gegebenenfalls bereits reduzierten Daten können dann dem integrierten Gesamtsystem (BES) eines Betriebes zugeführt werden [96, S. 136 f.].

Bei an das Informations- und Steuerungssystem on-line angeschlossenen Benutzern ist zu beachten, aus welchen Bereichen und in welchem Umfang Daten anfallen und mit welcher Dringlichkeit diese zu behandeln sind. Danach richtet es sich, ob man die Daten stapelweise im *Batch-Betrieb* verarbeiten kann oder ob und wann die *Real-time-Verarbeitung* vorzuziehen ist. Unter Berücksichtigung der Wirtschaftlichkeit ist ferner zu prüfen, ob einzelne Benutzer nicht besser *off-line* an das System anzuschließen sind, vornehmlich wenn Datenanfall und Verarbeitungsdringlichkeit gering sind. Hier stellt sich dann die Frage, welche Datenträger sich besonders zur Eingabe eignen. Dabei kommen neben den traditionellen Datenträgern (Lochkarte, Lochstreifen, Magnetband) Markierungs-, Klarschrift- und Mehrfunktionsbelege in Betracht.

Bei den Bedienern der Datenstationen muß hinsichtlich Ausbildung, Intelligenz, Gewissenhaftigkeit, Fingerfertigkeit, Konzentrationsfähigkeit und Bereitschaft zur Mitarbeit mit großen Unterschieden gerechnet werden. Diese Qualifikationsunterschiede des Bedienungspersonals beeinflussen die Art der Datenstationen und sind bei der Wahl der Tastatur, der sonstigen Ein/Ausgabemöglichkeiten und der Festlegung der Art bzw. des Formats der Ein/Ausgabedaten zu beachten. So erlauben z. B. Zehnertastaturen wie bei Addiermaschinen eine schnelle Eingabe numerischer Werte. Ziehtastaturen sind zwar bei ständiger Benutzung wesentlich langsamer, können jedoch sehr sicher und ohne Anlernvorgang von jedermann bedient werden. Bei Volltastaturen (Schreibmaschine, Sichtgerät) wird das Eintasten von der Übertragung getrennt. Dadurch ist eine Überprüfung der eingegebenen Daten vor dem Senden zur zentralen EDV-Anlage möglich. In Verbindung mit der Darstellung von Kennzeichnungen, Formatbegrenzungen und sonstigen Hinweisen erreicht man besonders mit Bildschirmterminals eine sehr sichere und schnelle Dateneingabe.

Im allgemeinen sind die Datenstationen dort zu installieren, wo die Daten anfallen und die Ergebnisse der Verarbeitung gebraucht werden. Sie sind ein wesentliches Element für die organisatorische Lösung der Arbeitsaufgaben und müssen zudem bestmöglich an die arbeitsphysiologischen Belange des Bedienungspersonals sowie an das übergeordnete zentralisierende EDV-System angepaßt sein.

Bis auf wenige Ausnahmen sollte man je nach dem Grad der „Intelligenz" der Terminals fordern, daß sie sowohl off-line als auch on-line arbeiten können. Durch diesen Vorzug werden im Rahmen eines Datenfernverarbeitungssystems nur die wichtigen Daten zur Zentraleinheit weitergeleitet. Denn viele Daten lassen sich besser, schneller und sicherer direkt am Arbeitsplatz verarbeiten oder zwischenspeichern, besonders wenn sie im Augenblick für das übergeordnete, zentralisierende System nicht von Bedeutung sind. Durch den arbeitsplatzorientierten Einsatz „intelligenter" Terminals geht man ferner den organisatorisch einfachen und betriebswirtschaftlich günstigen Weg zum Aufbau eines integrierten Informations- und Steuerungssystems: Die Daten fließen im gesamten Unternehmen dezentral zur Zentrale nicht nur schneller, sondern, zumal in verdichteter Form, auch wirtschaftlicher.

Wegen der vielfältigen Aufgaben der peripheren Einheiten eines betrieblichen Informations- und Steuerungssystems muß für die Anwendung der einzelnen Geräte eine genaue und stetige Prüfung ihrer Eignung, Leistung und Kosten erfolgen.

4.3.1.3. Datenübertragungssystem

Die *Datenübertragung* bringt den Vorteil mit sich, daß der körperliche Transport von Datenträgern von Außenstellen zu einem Rechenzentrum entfällt und man von Außenstellen direkt auf ein EDV-System zugreifen kann. Die Übertragungswege, über die ein Datenaustausch zwischen den entfernten Datenstationen und der EDV-Anlage erfolgt, fallen im allgemeinen[20] in den Zuständigkeitsbereich der Postverwaltungen. In der Bundesrepublik Deutschland ist man somit auf die Übertragungseinrichtungen der Deutschen Bundespost angewiesen. Die Fernmeldewege der Deutschen Bundespost lassen sich einteilen in:

[20] Ausnahmen im Bereich der Deutschen Bundespost vgl. [115, S. 22].

(1) öffentliche Wählnetze
- Telexnetz
- Datexnetz
- Fernsprechnetz

(2) festgeschaltete Leitungen
- überlassene Telegrafenleitungen
- überlassene Stromwege (Fernsprech- bzw. Breitbandleitungen)

Hinsichtlich der *Übertragungsgeschwindigkeiten* unterscheidet man folgende Gruppen[21]:

- niedere Geschwindigkeiten	50 bis 600 bit/s
- mittlere Geschwindigkeiten	600 bis 4800 bit/s
- hohe Geschwindigkeiten	ab 4800 bit/s

Eine Aussage über die effektive Übertragungsleistung macht allerdings weniger die Übertragungsgeschwindigkeit, sondern die *Transfergeschwindigkeit*. Unter ihr versteht man die Anzahl von bits, die im Durchschnitt je Zeiteinheit zwischen korrespondierenden Datenstationen übertragen und als brauchbar akzeptiert werden. Die Transfergeschwindigkeit ist u. a. abhängig von der Übertragungsrichtung, dem Blockungsfaktor, den Sicherungsverfahren usw. Im einzelnen entscheiden die Aufgaben und Datenmengen, welche Übertragungsgeschwindigkeiten zu wählen sind. Für viele Benutzer ist der Bereich niederer und mittlerer Geschwindigkeiten ausreichend. Erst der direkte Rechnerverbund untereinander erfordert hohe Geschwindigkeiten von z. B. ab 19 800 bis weit über 40 800 bit/s[22]. Zu erwähnen ist ferner die jederzeitige Übertragungsbereitschaft festgeschalteter Mietleitungen gegenüber öffentlichen Netzen, bei denen die Verbindungsaufnahme (Anwählen) oder überbelastete Leitungen zu erheblichen Wartezeiten bei der Systembenutzung führen können.

Grundsätzlich ergeben sich zur Entscheidungsfindung für die Auswahl der Datenübertragungssysteme keine Beschränkungen. Jedoch kann die Aufgabenstellung an ein Datenfernverarbeitungssystem möglicherweise eine Restriktion auf bestimmte Arten der Datenübertragung ausüben. Die für die Auswahl der einzelnen Systemelemente wichtigsten *Planungsfaktoren*, bezogen auf die zu übertragenden Daten, sind:

- Ursprung und Bestimmung der Daten: Ermittlung der Datenquellen und Datensenken mit Angabe der Flußrichtung, wobei die Art der Datenerfassung festgelegt sein muß;
- Datenmenge: Ermittlung der absoluten Werte in bit pro Zeiteinheit, zurückgeführt möglichst auf eine Stunde mit der höchsten Konzentration;
- zeitliche Verteilung der Daten: über Tag, Monat, Jahr;

[21] Ähnlich auch *Fischbach* und *Büttgen* in [59, S. 24 f.].
[22] 48-kHz-Leitung.

- Länge des einzelnen Übermittlungsvorganges in der jeweiligen Richtung: Gruppierung nach Stapel- oder Dialogverkehr;
- Dringlichkeit der Daten: Ermittlung der Zeitspanne, die für die Übermittlung und für eine eventuelle Antwort in Betracht gezogen werden kann;
- Anforderungen an die Fehlersicherheit unter Berücksichtigung des besonderen Einflusses auf die Kosten;
- Anforderungen an die Datenstationen: manuelle oder automatische Bedienungsform sind u. a. ebenso wichtig wie die Frage der Übertragungssteuerung und der Prozeduren;
- Auswahl der Übertragungsgeschwindigkeit: wichtiger Parameter des Systems, der wesentliche Schlußfolgerungen der vorangegangenen Punkte berücksichtigen muß;
- Wirtschaftlichkeit verschiedener Lösungen.

Bei der Suche nach dem wirtschaftlichsten Gesamtsystem wird man sich nicht auf die Analyse der Fernmeldewege allein beschränken können. Ideal dürfte es ein, eine Gesamtplanung in Verbindung mit dem gewählten Datenverarbeitungssystem bei der Datenerfassung zu beginnen und danach den günstigsten und aus der Gesamtsicht wirtschaftlichsten Fernmeldeweg auszuwählen.

Ergibt sich beispielsweise, daß eine langsame Datenübertragung für eine bestimmte Aufgabe wirtschaftlich erscheint, so können dem hohe Kosten der *Systembenutzung* gegenüberstehen. Dies ist der Fall, wenn eine hohe Verarbeitungsgeschwindigkeit der Zentraleinheit wegen zu langsamer Dateneingabe infolge zu geringer Übertragungsgeschwindigkeit nicht genutzt werden kann.

Im Zusammenhang mit der Ein/Ausgabe von Daten über eine Vielzahl peripherer Datenstationen ist zu beachten, daß auch umfangreiche Ein/Ausgabe- und Verwaltungsroutinen bei den übergeordneten zentralisierenden EDV-Systemen erforderlich sind, die größtenteils in den Arbeitsspeichern resident gehalten werden müssen. Die hohen Benutzungskosten der großen, für die Datenfernverarbeitung erforderlichen Datenverarbeitungsanlagen zwingen daher, entsprechend schnelle Randeinheiten anzuschließen, besonders beim On-line-Betrieb, um den Zeitraum der *Systembenutzung* möglichst klein zu halten. Gelangen aber über viele oder schnelle Übertragungswege mehr Daten zur Zentraleinheit, als diese verarbeiten kann, so ist für eine entsprechende Pufferung zu sorgen.

Zur besseren Ausnutzung der Übertragungswege kann man *Multiplexer* und *Konzentratoren* einsetzen. Bei einem Multiplexer wird die gesamte Bandbreite einer Fernmeldeleitung z. B. in zwölf verschiedene Frequenzbereiche aufgeteilt. In jedem Bereich kann dann eine Datenstation zehn Zeichen je Sekunde übertragen, wodurch auch langsam arbeitende Terminals noch wirtschaftlich sind. Der Einsatz von Multiplexern läßt sich allerdings dann nicht mehr realisieren, wenn Daten mit unterschiedlichen Geschwindigkeiten übertragen werden sollen. Dazu bildet man am besten Unterzentralen in Form von sogenannten Konzentratoren. Konzentratoren können von mehreren Datenstationen langsam ankommende Daten sammeln und mit hoher Geschwindigkeit zum zentralen System übertragen. Es ist üblich, beide Möglichkeiten der gesteigerten Leitungsausnutzung zu verwenden. Jedoch bietet der Konzentrator bei größeren Entfernungen und Datenmengen wegen seiner höheren Übertragungssicherheit neben wirtschaftlichen auch technische Vorteile gegenüber dem Multiplexer.

4.3.2. Software

Neben der Hardware unterscheidet sich ein komplexes EDV-System vor allem in der *Software* (im umfassenden Sinn) von konventionellen und einfachen EDV-Systemen. Die Software umfaßt dabei nicht nur die programmtechnische Seite von System- und Anwendungssoftware, sondern auch die damit zusammenhängende Organisation der Datenspeicherung und Datenverwaltung. Der zentrale Begriff im Zusammenhang mit dem Informations- und Steuerungssystem ist die „Datenbank". Ohne an dieser Stelle auf die vielfältigen und teils recht unterschiedlichen Definitionen der Datenbank einzugehen, sei im folgenden die ***Datenbank*** als ***Zusammenfassung von Datenbeständen*** (Dateien) zu verstehen, zu deren Datenelementen man nach ***unterschiedlichen Kriterien zugreifen*** kann [219, S. 16]. Das Datenbankkonzept eines Informations- und Steuerungssystems unterliegt dabei der Forderung, Datenelemente möglichst nur einmal zu speichern.

Die Gesamtheit der Software-Komponenten, die für den Aufbau und die Verwaltung der Datenbestände sowie für die Wiederauffindung der Daten erforderlich sind, bilden das ***Datenbanksystem***. Die Zugriffstechniken und Speicherungsmethoden eines Datenbanksystems ermöglichen die umgehende Bereitstellung benötigter Daten. Um den schnellen Zgriff zu sichern, bedarf es allerdings verschiedener Umschichtungsprozesse selektierter Datenelemente, die das Datenverarbeitungssystem jedoch automatisch nach den vorgegebenen Kriterien durchführt.

4.3.2.1. Datenspeicherung[23]

Zur Erfüllung der Aufgaben eines integrierten betrieblichen Informations- und Steuerungssystems ist ein großspeicherorientiertes, betriebsproblembezogenes ***Datenbankkonzept*** aufzubauen, d. h. ein System von Dateien, die sich nach Speichermedium, Dateiorganisation, Datenart, Speicherungs- und Zugriffsmethoden, Update-Rhythmus und Speicherzeit des jeweiligen Datenbestandes unterscheiden. Dazu ist eine spezielle ***Datenbankorganisation*** erforderlich, die neben dem sicheren und schnellen Zugriff zu allen gespeicherten Daten auch ein funktionsspezifisches Updating[24] ermöglicht. Daten- und Speicherorganisation sowie entsprechende Betriebsweisen des EDV-Systems sind stark abhängig von der Problemstellung. Die

[23] Vgl. hier und im folgenden [117, S. 164 ff.].

[24] Unter „Updating" versteht man das Verändern eines alten Datenbestandes durch Überschreiben mit neuen Daten.

Festlegung der Organisationsform einer Datenbank (mit Direktzugriffsspeichern) für ein Informations- und Steuerungssystem und für seine Subsysteme wird insbesondere von folgenden Anforderungen an die Datenspeicherung bestimmt:

- Aktualität der Daten,
- Schnelligkeit des Datenzugriffs,
- zeitliches Wachstum des Datenbestandes.

Die Organisation von Dateien kann je nach *Wachstum* der *Datenbasis* flexibel gestaltet werden. Somit ist jederzeit eine Änderung der Belegungsdichte der einzelnen Dateien möglich. Die Aufteilung in mehrere Dateien begrenzt ferner die Störungen auf eine Teilmenge der Datenbank. Wird durch das Hinzufügen neuer Datensätze der zur Verfügung stehende Datenbereich zu stark belastet und damit der Überlaufbereich in erhöhtem Maße beansprucht, was sich in einem ungünstigeren Zeitverhältnis je Zugriff niederschlägt, so kann die Bearbeitung dieser Datei unterbrochen werden. Es erfolgt darauf die Reorganisation dieser Datei, während die nächste Datei ohne Unterbrechung des Arbeitsflusses weiterbearbeitet wird. Somit können je nach Bedarf einzelne Dateien während des Verarbeitungsprozesses reorganisiert werden. Wegen dieser simultan verlaufenden *Reorganisation* entsteht kein zusätzlicher Arbeitsaufwand für Reorganisationsläufe. Das gleiche Verfahren gilt auch für die Datensicherung. Voraussetzung hierfür ist die *Speicherung* der Datenbestände auf Magnetband. Außerdem sind alle Bewegungsdaten vor und nach jeder Änderung auf Magnetband zu sichern, um jederzeit die Dateien reorganisieren und rekonstruieren zu können.

4.3.2.1.1. Datenzugriff und Speicherungsmethoden

Grundsätzlich gibt es zwei verschiedene Arten, um Daten zu speichern und auf diese über die Dateien einer Datenbank zuzugreifen:

(1) Es werden alle Daten in einer bestimmten Reihenfolge (z. B. nach aufsteigender Teilenummer) gespeichert, und der Zugriff innerhalb der Dateien erfolgt *sequentiell.* Das setzt eine Vorsortierung der einzugebenden Daten und Stapelbildung voraus. Diese Speicherungs- bzw. Zugriffsform entspricht der bekannten Magnetbandorganisation. Dabei werden relativ wenige Speichergeräte benötigt, auf denen jedoch eine Vielzahl von Datenträgern bearbeitet werden. Analog zu Magnetbändern läßt sich diese Speicherungsform auch mit Plattenspeichern realisieren. Dementsprechend müssen dann die Plattenstapel jeweils gewechselt werden.

(2) Alle Dateien stehen im *direkten* Zugriff (Direct Access). Direkter Zugriff bedeutet, daß alle Dateien ständig auf festen Plattenstapeln oder Trommeln entsprechend vieler Speichergeräte zur Verfügung stehen. Diese Speicherungs- bzw. Zugriffsform entspricht der Organisation eines Auskunftssystems. Die Eingabe der Daten kann unsortiert erfolgen, womit die Voraussetzung für einen Real-time-Betrieb gegeben ist.

Zwischen beiden Speicherungs- bzw. Zugriffsformen sind mehrere Mischformen denkbar. Das Mischungsverhältnis wird vom Organisationsstand bestimmt und von der semantischen Dimension der Daten, d. h. ihrer Aussagekraft im Informationssystem. *Sequentielle* Datenspeicherung wird vornehmlich bei der Langzeitarchivierung einzusetzen sein (z. B. auf Magnetband). Dabei ist in bestimmten Fällen die Übertragung der Magnetbanddaten auf Mikrofilm mit Hilfe der COM-Technik vorzusehen, wodurch auf äußerst wirtschaftliche Art abzulegende Daten bzw. Akten weiterhin auf Anfrage zur Verfügung stehen.

Für das betriebliche Informations- und Steuerungssystem ist wegen der differenzierten Aufgaben eine *Mischform* aus *sequentiellem* und *direktem* Zugriff vorzusehen. Beim Speicherungsprinzip *index-sequentieller* Adressierung lokalisiert ein Kennbegriff die Datensätze in der Datei. Alle Kennbegriffe werden in *Indextabellen* zusammengefaßt, wobei verschiedene Indexstufen gebildet werden können, z. B. Zylinderindex, Spurindex und Satzindex. Die erforderliche Indexstufe steht im Arbeitsspeicher bereit, um bei einer Anfrage an das Informationssystem die Verarbeitungszeit möglichst klein zu halten. Aufgrund eines Eingabesatzes und des dazugehörigen Schlüsselfeldes wird im Arbeitsspeicher in der Indextabelle die Adresse des peripheren Großspeichers ermittelt und der so adressierte Datenbereich zur Verarbeitung in den Arbeitsspeicher gestellt. Dieses Verfahren erfordert je Datei lediglich das einmalige Einlesen des gewählten Indexbereiches in den Arbeitsspeicher. Die Indizes stehen während der gesamten Bearbeitung einer Datei dort zur Verfügung, so daß weitere Zugriffe auf höhere Indexstufen entfallen. Damit läßt sich die Zugriffszeit und folglich die gesamte Verarbeitungszeit erheblich reduzieren.

4.3.2.1.2. Datei- und Datenbankkonzept

Die *Datenbank* eines übergreifenden betrieblichen Informations- und Steuerungssystems setzt sich aus einer *Vielzahl* von *Dateien* bzw. *Teil-Datenbanken* der einzelnen Funktionsbereiche zusammen, die übergeordnet zentral, aber auch dezentral in den zentralisierenden Teil- und Subsystemen auf schnell zugreifbaren elektronischen Speichermedien festgehalten werden. Somit hat die *Datenbank* die entscheidende *Funktion* für die *Auskunftsbereitschaft* und *Steuerungsaktivitäten* eines Informations- und Steuerungssystems. Die Systemsoftware zur Datenbankverwaltung (Datenbanksystem) sorgt in Verbindung mit den anwendungsorientierten Verarbeitungsprogrammen für die Aufbereitung und Bereitstellung von Daten an zentraler Stelle (z. B. für die Konzernleitung) wie auch an dezentraler Stelle in den einzelnen Betrieben. Das Aufbereiten und Aufsuchen von Daten erfolgt nach bestimmten Kriterien (z. B. Artikel-Nr., Personal-Nr. usw.), die in einer *Kriterienbank* gespeichert sind. Entsprechend sind auch Modelle, Methoden und Anwendungsprogramme, die man zur Auswertung von Daten benötigt, in Speichereinheiten gespeichert (Abb. 63).

Betrachtet man den Aufbau einer *Datenbank* unter hardwaremäßigen Gesichts-

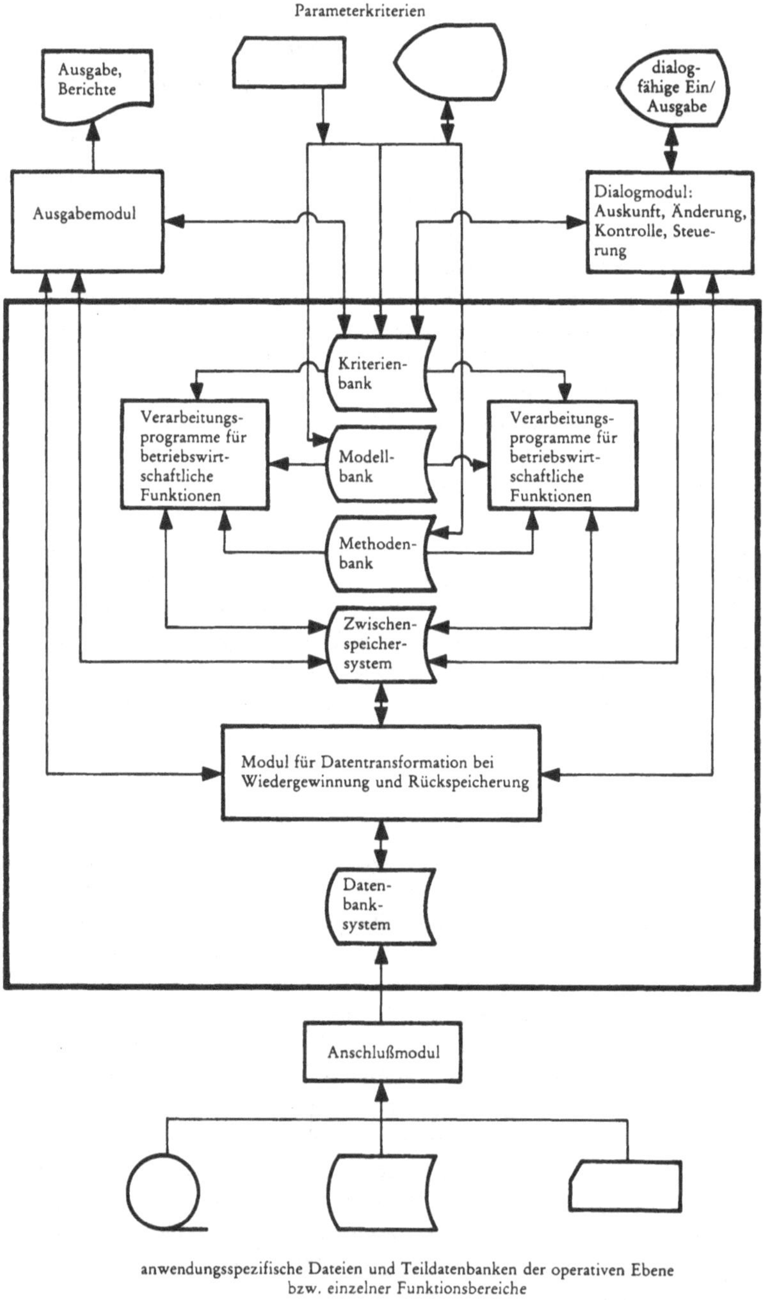

Abb. 63. Speicherungssystem mit Daten-, Kriterien-, Methoden- und Modellbank

punkten, so gilt hierfür speziell und für ein Informations- und Steuerungssystem allgemein, daß *alle Daten,* teilweise über Teil- und Subsysteme, im ***direkten Zugriff*** stehen müssen. Da in der Aufbauphase nicht alle benötigten Daten für eine Datenbank bereits vorhanden sind, kann das Informations- und Steuerungssystem erst nach einem gewissen Zeitraum der Datenerfassung voll einsatzfähig sein. Bis dahin kann von einer Aufbauphase mit wachsender Datenintegration und zunehmender Auskunftsbereitschaft gesprochen werden.

Aufgrund der mit dem aufgezeigten Speicherungsprinzip verbundenen kurzen Zugriffszeiten und der geringen Belegungszeiten der Zentraleinheit ist auch beim Ausbau der Datenbank für den Benutzer eine simultane Verarbeitung möglich. Die sinnvolle Nutzung mehrerer Speichereinheiten gestattet parallel zum Ausbau der Datenbank den direkten Zugriff auf andere Dateien, so daß von der Aufgabe her gesehen ein *mehrdimensionaler* Zugriff erreicht wird. Der Einsatz von Wechselplattenspeichern bietet zudem den Vorteil, den Ablauf der täglichen Arbeiten so zu organisieren, daß simultan zu den laufenden Verarbeitungsprozessen die Reorganisation bereits bearbeiteter Teile der Datenbank erfolgen kann. Da das EDV-System anzeigt, wann die Reorganisation eines Teils der Datenbank erforderlich wird, braucht eine permanente Reorganisation der gesamten Datenbank nicht zu erfolgen, obwohl sie aufgrund der Programm- und Zugriffszeiten durchaus möglich wäre.

Die Unterteilung der Datenbank in einzelne Dateien sowie der Einsatz von Wechselplattenspeichern stellen wesentliche Voraussetzungen für den Arbeitsablauf in der Aufbauphase im Hinblick auf ein integriertes Informations- und Steuerungssystem dar. Wenn die für die Bearbeitung benötigten Dateien in Großspeichern verfügbar sind, erfolgt für eine Speichereinheit die Verarbeitung des ersten Teils der Datenbank, während auf einer anderen Speichereinheit die erforderlichen Hilfsdateien im direkten Zugriff bereit stehen. Gleichzeitig wird eine zweite Speichereinheit für die nächste Bearbeitungsphase vorbereitet. Anschließend wird die Verarbeitung des vorbereiteten zweiten Teils der Datenbank durchgeführt, während der bereits verarbeitete Teil für Reorganisations- und Datensicherungsläufe benutzt werden kann, die simultan zur Verarbeitung des zweiten Datenbankteils ablaufen. Wieder wird eine weitere Speichereinheit vorbereitet, und der Turnus kann wie beschrieben erneut beginnen. Seine Häufigkeit ist abhängig von der Anzahl der Geräte, die zu einer Speichereinheit zusammengefaßt sind. Das Arbeiten mit der Datenbank kann durch die Einfügung eines (Systems von) Zwischenspeichers(n) erleichtert werden. Im *Zwischenspeicher* können sich alle Daten, Methoden, Modelle und Programmteile befinden, die gerade für eine ***aktuelle*** Aufgabe benötigt werden. Da die übrigen Einheiten nun nicht mehr für diesen Verarbeitungszweck benötigt werden, können sie für andere Zwecke (z. B. Datenspeicherung, Reorganisation) wieder unbeschränkt zur Verfügung stehen.

4.3.2.2. Gestaltung des Programmsystems

Das Programmsystem umfaßt alle sowohl vom EDV-Hersteller für den Betrieb des EDV-Systems erforderlichen als auch die zur Lösung der Anwendungsaufgaben individuell erstellten Programme. Der Zusammenhang zwischen der in den Funktionen unterschiedlichen *Anwendungssoftware* (problemorientiert) und *Systemsoftware* (maschinenfunktionsorientiert) liegt darin, daß nur in Verbindung mit dem Betriebssystem – das ist der wesentliche Teil der Systemsoftware – die Anwendungssoftware die eigentliche Bearbeitung der Datenverarbeitungsaufgaben vornehmen kann.

Die Aufgaben und ihr Umfang, die einem Informations- und Steuerungssystem[25] übertragen werden, bestimmen im wesentlichen die Software. Entscheidendes Kriterium für den Erfolg des Systems ist dabei die Benutzerfreundlichkeit. Die *Benutzerfreundlichkeit* hängt zu gleichen Teilen von einer guten *Software* ab wie von einer entsprechenden *Hardware-Konzeption.* Dazu gehört insbesondere, daß die Teilnehmer das System ohne EDV-spezifische Kenntnisse und unter Gewährleistung *aufgabengerechter Antwortzeiten* (Response-Time) benutzen können. Ferner muß für ein leistungsfähiges und benutzerfreundliches Informations- und Steuerungssystem ein Teilnehmer-Betriebssystem vorausgesetzt werden, das den Anschluß einer *Vielzahl* von *Benutzern* bzw. Prozeßsteuerungen an eine zentrale EDV-Anlage ermöglicht, ohne daß für den einzelnen Benutzer bzw. Prozeß spürbare Wartezeiten auftreten. Da die Ermittlung des für ein EDV-System charakteristischen Arbeitsspeicherbedarfs entscheidend vom Umfang der Software geprägt wird, ist hierfür eine grobe Abschätzung (Abb. 64) unerläßlich, die die folgenden Systemkomponenten umfaßt:

- Betriebssystem für Time-Sharing-Betrieb,
- Datenbankverwaltung,
- Anwendungsprogramme.

4.3.2.2.1. Betriebssystem (Operating System)

Für das Gesamtsystem sowie die einzelnen Teilsysteme sind umfangreiche EDV-bezogene Steuerungs- und Kontrollfunktionen wahrzunehmen. Diese übt das *Betriebssystem* entsprechend der Betriebsform (Stapelverarbeitung oder Dialogverarbeitung) aus. Das Steuerungs- und Überwachungsprogramm (Control Program) als ein Teil des Betriebssystems regelt die Auftrags-, Prozeß- und Datenverwaltung. Des weiteren umfaßt das Betriebssystem die Arbeitsprogramme, zu denen hauptsächlich die Übersetzerprogramme und Dienstprogramme gehören.

Auftragsverwaltung (Job Management)
Die Aufträge der Benutzer werden in einer für die Dialog- und Stapelverarbeitung

[25] Vgl. hier und im folgenden [117, S. 168 ff.].

Teilnehmer-Betriebssystem (90 KB)	Auftragsverwaltung (20 KB)
	Prozeßverwaltung (40 KB)
	Datenverwaltung (30 KB)
Information-Retrievalsystem (270 KB)	Steuerprogramme (70 KB)
	Kommunikationsteil (80 KB)
	Methodenbank (60 KB)
	Kriterienbank (20 KB)
	Modellbank (40 KB)
Anwendungs-programmsystem (150 KB)	Programmsystem zur Betriebs- bzw. Funktionsbereichssteuerung und benutzerindividuelle Programme (150 KB)

Abb. 64. Beispiel für die Abschätzung eines Arbeitsspeicherbedarfs von 512 KB

einheitlichen Kommandosprache der EDV-Anlage zur Bearbeitung übergeben. Dabei können mehrere Stapelaufträge, die sowohl im Rechenzentrum als auch über Datenfernverarbeitung (Remote Job Entry bzw. Remote Batch Entry) an das Betriebssystem abgegeben werden, im Wege des Multiprogramming (quasi-)gleichzeitig abgewickelt werden. Das Betriebssystem reiht hierzu die Aufträge in eine Warteschlange ein und baut diese nach Prioritäten und/oder Eingangsreihenfolge ab (Job Control). Dialogaufträge müssen direkt bearbeitet werden können und gelangen deshalb steuerungs- und überwachungsmäßig sofort zu den Bearbeitungsroutinen.

Prozeßverwaltung (Task Management)
Die Prozeßverwaltung übernimmt die für das Multiprogramming erforderliche Aufteilung der Benutzeraufträge in systemgerechte Einzelarbeiten bzw. -prozesse (Tasks). Da die Bearbeitung aller Benutzeraufträge gleichmäßig erfolgen soll, muß das Betriebssystem mit einem Zeitzuteilungsverfahren für die einzelnen Tasks ausgerüstet sein. Im allgemeinen bedient man sich dazu der Methode der Zuteilung von Zeitscheiben (Time Slicing), die den einzelnen Prozessen reihum Rechenzeit-Anteile zuweist. Um zu verhindern, daß der Arbeitsspeicher der EDV-Anlage bei gleichzeitiger Benutzung der Anlage durch viele Benutzer zum Engpaß wird, empfiehlt sich das virtuelle Speicherkonzept mit einer logischen Erweiterung des Arbeitsspeichers um einen Trommelspeicher. Dabei werden die Programme mit Hilfe des sogenannten Seitenwechselverfahrens (Paging) abgewickelt. Bei der virtuellen Speicherorganisation sorgt das Betriebssystem dafür, daß die Programme in sogenannte Seiten (Pages) unterteilt werden und sich immer nur die für den augenblicklichen Arbeitszustand erforderlichen Seiten der gerade laufenden Programme im Arbeitsspeicher der Zentraleinheit befinden. Das virtuelle Speicherkonzept ermöglicht es somit, daß Programme, die sonst in ihrer Gesamtheit bei weitem die Kapazität des Arbeitsspeichers übersteigen würden, trotzdem bearbeitet werden können.

Zur Erhöhung des Durchsatzes bei Benutzung der langsamen peripheren Geräte wie Lochkartenleser, Schnelldrucker usw. muß das System auch im Spool-Betrieb (Spool-in/Spool-out) arbeiten können. Entsprechende Spool-Routinen sorgen dafür, daß bei Benutzung langsamer Ein/Ausgabeeinheiten diese Daten in temporären Magnetplattenspeicher-Dateien zwischengepuffert werden können. Diese Ausstattung des Betriebssystems ist erforderlich, um den Druckanforderungen off-line angeschlossener Benutzer nachkommen zu können.

Datenverwaltung (Data Management)
Eines der Hauptprobleme bei einem EDV-System ist die Eingabe und Ausgabe von Daten. Zur Lösung der damit anstehenden Aufgaben stehen besondere Programme und Routinen bereit, die das Speichern, Katalogisieren, Organisieren, Erkennen und den Zugriff zu allen Daten im System übernehmen. Diese Programme gehören zur Datenverwaltung. Die Datenverwaltung faßt alle Funktionen zusammen, die der Benutzer bei Aufruf und Verarbeitung seiner verschieden organisierten Dateien verwendet. Deshalb ist für ein Informations- und Steuerungssystem zu fordern, daß die Dateien sequentiell, index-sequentiell oder im Direktzugriff sowohl mit fester als auch mit variabler Satzlänge, geblockt wie ungeblockt verarbeitet werden können (Access Methods). Sollen Dateien ständig verfügbar sein, so werden sie auf gemeinschaftlichen Speicherplätzen (Public Files) untergebracht. Dateien, die nur in speziellen Fällen benötigt werden bzw. nur bestimmten Benutzern verfügbar sein sollen, stehen dagegen auf gesonderten Speicherplätzen (Private Files). Diese File-

Zuordnung nennt man auch Device Management. Demgegenüber bezeichnet Catalogue Management das Führen der Dateien mit ihren Namen und Formatangaben in einem Katalog durch das Datenverwaltungssystem.

Arbeitsprogramme (User Programs)
Die Arbeitsprogramme lassen sich in Sprachübersetzer- und Dienstprogramme einteilen. Bei den Sprachübersetzern (Language Processors) ist zwischen Erstellung sowie laufender Korrekturen der Primärprogramme und Erzeugung ablauffähiger Objektprogramme zu unterscheiden. Primärprogramme sind entweder über einen Lochkartenleser oder ein dialogfähiges Terminal wie eine Datei in das EDV-System einzugeben (Non Interactive/Interactive Support). Ein Syntaxchecker erlaubt es, bei der Programmeingabe im Dialogbetrieb eine Prüfung auf syntaktische Richtigkeit der eingegebenen Programme durch das System selbst vorzunehmen, wodurch sich Syntaxfehler unmittelbar beseitigen lassen.

Viele der häufig wiederkehrenden Arbeiten lassen sich durch Dienstprogramme (Utility Routines) erledigen. Dies sind u. a. die Routinen zur Dateiaufbereitung, der Generator für Sortier- und Mischprogramme, Programme zur Programmbibliotheksverwaltung und sonstige Hilfsprogramme.

4.3.2.2.2. Datenbankverwaltung (Data Base Management)[26]

Unabhängig von der speziellen Anwendung sind folgende grundsätzliche Anforderungen an eine *Datenbankverwaltungsorganisation* zu stellen:

(1) Datenstrukturen sollen im Hinblick auf nicht redundante Speicherung und optimale Verarbeitung der Daten ausgelegt sein.
(2) Eine dynamische Umstrukturierung der Datenbestände bzw. Teil-Datenbanken muß ohne Änderung der vorhandenen Anwendungsprogramme möglich sein.
(3) Struktur und Beschreibung der Datenbestände werden über eine den Datenbestand beschreibende Sprache definiert.
(4) Das Handling des Datenbestandes erfolgt über eine einheitliche Kommandosprache.
(5) Dienstprogramme für Änderungen, Datensicherung usw. müssen zur Verfügung stehen.

Die Datenbankverwaltungsorganisation für ein betriebliches Informations- und Steuerungssystem, das im einzelnen stark auf die jeweilige Betriebsorganisation ausgerichtet sein muß, umfaßt

- die Datenbank (einschließlich der Teil-Datenbanken und Dateien),
- die Kriterienbank,
- die Modellbank,

[26] Vgl. hier und im folgenden [117, S. 173 ff.].

- die Methodenbank,
- das Steuerprogrammsystem.

Die einzelnen Datenbestände (Dateien) der Datenbank bzw. die Teil-Datenbanken müssen so aufgebaut sein, daß sie miteinander verträglich (kompatibel) sind, denn die verschiedenen Stellen des Informations- und Steuerungssystems benötigen möglicherweise Informationen, die sich aus Datenelementen mehrerer Dateien zusammensetzen. Daher hat ein modular aufgebauter Kommunikations-Datenbankteil bereit zu stehen, der den Benutzern zur Eröffnung und Fortschreibung von Dateien dient sowie den (berechtigten) Zugriff zu den Datenbeständen gestattet. Durch getrennte Definition von logischer Datenbankstruktur und physischer Speicherungsform wird eine Unabhängigkeit der Anwendungsprogramme von physischer Speicherungsform, Zugriffsmethoden und verwendeten Speichermedien erreicht. Diese Unabhängigkeit hat eine weitreichende Bedeutung. Denn mit der Entwicklung der Datenbank wird man nach und nach immer mehr Datenelemente hereinnehmen. Solange diese Elemente unabhängige physische Strukturen bilden, werden die Anwendungsprogramme durch sie nicht beeinflußt (Abb. 65).

Die Verbindung von Datenelementen zu konkreten Auswertungen erfolgt über die *Verarbeitungsprogramme.* Sie bilden mit den im Informations-Entscheidungssystem verwendeten *Modellen* und den dazugehörigen *Lösungsalgorithmen* den Inhalt der *Modellbank.* Bestandteile der *Methodenbank* sind die Übersetzerprogramme (z. B. Assembler-Compiler) sowie die Dienst-, Verwaltungs- und Hilfsprogramme. Letztere haben eine uneingeschränkte Bestandsführung und eine differenzierte Auswertung der Dateien bei gleichzeitiger Datensicherung vorzunehmen. Die Zugriffs- und Auswertungskriterien stehen in der *Kriterienbank.*

Nicht zur *Methodenbank* zählt man im allgemeinen das System der sogenannten *Steuerungsprogramme.* Ihre Aufgabe besteht in der Überwachung und Steuerung der EDV-Anlage und des EDV-Verbundsystems. Ferner haben sie für einen konsequenten Ablauf der einzelnen Arbeitsschritte zu sorgen. Dies schließt auch die Kommunikationskontrolle (Prüfen der Benutzerberechtigung, Prüfen auf Plausibilität und fehlerfreie Datenübertragung usw.) zwischen den Teilnehmern und der Datenbank mit ein.

Die Ausgestaltung einer Datenbankverwaltungsorganisation beeinflußt den Umfang benötigter Hardware wesentlich. Wichtigste *Kenngröße* bei der hardwaremäßigen Grobplanung von EDV-Systemen ist die Minimalgröße des *Arbeitsspeichers.* Üblicherweise enthält die Angabe dieser Minimalgröße nur den *Speicherbedarf* für die residenten Teile des Betriebssystems und für die Datenbankverwaltungsorganisation, nicht aber für die benötigten Puffer. Darüber hinaus legt man bei der Minimalgröße der Zentraleinheit meist nur den Direktzugriff eines Benutzers zugrunde und berücksichtigt nicht den erhöhten Speicherbedarf bei Mehrfachbetrieb. Außerdem ist bei On-line-Betrieb der Speicherbedarf höher anzusetzen als bei ausschließlichem Batch-Betrieb.

Grundsätzlich ist zu bemerken, daß die Datenbankverwaltungsorganisation ent-

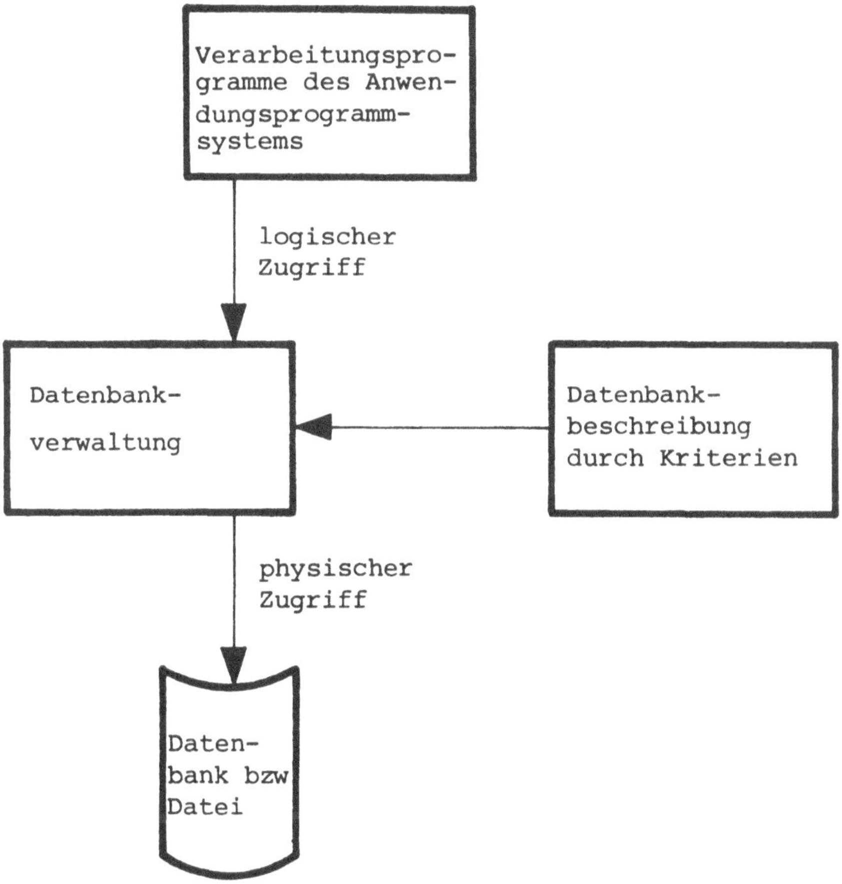

Abb. 65. Schematische Darstellung des Zugriffs auf die Datenbank

weder nur für ein EDV-System bzw. für eine Systemgruppe eines bestimmten Herstellers oder universell einsetzbar ist. Ein kritischer Vergleich von mehreren Datenbankverwaltungsorganisationen zeigt, daß für den residenten Teil des Betriebssystems und der Datenbankverwaltungsorganisation bei einem Datenfernverarbeitungssystem eines größeren Industriebetriebes die *Mindestgröße* der *Zentraleinheit* bei 512 KBytes liegt, worin die erhöhten Anforderungen eines virtuellen Speicherkonzepts noch nicht enthalten sind. Im einzelnen kann man von einer residenten Arbeitsspeicherbelegung von etwa 360 KBytes ausgehen. Davon wird das Teilnehmer-Betriebssystem mit allen seinen Komponenten einen residenten Teil von etwa 90 bis 100 KBytes belegen, der Kommunikationsteil der Datenbank etwa 80 KBytes, die Methoden-, Kriterien- und Modellbanken zusammen etwa 120 KBytes und das Steuerungsprogrammsystem rund 70 KBytes. Somit bleiben bei *einer* EDV-Anlage mit einer Arbeitsspeicher-Kapazität von 512 KBytes etwa 150 KBytes für die individuellen Anwendungsprogramme übrig.

4.3.2.2.3. Anwendungsprogramme (Application Programs)

Die systemtechnische Soll-Rahmenkonzeption für die Systemschaffung gibt in ihrer Aufgabenstellung die Entwicklung eines breiten Spektrums von *Anwendungsprogrammen* vor. Die Vorgaben für die Anwendungsprogrammierung sind in hierarchischen Aufgabenbeschreibungen, Ablaufbeschreibungen und -diagrammen einschließlich der Datenbeschreibung, Datei- und Datenbankstrukturen sowie der Verarbeitungsvorschriften (Rechenregeln usw.) festzulegen. Daher kommt der Detailplanung von Abläufen besondere Bedeutung zu. Die Programmierung eines Informations- und Steuerungssystems unter Verwendung eines EDV-Verbundsystems verlangt eine intensive Vorbereitung und straffe Koordinierung, da die Programmbereiche nicht nebeneinander stehen, sondern ineinander verzahnt sind [136, S. 78]. In diesem Zusammenhang leistet ein EDV-Handbuch wertvolle Dienste, das u. a. die Programmierungsstandards enthält und die Projektüberwachung hinsichtlich der Programmierung, der Programmtests sowie der Programmimplementation regelt.

Unter Beachtung der Tatsache, daß im Rahmen des betrieblichen Informations- und Steuerungssystems auch *unterschiedliche* EDV-Anlagen in bezug auf Typen und Hersteller einsetzbar sein sollten, ist ein reibungsloser *Daten-* und *Programmaustausch* nur dann gewährleistet, wenn hinsichtlich der Programme folgende Faktoren gesichert sind:

- *Modularer Softwareaufbau* mit eindeutig definierten Schnittstellen;
- *Übertragbarkeit* auf andere Systeme (Portability);
- *Anpassungsfähigkeit* an andere Systeme (Adaptability);
- *Kompatibilität* mit anderen Systemen (Compatibility);
- Verwendung *höherer* Programmiersprachen.

Beim Datenaustausch von EDV-Systemen untereinander sind Interpretations- und Filterprogramme erforderlich. Die *Interpretationsprogramme* sorgen dafür, daß die EDV-Systeme untereinander kommunizieren, d. h. Daten anderer EDV-Systeme verarbeiten können. Der Programmieraufwand hierfür ist weitgehend von der Verträglichkeit der Betriebssysteme und der verwendeten Systemsoftware der kommunizierenden EDV-Anlagen abhängig.

Redundanz der Daten sowie Verwendungszweck (z. B. Langzeitspeicherung) legen für viele Bereiche des Informations- und Steuerungssystems die *Filterung* bzw. *Reduktion* anfallender Basisdaten nahe.

Neben dem Datenaustausch und der Informations- und Dokumentationsfunktion sind ferner umfangreiche Anwendungsprogramme zur Betriebssteuerung erforderlich. Sie werden in erster Linie Optimierungsaufgaben (z. B. in bezug auf Lagerhaltung, Durchlaufzeiten, Liquidität usw.) beinhalten. Sie sind modular auf-

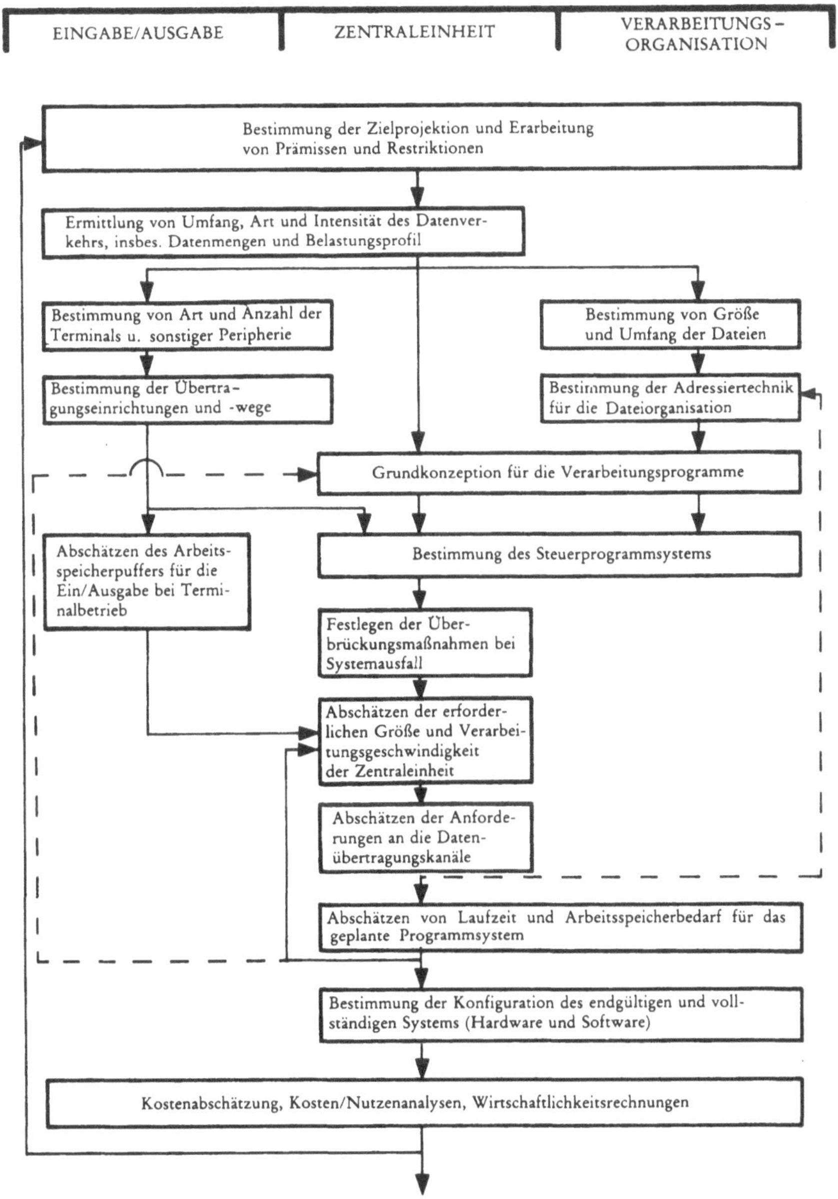

Abb. 66. Iterativer Planungsprozeß für ein komplexes EDV-System

zubauen, dergestalt, daß ein „Programm-Mantel" aufgrund der eingegebenen *Kriterien* die entsprechenden *Modelle* und *Methoden* aus der Modell- und aus der Methodenbank aufruft und miteinander verknüpft. So ist dann ein *modulares Anwendungsprogramm* generiert, das zwar individuell, aber mit standardisierten Programmteilen (Modellen und Methoden) aufgebaut ist.

Die Konfiguration der Systemhardware schließt neben dem detaillierten Aufgabenentwurf auch in Umrissen Angaben über die benötigte Software mit ein. Da der Entwurf der Software wiederum von der einzusetzenden Hardware abhängt, läßt sich die *endgültige Konfiguration* nur in einem *iterativ-simultanen Planungsprozeß* [182, S. 334 ff.] bestimmen (Abb. 66). Dieser Planungsprozeß kann insbesondere noch von einer umfassenden Systemsimulation[27] unterstützt werden.

[27] Vgl. hierzu im einzelnen [70, S. 338 u. S. 342], [115, S. 89 f.].

5. Schluß und Zusammenfassung: Die Gestaltungsproblematik der Datenverarbeitungsorganisation

Informations- und Steuerungssysteme auf der Basis *komplexer EDV-Systeme* unterstützen die *dispositiven* und *operativen* Handlungen in der Unternehmung. Sie sind *Instrument* und Ausdruck der Unternehmensführung und reflektieren einen bedeutsamen Ausschnitt des Unternehmensgeschehens und der *Integrationsziele.* Durch ein Informations- und Steuerungssystem können die Entscheidungshintergründe und die zu treffenden Steuerungsmaßnahmen transparenter und rationaler gestaltet werden. Doch trotz des Einsatzes komplexer EDV-Systeme hoher Technologie hat die Bearbeitung informationswirtschaftlicher Aufgaben und Probleme der Unternehmung noch nicht annähernd das Reifestadium erreicht, das besonders den Sachgüterbereich auszeichnet.

Im Vordergrund dieser Untersuchung steht die gedankliche Durchdringung und Systematisierung der *Organisationswirkungen* im Rahmen der Systemkonzeption komplexer betrieblicher Datenverarbeitung. Zugrundegelegt wird der *Systemansatz* mit der Unterteilung des Systems „Unternehmung" in *Subsysteme.* Dieser Ansatz ist Ausgangspunkt für die Erörterung der organisatorischen Bestimmungsfaktoren und der Vorgehensweise bei der Systemplanung und -realisierung (Organisationsparameter). Zugleich ist er die Bezugsbasis für die Behandlung der Modellparameter bei der *Modellierung* eines betrieblichen Informations- und Steuerungssystems sowie für die EDV-technische Konzeption (Datenverarbeitungssystemparameter) eines *komplexen EDV-Verbundsystems.* Die Weite dieses Untersuchungsfeldes eröffnet neben der gestellten Problematik auch die Chance,

- einen umfassenden *Abriß* über die *Datenverarbeitungsorganisation* zu geben sowie
- modellhaft und realtechnisch ein komplexes betriebliches *Datenverarbeitungssystem* nach dem neuesten Stand der EDV-Technik zu gestalten.

Die Darstellung geht insbesondere davon aus, organisationsrelevante Merkmale aufzuzeigen, um damit *Entscheidungshilfen* im Bereich der *Datenverarbeitungsorganisation* bereit zu stellen.

Insgesamt war es möglich, die für wesentlich gehaltenen Grundfragen der Organisation komplexer betrieblicher Datenverarbeitung aus system-, entscheidungs- und motivationsorientierter Sicht zu stellen und den Antworten nachzugehen. Im einzelnen kann auf folgende *Ergebnisse* verwiesen werden:

(1) Die Führung der Unternehmung und somit auch die Steuerung und Regelung der in ihr ablaufenden Prozesse erfolgt durch Entscheidungen. Zur Erklärung der Informations-, Kommunikations- und Entscheidungsprozesse muß ein hoher Abstraktionsgrad gewählt werden, der seinen Niederschlag in der *kybernetischen Betrachtungsweise* des Systems „Unternehmung" im *Modell* eines *Regelkreises* findet: Eingriffe in das Betriebsgeschehen erfolgen bei Abweichungen von der vorgegebenen Führungsgröße; die Kontrolle der Durchführung wird durch die Rückinformation (Rückkopplung) gesichert. Die Komplexität des Systems „Unternehmung" erfordert die Aufteilung in die Subsysteme „Operationsvollzugssystem", „Informationssystem" und „Steuerungssystem". Die Aufgaben der Subsysteme werden aufgezeigt, wobei gleichzeitig die Über- und Unterordnung sowie das teilweise Ineinandergreifen der Subsysteme dargestellt werden.

(2) Zur weiteren Betrachtung erweist es sich als notwendig, die *zentrale Stellung* der *Information* bei der Planung und Organisation betrieblicher Datenverarbeitungssysteme zu klären und den begrifflichen Zusammenhang zu „Daten" und „Nachrichten" in einem „Definitionsraum" darzulegen. Die Information ist die Grundlage von Handlungen bzw. Entscheidungsprozessen. Als Folge der Arbeitsteilung ergibt sich das Erfordernis zur Kommunikation. Entscheidungs- bzw. Steuerungsprozesse, Kommunikation und Daten- bzw. Informationsverarbeitung bilden ein Kernproblem moderner Unternehmensführung.

(3) Die Probleme und Aufgaben der *betrieblichen Informationswirtschaft* können nur mittels *komplexer EDV-Systeme* im Rahmen eines integrierten Informations- und Steuerungssystems gelöst werden. Als Träger des Informations- und Steuerungssystems und typisches Betrachtungsobjekt der Unternehmensfunktionen fungiert der Industriebetrieb (höherer Größenordnung, z. B. im Konzernverbund). Entsprechend ausgerichtet sind auch die Erläuterungen zu den Grundbegriffen der EDV, die sich vorrangig mit komplexen Geräten und Systemformen der großen Datentechnik beschäftigen.

(4) Der Erfolg bei der Planung und Realisierung komplexer Datenverarbeitungssysteme hängt von organisatorischen Maßnahmen ab. In der weiten Begriffsfassung, die hier verwendet wird, beinhaltet die *Datenverarbeitungsorganisation* alle *analytischen* und *synthetischen* Aktivitäten, die zum Aufbau eines EDV-Systems erforderlich sind. Sie hat in der Schaffung neuer bzw. in der Veränderung bestehender Systeme innovativen, modifikativen oder adaptiven Charakter. Die *innovative Datenverarbeitungsorganisation* drückt ein hohes Maß an *Risikobereitschaft, unternehmerischem Wagnis, Flexibilität* und *Dynamik* aus. Durch die Aufteilung in einzelne in sich abgeschlossene Projektphasen werden die datenverarbeitungsorganisatorischen Aktivitäten transparent gegliedert und einer Kontrolle besser zugänglich gemacht. Bei innovativer Datenverarbeitungsorganisation hat nach Abwägung der verschiedenen Planungs- und Realisierungsstrategien die sogenannte *Entwicklungsstrategie* den

Vorzug, da sie sich geänderten Aufgabenstellungen am besten anpassen kann und der permanenten Überwachung durch ein Teilziel-Management unterliegt.

(5) Die Vorgehensweise und die Techniken der Datenverarbeitungsorganisation subsummieren sich in *Systemanalyse* und *Systemsynthese.* Dieses klassische Konzept von Analyse und Synthese hat ohne Einschränkungen, wenngleich in sehr differenzierter und subtiler Form, auch im Bereich der Organisation betrieblicher Datenverarbeitung Gültigkeit. Schwierigkeiten bereitet in diesem Zusammenhang die Wirtschaftlichkeits- bzw. Kosten/Nutzenanalyse[1], die peripher, aber nicht untergeordnet, Beachtung findet, da sie zwar primär der Investitionsentscheidung dient, jedoch über das Rationalprinzip auch die Organisationsentscheidung beeinflußt.

(6) Die *Systemsynthese* birgt in ihrem prozessualen Ablauf grundsätzlich keine Schwierigkeiten in sich. Von größter Bedeutung hingegen sind die Auswirkungen und Konsequenzen von EDV-gestützten Informations- und Steuerungssystemen auf die *Gesamtorganisation* der Unternehmung. Ausgehend von der *Rationalisierung* durch *Automatisierung* betrieblicher Datenverarbeitungsaufgaben werden die Forderungen nach Problemadäquanz, Benutzeradäquanz und Systemadäquanz diskutiert. Das Ergebnis dieser Diskussion gipfelt in der Feststellung, daß „extrem rationale" Systemkonzeptionen mit dem Zwang zur Systemunterordnung zu innovationsfeindlicher Passivität oder zur Auflehnung der Systembenutzer gegen das System führen. Die *Benutzerfreundlichkeit* sollte daher der Leitgedanke jeder Systemkonzeption sein.

(7) Breiten Raum nimmt die *Gestaltungsproblematik* im Zusammenhang mit den *informationellen Aktionsphasen* sowie den betrieblichen Leitungsentscheidungen ein. Dabei stehen die Begriffe „Zentralisation" bzw. „Dezentralisation" und „Integration" im Mittelpunkt:

a) Die durch ein EDV-gestütztes Informations- und Steuerungssystem gefällten Entscheidungen sind *Routineentscheidungen,* d. h. sie betreffen *programmierbare,* sich wiederholende Entscheidungs- bzw. Steuerungsprozesse, die bei der Verrichtung operativer Tätigkeiten erforderlich sind. Ansätze, auch „echte" dispositive Entscheidungen zu programmieren, sind in der heuristischen Programmierung und der „künstlichen Intelligenz" sogenannter *General Problem Solver* zu sehen.

b) Derzeit sind EDV-Systeme in der Lage, neben der weitgehenden Übernahme der routinemäßigen Verwaltungsaufgaben, die Tatbestände aus dem Routinegeschehen auszusondern, die zu ihrer Weiterverarbeitung die *dispositiven Fähigkeiten* eines *menschlichen Entscheidungsträgers* erfordern. Fer-

[1] Diese Schwierigkeiten beruhen weniger auf den Kosten- und Nutzenabschätzungen von EDV-Anlagen, sondern vielmehr auf dem Problem der Nutzen- und Wertquantifizierung von Informationen. Vgl. hierzu etwa [244], [261], [263].

ner erlaubt der Einsatz von EDV-Systemen in Verbindung mit Methoden des Operation Research einen ganzheitlich-simultanen Zugang zur Lösung betrieblicher Probleme. Damit wird eine wesentliche Unterstützung und qualitative *Verbesserung* betrieblicher *Leitungsentscheidungen* erreicht.

c) Zwar bringen komplexe EDV-Systeme keine grundlegende Wandlung der Funktion der *Führungsebenen* mit sich, jedoch führt die Entlastung von Routineaufgaben sowie die horizontale und vertikale Integration zu einer Verlagerung bzw. Konzentrierung von Entscheidungsbefugnissen auf höhere Leitungsebenen. Vor allem wirkt die teils sachmittelbedingte teils integrationsbedingte Zusammenfassung von Datenverarbeitungsaufgaben *zentralisierend* auf die damit zusammenhängenden Prozesse der Planung, dispositiven sowie operativen Steuerung und Kontrolle. Die großen Verarbeitungskapazitäten der EDV-Systeme, bedingt durch ihre hohen Verarbeitungsgeschwindigkeiten und großen Speicherkapazitäten, fördern für bestimmte umfangreiche Aufgaben den Trend zur *Zentralisierung*.

d) Andererseits ermöglichen die neuzeitlichen komplexen Systeme eine funktionsspezifische und räumliche *Dezentralisierung*. Qualifizierte Informationen können über Datenfernverarbeitung *dezentralen* Instanzen zugänglich gemacht werden. Räumlich getrennte EDV-Systeme, unter Steuerung eines Zentralsystems, erlauben eine weitgehende *dezentrale* Verarbeitung. Allerdings bleiben Top-Informationen und bereichsübergreifende Konzernentscheidungen von dieser Dezentralisierung unberührt.

(8) Die Einführung, der Betrieb und die Nutzung von komplexen EDV-Systemen bringt die Problematik der Aus- bzw. Eingliederung von Datenverarbeitungsstellen und -abteilungen mit sich. Hierfür werden aufbauorganisatorische *Strukturierungskonzepte* für den Bereich *Organisation und Datenverarbeitung* unter Verwendung von Elementen der Matrixorganisation und moderner *Managementkonzepte* gegeben.

(9) Die praxisorientierte Realisierung eines Systems integrierter betrieblicher Datenverarbeitung erfolgt auf der Grundlage von *Systemmodellen*. Zwar mangelt es in der Theorie nicht an Ansätzen von Systemmodellen, doch sind die Vorstellungen der Wirtschaftspraxis recht undeutlich, ob und in welcher Richtung zwischen Zielsetzung, Umfang und Aufgaben des Systems *Wechselbeziehungen* mit der Betriebsorganisation vorliegen. Ausgehend von einer hohen Abstraktionsstufe zeigt ein Grundmodell den grundsätzlichen Zusammenhang von Leitung und geleitetem Prozeß in der Unternehmung auf, wobei den Verknüpfungstechniken besondere Beachtung zukommt.

(10) Die Modellaussage wird in einer *Scenario-Beschreibung* festgehalten, in der die Aufgabenstellung an das System fixiert ist: Dokumentation und Speicherung, Kontrolle und Bericht, Kommunikation, Transformation, Steuerung. Daraus

leiten sich die Einzelaufgaben, der Aufgabenumfang sowie die Systemstruktur ab. Modellaussagen sind unvollständig, wenn man die Objekte nicht untersucht. Daher werden die im Modell vorkommenden Daten beschrieben und kategorisiert. Entsprechendes gilt für die vorgesehenen Datenverarbeitungs(teil-)funktionen.

(11) Die Modellanalyse findet eine Untermauerung in der *Darstellung* von *Kernsystemen* betrieblicher *Informationswirtschaft*. Die *Teilsysteme* im Bereich *Materialwirtschaft*, *Fertigungswirtschaft* und *Absatzwirtschaft* tragen einen deutlichen *Praxisbezug*. Sie zeigen prinzipielle Lösungsmöglichkeiten mit detailliertem funktionalem Systemaufbau integrierter Datenverarbeitung auf. Hier wird bereits angedeutet, daß sich die eine, *universelle Datenbank* als *nicht praktikabel* erweist. Die *Datenbank* wird zwar *methodisch* als *Einheit* angesehen, setzt sich aber datenverarbeitungstechnisch aus einer *Vielzahl* von Teildatenbanken bzw. Dateien zusammen.

(12) Vorgehensweise und Techniken der Datenverarbeitungsorganisation, Konsequenzen und Einflüsse EDV-gestützter Informations- und Steuerungssysteme sowie Systemmodelle bilden mit der abschließenden realtechnischen Konfiguration des EDV-Gesamtsystems einen Gestaltungskomplex. Bei der Vielfalt der Gestaltungsmöglichkeiten, bedingt durch die Vielzahl von Elementen und Verknüpfungsarten, ist die Formulierung eines *Entscheidungsmodells* zur *Optimalgestaltung* eines komplexen EDV-Verbundsystems nicht oder nur unter Vernachlässigung vieler Parameter möglich, so daß die Lösung dieses Entscheidungsproblems unter Darstellung möglicher Varianten nur praxeologisch-induktiv vorgenommen werden kann.

(13) Bezugsgrundlage der *EDV-Konfiguration* sind die *Organisationstypen* der automatisierten *Datenverarbeitung*, die nach Systemform, Betriebsform und Nutzungsform hier eine morphologische Klassifizierung erfahren. Die Diskussion der Organisationstypen mündet in dem Ergebnis, daß für ein komplexes System, das die Anforderungen eines Informations- und Steuerungssystems erfüllen muß, nicht einzelne Organisationstypen isoliert in Betracht kommen. Es ist vielmehr ein „Typen-Mix" zu gestalten, das von höheren Formen der Organisationstypen ausgeht und entsprechend den Benutzer-, Problem- und Systemanforderungen mit niederen Formen ergänzt wird.

(14) Die Schaffung eines EDV-gestützten Informations- und Steuerungssystems auf der Basis einer abgeleiteten Total-Modell-Konzeption ist EDV-technisch nur mittels eines *EDV-Verbundsystems* möglich. Dabei ist eine *hierarchische* Staffelung und eine funktionale Abgrenzung der Teilsysteme im Sinne einer „distributed intelligence" vorgesehen. Aus der vorgenommenen Gestaltung und der Aufgabenbeschreibung der einzelnen Systeme bzw. Teil- und Subsysteme geht hervor, daß mit den neuzeitlichen Techniken und Systemen der

EDV dem Verlust an Flexibilität infolge zwangszentralisierter EDV-Organisationseinheiten bei Verwendung herkömmlicher Systeme entgegenwirkt werden kann. Das hierarchisch gestaffelte EDV-Verbundsystem ermöglicht eine *flexible Unternehmenssteuerung* bis hin zum einzelnen Arbeitsplatz. Durch die weitgehend dezentrale Verarbeitung in funktional abgeschlossenen EDV-Systemen (dedicated Systems) erreicht man verminderte Übertragungskosten, größere Systemsicherheit bei hoher Benutzerfreundlichkeit und das Gefühl relativer Selbständigkeit.

(15) Abschließend werden die Anforderungen an die *Systemkonfiguration* dergestalt *konkretisiert*, daß eine genaue Beschreibung der erforderlichen *Hard-* und *Software* erfolgt. Die Hardware für die größeren zentralisierenden Systeme orientiert sich an den *neuzeitlichsten* Entwicklungen auf dem EDV-Sektor; *Kenndaten* und *Systemschaltbilder* präzisieren die zu fordernden Leistungskenndaten.

(16) Schwerpunkte bei der Behandlung der *Software* sind das *Datenbankkonzept* und die *Systemsoftware*. Dabei zeigt das Datenbankkonzept am Beispiel einer Teilbereichs-Datenbank den komplexen Zusammenhang von Kriterien-, Modell-, Methoden- und Datenbank mit den Verarbeitungsprogrammen und Anschlußmodulen. Dieses Konzept entspricht den Forderungen zur Entflechtung schwer handhabbarer Universaldatenbanken und stellt die *neueste Entwicklung* unter Berücksichtigung der Mikrofilmtechnik auf diesem Gebiet dar.

Literatur

Abkürzungen

BFuP:	Betriebswirtschaftliche Forschung und Praxis
BT:	Bürotechnik. Automation und Organisation
BTA:	Bürotechnik und Automation
DB:	Der Betrieb
Diss.:	Dissertation
DSWR:	Datenverarbeitung in Steuer, Wirtschaft und Recht
HBR:	Harvard Business Review
HWB:	Handwörterbuch der Betriebswirtschaft
HWO:	Handwörterbuch der Organisation
IO:	Industrielle Organisation
MS:	Management Science
NB:	Neue Betriebswirtschaft
ZfB:	Zeitschrift für Betriebswirtschaft
ZfbF:	Zeitschrift für betriebswirtschaftliche Forschung
ZfD:	Online. Zeitschrift für Datenverarbeitung
ZfhF:	Zeitschrift für handelswirtschaftliche Forschung
ZfR:	Zeitschrift für das gesamte Rechnungswesen
ZfürO:	Zeitschrift für Organisation

Titel

[1] Acker, H. B.: Organisationsanalyse. 5. Aufl. Baden-Baden/Homburg v. d. H. 1971.

[2] Ackoff, R. L.: Management Mis-information Systems. In: MS 1967, S. B 147 ff.

[3] Ackoff, R. L.: Towards a system of systems concept. In: MS 1971, S. B 661 ff.

[4] Adam, A.: Messen und Regeln in der Betriebswirtschaft. Einführung in die informationswissenschaftlichen Grundzüge der industriellen Unternehmensforschung. Würzburg 1959.

[5] Adam, A.: Der kybernetische Aspekt in der Wirtschaft. In: IO 1966, S. 561 ff.

[6] Adam, A., E. Helten u. F. Scholl: Kybernetische Modelle und Methoden. Einführung für Wirtschaftswissenschaftler. Köln/Opladen 1970.

[7] Adam, D.: Koordinationsprobleme bei dezentralen Entscheidungen. In: ZfB 1969, S. 615 ff.

[8] Albach, H.: Entscheidungsprozeß und Informationsfluß in der Unternehmensorganisation. In: Organisation. TFB-Handbuchreihe, 1. Bd. Hrsg.: E. Schnaufer u. K. Agthe. Berlin/Baden-Baden 1961, S. 335 ff.

[9] Albach, H.: Investition und Liquidität. Die Planung des optimalen Investitionsbudgets. Wiesbaden 1962.

[10] Ansoff, H. I.: Managerial Problem-Solving. In: Management Science in Planning and Control. Hrsg.: J. F. Blood Jr. New York 1967.

[11] Argyris, C.: Management Information Systems: The Challenge to Rationality and Emotionality. In: MS 1971, S. B 275 ff.

[12] Ashby, W. R.: An Introduction to Cybernetics. 3. Aufl. London 1958.

[13] Baldus, T.: Automatisierte betriebswirtschaftliche Integration. In: DB 1965, S. 481 ff.

[14] Baldus, T.: Wirtschaftliche Probleme der automatisierten betrieblichen Integration. In: DB 1966, S. 392 ff.

[15] Baltin, E., D. Hesse, W. Krägeloh u. P. Wirth: Die Fabrik von morgen. Eine umfassende Rechnerhierarchie für die Kleinserienfertigung. In: „Siemens-Schriftenreihe data praxis". Hrsg.: Siemens AG. Nr. D 10/1045. Juli 1971.

[16] Bartram, P.: Die innerbetriebliche Kommunikation. Ihre organisatorische Gestaltung und ihre ungeregelte Entwicklung im Betriebsgeschehen. Berlin 1969.

[17] Baumberger, H. U.: Die Entwicklung der Organisationsstruktur in wachsenden Unternehmungen. 2. Aufl. Bern 1968.

[18] Bayer, S.: Methoden zur Erfassung des Ist-Zustandes mit Hilfe von SOP-Formularen. In: IBM Nachrichten 1967, S. 628 ff.

[19] Beer, S.: Kybernetik und Management. Hamburg 1962.

[20] Bendixen, P. u. H. W. Kemmler: Planung. Organisation und Methodik innovativer Entscheidungsprozesse. Berlin/New York 1972.

[21] Bereska, D.: Die Organisation der betrieblichen Datenverarbeitung. München 1967.

[22] Berner, G.: Anwendungsmöglichkeiten der elektronischen Datenverarbeitung bei kurzfristigen Absatzprognosen. Zürich 1967.

[23] Berthel, J.: Informationen und Vorgänge ihrer Bearbeitung in der Unternehmung. Berlin 1967.

[24] Betriebswirtschaftliches Institut für Organisation und Automation an der Universität zu Köln. Studienkreis „Rechnungswesen und automatische Datenverarbeitung": Ordnungsmäßigkeit der externen Rechnungslegung beim Einsatz automatischer Datenverarbeitungsanlagen. In: DB 1966, S. 1485 ff.

[25] Bleicher, K.: Zentralisation und Dezentralisation von Aufgaben in der Organisation der Unternehmung. Berlin 1966.

[26] Bleicher, K.: Zur Zentralisation und Dezentralisation von Entscheidungsaufgaben der Unternehmung. In: Die Unternehmung 1969, S. 123 ff.

[27] Blohm, H.: Die elektronische Datenverarbeitung vom Standpunkt der Unternehmensführung. In: Metall 1966, S. 364 ff.

[28] Blohm, H.: Kybernetik und Marketing. Itzehoe 1968.

[29] Blohm, H.: Metainformationen zur Annäherung an optimale Organisationsstrukturen und Abläufe. In: ZfürO 1970, S. 9 ff.

[30] Blohm, H.: Management und Information. Referat zum IBM-Seminar „Informationssysteme" vom 3. bis 5. Mai 1972 in Böblingen.

[31] Blohm, H. u. K. Lüder: Investition. Schwachstellen im Investitionsbereich des Industriebetriebes und Wege zu ihrer Beseitigung. 2. Aufl. München 1972.

[32] Bocheński, I. M.: Die zeitgenössischen Denkmethoden. 3. Aufl. Bern/München 1965.

[33] Bössmann, E.: Die ökonomische Analyse von Kommunikationsbeziehungen in Organisationen. Berlin/Heidelberg/New York 1967.

[34] Bonini, C. P.: Simulation of Information and Decision Systems in the Firm. 2. Aufl. Englewood Cliffs, N. J. 1964.

[35] Briggs, G. E.: Engineering Systems Approaches to Organizations. In: New Perspectives in Organization Research. Hrsg.: W. W. Cooper, H. J. Leavitt u. M. W. Shelly II. New York/London/Sydney 1964.

[36] Brown, R. G.: Smoothing. Forecasting and Prediction of Discrete Time Series. Englewood Cliffs, N. J. 1963.

[37] Bundesministerium der Justiz (Hrsg.): Das Juristische Informationssystem. Analyse, Planung, Vorschläge. Karlsruhe 1972.

[38] Castan, E.: Wirtschaftlichkeit und Wirtschaftlichkeitsrechnung. In: HWB. 3. Aufl. Stuttgart 1962, Sp. 6374.
[39] Cherry, C.: Kommunikationsforschung – eine neue Wissenschaft. In: Welt im Werden. Hrsg.: P. Bertaux u. I. Grubich. Hamburg 1963.
[40] Churchman, C. W., R. L. Ackoff u. E. L. Arnoff: Operations Research. Eine Einführung in die Unternehmensforschung. 2. Aufl. Wien/München 1964.
[41] Cleland, D. I.: Organizational Dynamics of Project Mangement. In: IEEE. Transaction on Engineering Management, Vol. EM-13, Nr. 4, 1966, S. 201 ff. Hrsg.: The Institute of Electrical and Electronics Engineers, Inc., New York 1966.
[42] Coenenberg, A. G.: Die Kommunikation in der Unternehmung. Wiesbaden 1966.
[43] Cox, D. E. u. R. E. Good: How to Build a Marketing Information System. In: HBR 1967, S. 145 ff.
[44] Crusen, W. G.: Systemanalyse integrierter Datenverarbeitung bei standardisierbaren Aufgaben. Meisenheim am Glan 1972.

[45] Dahrendorf, R.: Sozialstruktur des Betriebes. Wiesbaden 1959.
[46] Dathe, H. M.: Moderne Planung in Technik und Wissenschaft. München 1971.
[47] Dearden, J.: How to organize Information Systems. In: HBR 1965, S. 65 ff.
[48] Dearden, J. u. F. W. McFarlan: Management Information Systems. 2. Aufl. Homewood, Ill. 1967.
[49] Dörner, W.: Ordnungsmäßigkeit der externen Rechnungslegung beim Einsatz automatischer Datenverarbeitungsanlagen. Eine Entgegnung. In: DB 1967, S. 255 ff.
[50] Dreger, W.: Grundlagen der Systemtechnik (1). In: IBM Nachrichten 1973, S. 823 ff.
[51] Dürr, H.: Datenerfassung in der kommerziellen Datenverarbeitung. Berlin/New York 1973.
[52] Dürr, H. G.: DOKAUS – ein Organisationskonzept für Dokumentations- und Auskunftsysteme mit elektronischen Datenverarbeitungsanlagen. In: IBM Nachrichten 1969, S. 586 ff.
[53] Dullien, M.: Flexible Organisation. Opladen 1972.
[54] Dworatschek, S.: Management-Informations-Systeme. Berlin/New York 1971.
[55] Dworatschek, S.: Einführung in die Datenverarbeitung. 5. Aufl. Berlin/New York 1973.
[56] Dworatschek, S. u. H. Donike: Wirtschaftlichkeitsanalyse von Informationssystemen. Berlin/New York 1972.

[57] Fachnormenausschuß Informationsverarbeitung (FNI) im Deutschen Normenausschuß (DNA): DIN 44 300, Informationsverarbeitung. Begriffe. 1972.
[58] Fäßler, K. u. R. Reichwald: Fertigungswirtschaft. In: Industriebetriebslehre. Entscheidungen im Industriebetrieb. Hrsg.: E. Heinen. 2. Aufl. Wiesbaden 1972, S. 245 ff.
[59] Fischbach, F. u. P. Büttgen: Organisation und Technik der Datenfernübertragung. Mainz 1968.
[60] Flechtner, H.-J.: Grundbegriffe der Kybernetik. 5. Aufl. Stuttgart 1970.
[61] Fuchs, H.: Systemtheorie. In: HWO. Hrsg.: E. Grochla. Stuttgart 1969, Sp. 1618 ff.
[62] Fuchs, H. u. H. Lehmann: Managementprozesse aus systemtheoretisch-kybernetischer Sicht. In: BFuP 1973, S. 659 ff.

[63] Gäfgen, G.: Theorie der wirtschaftlichen Entscheidung. Untersuchungen zur Logik und ökonomischen Bedeutung des rationalen Handelns. 2. Aufl. Tübingen 1968.
[64] Ganske, H.: Interne Revision und elektronische Datenverarbeitung. Mitwirkung der

Internen Revision bei der Umstellung eines Arbeitsgebietes auf elektronische Datenverarbeitung (Umstellungsprüfung). In: ZfB 1972, S. 649 ff.

[65] Ganske, H.: Interne Revision und elektronische Datenverarbeitung. Prüfung eines bereits auf elektronische Datenverarbeitung umgestellten Arbeitsgebietes durch die Interne Revision (Turnusprüfung). In: ZfB 1973, S. 561 ff.

[66] Ganske, H.: Interne Revision und elektronische Datenverarbeitung. Programmprüfung. In: ZfB 1974, S. 603 ff.

[67] Gaugler, E.: Innerbetriebliche Information als Führungsaufgabe. Hilden 1962.

[68] Gautier, K.-M.: Die Verfahrenswahl in automatisierten Datenverarbeitungssystemen (ADV-Systemen) unter besonderer Berücksichtigung von Klein- und Mittelbetrieben. Diss. TU Berlin 1973.

[69] Gebert, H.: Das Integrierte Personalinformationssystem (IPIS) der Ford-Werke AG, Köln. In: IBM Nachrichten 1969, S. 919 ff.

[70] Gerich, K.: Die Notwendigkeit besonderer Methoden für System Design und Systemplanung. In: IBM Nachrichten 1972, S. 338 ff.

[71] Giersch, H.: Allgemeine Wirtschaftspolitik. Bd. 1. Wiesbaden 1960.

[72] Grochla, E.: Möglichkeiten einer Steigerung der Wirtschaftlichkeit im Büro. In: Bürowirtschaftliche Forschung. Hrsg.: E. Kosiol. Berlin 1961, S. 42 ff.

[73] Grochla, E.: Automation und Organisation. Die technische Entwicklung und ihre betriebswirtschaftlich-organisatorischen Konsequenzen. Wiesbaden 1966.

[74] Grochla, E.: Die Integration der Datenverarbeitung. In: BTA 1968, S. 108 ff.

[75] Grochla, E.: Zur Diskussion über die Zentralisationswirkung automatischer Datenverarbeitungsanlagen. In: ZfürO 1969, S. 47 ff.

[76] Grochla, E.: Unternehmungsorganisation. Neue Ansätze und Konzeptionen. Reinbek bei Hamburg 1972.

[77] Grochla, E., H. Garbe, R. Gillner u. W. Poths: Grundmodell zur Entwicklung eines integrierten Datenverarbeitungssystems – Kölner Integrationsmodell (KIM). BIFOA-Arbeitsbericht 71/6. Köln 1971.

[78] Götz, G.: Planung und Einführung eines Informationssystems. Referat zum IBM-Seminar „Informationssysteme" vom 3. bis 5. Mai 1972 in Böblingen.

[79] Gutenberg, E.: Unternehmensführung. Organisation und Entscheidungen. Wiesbaden 1962.

[80] Gutenberg, E.: Grundlagen der Betriebswirtschaftslehre. Bd. I: Die Produktion. Berlin/Heidelberg/New York 1969.

[81] Häusler, J.: Grundfragen der Betriebsführung. Wiesbaden 1966.

[82] Hansen, H. R. u. A. Thabor: Marketing-Modelle. Anwendungsmöglichkeiten und Entwicklung computergestützter Modelle im Marketing. Berlin/New York 1973.

[83] Hansen, H. R. u. H. P. Waibel: Marktorientierte Unternehmensführung mit Computern. Teil 1: Grundlagen der marktorientierten Unternehmensführung. In: IBM Nachrichten 1972, S. 25 ff.

[84] Hartman, W., H. Matthes u. A. Proeme: Information Systems Handbook. ARDI, Analysis Requirements determination, Design and development, Implementation and evaluation. Hrsg.: Philips data systems, Philips Electrologica, Apeldoorn 1968.

[85] Hartmann, B.: Die Ordnungsmäßigkeit der Buchführung beim Einsatz elektronischer Datenverarbeitungsanlagen. In: Die Wirtschaftsprüfung 1965, S. 397 ff.

[86] Hartmann, B.: „Total Business Systems". Grundlagen für ein neues organisatorisches Ganzheitsdenken beim Einsatz elektronischer Datenverarbeitungsanlagen im Betrieb. In: Gegenwartsfragen der Unternehmensführung. Festschrift zum 65. Geburtstag von Wilhelm Hasenack. Hrsg.: H.-J. Engeleiter. Herne/Berlin 1966, S. 167 ff.

[87] Hartmann, B.: Betriebswirtschaftliche Grundlagen der automatisierten Datenverarbeitung. 3. Aufl. Freiburg im Breisgau 1967.

[88] Hartmann, B.: Die künftige Entwicklung der integrierten Datenverarbeitung. In: Die Unternehmensführung. 1968, S. 114 ff.

[89] Hartmann, B.: Integrierte Datenverarbeitung. In: HWO. Hrsg.: E. Grochla. Stuttgart 1969, Sp. 774 f.

[90] Hartmann, B.: Zur Systematik der Datenverarbeitungsintegration. In: Wissenschaftliche Betriebsführung und Betriebswirtschaftslehre. Festschrift zum 75. Geburtstag von O. R. Schnutenhaus. Hrsg.: W. Kroeber-Riel u. C. W. Meyer. Berlin 1969, S. 187 ff.

[91] Hartmann, B.: Einführung von elektronischen Datenverarbeitungsanlagen. In: HWO. Hrsg.: E. Grochla. Stuttgart 1969, Sp. 411 ff.

[92] Hartmann, B.: Angewandte Betriebsanalyse. 2. Aufl. Freiburg im Breisgau 1970.

[93] Hartmann, B.: Elektronische Datenverarbeitung für Klein- und Mittelbetriebe. 3. Aufl. Freiburg im Breisgau 1970.

[94] Hartmann, B.: Unternehmensführung mit Hilfe integrierter EDV-Organissationssysteme. Freiburg im Breisgau 1973.

[95] Hartmann, B.: Die Lösung absatzwirtschaftlicher Probleme mit Hilfe von Management-Informations-Systemen. In: Neuere Ansätze der Marketingtheorie. Festschrift zum 80. Geburtstag von Otto R. Schnutenhaus. Hrsg.: P. Hammann, W. Kroeber-Riel u. C. W. Meyer. Berlin 1974, S. 55 ff.

[96] Hartmann, B. unter Mitarbeit von S. Hellfors: Organisationssysteme der betriebswirtschaftlichen Elektronischen Datenverarbeitung. Freiburg im Breisgau 1971.

[97] Hartmann, V. R.: Der Betrieb als kybernetisches System. In: BFuP 1967, S. 65 ff.

[98] Hedberg, B.: On Man-Computer Interaction in Organizational Decision-Making. A Behavioral Approach. Gothenburg (Göteborg) 1970.

[99] Heffner, R. u. F. Weideneder: Datenschutz und Datensicherung (3). Realisierung eines EDV-Kontroll- und Sicherheitssystems. In: IBM Nachrichten 1974, S. 27 ff.

[100] Heilmann, H., W. Heilmann u. E. Reblin: Einsatzplanung für eine Datenverarbeitungsanlage. Stuttgart 1968.

[101] Heinen, E.: Die Zielfunktion der Unternehmung. In: Zur Theorie der Unternehmung. Festschrift zum 65. Geburtstag von Prof. Dr. Dres. h. c. E. Gutenberg. Hrsg.: H. Koch. Wiesbaden 1962, S. 9 ff.

[102] Heinen, E.: Industriebetriebslehre als Entscheidungslehre. In: Industriebetriebslehre. Entscheidungen im Industriebetrieb. Hrsg.: E. Heinen. 2. Aufl. Wiesbaden 1972, S. 25 ff.

[103] Heinen, E., E. Fahn u. C. Wegenast: Informationswirtschaft. In: Industriebetriebslehre. Entscheidungen im Industriebetrieb. Hrsg.: E. Heinen. 2. Aufl. Wiesbaden 1972, S. 684 ff.

[104] Heinrich, L. J.: Betriebswirtschaftliche Aspekte der Datenverarbeitung außer Haus. In: ZfR 1967, S. 177 ff.

[105] Heinrich, L. J.: Gemeinsame Computerbenutzung in der Industrie. Datenverarbeitung außer Haus. Wiesbaden 1969.

[106] Hellfors, S.: Das Wesen der betrieblichen Leitungstätigkeit und Grundzüge ihrer Beeinflussung durch moderne Techniken der Datenverarbeitung. Diss. TU Berlin 1964.

[107] Hellfors, S.: Management – Datenverarbeitung – Operations Research. Die Auswirkungen moderner Datenverarbeitungstechniken auf die betriebliche Leitungstätigkeit. München/Wien 1967.

[108] Hellfors, S.: Zusammenarbeit mit Service-Rechenzentren. Organisatorische und vertragliche Regelungen bei Datenverarbeitung außer Haus. 2. Aufl. Freiburg im Breisgau 1971.

[109] Hellfors, S.: Management betrieblicher Datenverarbeitungszentren. Theorie und Praxis der Organisation, Leitung und Verwaltung von Rechenzentren in größeren Betrieben. München/Wien 1971.

[110] Herrmann, G., P. Lindemann u. K. Nagel: Datenschutz und Datensicherung (1). Sach- und Rechtsprobleme. In: IBM Nachrichten 1973, S. 760 ff.

[111] Herrmann, G., P. Lindemann u. K. Nagel: Datenschutz und Datensicherung (2). Organisation des Datenschutzes. In: IBM Nachrichten 1973, S. 836 ff.

[112] Heyl, C. v., V. Höttl, M. Korn u. R. M. Schartz Ribeiro: Computer Grundlagen. IBM Form R 12-1771 (PU-Teil 1, PU-Teil 2 und Arbeitsmittel). IBM Form R 12-1772 (Arbeitsmittel). Hrsg.: IBM Deutschland GmbH. 1972.

[113] Hoffmann, F.: Die Einsatzplanung elektronischer Rechenanlagen in der Industrie. München 1961.

[114] Hoffmann, F.: Entwicklung der Organisationsforschung. Wiesbaden 1973.

[115] Hoffmann, M. J. A.: Datenfernverarbeitung. Verkehrsarten und Wirtschaftlichkeit der Datenübertragung. Berlin/New York 1973.

[116] Hoffmann, M. J. A.: Auswirkungen komplexer EDV-Systeme auf die betriebliche Organisationsstruktur. In: ZfürO 1973, S. 449 ff.

[117] Hoffmann, M. J. A.: Medizinische Informationsverarbeitung. Planung und Organisation. Berlin/New York 1974.

[118] Hoffmann, M. J. A.: EDV-Anschluß durch Beteiligung an Teilnehmer-Rechensystemen. In: BT 1974, S. 37 ff.

[119] Hoffmann, M. J. A.: Kosten/Nutzenüberlegungen zur Datenverarbeitung außer Haus. In: DSWR 1974, S. 61 ff.

[120] Hoffmann, M. J. A.: MDT als Alternative und Komplement. Kennzeichen, Einsatzformen und Entwicklung der mittleren Datentechnik als Element informationsverarbeitender Systeme. In: BT 1974, S. 404 ff.

[121] Hoffmann, M. J. A.: Struktur und Leistungswirksamkeit innerbetrieblicher Gruppen. In: BT 1974, S. 963 ff.

[122] Honeywell-Bull GmbH (Hrsg.): Business Information Systems Analysis and Design. BISAD. Ref.-Nr. 00.41.081, D, 2. Aufl. 1971.

[123] Hopperdietzel, W.: Wirtschaftlichkeitsrechnung für elektronische Datenverarbeitungsanlagen. Diss. Erlangen-Nürnberg 1967.

[124] Huch, B.: Zum neuen Industriekontenrahmen als Organisationsbasis für ein Management-Informationssystem. In: ZfB 1972, S. 67 ff.

[125] Hum, G.: Organisation der Informationsvermittlung. In: ZfürO 1973, S. 209 ff.

[126] IBM (Hrsg.): IBM Data Processing Application. The Production Information and Control System. IBM Form E 20-0280.

[127] IBM (Hrsg.): Coursewriter III, Version 3. Author's Guide. IBM Form SH 20-1009-1.

[128] IBM (Hrsg.): Interactive Training System (ITS). Course Authoring Guide. IBM Form SH 20-1213-1.

[129] IBM (Hrsg.): Gesichtspunkte für die Konfiguration eines EDV-Systems. IBM Form 81801.

[130] IBM (Hrsg.): Grobuntersuchung der Anwendungsmöglichkeiten. IBM Form 81808.

[131] IBM (Hrsg.): Wirtschaftlichkeitsrechnung. IBM Form 81812.

[132] IBM (Hrsg.): Formulartechnik des SOP. IBM Form 81827.

[133] IBM (Hrsg.): Handbuch der EDV-Organisation. IBM Form 71523-2. Mai 1968 (letzte Änderung: Februar 1972).

[134] Jacob, H.: Neuere Entwicklungen in der Investitionsrechnung. In: ZfB 1964, S. 487 ff. u. 551 ff.

[135] Johnson, R. A., F. E. Kast u. J. E. Rosenzweig: The Theory and Management of Systems. 2. Aufl. New York 1967.

[136] Kalscheuer, H. D. u. P. J. Gsell: Integrierte Datenverarbeitungssysteme für die Unternehmensführung. 3. Aufl. Berlin/New York 1972.

[137] Katona, G.: Das Verhalten der Verbraucher und Unternehmer. Tübingen 1960.
[138] Kebl, G. u. R. Klenk: LAMBDA. Ein Modularprogrammsystem für Fertigungsplanung, Fertigungssteuerung und Materialwirtschaft. Hrsg.: Bull General Electric GmbH. Ref. Nr. 32.60.681 D.
[139] Kieser, A.: Unternehmenswachstum und Produktinnovation. Berlin 1970.
[140] Kieser, A. u. H. Kubicek: Organisationsstruktur und individuelles Verhalten als Einflußfaktoren der Gestaltung von Management-Informationssystemen. In: ZfB 1974, S. 449 ff.
[141] Kirsch, W.: Entscheidungsprozesse. Bd. III: Entscheidungen in Organisationen. Wiesbaden 1971.
[142] Kirsch, W.: Heuristische Entscheidungsmodelle im Lichte der entscheidungs- und systemorientierten Betriebswirtschaftslehre. In: Heuristische Entscheidungsmodelle. Hrsg.: H. K. Klein. Wiesbaden 1971, S. 13 ff.
[143] Kirsch, W.: Auf dem Weg zu einem neuen Taylorismus? In: IBM Nachrichten 1973, S. 561 ff.
[144] Kirsch, W. u. H.-P. Kieser: Perspektiven der Benutzeradäquanz von Management-Informations-Systemen. In: ZfB 1974, 1. Teil, S. 383 ff. u. 2. Teil, S. 527 ff.
[145] Klar, R.: Digitale Rechenautomaten. Berlin 1970. (2. Aufl. Berlin/New York 1975.)
[146] Koelle, H. H.: Die Anwendung der Simulation als Entscheidungshilfe. In: IBM Nachrichten 1971, S. 873 ff.
[147] Köster, J.: Die Organisation und ihre Planung. Bern/Stuttgart 1969.
[148] Koreimann, D. S.: Methoden und Organisation von Management-Informations-Systemen. Berlin/New York 1971.
[149] Koreimann, D. S.: Systemanalyse. Berlin/New York 1972.
[150] Koreimann, D. S.: Bedeutung und Struktur eines Informationssystems. Referat zum IBM-Seminar „Informationssysteme" vom 3. bis 5. Mai 1972 in Böblingen.
[151] Kosiol, E.: Modellanalyse als Grundlage unternehmerischer Entscheidungen. In: ZfhF 1961, S. 318 ff.
[152] Kosiol, E.: Organisation der Unternehmung. Wiesbaden 1962.
[153] Kosiol, E.: Planung als Lenkungsinstrument der Unternehmung. In: ZfB 1965, S. 389 ff.
[154] Kosiol, E.: Grundlagen und Methoden der Organisationsforschung. 2. Aufl. Berlin 1968.
[155] Kosiol, E.: Die Unternehmung als wirtschaftliches Aktionszentrum. Einführung in die Betriebswirtschaftslehre. Reinbek bei Hamburg 1970.
[156] Kosiol, E.: Die Unternehmung als wirtschaftliches Aktionszentrum. Einführung in die Betriebswirtschaftslehre. Neubearbeitete und erweiterte Ausgabe. Reinbek bei Hamburg 1972.
[157] Kosiol, E., N. Szyperski u. K. Chmielewicz: Zum Standort der Systemforschung im Rahmen der Wissenschaften. In: ZfbF 1965, S. 337 ff.
[158] Kramer, R.: Information und Kommunikation. Betriebswirtschaftliche Bedeutung und Einordnung in die Organisation der Unternehmung. Berlin 1965.
[159] Krautter, J.: Zum gegenwärtigen Stand der Entwicklung quantitativer Marketing-Modelle. In: ZfB 1973, S. 723 ff.
[160] Kress, H. u. P. Mertens: Die Mensch-Maschine-Kommunikation als zukünftige Form der Entscheidungsvorbereitung und Planung. In: ZfürO 1971, S. 405 ff.
[161] Krieg, W.: Kybernetische Grundlagen der Unternehmungsgestaltung. Bern/Stuttgart 1971.
[162] Krug, H.: Parameter von Kommunikationsstrukturen. Möglichkeiten und Grenzen ihrer Anwendung. In: ZfürO 1969, S. 81 ff.

[163] Lawrence, P. R. u. J. W. Lorsch: Organization and Environment. Homewood, Ill. 1967.

[164] Leibrock, D. u. W. Gutmann: Datenschutz und Datensicherung (4). Maßnahmen zur Datensicherung in der Praxis. In: IBM Nachrichten 1974, S. 103 ff.
[165] Lersch, P.: Aufbau der Person. 7. Aufl. München 1956.
[166] Lewandowski, R.: Prognose- und Informationssysteme und ihre Anwendung. Bd. I. Berlin/New York 1974.
[167] Leykauf, H. u. J. Winkelmann: Integrierte Datenverarbeitungssysteme. Instrumente der sozialistischen Leitung. Berlin 1970.
[168] Li, D. H.: Cost Accounting for Management Applications. Columbus, Ohio 1966.
[169] Lindemann, P. u. K. Nagel: Revision und Kontrolle bei automatisierter Datenverarbeitung. Berlin 1968.
[170] Lindemann, P. u. K. Nagel (Hrsg.): Der Einfluß der EDV auf die Rechnungslegung. Fragen der Buchführung und Revision bei computergestützten Informationssystemen. IBM-Beiträge zur Datenverarbeitung. Methoden und Techniken 3. IBM Form F 12–0004.
[171] Link, J.: Zur Programmierung von Entscheidungen bei der Steuerung, Regelung und Anpassung organisierter Systeme. In: ZfürO 1973, S. 338 ff.
[172] Little, J. D. C.: Models and Managers: The Concept of a Decision Calculus. In: MS 1970, S. B 466 ff.
[173] Lotz, E. G.: Elektronische Kosten- und Leistungsrechnung für Industriebetriebe. Berlin 1969.
[174] Lutz, T.: Das computerorientierte Informationssystem (CIS). Eine methodische Einführung. Berlin/New York 1973.
[175] Lutz, T.: Formale Aspekte des Informationssystems und Schlußfolgerungen für ein MIS. In: IBM Nachrichten 1972, S. 54 ff.
[176] Lutz, T.: Informationssysteme und Datenbanken (1). Eine Informatikanalyse zu Datenbank und Datenkommunikation. In: IBM Nachrichten 1973, S. 624 ff.
[177] Lutz, T. u. H. Beutler: „Management Information Systems" (MIS). Begriffe und Konzeption für Management-Informationssysteme. In: IBM Nachrichten 1968, S. 367 ff.
[178] Lutz, T. u. H. Klimesch: „Management Information Systems" (MIS). Die Datenbank und ihre Probleme. In: IBM Nachrichten 1968, S. 457 ff.
[179] Lutz, T. u. H. Klimesch: Die Datenbank im Informationssystem. München/Wien 1971.
[180] Lutz, T. u. P. Miottke: „Management Information Systems" (MIS). Der Weg zu einem MIS. In: IBM Nachrichten 1969, S. 534 ff.

[181] March, J. G. u. H. A. Simon: Organizations. New York/London 1958.
[182] Martin, J.: Design of Real-Time Computer Systems. Englewood Cliffs, N. J. 1967.
[183] Meffert, H.: Computergestützte Marketing-Informationssysteme und Marketing-Modelle (1), (2). In: IBM Nachrichten 1974, 1. Teil, S. 95 ff. u. 1974, 2. Teil, S. 175 ff.
[184] Meller, Studienkreis Dr.: Die Gliederung der Datenverarbeitungsstelle und ihre Einordnung in die Organisation der Unternehmung. Wiesbaden 1967.
[185] Mellerowicz, K.: Unternehmenspolitik, Bd. I. Freiburg im Breisgau 1963.
[186] Mellerowicz, K.: Allgemeine Betriebswirtschaftslehre. Bd. 1. 12. Aufl. Berlin 1964. (14. Aufl. Berlin/New York 1973.)
[187] Mellerowicz, K.: Betriebswirtschaftslehre der Industrie. Bd. I. 6. Aufl. Freiburg im Breisgau 1968.
[188] Mertens, P.: Die Automation der Führungsinformation. In: ZfB 1966, S. 234 ff.
[189] Mertens, P.: Zur Wirtschaftlichkeit und Wirtschaftlichkeitsschwelle der elektronischen Datenverarbeitung. In: NB 1967, S. 42 ff.
[190] Mettner, W.: Zukunftsbeständige Unternehmenserfolge mit Hilfe computerorientierter Informations-Systeme. In: ZfD 1974, Teil I, S. 325 ff. u. 1974, Teil II, S. 402 ff.
[191] Meyer, C. W.: Organisatorische und führungsmäßige Auswirkung des EDV-Einsatzes

im Marketing. In: Neuere Ansätze der Marketingtheorie. Festschrift zum 80. Geburtstag von Otto R. Schnutenhaus. Hrsg.: P. Hammann, W. Kroeber-Riel u. C. W. Meyer. Berlin 1974, S. 67 ff.

[192] Meyer, C. W., H. R. Hansen und der Studienkreis Vertriebsinformatik an der Universität Würzburg: Vertriebsinformatik. Ein Lehr- und Handbuch. Berlin/New York 1973.

[193] Mirow, H. M.: Kybernetik. Grundlagen einer allgemeinen Theorie der Organisation. Wiesbaden 1969.

[194] Montgomery, D. B. u. G. L. Urban: Marketing Decision-Information Systems: An Emerging View. In: Journal of Marketing Research 1970, S. 226 ff.

[195] Mühlemann, A.: Der Einfluß von Datenbanken auf die Prozeßorganisation. In: ZfürO 1973, S. 199 ff.

[196] Müller, W.: Die Simulation betriebswirtschaftlicher Informationssysteme. Wiesbaden 1969.

[197] Müller-Merbach, H.: Operations Research. Methoden und Modelle der Optimalplanung. Berlin/Frankfurt 1969.

[198] Newell, A., J. C. Shaw u. H. A. Simon: The Process of Creative Thinking. Hrsg.: The Rand Corporation. Paper P 1320, Aug. 1958.

[199] Niessen, K.: Strategien zur Gestaltung computer-gestützter Informationssysteme. In: ZfB 1973, S. 711 ff.

[200] Niewerth, H. u. J. Schröder (Hrsg.): Lexikon der Planung und Organisation. Quickborn 1968.

[201] Noack, H.: Der Aufbau eines elektronischen Datenverarbeitungssystems als rationale Investitionsentscheidung. Alternativen automatisierter Datenverarbeitung und Entscheidungshilfen für die Systemwahl in der Praxis. Berlin 1969 (Druck der Diss. TU Berlin).

[202] Nolle, F. K.: Systemanalyse – Auslegung von Datenverarbeitungssystemen für komplexe Anwendungen. In: IBM Nachrichten 1967, S. 523 ff.

[203] Nolle, F. K.: Datenfernverarbeitung. Betriebsweise, Funktion und Steuerung der Datenstation. In: IBM Nachrichten 1968, S. 144 ff.

[204] Nürck, R.: Wirtschaftskybernetik. In: ZfB 1965, S. 573 ff.

[205] Nüßgens, K.-H.: Informationsbedarfsanalyse der Führungsaufgabe Personalwesen als Beitrag zur Gestaltung eines Personalinformationssystems. Diss. RWTH Aachen 1973. (Als Buch u. d. T.: Führungsaufgabe Personalwesen. Analyse und Maßnahmen zur Gestaltung eines Personalinformationssystems. Berlin/New York 1975.)

[206] Ortner, G. E.: Optimierungskriterien in der Organisation der betrieblichen Datenverarbeitung. Berlin/New York 1971.

[207] Pack, L.: Optimale Bestellmenge und optimale Losgröße. Zu einigen Problemen ihrer Ermittlung. In: ZfB 1963, S. 465 ff.

[208] Parisini, E. u. O. Wächter: Organisations-Handbuch für die Einführung von ADV-Systemen. Systemplanung, Systemanalyse, Systemeinführung. Berlin 1971. (2. Aufl. Berlin/New York 1974.)

[209] Pfau, W. u. H. Knopf: EDV-Informationssysteme. Planung – Entwicklung – Einführung. Stuttgart/Berlin/Köln/Mainz 1973.

[210] Pfitzner, K.: Auswirkungen der Informationstechnologie auf die Stab-Linien-Organisation. In: BT 1973, I. Teil, S. 1153 ff. u. 1973, II. Teil, S. 1278 ff.

[211] Philipp, F.: Wirtschaftstheoretische Kennzeichen der besonderen Betriebswirtschaftslehren. Wiesbaden 1966.

[212] Potthoff, E.: Rationalisierungsaufgaben in der Unternehmensorganisation. In: Produktivität und Rationalisierung. Chancen, Wege, Forderungen. Hrsg.: Rationalisierungs-Kuratorium der Deutschen Wirtschaft e. V. Frankfurt am Main 1971, S. 138 ff.

[213] Riesenkampf, G.: Auswirkungen des Einsatzes elektronischer Datenverarbeitungsanlagen auf die Organisation. Berlin 1969.

[214] Roithmeier, A.: Organisatorische Stellung der Datenverarbeitungsabteilung. Referat zum IBM-Seminar „Kaufmännische und technische Fragen der Datenverarbeitung in Energieversorgungsunternehmen" vom 10. bis 12. März 1969 in Blaricum/Holland. Hrsg.: IBM Deutschland 1969.

[215] Rosenthal, K.: EDV-Prognosen. Fachleute sprachen während der Systems '73 über Entwicklungstrends in der Datenverarbeitung. In: BT 1974, S. 44 ff.

[216] Rubin, M. L.: Handbook of Data Processing Management. Introduction to System Life Cycle. Vol. 1. New York 1970.

[217] Rüsberg, K. H.: Die Praxis des Project-Managements. München 1971.

[218] Schelsky, H.: Industrie- und Betriebssoziologie. In: Soziologie. Hrsg.: A. Gehlen u. H. Schelsky. 3. Aufl. Düsseldorf/Köln 1955.

[219] Schmelzer, H. J.: Der Weg zur Datenbank. Möglichkeiten der Datenorganisation – Bedeutung der Datenbank. In: data report 1972, H. 6, S. 15 ff.

[220] Schmid, H.: Das zentrale System. In: data report 1970, H. 3, S. 25 ff.

[221] Schmidt, G.: Organisations-Planung und Durchführung in sieben Phasen. In: BT 1972, S. 291 ff.

[222] Schmidt, R.-B. unter Mitwirkung von J. Berthel: Unternehmungsinvestitionen. Strukturen – Entscheidungen – Kalküle. Reinbek bei Hamburg 1973.

[223] Schneider, W.: MMS – Multisatellitesystem. A Medical Information System with Successive Integration. In: European Press Tour. Hrsg.: IBM Stockholm/Düsseldorf/Paris/London. May 1969.

[224] Schröder, H. J.: Projekt-Management. Eine Führungskonzeption für außergewöhnliche Vorhaben. Wiesbaden 1970.

[225] Schubert, G.: Planungssysteme. Referat zum IBM-Seminar „Informationssysteme" vom 3. bis 5. Mai 1972 in Böblingen.

[226] Schulz, A.: Über die Entwicklung und den gegenwärtigen Stand der Datenverarbeitung. In: Humanismus und Technik. Hrsg.: Gesellschaft von Freunden der Technischen Universität Berlin. Bd. 9. Berlin 1964, S. 56 ff.

[227] Schulz, A.: Strukturanalyse der maschinellen betrieblichen Informationsbearbeitung. Berlin 1970.

[228] Schulz, A.: Informatik für Anwender. Berlin/New York 1973.

[229] Schwarz, H. und Mitarbeiter: Betriebsorganisation als Führungsaufgabe. 5. Aufl. München 1972.

[230] Schwarze, J.: Bestimmung der Wirtschaftlichkeit elektronischer Datenverarbeitung. In: DB 1968, S. 493 ff.

[231] Schweiker, K. F.: Grundlagen einer Theorie betrieblicher Datenverarbeitung. Wiesbaden 1966.

[232] Seibt, D.: Organisatorische Aspekte der Gestaltung von Software-Systemen für die automatisierte Informationsverarbeitung. Diss. Köln 1970.

[233] Seidel, U.: Datenbanken und Persönlichkeitsrecht. Köln 1972.

[234] Sieber, E. H.: Der wachsende Informationsbedarf der Unternehmungen. In: Nachrichten für Dokumentation 1960, S. 175 ff.

[235] Siemens AG (Hrsg.): Siemens System 4004. ISI, industrielles Steuerungs- und Informationssystem. Kurzbeschreibung. Nr. D 14/4368. Januar 1974.

[236] Simon, H. A.: The New Science of Management Decision. New York 1960.

[237] Sommer, W.: Handbuch für Systemorganisation. Berlin/New York 1971.

[238] Stevenson, H.: Konzept eines Informationssystems für Kreditinstitute. In: IBM Nachrichten 1970, S. 313 ff.

[239] Szyperski, N.: Die technologische Herausforderung an die Betriebswirtschaftslehre der Gegenwart. In: ZfB 1963, 1. Teil, S. 275 ff. u. 1963, 2. Teil, S. 349 ff.

[240] Szyperski, N.: Vorgehensweise bei der Gestaltung computer-gestützter Entscheidungssysteme. In: Computer-gestützte Entscheidungen in Unternehmungen. Hrsg.: E. Grochla. Wiesbaden 1971, S. 37 ff.

[241] Szyperski, N.: Gegenwärtiger Stand und Tendenzen der Entwicklung betrieblicher Informationssysteme. In: IBM Nachrichten 1973, S. 473 ff.

[242] Szyperski, N.: Planungswissenschaft und Planungspraxis. Welchen Beitrag kann die Wissenschaft zur besseren Beherrschung von Planungsproblemen leisten? In: ZfB 1974, S. 667 ff.

[243] Szyperski, N. u. J. Marock: Allgemeines Schema für die Vorgehensweise bei der Gestaltung computergestützter Informations-, Planungs- und Steuerungssysteme. Arbeitsbericht 70/1 des Betriebswirtschaftlichen Instituts für Organisation und Automation an der Universität Köln. Köln 1970.

[244] Teichmann, H.: Zum Wert und Preis von Informationen. In: ZfB 1973, S. 373 ff.

[245] Trede, W., A. Herkelmann u. E. Schwarzer: Datenverarbeitung Lehrbuch. 6. Aufl. Bremen 1973.

[246] Vigier, G. J.: Management-Informations-Systeme. In: Informationssysteme in Wirtschaft und Verwaltung. Hrsg.: H. R. Walter u. R. A. Fischer. Berlin/New York 1971.

[247] Vogt, B.: Die Integration des betrieblichen Verwaltungsprozesses und ihre Entwicklungstendenzen auf den Organisationsaufbau. Diss. TU Berlin 1968.

[248] Wacke, G. u. D. Englisch: Mit On-line Datenverarbeitung ist die Fachabteilung wieder König. Ein Beitrag zur integrierten Organisation. In: IBM Nachrichten 1972, S. 314 ff.

[249] Wacker, W. H.: Totalkonzeption als Maximalkriterium der organisatorischen Arbeit. In: ZfürO 1969, S. 225 ff.

[250] Wacker, W. H.: Integrationsgefälle im System der Unternehmung. In: ZfürO 1971, S. 138 ff.

[251] Wacker, W. H.: Betriebswirtschaftliche Informationstheorie. Grundlagen des Informationssystems. Opladen 1971.

[252] Wahl, M. P.: Grundlagen eines Management-Informationssystems. Einige wesentliche Definitionen. In: IBM Nachrichten 1969, S. 582 ff.

[253] Wahl, M. P.: Grundlagen eines Management-Informationssystems. Thesen. In: IBM Nachrichten 1969, S. 914 ff.

[254] Wahl, M. P.: Grundlagen eines Management-Informationssystems. Neuwied/Berlin 1969.

[255] Wedekind, H.: Datenorganisation. Berlin 1970. (3. Aufl. Berlin/New York 1975.)

[256] Wedekind, H.: Systemanalyse. Die Entwicklung von Anwendungssystemen für Datenverarbeitungsanlagen. München 1973.

[257] Weide, E.: Automatische Datenverarbeitung im Betrieb. 2. Aufl. Baden-Baden/Bad Homburg v. d. H. 1966.

[258] Wendt, K.-G.: Informationsbedarf für industrielles Management. Berlin/New York 1974.

[259] Whisler, T. L.: The Impact of Information Technology on Organizational Control. In: The Impact of Computers on Management. Hrsg.: C. A. Myers. Cambridge, Mass./London 1967.

[260] Wild, J.: Grundlagen und Probleme der betriebswirtschaftlichen Organisationslehre. Berlin 1966.

[261] Wild, J.: Input-, Output- und Prozeßanalyse von Informationssystemen. In: ZfbF 1970, S. 50 ff.

[262] Wild, J.: Management-Konzeption und Unternehmensverfassung. In: Probleme der Unternehmensverfassung. Hrsg.: R.-B. Schmidt. Tübingen 1971, S. 57 ff.
[263] Wild, J.: Zur Problematik der Nutzenbewertung von Informationen. In: ZfB 1971, S. 313 ff.
[264] Witte, E.: Das Informationsverhalten in Entscheidungsprozessen. Tübingen 1972.
[265] Wittmann, W.: Unternehmung und unvollkommene Information. Voraussicht – Ungewißheit und Planung. Köln/Opladen 1959.

[266] Zangemeister, C.: Werturteil und formalisierte Planungsprozesse. 1. Teil: Urteilskraft und Erfahrung als Element systematischer Problemlösung in modell- und computergestützten Planungssystemen. In: ZfürO 1973, S. 217 ff.
[267] Zannetos, Z. S.: Computerized Management Information Systems And Organizational Structures. In: Management Informationssysteme. Hrsg.: E. Grochla u. N. Szyperski. Wiesbaden 1971.
[268] Ziegler, R.: Kommunikationsstruktur und Leistung sozialer Systeme. Meisenheim am Glan 1968.
[269] Zimmermann, D.: Strukturgerechte Datenorganisation. Systembildung, Datenwahl, Datenverarbeitung. Neuwied/Berlin1971.
[270] Zwicker, E.: Personelle Organisation in der elektronischen Datenverarbeitung. 2. Aufl. Berlin 1970.

Register